广州武汉国民政府法制改革研究

张希坡 著

中华书局

图书在版编目(CIP)数据

广州武汉国民政府法制改革研究/张希坡著. —北京:中华书局,2015.10

ISBN 978-7-101-10852-1

Ⅰ.广… Ⅱ.张… Ⅲ.①地方政府-法制-改革-研究-广州市-民国②地方政府-法制-改革-研究-武汉市-民国 Ⅳ.①D927.651.210.2②D927.631.210.2

中国版本图书馆 CIP 数据核字(2015)第 062511 号

书　　名	广州武汉国民政府法制改革研究	
著　　者	张希坡	
责任编辑	欧阳红　辜艳红	
出版发行	中华书局	
	(北京市丰台区太平桥西里 38 号　100073)	
	http://www.zhbc.com.cn	
	E-mail:zhbc@ zhbc.com.cn	
印　　刷	北京市白帆印务有限公司	
版　　次	2015 年 10 月北京第 1 版	
	2015 年 10 月北京第 1 次印刷	
规　　格	开本/920×1250 毫米　1/32	
	印张 12½　插页 2　字数 300 千字	
印　　数	1-1000 册	
国际书号	ISBN 978-7-101-10852-1	
定　　价	42.00 元	

目　录

第一章
广州"护法"军政府的演变及其立法概述

（1917—1924 年）

绪　言　为什么要研究广州"护法"军政府法制建设

　　辛亥革命已届百年，由南京临时政府参议院制定、临时大总统孙中山于 1912 年 3 月 11 日颁布的《中华民国临时约法》，是资产阶级民主主义思想在辛亥革命结出的丰硕成果，也是我国近代民主法制建设史上的重要里程碑。从此，民主共和国的观念，逐步深入人心，谁想破坏《临时约法》，妄图恢复帝制，实行独裁专制，必将被国人斥之为"独夫""民贼"。

　　孙中山在辛亥革命和"二次革命"失败之后，并未停止斗争，为了同盘踞北京的北洋军阀政府相对抗，为了维护民国元年制定的《中华民国临时约法》，在广州曾以大元帅、大总统名义，建立了与北洋政府相对立的"护法"军政府。但是，前两次都由于单纯依靠地方军事实力派，最后以失败告终。不过，那时孙中山以各种名义颁布的法律条令，却与后来广州、武汉国民政府制定的法律，存在极为密切的历史关系。

其中有些关于反对军阀专制、保障人民自由权利的法规,具有鲜明的民主主义法制思想,所以到广州、武汉国民政府时期,这些法律法规仍在继续实施,故应作扼要阐述。

上世纪 20 年代前后,以孙中山为首领的广州"护法"军政府的法制建设,在中国近代法制史上,是一个承上启下的重要发展阶段。它上承辛亥革命南京临时政府的法制建设成就,下接第一次国共合作时期广州国民政府法律制度的新发展,处在一个从旧民主主义革命法制向新民主主义革命法制演变的过渡时期。

但是,过去对于这段历史,却很少有人问津。一方面由于政局动荡,军政府偏安一隅,存续时间不长,因而不被世人重视。另一方面,由于军政府的历史资料难以查寻,所以对其法制建设知之甚少。例如1981 年中国社会科学出版社出版的《陆海军大元帅大本营公报选编》,收入了 1923 年 2 月至 1924 年 4 月的部分公报,这是很难得的史料。但是,不知什么原因,这一"公报选编",对于许多重要法规条例,却只列目录,而略去条文,包括《内政部暂时视学规程》、《甄别律师委员会章程》、《商标条例及施行细则》、《权度检定所暂行章程》、《陆海军审计条例》等,皆以"略"字代之,真使人望"略"兴叹。近年来,笔者查到了全部《陆海军大元帅大本营公报》和广州出版的《国民政府公报》,以及其他相关史料,深感孙中山先生面对北洋军阀的倒行逆施并未灰心,继续以辛亥革命的积极成果——《中华民国临时约法》作为旗帜,建立了广州"护法"军政府,并以民主、法制、人权为宗旨,宣布废止了北洋军阀政府制定的若干反动法律,拟制了有关建立革命法制、保障人权,以及支持工人运动的革命法规。这些都是中国近代法制史上不容忽视的历史事实,它的历史价值和政治意义,更不容低估。最后,尽管"护法运动"由于主客观的种种原因而归于失败,但却促使孙中山从失败中吸取教训。一方面,痛感一切军阀政客的阴险与危害,必须与之进行不懈的斗争。另一方面,从此起彼伏的工农运动中,看到了革命的希望和力量,毅然走上改组国民党,建立国共合作的联合政府,实行"联俄、联共、扶助农工"的新道路。

对于广州"护法"军政府法制建设的研究,可以弥补中国近代法制史上的一项空白,这对于考察辛亥革命的深远影响,全面了解中国近代法制史的发展脉络,具有重要的学术价值和历史意义。

第一节　1917—1922 年孙中山在广州建立的"护法"军政府

一、1917 年以孙中山为大元帅的"护法"军政府(大元帅府)

1917 年 6 月张勋率辫军北上,迫使盘踞北京的大总统黎元洪于 6 月 12 日宣布解散国会。张勋拥溥仪复辟失败后,段祺瑞抵北京自任国务总理,以"再造民国"自居,拒绝恢复《临时约法》和国会。

孙中山即以维护《临时约法》为号召,于 7 月由沪抵粤。海军总司令程璧光及第一舰队司令林葆怿也率舰队赴广州。北京参众两院被解散后,国会议员纷纷赴沪。

孙中山于 1917 年 7 月 19 日电请议员赴粤,共谋护法大计。他在《致津沪国会议员电》指出:"国会诸君,已被叛督称兵解散,即与伪共和势不两立。今清主既已失败,正国会自奋之时"。"诸君宜行集会于粤、滇、湘各省,择其适当之地以开议会,而行民国统治之权。如人数不足,开紧急会议亦可,责任所存,万勿放弃。"①至 8 月中旬,到粤议员已达 130 余人,尚不足法定人数,故于 8 月 25 日在广州开国会非常会议。推举众议院院长吴景濂为正议长,参议院副院长王正廷为副议长。召开非常会议的理由是:查国会之开非常会议,文明国已有先例,

---

① 《孙中山全集》第四卷,中华书局,1985 年,第 118 页。

法国此项成例尤多,大可援引。今为急于应付时局起见,惟有先开非常会议,俟足法定人数,然后再开正式会议。当时即由议长派定议员7人负责起草"非常会议条例"。孙中山在1917年8月25日国会非常会议开幕词指出:"中华民国国会,厄于暴政,横遭摧残,今二度矣"。"今北部为叛党所据,遏绝民意,乃相率而会于粤东,举行非常会议"。"建设真正民意政府,起既绝之国运,以发扬我华夏之光荣于世界。"①

1917年8月29日,国会非常会议通过《国会非常会议组织大纲》②,主要规定:国会非常会议以现任国会议员组织之,至内乱戡定,《临时约法》之效力完全恢复时解散。国会非常会议之议事,以参众两院院合行之,以出席议员过半数决之。国会非常会议之正副议长,以现任两院正副议长充之。军政府组织大纲,由国会非常会议表决,并宣布之。

1917年8月31日公布之《中华民国军政府组织大纲》③要点是:

1.为戡定叛乱,恢复临时约法,特组织中华民国军政府。临时约法之效力未完全恢复以前,中华民国之行政权由大元帅行之。大元帅对外代表中华民国。

2.军政府设大元帅一人,元帅三人,由国会非常会议分次选举,以得票过投票总数之半者为当选。大元帅有事故不能视事时,由首次选出之元帅代行其职权。元帅协助大元帅筹商政务,元帅得兼任其他职务。

3.军政府设立外交部、内政部、财政部、陆军部、海军部、交通部。

---

① 《孙中山全集》第四卷,中华书局,1985年,第133页。
② 据查上海《民国日报》1917年8月29日公布该大纲初稿14条。另据该报9月7日报道,这一大纲又经删减为14条。但未公布修正本的全文。
③ 陈旭麓、郝盛潮主编:《孙中山集外集》,上海人民出版社,1990年,第587—588页。

各部设总长一人,由国会非常会议分别选出,咨请大元帅特任。各部总长辅助大元帅执行职务。

4.军政府设都督若干员,以各省督军赞助军政府者任之。凡有举全省兵力宣布与非法政府断绝关系者,得适用前项规定。

本大纲至临时约法完全恢复,国会及大总统之职权完全行使时废止。

1917 年 9 月 1 日,国会非常会议选举孙中山为大元帅。次日选举陆荣廷、唐继尧为元帅。后又选出以下各部总长:

外交部总长　伍廷芳(次长王正廷代总长,后改为林子超)

财政部总长　唐绍仪(廖仲恺代理,邹鲁为次长)

陆军部总长　张开儒(后改为任许崇智为总长兼参军长,崔文藻为次长)

海军部总长　程璧光(后林葆怿继任)

内政部总长　孙洪伊(次长居正代总长,后改任居正)

交通部总长　胡汉民(后改任马君武为总长)

军政府秘书长　章太炎(徐谦代理,后改任戴传贤为秘书长)

总参谋长　李烈钧

海军总司令　林葆怿

1917 年 9 月 1 日孙中山就任大元帅职,中华民国军政府宣告成立。同年 9 月 11 日制定《中华民国军政府海陆军大元帅府组织条例》15 条。依据《军政府组织大纲》第 10 条的规定设立大元帅府,下设参议处、秘书处、参军处以及卫戍司令和顾问等。孙中山就任大元帅后,在领导北伐的同时,还制定了若干除旧布新的法律法规。

但应指出,桂系首领陆荣廷、滇系首领唐继尧为了与北京政府谋求妥协,并未就任元帅职。孙中山在军政府中却受西南实力派的排挤。至 1918 年 5 月 4 日,后者操纵非常国会中的政学系通过《修正军政府组织法案》,将大元帅首领制,改为七人总裁制。推举唐绍仪、伍廷芳、孙中山、岑春煊、陆荣廷、唐继尧、林葆怿七人为总裁,以政学系首领岑春煊为主席。

1918 年 5 月 4 日,孙中山发出《辞大元帅职通电》。在 5 月 21 日《辞大元帅职临行通电》中,继续强调约法与国会的重要性。他说:"国于天地,必有与立,民主政治赖以维系不敝者,其根本存于法律,而机枢在于国会。必全国有共同遵守之大法,斯政治之举措有常轨;必国会能自由行使其职权,斯法律之效力能永固。所谓民治,所谓法治,其大本要皆在此。"①

孙中山辞职后离开广州,这样,第一次护法斗争宣告失败。以后军政府更成为西南实力派把持的政权。

二、1921 年以孙中山为大总统的"护法"军政府(大总统府)

1920 年 6 月,孙中山派朱执信、廖仲恺至漳州,促使粤军陈炯明返粤,讨伐桂系军阀。孙中山于 1920 年 11 月回广州重组军政府。同年 12 月 7 日军政府特任孙文为内政部长,唐绍仪为财政部长,唐继尧为交通部长,陈炯明为陆军部长。同时宣布外交部长伍廷芳、司法部长徐谦、参谋部长李烈钧,均照旧供职。任命李锦纶为外交部特派广东交涉员,黄强为粤海关监督,陈其尤为潮海关监督兼汕头交涉员。1921 年 1 月 1 日,孙中山《在广州军政府的演说》提出:"要重建一个正式政府,以代替临时的仅是护法性质的政府。"②

1921 年 4 月 7 日,广州非常国会通过《中华民国政府组织大纲》7 条。主要规定:(1)中华民国大总统由国会非常会议选举之,以得票

---

① 《孙中山全集》第四卷,中华书局,1985 年,第 480 页。
② 陈旭麓、郝盛潮主编:《孙中山集外集》,上海人民出版社,1990 年,第 93 页。

总数之半者为当选。(2)大总统依本大纲之规定行使其职权。(3)中华民国政府设置各部,掌握部务。部长由大总统任免。(4)本大纲自施行之日,原军政府组织大纲即行废止。出席非常国会的 222 名议员,以 218 票推选孙中山为大总统。1921 年 5 月 5 日孙中山在广州就任大总统,任命陈炯明任内务总长兼陆军总长,并广东省长兼粤军总司令,伍廷芳为外交总长,唐绍仪为财政总长,汤廷光为海军总长,李烈钧为参谋总长,马君武为总统府秘书长,廖仲恺为财政次长,伍朝枢为外交次长,徐谦为司法总长兼理大理院院长。1922 年 4 月,陈炯明与北洋军阀相勾结,被孙中山免去内务总长、粤军总司令和广东省长之职,只保留陆军总长。但陈并不知悔改,竟于 6 月 16 日发动军事叛乱,炮轰总统府,迫使孙中山转到永丰舰后,于 8 月再次离粤赴沪,使孙中山的"护法"运动彻底失败。

第二节 1917—1922 年"护法"军政府的主要立法

"护法"军政府的立法工作,主要是行政法规,特别是政权机关的官制(组织法)居于突出地位。只有少部分涉及刑事及其他法规。具有代表性的行政法规有以下各件:

一、1917—1918 年的主要行政法规

《国会非常会议组织大纲》①(1917 年 8 月 29 日国会非常会议通过,11 条)。

《中华民国军政府组织大纲》②(1917 年 8 月 31 日国会非常会议

① 《军政府公报》第 1 号。

② 《军政府公报》第 1 号。

通过,13 条)。

《中华民国军政府海陆军大元帅府组织条例》①(1917 年 9 月
11 日大元帅孙中山公布,5 章 15 条。章名是:总纲、参谋处、秘书处、
参军处、附则)。

《大元帅府秘书处组织条例》②(1917 年 9 月 17 日大元帅孙中山
公布,19 条)。

《特别军事会议条例》③(1917 年 9 月 17 日大元帅孙中山公布,
6 条)。

《大元帅府参军处组织条例》④(1917 年 9 月 19 日大元帅孙中山
公布,10 条)。

《军事内国公债条例》⑤(1917 年 9 月 26 日大元帅孙中山公布,
13 条)。

《承购军事内国公债人员奖励条例》⑥(1917 年 9 月 26 日,大元帅
孙中山公布,6 条。1918 年 5 月 17 日大元帅孙中山《咨国会非常会议
追任发行公债文》)。

《军政府公报条例》⑦(1917 年 9 月 26 日大元帅孙中山公布,6
条)。

《陆军部组织条例》⑧(1918 年 3 月 6 日大元帅孙中山公布,21
条)。

---

① 《军政府公报》第 1 号。
② 《军政府公报》第 2 号。
③ 《军政府公报》第 2 号。
④ 《军政府公报》第 3 号。
⑤ 《军政府公报》第 7 号。
⑥ 《军政府公报》第 7 号。
⑦ 《军政府公报》第 7 号。
⑧ 《军政府公报》第 53 号。

《陆军部练兵处条例》①（1918 年 4 月 9 日大元帅孙中山公布，13 条）。

《外交部组织条例》②（1918 年 4 月 22 日大元帅孙中山公布，14 条）。

《大理院暂行章程》③（1918 年 4 月 22 日大元帅孙中山公布，8 条）。

《卫戍总司令部组织暂行条例》④（1918 年 4 月 29 日大元帅孙中山公布，7 条）。

在外交方面的文告，有《军政府布告—对德奥宣战》⑤（1917 年 9 月 26 日），《军政府通告各友邦》⑥（1918 年 4 月 17 日）。

二、1920—1922 年的主要行政法规

《内政方针》⑦（1920 年 11 月下旬孙中山制定）。孙中山在 1920 年 11 月重建军政府时，在他制定的《内政方针》中，规定了内政部各局的主要职责。（1）地方自治局：调查人口，拟定地方自治法规，监督各地方自治机关。（2）社会事业局：育孤，养老，救灾，卫生防疫，收养废疾，监督公益及慈善各团体。（3）劳动局：保护劳动，谋进工人生计，提倡工会。（4）土地局：测量土地，规定地价，登记册籍，管理公地。（5）教育局：筹办普及教育，改良已立学校，振兴高等教育，改良风俗，办理通俗讲演。（6）农务局：制造并输入机器肥料，改良动植物种

---

① 《军政府公报》第 70 号。
② 《军政府公报》第 75 号。
③ 《军政府公报》第 75 号。
④ 《军政府公报》第 77 号。
⑤ 上海《民国日报》1917 年 10 月 5 日。
⑥ 上海《民国日报》1918 年 5 月 1 日。
⑦ 《孙中山全集》第五卷，中华书局，1985 年，第 432—435 页。

类,保护农民,开辟荒地,培植及保护森林,兴修水利,提倡农会。
(7)矿务局:调查矿区,考验矿质,草定矿律,监收矿税,监督官业,奖励
民业。(8)工业局:奖励民厂,草定工厂法及工人卫生条例,输入机器
及原料,监督各工厂。(9)渔业局:保护渔民,建筑渔港,改良渔船及渔
具,保植渔种。(10)商务局:奖励国货,检查国货优劣,保护专利及牌
号,奖励海外航业,监督专卖事业,设立贸易银行及货物保险公司。
(11)粮食局:管理国内粮食,核定并监督粮食之输出入。(12)文官考
试局:普通文官考试,高等文官考试。(13)行政讲习所。(14)积弊调
查所。以后在此基础上,制定了《内政部官制》。

《军政府内政部官制》①(1921年1月9日军政府令公布,9条)。
规定内政部长管理内务行政及地方自治、社会事业、劳工、教育、土地、
农务、矿务、工业、渔业、商业、粮食、卫生等行政事务。分别规定司长
及各局的掌理事宜。

《总统府财政委员会组织大纲》②(1921年5月16日大总统孙中
山公布,10条)。

《总统府秘书处官制》③(1921年5月16日大总统孙中山公布,
15条)。

《总统府参军处官制》④(1921年5月16日大总统孙中山公布,
6条)。

《总统府各处司官制通则》⑤(1921年6月20日大总统孙中山颁
布,4条)。规定总统府设置秘书处、参军处、庶务司和会计司。各处

① 《孙中山全集》第五卷,中华书局,1985年,第453—455页。
② 《孙中山全集》第五卷,中华书局,1985年,第538页。
③ 《孙中山全集》第五卷,中华书局,1985年,第539页。
④ 《孙中山全集》第五卷,中华书局,1985年,第540页。
⑤ 《孙中山全集》第五卷,中华书局,1985年,第547页。

司设长官一人,承大总统之命,掌理各处司事务。

　　《各部官制通则》①(1921 年 6 月 23 日大总统孙中山颁布,10 条)。规定各部部长由大总统特任,次长由大总统简任,司长、局长、秘书由总长呈请大总统任命。

　　《修正总统府财政委员会条例》②(1921 年 6 月 23 日大总统孙中山颁布,6 条)。

　　《总统府秘书处官制》③(1921 年 6 月 23 日大总统孙中山颁布,14 条)。规定秘书处设秘书长一人,承大总统之命,管理秘书事务。分别规定所设五科的职责分工。

　　《侨工事务局暂行条例》④(1921 年 6 月 25 日大总统孙中山颁布,10 条)。规定侨工事务局直隶于外交、内务两部,掌理监督稽查招募保护侨工事项。

　　《财政部官制》⑤(1921 年 6 月 25 日大总统孙中山颁布,8 条)。规定财政总长承大总统之命,管理国家之预算、决算、租税、公债、货币、银行及国有产业行政事务。

　　《陆军部官制》⑥(1921 年 7 月 8 日大总统孙中山颁布,9 条)。规定陆军总长承大总统之命,管理陆军行政,统辖陆军军人和军属。分别规定秘书、副官和各司的职责分工。

　　《内务部官制》⑦(1921 年 7 月 15 日大总统孙中山颁布,15 条)。规定内务部直隶大总统,管理全国内政,兼管教育、实业、交通等行政

①　《孙中山全集》第五卷,中华书局,1985 年,第 548—549 页。
②　《孙中山全集》第五卷,中华书局,1985 年,第 549 页。
③　《孙中山全集》第五卷,中华书局,1985 年,第 550—551 页。
④　《孙中山全集》第五卷,中华书局,1985 年,第 552 页。
⑤　《孙中山全集》第五卷,中华书局,1985 年,第 553 页。
⑥　《孙中山全集》第五卷,中华书局,1985 年,第 572—574 页。
⑦　《孙中山全集》第五卷,中华书局,1985 年,第 576—577 页。

事务。分别规定秘书处和各司的职责分工。

《军事会议条例》①(1921年12月12日大总统孙中山颁布,10条)。规定军事会议直隶于大总统(大元帅),由陆军部、海军部、参谋部总次长、参军长、各省总司令或省长组成。有议决关于建设国军及国防事项、作战事项、军政事项及各省联防事项等。其决议呈由大总统核准发交各该管部及各省执行。

《大本营条例》②(1922年1月16日孙中山以大元帅令颁布,15条)。规定海陆军大元帅于战时执行最高统帅事务,设置大本营。大本营设置下列各机关:(1)幕僚处(参赞作战军令事宜)。(2)兵站处(专任作战军后方勤务事宜)。(3)军事委员会(赞襄联合作战,并任大本营与各省各军之联络)。(4)军务处(掌管战地军备之补充及战地军衡事宜)。(5)军法处(审理并监督军法事宜)。(6)参军处(掌管大本营之内务及警卫,并战地慰劳,战况督察事宜)。(7)政务处(掌管战地外交、民政诸事项)。(8)建设处(规划军事范围外各种新事业之建设)。(9)度支处(掌管大本营金钱出纳、预决算及筹备军费事宜)。(10)宣传处(秉承大元帅意旨,宣传于军队及人民)。

《大本营管理战地地方民政条例》③(1922年5月27日孙中山以大元帅令颁布,16条)。大本营为谋战地行政之统一及人民之安全起见,关于该地方之一切事宜,悉依本条例管理之。战地地方行政由大本营政务处管理,政务处长有任免及监督地方行政官吏之权。战地地方财政由大本营度支处管理,度支处长有任免及监督该地方财政官吏之权。大本营转移到新克服地之时,即由大本营战地民政管理局将其

---

① 《孙中山全集》第六卷,中华书局,1985年,第43—44页。
② 《孙中山全集》第六卷,中华书局,1985年,第62—63页。
③ 《孙中山全集》第六卷,中华书局,1985年,第132—134页。

所办各事务,分别移交各主管机关。

《大本营战地民政管理局条例》①(1922 年 5 月 27 日孙中山以大元帅令颁布,14 条)。规定战地民政管理局负责管理新克区民政一切事宜。局内设置政务课、财政课、总务课。

在广东建立的军政府,是以"护法"为号召,即以恢复南京临时政府制定的《临时约法》为宗旨。正如 1918 年 4 月 17 日《通告驻华各国公使书》中所说:"中华民国元年《临时约法》(以后简称约法)为民国最高之法律,在宪法未施行以前,其效力与宪法等(参照约法第五十四条)。凡为民国之人,皆当遵守,无敢或违者也。按照约法,大总统无解散国会之职权,国会亦无可解散之规定。绳诸命令抵触法律,则命令无效之通例,六年六月十二日非法命令与约法抵触,当然无效。国会虽被阻遏,不能在北京继续开会,然国会之本体依然存在,此民国全国人民所认为应恢复国会原状之理由也"。"国会非常会议鉴于现以暴力强据北京者为非法政府,是以有军政府之组织。故军政府于约法效力未恢复前,实为执行中华民国行政权之惟一政府。"②

广东"护法"军政府在法制建设方面,与辛亥革命时期南京临时政府的立法工作相呼应,将其未完成的工作,以新的立法继续贯彻实施,因而制定了一些除旧布新的法律法规,如宣布废止北洋政府的几个反动的刑事法规,制定了有关保障人身自由的法令,特别是对于工人运动表示同情与支持,制定了中国第一个工会法《工会暂行条例》,使工人运动在广东等省取得了合法地位。而以国民党左派人士徐谦为代表的具有民主主义的法学家,在制定革命法律方面发挥了积极作用。

---

① 《孙中山全集》第六卷,中华书局,1985 年,第 134—135 页。
② 《孙中山全集》第四卷,中华书局,1985 年,第 448—449 页。

以下分别加以阐述。

三、废止袁世凯之《惩治盗匪法》①(1921 年 1 月 5 日公布)

《惩治盗匪法》是袁世凯于 1914 年 11 月 27 日公布的,旨在镇压人民反抗的反动法律。"护法"军政府成立后,在 1921 年 1 月 5 日召开的政务会议上,司法部长徐谦提出"废止袁世凯公布的惩治盗匪法案",经政务会议审议通过后,司法部于 1 月 8 日发布通令,宣告"废止袁世凯之惩治盗匪法"。

四、废止《治安警察条例》②(1921 年 1 月 23 日公布)

《治安警察条例》是袁世凯于 1914 年 3 月 2 日公布的,旨在限制人民自由权利的另一反动法律。该条例规定:(1)警察官吏对于劳动工人为了同盟罢工、罢业或解雇、强索报酬而聚集者,得禁止之。违犯者处以 5 个月以下徒刑或 50 元之罚金。(2)警察官吏对于屋外集合及公众运动之群集,认为有扰乱社会安宁之虞者,得禁止之。违犯者则禁止或解散之,否则处以 20 日以下之拘留,并处 20 元以下之罚金。(3)女子及小学教员、学校学生不得加入政谈集会,违犯者,对发起人处以 15 元以下罚金,加入者处 10 元以下罚金。

广东军政府于 1921 年 1 月 23 日明令宣布废止《治安警察条例》。到 1924 年 10 月 1 日孙中山以大元帅令发布的《修正工会条例》,再次重申上述方针,规定凡违警律中所限制之聚众集会条文,不适用于本会。

---

① 《大理院判例解释新六法大全·刑法》,世界书局,1924 年。
② 《法令大全·内务》,商务印书馆,1921 年,第 18—23 页。

五、废除《暂行新刑律补充条例》①（1922 年 2 月 17 日公布）

在清末制定《大清新刑律》时，由于保守势力的坚持，在该刑律全文之后，附加《暂行章程》5 条。到民国元年将《大清新刑律》修改为《暂行新刑律》时，已将该《暂行章程》全部删除。可是，袁世凯却在 1914 年 12 月 24 日又制定了一个《暂行新刑律补充条例》15 条。不仅恢复了《暂行章程》中的某些内容，还增加了许多不合理的规定，如正当防卫不适用于尊亲属；和奸无夫之妇女者，处五年有期徒刑或拘役，相奸者亦同；"称妻者，于妾准用之"，即承认纳妾的合法地位等等。上述规定，一直遭到社会舆论的谴责。

以孙中山为大总统的广东军政府，于 1922 年 2 月 16 日召开国务会议，审议关于废止《暂行新刑律补充条例》。此案系由大理院院长徐谦呈请，并由国务会议批准交法律审查委员会核复。经该会呈复认为"可行"，遂由国务会议通过照办，孙中山于 1922 年 2 月 17 日发布大总统令："暂行刑律补充条例应即废除。此令。"②

六、废止《暂行新刑律》第 224 条罢工处罪律③（1922 年 3 月 14 日非常国会通过）

当清末制定新刑律时，人民反清运动中的工人罢工、市民罢业事件屡有发生。统治当局为了镇压新兴的民众运动，在刑律中专门规定发惩治罢工的条款，即第二百二十四条。这在世界刑法史上是前所未

---

① 《现行法令全书》，中华书局，1925 年，第 122—123 页。

② 参见上海《民国日报》1922 年 2 月 26 日第六版《公布废止刑律补充条例令》，《孙中山全集》第六卷，中华书局，1985 年，第 87 页。

③ 《暂行新刑律》宣统三年六月刊印本；杨鸿烈著：《中国法律发达史》（下），商务印书馆，1930 年，第 1033—1035 页。

有的。

《暂行新刑律》第二百二十四条规定:"从事同一业务之工人同盟罢工者,首谋处四等以下有期徒刑、拘役或三百元以下罚金。余人处拘役或三十元以下罚金。聚人为强暴、胁迫或将为者,依一百六十四条至一百六十七条之例处断。"①

据查上述规定的后一项,即指刑律的第九章骚扰罪,其内容是:第一百六十四条 聚众意图为强暴、迫胁,已受该官员解散之命令,仍不解散者,处四等以下有期徒刑、拘役或三百元以下罚金。附和随行,仅止助势者,处拘役或五十元以下罚金。第一百六十五条 聚众为强暴胁迫者,依左列处断:一、首魁,无期徒刑或二等以上有期徒刑。二、执重要事务者,一等至三等有期徒刑或千元以下一百元以上罚金。三、附和随行,仅止助势者,处四等以下有期徒刑、拘役或三百元以下罚金。第一百六十六条 于前条所列情形内,犯杀伤、放火、决水、损坏其他各罪者,援用所犯各条,分别首魁、教唆、实施,依第二十三条之例处断。第一百六十七条规定犯一百六十五条之罪,宣告二等有期徒刑以上之刑者,褫夺公权,其余得褫夺之。

北洋军阀统治时期,利用这一刑律的反动条款,对革命工人的反抗活动进行了残酷的迫害。因此,革命政党和进步人士,纷纷要求废除上述规定。以孙中山为大总统的广州军政府根据南方工人运动的发展,于1922年明令废除这一反动条款。

据上海《民国日报》1922年3月8日报道:1922年2月27日,总统府开国务会议,大理院长徐谦提议:废止《暂行新刑律》第十六章

① 《暂行新刑律》对有期徒刑等级的分法是:一等有期徒刑,十五年以下,十年以上;二等有期徒刑,十年未满,五年以上;三等有期徒刑,五年未满,三年以上;四等有期徒刑,三年未满,二年以上;五等有期徒刑,一年未满,二月以上。拘役,二月未满,一日以上。

"妨害秩序"内关于"同盟罢工"处刑之条文第二百二十四条,及其他相关条文。徐谦提出的理由书中指出:近闻世界各国劳工问题,日益主张各种业务工人同盟罢工之事,层见叠出。惟各国刑法从未对于罢工之人并无其他犯罪行为而规定处刑者,即前俄帝国及日本现行刑法,亦无之。可见世界各国皆不认为同盟罢工为犯罪。其认为犯罪者,独吾国《暂行新刑律》而已,接着进一步指出其不合之理由有四:第一,不合刑法之人道主义。近今世界各国刑法,皆取人道主义,无取资本主义者。此条极端保护资本家,以经济之压迫犹心为未足,又济之以政治之压迫,使劳动者对于资本家无所抵抗,并不得主张自身之利益,实属违反人道。第二,不合犯罪观念。犯罪之意义本以侵害公私法益为成立要素,至同盟罢工,不过为工人之自卫行为,并无侵害国家之事,自不得认为犯罪。此条对于同盟罢工即处刑,实属违反法理。第三,不合世界刑法通则。世界各国刑法渐趋大同。虽处罚之轻重不无差别,而罚与不罚,极端相反者殆无之。同盟罢工在无论东西各国,均不处刑,此条独加刑制裁,实属违反通则。第四,不合时势趋向。国家之刑法须适合时势趋向,始能合于人心,而又协于事实。现在社会经济困难,劳动者艰于生活,是以罢工之事,风起云涌。其甚者合一地方团体罢工,或联合他处工人为之响应,故虽欲处罚,亦不可能。则愈处罚则消极抵抗愈甚。此条不论首谋、余人,概处以刑,实属违反事实。根据以上理由,《暂行新刑律》,第二百二十四条,应即废止。

　　经国务会议讨论决议,将该提案呈总统咨国会修正。后经国会审查委员会审查认为:"本案成立,在《中华民国刑律》未制定以前,所有《暂行新刑律》第二百二十四条,应行废止,相应报告大会,敬候公决。"非常国会于同年3月14日开会议决:"总统咨请废止新刑律第二百二十四条罢工处刑律,通过。"①

七、废止《暂行新刑律》第 164 条聚众意图为强暴胁迫处罪律②（1922 年 4 月议决）

《暂行新刑律》第 164 条规定:"聚众意图为强暴胁迫已受该管官员解散之命令,仍不解散者,处四等以下有期徒刑、拘役或 300 元以下罚金。附和随行仅止助势者,处拘役或 50 元以下罚金。"

据上海《民国日报》1922 年 4 月 18 日报道:国会议员彭养光等,以《暂行新刑律》一六四条,与约法所规定人民有集会结社之自由,互相抵触,实无存在之余地,故特依院法提出大会议决,咨请政府令行各省停止其效力。该案提出的理由是:人民有结社集会之自由,民国约法所规定。十年来,新潮澎湃,人群进化,农会工党,风起泉涌,非聚众会议不足征多数之民意,断不得认为意图强暴胁迫,遽令解散。倘官员恣意下令,人民不受解散,亦有何罪?如其别有犯罪行为,自别有犯罪专条,故此条实无存在之余地。使不速于停止,不惟侵犯约法上人民之自由,亦且障阻社会上人群之进化。且意图二字,尤不成为条文。法律重在行为,不仅在意思。有是意而尚无是行,法律且不及焉。况未必有是意,而由官厅臆断之曰意图,人民尚得倖免乎?此等文字,著之于法律,则无人不可以入罪,无事不可以成狱。洛民乞籴,可谓之意

---

① 上海《民国日报》1922 年 3 月 16 日第三版。另据《中华民国史资料丛稿·大事记》第八辑,中华书局,1979 年,第 33 页记载:1922 年 3 月 14 日国会召开非常会议议决:《暂行新刑律》第二百二十四条,侵害人民自由,应予废止。附带说明:现在有些论著或工具书,将 1922 年 3 月 14 日广州非常国会废除《暂行新刑律》第二百二十四条,误认为"废除全部《暂行新刑律》",是不确切的。

② 《暂行新刑律》宣统三年六月刊印本;杨鸿烈著:《中国法律发达史》(下),商务印书馆,1930 年,第 1033—1035 页。

图谋反,郑人游校,可谓之意图作乱,予官吏以国内陷人民于网罟,未有甚于此者。故即以此二字论,亦不能不停止其效力也。

"护法"军政府关于废止北洋政府反动刑律的决定,在中国共产党成立后,制定的工运纲领中,给以积极支持和响应,并作为推动工人运动的一项政治斗争的目标,例如:在1922年8月,由邓中夏在北京起草的《劳动立法原则》和《劳动法案大纲》中,明确指出:"政治上之自由权,如言论、集会、结社等,为共和国任何阶级所应享受。《临时约法》上虽亦有此规定,然自袁世凯公布《治安警察法》之后,实际上已无形取消矣。至同盟罢工则显为法律所禁止。从而劳动界言论与行动,已全无发展之机会。"因而提出必须坚决废除《治安警察条例》和禁止罢工的刑律。《劳动法案大纲》也规定:"承认劳动者之集会结社权,承认劳动者之同盟罢工权"以及"承认劳动者有团体契约缔结权"和"承认劳动者之国际的联合"。这样,中国共产党在1922年发起的"劳动立法运动",与孙中山的劳工政策,相互支持,南北呼应,促进了中国工人运动的迅速发展。

广州"护法"军政府,除了制定上述废除旧法方面的几项法律之外,还制定了几个有关保障人身自由权利方面的法令,如《贩运人口出国治罪条例》、《严行禁止蓄婢令》和《人身保护条例》等,分别作以下阐述。

八、《贩卖人口出国治罪条例》①(1921年5月4日公布)

早在辛亥革命时期,孙中山就在1912年3月2日发布《大总统令内务部禁止买卖人口文》规定:迅速编定暂行条例,通饬所属,嗣后不得再有买卖人口之情事,违者罚如令。从前所缔结的买卖人口契约,

---

① 《中华民国六法理由判例汇编》4,刑法卷。

悉与解除,视为雇主与雇人之关系,不得再有主奴之名分。同时还于3 月 19 日连续发布《大总统令外交部妥筹禁绝贩卖"猪仔"文》和《大总统令广东都督严行禁止贩卖"猪仔"文》,指出:查海疆各省,奸人拐卖"猪仔"陷人涂炭,曩在清朝,熟视无睹,致使被难同胞穷无告。今民国既成,亟应拯救,以尊重人权,保全国体。特令内务部编定禁卖人口暂行条例,并令外交部妥筹禁卖"猪仔"办法,务使奸人绝迹。但是,南京临时政府尚未来得及采取措施,即宣告终结。

"护法"军政府成立后,为了完成南京临时政府的遗留任务,便在1921 年 5 月 4 日公布了《贩卖人口出国治罪条例》,并在 1922 年 2 月24 日发布《严行禁止蓄婢令》。前者具体规定对于贩运人口出国各种罪行的量刑标准。以后广州武汉国民政府仍然参照适用。其主要内容是:(1)意图营利或其他目的,以强暴胁迫或诈术拐取 20 岁以上之男子①,移送于中华民国外者,处一等至三等有期徒刑。以其他方法而犯前项之罪者,处三等至四等有期徒刑。(2)意图营利或其他目的,而预谋收受、藏匿第一条一项之被害人者,依该条第一二项之例处断。未预谋者,依左例处断:一、收受、藏匿第一条一项之被害人者,处三等或四等有期徒刑。二、收受、藏匿第一条二项之被害人者,处四等或五等有期徒刑。(3)犯第一条之罪而移送至 10 人以上者,分别该条一二项情形,加本刑一等。(4)预谋收受、藏匿第一条之被害人至 10 人以上者,依前条之例处断。未预谋者,依第一条一二项之例处断。(5)检

---

① 本条例为什么专门规定拐取 20 岁以上之男子呢? 这是对《暂行新刑律》的重要补充。该刑律第 30 章"略诱及和诱"规定:以强暴、胁迫或诈术拐取妇女或未满 20 岁之男子者,为略诱,处二等或三等有期徒刑。移送自己略诱之妇女或未满 20 岁之男子于中华民国外者,处无期徒刑或二等以上有期徒刑。意图营利移送自己略诱之妇女或未满 20 岁之男子于中华民国外者,处死刑、无期徒刑或一等有期徒刑。

察、警务官吏或其他佐理人,知有犯前四条之罪人而不予以相当处分者,以刑律第 145 条之罪论(即处四等以下有期徒刑或拘役)。

九、《严行禁止蓄婢令》①(1922 年 2 月 24 日公布)

1922 年 2 月 24 日,大总统孙中山发布《严行禁止蓄婢令》,首先指出:蓄婢之风,前清末造业已成为厉禁,凡买卖人口者科重刑。民国成立,人民一律平等,载在约法,所有专制时代之阶级制度,早经完全废除。乃查私家蓄婢,至今未已,甚至买卖典质,视同物品,贱视虐待,不如牛马,既乖人道,尤犯刑章。兹特明令严行禁止。嗣后如再有买卖典质人为婢、蓄婢者,一经发觉,立即依法治罪。着内务部、大理院分别咨令各省行政、司法长官,令饬所属一体举行。并着内务部通行各省妥筹贫女教养办法,以资救济。此令。

十、《人身保护条例》②(1922 年 3 月 15 日通过)

包括《人身保护条例》9 条和《人身保护条例实行细则》9 条。由徐谦于 1922 年 3 月 15 日提交国务会议审议通过,同日发布于上海《民国日报》。

《人身保护条例》的主要内容是:(1)人民之身体非依法律而被捕禁者,得委托代理人向该管地方审判厅声请提审。《施行细则》规定:被捕禁者委托代理人,得由本人或其亲属用委任状托亲友或律师为之。(2)地方审判厅收受前条声请,应于二日内为下列决定:有理由者,决定提审。无理由者,决定驳回。不服驳回之决定者,得抗告一次。《施行细则》规定:不服驳回决定之抗告,以高等审判厅为抗告法

① 上海《民国日报》1922 年 3 月 5 日《大总统命令》,陈旭麓、郝盛潮主编:《孙中山集外集》,上海人民出版社,1990 年,第 750 页。

② 上海《民国日报》1922 年 3 月 15 日。

院。其抗告之期间及程序,适用刑事诉讼律之通常规定。(3)提审以提审票行之。行政官、军队、警察及其他人员收受提审票,应于 48 小时内,将被捕禁者连同捕禁原因说明书,解送该管地方审判厅。但距离厅署在 10 里以上者,每 5 里扣算行程 1 小时。(4)地方审判厅于被捕禁者提到后,应于二日内讯明后,依下列各款裁判之:一、依法应捕禁者,解送原禁处所或有管辖权之机关。二、捕禁不适法者,即应释放。依本条释放者,不得以同一事由再行捕禁。但另经发现犯罪证据者,不在此限。(5)被捕禁者因捕禁不适法,经释放后,得对于加害人提起损害赔偿之诉。(6)声请提审应用大理院兼司法行政事务处颁行之"人身保护状"。声请书应向该管地方审判厅纳诉讼费用二元。被捕禁者所在地如距应管地方审判厅在 10 里以外者,应于声请时附缴解送费用每里加银二角。但实系无力缴纳者,得声请救济。

《人民保护条例》的公布,受到当时社会舆论的称赞。如上海《民国日报》载文认为:此举于民治精神及人道主义所关甚巨。自入民国以来,不独官僚军阀未闻此理,即民党人能实践之者,亦如凤毛麟角。此条例洵为西南各省之民治放一异彩。

十一、支持工人运动的第一个工会法——《暂行工会条例》①(1922 年 2 月 24 日公布)

孙中山对于工人运动一向采取同情和支持态度。早在 1920 年 10 月,上海的共产党组织发起成立上海机器工会时,陈独秀邀请孙中山出席大会,孙中山《在上海机器工会成立大会上的演说》中指出:"我素来最敬佩的,是你们做工的人,所以我极喜欢和工人做朋友。因为工人是与世界、国家、社会最有益处的人。"又说:"机器与资本势力

---

① 上海《民国日报》1922 年 3 月 6 日。

之关系,而归宿于三民主义。我人欲贯彻民生主义,非在官僚中夺回民权不可。否则,我国徒拥一专制变相之民主国号耳。"①

1920年11月,孙中山在广州重组军政府并自兼内政部长后,即以保护劳工作为基本国策。例如在同年11月制定的《内政方针》中明确规定设立劳动局,"保护劳动,谋进工人生计,提倡工会"②。

1922年1月,中国的工人运动在共产党领导下掀起了第一个罢工高潮,其中最著名者当属香港海员大罢工。自1922年1月22日起至3月8日止,经过流血斗争坚持罢工56天。最后在全国工人的声援下,经过海员工会和广东军政府交涉署同香港英代表的谈判,迫使香港政府明令取消封闭海员工会的命令,接受了工会提出改善工人生活的部分条件。孙中山从工人运动中,看到中国工人阶级的力量和希望,认识到工人罢工和组建工会的重要意义,因而在劳动立法方面给以积极支持。除了前述废止袁世凯制定的《治安警察条例》和《暂行新刑律》中关于压制工人运动的条款之外,孙中山为了使工人运动在广东等地取得合法地位,便由军政府组织起草了中国的第一个工会法——《暂行工会条例》。

据上海《民国日报》1922年3月6日登载:"新政府公布工会条例。粤函云:日前内务部以近年国中工会陆续成立,非速编订工会之标准。因是特编订条例二十条,提交国务会议,复由通过公布。此为各国破天荒之条例。将来正式国会当再有工会法之编订也。"

1922年2月24日③,孙中山以大总统名义,予以公布:

　　大总统令

---

① 陈旭麓、郝盛潮主编:《孙中山集外集》,上海人民出版社,1990年,第92页。
② 《孙中山全集》第五卷,中华书局,1985年,第433页。
③ 一般论著多认为《暂行工会条例》公布时间为1922年2月23日。实际情况是国务会议通过日期是2月23日,大总统公布时间是2月24日。

兹制定暂行工会条例，公布之。此令。①

依照大总统的上述令文，这一条例应定名为《暂行工会条例》。

《暂行工会条例》共20条，其要点是：

（一）组织工会的条件和审批程序，第一条规定：凡从事于同一职业之劳动者，有县之五十人以上，得依本条例组织工会。第二、三条规定：工会为法人。工会之区域以市或区域为准，其合两区域以上设立工会者，须经省之主管官署认可。第四条规定组织工会的手续是：由发起人连署提出注册请求书，并附职员履历书及章程各三份于地方官署。请求注册后，始得受本条例之保护。注册之地方官署在市为市政厅，在其他地方为县公署。第六条规定工会章程须记明：(1)名称及业务种类。(2)目的及其职务。(3)区域及所在地。(4)会员入会出会之规定。(5)职员之职权并选任解任之规定。(6)会议之规定。(7)经费征收额征收法及会计等之规定。(8)关于调查及统计编制之规定。第五条规定备案程序为，地方公署于工会注册后，应以其职员履历及章程各一份，呈送中央及省之主管官署。第十七条规定依本条例所设立之工会，得以两工会以上之结合，组织工会联合会，适用本条例之规定。

（二）工会委员会的组织及其职务。第八条规定：工会之职务由委员会处理之。委员会由各该工会会员以投票法于会员内选七人以上之委员组织之。委员得因事之繁简互选若干人为职员，执行事务。第七条规定：工会的职务是：(1)图工业之改良发展。(2)关于工业法规之制定、修改、废止及其他有关系之事项，得陈述意见于行政官署及议会。(3)以工人之公共利益为目的的，得设立共济会、生产、消费、住

---

① 录自上海《民国日报》1922年3月5日《大总统命令》之二。

宅、保险等各种合作社,并管理之。(4)以工人公共利益为目的,得设立图书馆、研究所、试验所、科学教育、社会教育、职业教育、印刷出版等业,并管理之。(5)以共同的条件,得与其他合作社、公司、商店、工场、官营事业之管理局所,缔结雇佣契约。(6)同业者之职业介绍。行五、六两款之职务时,不得以任何名义分取就业者之利益。(7)主张并防卫同业者之利益,但不得有强暴胁迫事情。(8)凡遇雇主与佣人有争执事件时,对于各当事者发表或征集意见,并调处之。(9)调查同业者之就业失业,制成统计。(10)调查劳动者之经济及生活状况。

(三)关于工会会员和职员的规定。第九条规定:成年之男女劳动者,得自由为工会会员,且得自由退会。第十一条规定:工会对于会员不得设有等级之差别。第十条规定:职员的条件是:非从事于各该工会所属之业务一年以上,且现从事于其他业务者,不得为该工会职员。

(四)工会会费及工会财产的保护措施。第十二条规定:会费标准是:工会经常会费之征收,不得超过会员收入百分之三,但会员自愿多纳者不在此限。第十三条规定:工会之基金及关于第七条第三、四款所定事业之经营,除该工会会员自愿认捐外,得受省县及其他公共团体之补助。第十四条规定:工会所有之下列各项财产,非依法律不得没收:(1)基金。(2)集会所、图书馆、研究所、试验所、学校以及关于共济、生产、消费、住宅、保险等合作事业之动产与不动产。

(五)对工会的管理监督。第十五条规定:工会每年应将工会下列各事项造具统计表册呈报于所注册之地方官署:(1)职员姓名及其履历。(2)会员之人数、入会退会及其就业、失业、死亡、伤害之状况。(3)财产状况。(4)事业之成绩。(5)争执事件之有无及其经过。第十六条规定:地方官署对于所辖区域内之各工会报告,应每年一次,汇编统计表册及状况说明书,呈报中央及省之主管官署。凡违反本条例之工会职员,审判厅因检察厅之论告,得科以五元以上五十元以下之罚金,并得取消其职员之资格。关于本条例第四条第十五条所规定之事项,工会发起人及职员为虚伪之呈报或不呈报者,审判厅因检察之论告,得科以十元以上百元以下之罚金。第十九条规定:关于工会之解散及清算,准适用商会法的规定。

以上《暂行工会条例》的颁布,对于南方各省建立工会组织,起了一定指导作用,因而奠定了我国工会立法的历史基础。

史源学专论:"法律史源学"例证之一
——对中国第一个工会法的考察研究

一、什么叫"史源学"

"史源学",是一门考察科学研究中所用史料论据是否真实可信的学问和治学方法。或者说"史源学就是专门指导学生对史料进行鉴别和考辨的一种学问"(后者参见 2000 年 1 月 10 日《光明日报》)。

著名历史学家陈垣老先生,在讲授《史源学导论》中指出:"择近代史学名著一二种,一一追寻其史源,考证其讹误,以练习读史之能力,警惕著论之轻心。"其基本精神,就是不要盲目迷信名家,不要为图省事而轻信二三手转引的史料。应自己动手去核实,尽量查到准确可信的原始文献,然后做出有根据的判断,借以培养学生独立思考的能力,树立科学严谨的治学风气,这是从事科学研究的一项基本功。

将"史源学"的方法运用到法制史的研究中,即为"法制史源学"。多年来,在法制史学科的研究中,发现有些论著在史料引用或翻印法律文献时存在不少分歧和谬误,需要进行必要的考证,从源头上予以澄清。现在从"法制史源学讲座"中抽出与本书有关的几个问题,在相应的章节中,分别加以论述。

二、中国第一个工会法究竟始于何时

早在 1937 年谢振民编写的《中华民国立法史》(中正书局出版,第 1307 页)认为:"十三年十一月(引者注:应是十月),广州军政府又有《工会条例》之颁行,此为我国有劳动法规之始。"也就是说孙中山在 1924 年 10 月以大元帅名义颁布的《工会条例》,是我国最早的工会法规。这一论断,已被法学界和工运史学界沿用了六七十年。笔者从前也曾沿用此说。

但是,当 1986 年《孙中山全集》第十一卷出版后,发现孙中山在 1924 年公布的《工会条例》却是个修正条例。请看《孙中山全集》第十一卷第 125 页写道:

大元帅令

兹修正《工会条例》公布之。此令。

(中华民国陆海军大元帅之印)

中华民国十三年十月一日

这一条例,既然是个修正条例,肯定在此以前一定另有一个未经修正的工会条例。但是前者在《孙中山全集》中却未收入,说明该条例长期以来未被学术界出版界所发现。

到 1992 年,全国总工会中国工运研究所编印的《工运理论政策研究资料》1992 年第 8 期,发表了王玉平的《1949 年以前中国工会法立法活动述略》,并附有《久被遗忘的我国第一部工会法》。该文主要说明两点:(1)"六十年来,我国法学界和工运史学界谈到我国第一部工会法,无不指为孙中山先生于 1924 年 10 月在广州以大元帅名义颁布的《工会条例》。事实上,它是我国的也是孙中山先生颁布的第二部工会法"。(2)该文作者继续写道:"关于这一条例,笔者搜集数年迄今

未见原文，仅在日本南满铁路株式会社于大正十五年（1926 年）八月出版的《经济资料》第 12 卷 9 号中发现了日译本。今将这一条例全文翻译如下，衷心希望今后能找到中文原件取而代之。"

笔者对这一问题很感兴趣。以后便在搜寻其他法律文献时，注意查找这一条例的中文版本。结果在上海《民国日报》1922 年 3 月 6 日第三版上，发现了这一条例的中文全文。但是应指出，该报所印条文有几处文字上的错漏。原想再找到另外的版本，加以校正核实，但经查阅当时的《大公报》（长沙版和天津版）、《申报》、《晨报》以及《东方杂志》等，都未发现转载这一条例。后来看到陈旭麓、郝盛潮主编的《孙中山集外集》（上海人民出版社，1990 年，第 589 页）收入了 1922 年的《工会条例》，其史料来源也是上海《民国日报》。经核查《孙中山集外集》所收该条例时，一方面纠正了"《民国日报》版"的某些讹误，同时在排版上也有几处错漏。

现将这两种版本互相对照，校正出 1922 年 2 月 24 日颁布的《暂行工会条例》的全文，并将互有出入的地方，一一加以说明，供研究参考。

三、《暂行工会条例》校订本及校订说明

《暂行工会条例》所据两种版本是：

（一）上海《民国日报》1922 年 3 月 6 日。简称"《民国日报》版"。

（二）《孙中山集外集》，上海人民出版社，1990 年，第 589—592 页。简称"《集外集》版"。

暂行工会条例（校订本）

（1922 年 2 月 24 日大总统孙中山公布）

第一条 凡从事于同一职业之劳动者有五十人以上，得依①本条例组织工会。

---

① "《集外集》版"将"《民国日报》版"的"依"字改为"以"。

第二条　工会为法人。

第三条　工会之区域以市或县之区域为准,其合两区域以上设立工会者,须经省之主管官①署认可。

第四条　组织工会须由发起人连署提出注册请求书,并附职员履历书及章程各三份于地方官署,请求注册后,始得受本条例之保护。注册之地方官署在市为市政厅,在其他地方为县公署。

第五条　地方公署于工会注册后,应以其职员履历书及章程各一份,呈送中央及省立②之主管官署。

第六条　工会章程内须证明左列各事项:一、名称及业务种类;二、目的及其职务;三、区域及所在地;四、会员入会、出会之规定;五、职员之职权,并选任、解任之规定;六、会议之规定;七、经费征收额、征收法③及会计等之规定;八、关于调查及统计编制之规定。

第七条　工会之职务如左:一、图工业之改良发展;二、关于工业法规之制定、修改、废止,及其他有关系之事项,得陈述意见于行政官署及议会;三、以工人之公共利益为目的,得设立共济会、生产、消费、住宅保险等各种合作社,并管理之④;四、以工人之公共利益为目的⑤,得设立图书馆、研究所、试验所、科学教育、社会教育、职业教育、印刷出版等业,并管理之;五、以共同的条件,得与其他合作社、公司、商店、工场、官营事业之管理局、所,

---

① "《集外集》版"漏一"官"字。
② 两种版本皆有此"立"字,疑为排版时误加的,应与第十六条相一致。
③ 原文"经费征收额征收法","《民国日报》版"将两个"征"字误为"惩","《集外集》版"标作"惩(征)收额惩(征)收法"。
④ 原文"并管理之","《民国日报》版"误作"管之理","《集外集》版"予以纠正。
⑤ 参照上述第三款,应是"以工人之公共利益为目的","《民国日报》版"漏一"之"字,"《集外集》版"补上。

得①缔结雇佣契约;六、同业者之职业介绍,行五、六两款之职务时,不得以任何名义分取就业者之利益;七、主张并防卫同业者②之利益,但不得有强暴胁迫情事;八、凡遇雇主与佣人有争执事件后,对于各当事者发表或征集意见,并调处之;九、调查同业者之就业、失业,制成统计;十、调查劳动者经济及生活状况。

第八条　工会之职务由委员会处理之。委员会由各该工会会员以投票法于会员内选举七人以上之委员组织之。委员得因事之繁简互选若干人为职员,执行事务。

第九条　成年之男女劳动者,得自由为工会会员,且得自由退会。

第十条　非从事于各该工会所属之业务一年以上,且现从事于其业者,不得为该工会职员③。

第十一条　工会对于会员不得设有等级之差别。

第十二条　工会经常会费之征收,不得超过会员收入百分之三,但会员自愿多纳者不在此限。

第十三条　工会之基金及关于第七条第三、四款所定事业之经营,除该工会会员自愿认捐外,得受省、县及其他公共团体之补助。

第十四条　工会所有之下列各项财产,非依法律不得没收:一、基金;二、集会所、图书馆、研究所、试验所、学校以及关于共济、生产、消费、住宅保险等合作事业之动产与不动产。

第十五条　工会每年应将该工会下列各事项造具统计表册,呈报于所注册之地方官署:一、职员④姓名及其履历;二、会员之人数、入会、退会及其就业、失业、死亡、伤害之状况;三、财产状

---

① 两种版本的第五款皆有两个"得"字,后一"得"字似是多余的。

② "《集外集》版"漏一"者"字。

③ "《民国日报》版"将"职员"误作"职务","《集外集》版"予以改正。

④ "《民国日报》版"将"职员"误作"职业","《集外集》版"标作"职业(员)"。

况；四、事业之成绩；五、争执事件之有无及其经过。

第十六条　地方官署对于所辖区域内之各工会报告，每年一次，应汇编统计表册及状况说明书，呈报中央及省之主管官署。

第十七条　依本条例所设立之工会，得以两工会以上之结合组织工会联合会，适用①本条例之规定。

第十八条　违反本条例之工会职员，审判厅因检察厅之论告，得科以五元以上、五十元以下之罚金，并得取消其职员之资格②。关于③本条例第四条、第十五条所规定之事项，工会发起人及职员为虚伪之呈报，或不呈报者，审判厅因检察厅之论告，得科以十元以上、百元以下之罚金。

第十九条　关于工会之解散及清算，准遵（适）④用商会法第三十二条至三十八条之规定。

第二十条　本条例自公布日施行。

第三节　"护法"军政府的司法机关和司法改革

一、整顿司法，明令撤销地方行政长官兼督司法的规定（1918 年 2 月 23 日）

据上海《民国日报》1918 年 3 月 3 日报道："军政府撤销行政长官监督司法权实行司法独立"，指出：各省区行政长官监督司法，本系袁

---

① 两种版本皆印作"结会"和"计用"。参照 1924 年《修正工会条例》第一条、第六条及第二十条，"结会"应是"结合"，"计用"应是"适用"。

② 两种版本皆印作"并得其资格职员之取消"，疑为"并得取消其职员之资格"的误排。

③ "《民国日报》版"漏一"于"字，"《集外集》版"标作"关（于）"。

④ 两种版本皆印作"遵用"，可能是"适用"的误排。注：1924 年《修正工会条例》的变化情况，请参阅本书第二章第十七节。

世凯政府一种秕政,遂使法治精神扫地殆尽。待共和恢复后,段祺瑞当国,又复授意于前司法总长竟又效之,以致司法黑暗达于极点。军政府内政部有鉴于此,已呈孙大元帅明令撤销,暂由内政部管理,以维持司法独立精神。

1918 年 2 月 23 日,大元帅孙中山《批内政部呈令》指出:"内政部呈请明令撤销地方行政长官监督司法,以维司法独立。查三权分立,约法具有明文。以行政长官监督司法,实为司法独立之障碍。军政府以护法为职志,自宜遵守约法上之规定。所请撤销地方行政长官监督司法,应即照准。至司法行政及筹备司法事务,应暂由内政部管理。此令。"①内政部于奉命后,除咨行本省都军省长查照办理外,并训令本省高等地方审检各厅遵照办理。

"护法"军政府成立时,决定在广东省内设立高等审判厅和高等检察厅,以及地方审判厅和地方检察厅。任命秦树勋为广东高等审判厅厅长,张仁普为广东高等检察厅检察长,陈其权为广州地方审判厅厅长,林翔为广州地方检察厅检察长,陈养愚署理澄海地方审判厅厅长,陈其植署理澄海地方检察厅检察长②。

司法行政事宜,最初由内政部管理。1918 年 3 月,内政部曾呈请设立司法部,并由非常国会选举司法总长。但在此期间并未完成这一法律程序。

二、建立独立于北洋政府的审判系统,制定《大理院暂行章程》
(1918 年 4 月 22 日公布)

广州"护法"军政府为了独立行使最高审判权,建立了与北洋政府

---

① 《孙中山全集》第四卷,中华书局,1985 年,第 352 页。
② 参见《孙中山全集》第四卷,中华书局,1985 年,第 544—608 页所附:《大元帅府简任人员职务姓名录》、《大元帅府荐任人员职务姓名录》。

相对立的大理院。

孙中山于 1918 年 2 月 18 日发布《咨国会非常会议请设大理院文》："案据内政部呈称,窃维司法机关,原为保护人民而设。……查司法机关有三审四级之别,其最高终审机关设于中央。惟是中央政府今既非法罔民,失其威信,各省相继独立自主。当此中央与护法各省关系断绝之秋,人民遇民刑诉讼事件,无最高终审机关为之处理。在押犯人,有久困囹圄,法外受刑者;有含冤茹痛,末由申诉者。夫以护法之人,处护法之时,而转令人民失其法律之保护,为政不仁,莫此为甚。故欲期克尽保护人民之责任,为人民谋享受法律保护之幸福,舍从速设立最高终审机关之大理院,其道无由。……我国现在既无成法可为依据,似宜鉴时势之要求,采邻邦之法制。请钧座咨请国会,即行提议,筹设大理院并选举大理院长。……所有拟请咨由国会提议设立大理院并选举院长缘由,是否有当,理合备文呈请等情。据此相应咨行贵会查照议决施行。"①

开始时,由内政部拟制了《大理院组织大纲》,经非常国会审议,认为如制定《大理院组织大纲》须俟国会正式开会决定,目前可代以《大理院暂行章程》。

1918 年 4 月 13 日《大元帅命居正体察应否设终审机关令》："令署理内政总长居正。前将大理院组织大纲案咨交国会非常会议,兹准咨复,于本月十四日开会。据审查报告内称:"此案经众讨论决议,俟国会正式开会后再议。至目前对于应设终审机关,可由军政府按照法院编制法办理,即经大会可决"等因。仰该总长体察情形,

① 《孙中山全集》第四卷,中华书局,1985 年,第 341—342 页。

如有设立终审机关之必要,即拟具办法,呈候令遵可也。"①按此,内政部拟制《大理院暂行章程》8 条,于 1918 年 4 月 22 日以大元帅令公布实施。

《大理院暂行章程》②规定:大理院为中华民国最高审判衙门,于"护法"期内,依法院编制法之规定,暂行设于广州。大理院置院长一人、推事五人、候补推事二人。大理院暂设一庭,审理民刑诉讼,由院长指定推事一人为庭长。总检察厅设检察长一人、检察官一人。大理院、总检察厅各员之职务、权限办事方法,依法院编制法及各级审判厅试办章程并按诉讼律管辖各节及其他法令所定办理。本章程施行期间,自大元帅核准大理院开办之日为始,俟国会正式开会议决大理院组织大纲颁行后,本章程即停止施行。

此外,军政府审定律师与甄别法官的规定。据 1918 年 4 月 3 日上海《民国日报》报道:(一)军政府内政部在粤省司法机关由军政府直接收管后,规定所有北京方面新颁到粤之律师,概由本部审定资格,发给证书,始得执行公务,以表示与北京政府完全脱离关系。(二)任用法官亦非常慎重。所有新发表人员,概系代理,须俟三个月试用期满后,再行切实甄别,准予补署,以定其去留。

---

① 《孙中山全集》第四卷,中华书局,1985 年,第 444—445 页。《法院编制法》原为清朝政府于 1910 年 2 月 7 日(宣统元年十二月二十八日)公布。辛亥革命后,经南京临时政府大总统孙中山的咨请参议院于 1912 年 4 月 3 日通过《新法律未颁行前暂适用旧有法律案》,包括《法院编制法》等 7 部法律。但需由法制局将各种法律中与民主国体抵触各条签改后,交由参议院议决公布。因 4 月 3 日后,南京临时政府各机关皆停止办公北迁,没有完成这一立法程序。1918 年 4 月 22 日大元帅孙中山公布的《大理院暂行章程》等于补办了这一法律程序。

② 《孙中山全集》第四卷,中华书局,1985 年,第 461—462 页。

三、大理院拟定"除弊考绩整顿司法十条"①（1923 年 5 月 30 日）

1923 年 5 月 30 日，大元帅指令第 219 号批准大理院"除弊考绩整顿司法十条"，其要点是：

积案之清理，实对于人民之生命财产有莫大之关系，进行不容或缓。查近年司法腐败，以粤省为最，于事实上无可讳言。推事之贪贿，手段不一，然大要必先将案搁置，予诉讼人以运动之时机，诉讼人知其志在索贿，势必生一种败诉之恐慌，由是争相贿托，惟恐居后。欲除此弊，莫若使之将案速结。改良之道正多，而急治其标，则尤以除弊与考绩二者为先务。为此，提出以下临时办法：

责成各厅长或监督推事，限令每员每月结案若干，则先交与十件，俟其结一件再续交一件。无论新旧案件，概归长官保存，不使积压于推事手中。如发交各案中如确有特殊情形，不能依限办结者，准于该推事附以理由，将案送还长官。如长官认为正当，即将该案交该推事延期若干日判结。如认为理由欠当，即将该案改分其他推事审理。倘若任意延滞，则由该长官开列职名，呈请惩戒。

关于法官之考绩办法，则规定如法官所结之案件有十件上诉，其中如有五件为上诉审所推翻者，去之；不及五件者，留之。其去之者，即非贪贿，而其法律知识亦必不足。此即古人所谓："不贪不明，尤甚于贪而不明，诚非苛论。"

对于检察官则规定无论所拟为何种罪名，倘于侦察期限届满后，尚不能搜获罪证者，应即将在押人交保候审。对于检察官之考绩，则应以其起诉意见书，与审庭判决相比较，以视二者之符合与否，作为去

---

① 《陆海军大元帅大本营公报选编》，中国社会科学出版社，1981 年，第 75—76 页。

留之标准,其办法大体与上述推事相同。

  上述"护法"军政府的法制建设实施后,受到社会舆论的好评。例如上海《民国日报》1922年4月7日所载署名"燧石"的评论文章《正式法院进步之趋势》指出:广州军政府在司法方面颇有急激进化之势。当时如治安警察法、惩治盗匪法,均为袁世凯一人钳制舆论、侵害自由、屠杀善良之工具。自徐谦君回司法部时,即提出政务会议以命令废止。又如贩卖猪仔,为广东社会唯一恶俗,刑律反无治罪之明文,特设贩运人口出国治罪条例八条。又将民刑诉讼草案,依据南京临时参议院之决议,公布施行,适用为民国法律,于是法院办理诉讼案件,始有井然之秩序,不复如前此之东鳞西爪矣。及正式政府成立,徐君调任大理院长,司法行政暂仿美制,改由大理院兼管,于内部大加改造。院长下设主任办事员、书记官,专办司法行政事务。人少而事举,费减而功半,成绩显著。就中如颁布民事刑事羁押被告人条例、废止刑律补充条例、停止刑律中同盟罢工治罪文,乃提出人身保护条例草案、禁止蓄婢命令等,尤为荦荦大者。又就广东一省而论,筹设司法独立,未及一年,全省各县法院完全成立,于原有高等审判厅检察厅及广州、澄海两地方审检厅及顺德、东莞、新会、香山、台安、潮阳等七县分庭外,复增设高要、惠阳、曲江、合浦、茂名、琼山等六地方审检厅,并增城等县78分庭。全省司法经费原额为40万元,现已增至百十余万元。且此类法官俸给并不甚丰,而谨慎奉公,案无留牍,狱无久羁待决之犯,实为广东司法界之特色。新政府大理院实行统辖权,原来只广东一省,自援桂告终,对广西全省法院遂实行管辖矣。近则对于湖南法院亦实行管辖矣。其他如川云贵诸省,因道途梗阻,送案维艰,或因政变叠生,未暇及此,然尽力谋统一。此外,如清理前清所遗刑事未决监犯,斟酌减刑,亦甚协乎舆情,合乎法理,而桂系政治犯徐傅霖,于判决后即蒙特赦,尤见用法宽大,刑期无刑之微意也。

以上评述,对于研究当时的司法改制状况,具有一定参考价值。

第四节　陆海军大元帅大本营及其立法概述
(1923—1924 年)

一、陆海军大元帅大本营的建立

1922 年孙中山在陈炯明叛乱之后,再次来到上海,历史事实使之认识到"护法"不能解决中国的政治问题,即着手总结历史经验,寻求新的革命途径。正在这时,共产国际和中国共产党人伸出援助之手。孙中山"欢迎俄国人对中国人的帮助,欢迎中国共产党同他合作"①,从此,孙中山便积极筹备对中国国民党的改组工作。1922 年 9 月 4日,孙中山在上海召开改进国民党的会议,邀请李大钊作为起草委员。11 月 15 日孙中山主持开会审议中国国民党改进案。1923 年 1 月 1 日孙中山发表《中国国民党宣言》和《中国国民党党纲》。

1923 年 1 月,滇桂联军进驻广州,陈炯明率部逃至惠州。孙中山在 1923 年 2 月 21 日由上海回到广州。3 月 1 日在广州建立大元帅大本营。全称为"中华民国陆海军大元帅大本营",是当时在广州建立的最高军政领导机关。孙中山就任陆海军大元帅职。

大本营的组织机构和负责人选是:

内政部　谭延闿任部长(后为徐绍桢继任)

财政部　廖仲恺任部长(未到任前邓泽如兼理,后为叶恭绰继任)

军政部　程潜任部长

外交部　伍朝枢任部长

---

① 《毛泽东选集》第四卷,人民出版社,1991 年,第 1471 页。

　　海军部　汤廷光任部长

　　参谋部　李烈钧任部长

　　秘书处　杨庶堪任秘书长

　　法制局　古应芬任局长

　　审计局　刘纪文任局长

　　会计司　王棠任司长

　　庶务司　陈兴汉任司长

　　金　库　林云陔任库长

　　军法处　罗翼群任处长

　　另有胡汉民任总参议,朱培德任参军长,蒋中正任参谋长(未就任,改任张开儒),赵士北任大理院院长。

　　1924年1月4日,孙中山《在大本营军政会议的发言》中总结护法运动,确定大本营的任务时,曾指出:"现在护法可算终了,护法名义已不宜援用。因数年来吾人护法之结果,曹、吴①辈毁法之徒,反假护法之名恢复国会。北京国会恢复之后,议员丑态贻笑中外,实违反全国民意。今日不当拥护猪仔国会。予在沪未回粤时,尚冀曹、吴辈觉悟,故力倡和平统一。至回粤后,只用大元帅名义统驭各军。乃曹、吴辈利用沈、陈②诸逆祸粤,是和平已无望。今日应以革命精神创造国家,为中华民国开一新纪元。"要组织正式的政府,"因目前政府地位,外交团常视同一地方政府,外交上极受影响"。经过大本营军政会议讨论,"最后表决,多数赞成定为建国政府,即交大本营各部长筹备"③。

　　可见,大元帅大本营就是正式成立建国政府(后定为国民政府)前

---

① 是指当时掌握北京政府的直系军阀曹锟、吴佩孚。

② 是指盘踞广东的地方军阀沈鸿英、陈炯明。

③ 《孙中山全集》第九卷,中华书局,1986年,第10—11页。

的过渡政权。其基本任务是筹备北伐,首先讨平盘踞东江的陈炯明叛军,使广东真正做到军政财政的统一,为北伐战争奠定巩固的革命根据地。

1924 年 11 月冯玉祥在北京发动推翻曹、吴统治的政变后,冯玉祥与段祺瑞等邀请孙中山北上,共商国是。孙中山于 11 月 10 日发表《北上宣言》,13 日离粤北上。在 11 月 4 日孙中山发布命令宣布:"本大元帅现因统一、建设等要务,启行北上。除仍由大本营总参议胡汉民留守广州代行大元帅职权外,所有大本营关于北伐事宜,着由建国军北伐总司令谭延闿全权办理,北伐各军概归节制调遣。"①因此,大元帅大本营一直延续到 1925 年 7 月 1 日广州国民政府成立。

二、1923—1924 年大元帅大本营的主要立法

《大本营会计司官制》②(1923 年 3 月 16 日大元帅孙中山公布)。

《大本营庶务司官制》③(1923 年 3 月 30 日大元帅孙中山公布)。

《大本营庶务司办事细则》④(1923 年 3 月 30 日大元帅孙中山公布)。

《严查抢劫案犯》⑤(1923 年 4 月 2 日大元帅孙中山公布)。

《严查擅入民家劫财伤人案犯》⑥(1923 年 4 月 6 日大元帅孙中山公布)。

《大本营军政部军法处组织条例》⑦(1923 年 4 月 24 日大元帅孙

---

① 《孙中山全集》第十一卷,中华书局,1986 年,第 279 页。
② 《陆海军大元帅大本营公报》1923 年第 2 号。
③ 《陆海军大元帅大本营公报》1923 年第 4 号。
④ 《陆海军大元帅大本营公报》1923 年第 4 号。
⑤ 《陆海军大元帅大本营公报》1923 年第 5 号。
⑥ 《陆海军大元帅大本营公报》1923 年第 7 号。
⑦ 《陆海军大元帅大本营公报》1923 年第 9 号。

中山公布)。

关于清理监狱整顿司法的训令三则①(1923 年 4 月 6 日,5 月 21 日,5 月 30 日)。

《整顿司法十条》②(1923 年 5 月 25 日大理院拟制,同年 5 月 30 日大元帅指令核准)。

《临时军律》③(1923 年 6 月 27 日大元帅孙中山公布)。

1923 年 7 月 4 日,大元帅孙中山宣布广东西江为戒严区域,并制定《西江沿岸警备区域临时戒严条例》、《西江船舶检查所组织条例》、《西江船舶检查所执行规则》④。

1923 年 7 月 19 日,大元帅孙中山颁布《律师暂行章程》⑤8 章 38 条。章名是:职务、资格、证书、名簿、义务、公会、惩戒、附则。这是由革命政权公布的早期律师法规。

1923 年 8 月 7 日,大元帅孙中山核准公布广东财政厅制定的《广东全省经界总局规程》⑥,决定隶属于财政厅的经界局掌理全省的屋宇田土清丈事宜。

1923 年 8 月 10 日,大元帅孙中山核准公布财政部制定的《整理省银行纸币办法总纲》,并附有《检验前广东省银行纸币办法》、《整顿广东省银行纸币委员会章程》、《有价证券消纳纸币办法》、《银行股本消纳纸币办法》、《公款收入消纳纸币办法》⑦等。

1923 年 8 月 28 日,大元帅孙中山核准公布财政部制定的《广东造

---

① 《陆海军大元帅大本营公报》1923 年第 7、13、14 号。

② 《陆海军大元帅大本营公报》1923 年第 14 号。

③ 《陆海军大元帅大本营公报》1923 年第 18 号。

④ 《陆海军大元帅大本营公报》1923 年第 19 号。

⑤ 《陆海军大元帅大本营公报》1923 年第 21 号。

⑥ 《陆海军大元帅大本营公报》1923 年第 24 号。

⑦ 《陆海军大元帅大本营公报》1923 年第 25 号。

币余利凭券条例》、《广东造币余利凭券基金委员会章程》①。

1923 年 8 月 31 日,大元帅孙中山核准公布大本营《内政部视学规程》、《内政部视学支费暂行规则》②。

1923 年 8 月 31 日,大元帅孙中山指令公布《大元帅行营金库组织章程》③。

1923 年 9 月 13 日,大本营内政部公布《管理医生暂行规则》、《管理医生暂行规则施行细则》、《医生资格审查委员会简章》④。

1923 年 9 月 24 日,大元帅孙中山核准建设部制定《暂行工艺品奖励章程》⑤。

1923 年 9 月 28 日,大元帅孙中山训令公布《征收广东全省爆竹类印花税暂行章程》、《招商承办广东全省爆竹类印花税暂行章程》⑥。

1923 年 10 月 18 日,大元帅孙中山核准公布财政部制定的《广东都市土地税条例》⑦5 章 37 条。章名是:总则、普通地税、地价之判定及登记、变通地税之纳税人、土地增价税。并附有"说明"6 条,准予在广州市试行征收土地税。

1923 年 10 月 31 日,大元帅孙中山核准公布建设部制定的《国有荒地承垦条例》⑧6 章 30 条,章名是:总纲、承垦、保证金及竣垦年限、评价及所有权、罚则、附则。

1923 年 11 月 6 日,大元帅孙中山核准公布财政部制定的《广东田

---

① 《陆海军大元帅大本营公报》1923 年第 27 号。
② 《陆海军大元帅大本营公报》1923 年第 28 号。
③ 《陆海军大元帅大本营公报》1923 年第 28 号。
④ 《陆海军大元帅大本营公报》1923 年第 31 号。
⑤ 《陆海军大元帅大本营公报》1923 年第 32 号。
⑥ 《陆海军大元帅大本营公报》1923 年第 33 号。
⑦ 《陆海军大元帅大本营公报》1923 年第 34 号。
⑧ 《陆海军大元帅大本营公报》1923 年第 36 号。

土业佃保证章程》、《广东全省田土业佃保证局组织简章》①。

1923 年 11 月 9 日,大元帅孙中山指令公布《国有林开放规则》②。

1923 年 11 月 21 日,大元帅孙中山核准公布由广东地方善后委员会转呈的《广州市民业保证条例》③14 条,令广州市长遵照办理。

1923 年 12 月 7 日,大元帅孙中山指令公布《甄别律师委员会章程》④。

1923 年 12 月 14 日,大元帅孙中山核准公布财政部《特设广东沙田验领部照处简章》和《广东沙田验领部照章程》⑤。

1923 年 12 月 21 日,大元帅孙中山指令公布《北江商运局暂行章程》和《广东全省船民自治联防督办公署暂行章程》、《广东全省船民自治联防通则》⑥。

1923 年 12 月 26 日,大元帅孙中山核准公布内政部制定《内政部侨务局章程》⑦。

1924 年 1 月 8 日,大元帅孙中山核准公布《财政委员会章程》⑧。

1924 年 1 月 11 日,大本营内政部公布《侨务局经理华侨注册简章》、《内政部侨务局保护侨民专章》、《大本营内政部侨务局办事细则》⑨。

1924 年 1 月 21 日,大元帅孙中山核准公布财政部《确定民业执照

---

① 《陆海军大元帅大本营公报》1923 年第 37 号。
② 《陆海军大元帅大本营公报》1923 年第 38 号。
③ 《陆海军大元帅大本营公报》1923 年第 39 号。
④ 《陆海军大元帅大本营公报》1923 年第 40 号。
⑤ 《陆海军大元帅大本营公报》1923 年第 41 号。
⑥ 《陆海军大元帅大本营公报》1923 年第 42 号。
⑦ 《陆海军大元帅大本营公报》1923 年第 42 号。
⑧ 《陆海军大元帅大本营公报》1924 年第 1 号。
⑨ 《陆海军大元帅大本营公报》1924 年第 1 号。

条例》《大本营财政部有利支付券条例》①。

1924 年 1 月 15 日,大元帅孙中山核准公布《军人乘车章程》②。

1924 年 1 月 16 日,大元帅孙中山核准公布《广东全省船民自治联防保澳团暂行章程》③。

1924 年 1 月 16 日,大元帅孙中山核准公布《禁烟条例》④。

1924 年 1 月 20 日,大元帅孙中山核准公布内政部《检查医生执照专员简章》⑤。

1924 年 1 月 20 日,大元帅孙中山指令公布《广东全省船民自治联防督办公署调查船民户口暂行章程》⑥。

1924 年 1 月 26 日,大元帅孙中山核准公布《船民输纳自治联防经费暂行章程》《发给旗灯暂行条例》《查验枪炮照暂行章程》⑦。

1924 年 2 月 14 日,大元帅孙中山核准公布建设部拟制的《权度法》及其所附《权度营业特许法》《权度法施行细则》及《官用权度器具颁发条例》,均自 1924 年 6 月 1 日广州市区内施行。又于同年 3 月 28 日核准公布《权度检定所暂行章程》⑧。

1924 年 2 月 14 日,大元帅孙中山核准公布建设部拟定《商标法》及《施行细则》⑨。但须将"法"改为"条例"。

1924 年 3 月 10 日,大元帅孙中山核准公布《商标注册所暂行章

---

① 《陆海军大元帅大本营公报》1924 年第 2 号。
② 《陆海军大元帅大本营公报》1924 年第 2 号。
③ 《陆海军大元帅大本营公报》1924 年第 2 号。
④ 《陆海军大元帅大本营公报》1924 年第 2 号。
⑤ 《陆海军大元帅大本营公报》1924 年第 2 号。
⑥ 《陆海军大元帅大本营公报》1924 年第 2 号。
⑦ 《陆海军大元帅大本营公报》1924 年第 4 号。
⑧ 《陆海军大元帅大本营公报》1924 年第 5 号。
⑨ 《陆海军大元帅大本营公报》1924 年第 6 号。

程》、《广东筹饷总局组织大纲》、《统一财政委员会办事细则》、《禁烟总分局章程》、《禁烟制药广东总所章程》①。

1924 年 3 月 20 日,大元帅孙中山核准公布《修正大本营财政部官制草案》②。

1924 年 4 月 10 日,大元帅孙中山核准公布《财政部取缔广东全省"奥可加"(酒精)暂行章程》③。

1924 年 4 月 20 日,大元帅孙中山核准公布《陆海军审计条例》④。

1924 年 6 月 24 日,中国国民党中央农民部提出,大元帅孙中山核准公布《农民协会章程》⑤。

1924 年 8 月 13 日,大元帅孙中山公布《大学条例》⑥。

1924 年 8 月 13 日,大元帅孙中山公布《中央督察军组织条例》⑦。

1924 年 8 月 26 日,大元帅孙中山公布《考试院组织条例》、《考试条例》、《考试条例施行细则》⑧。

1924 年 10 月 1 日,大元帅孙中山颁布《修正工会条例》⑨。

1924 年 10 月 10 日,大元帅孙中山颁布《赣南善后条例》、《江西地方暂行官吏任用条例》、《赣南善后会议暂行细则》、《赣南善后委员会各职员之职责及化费暂行细则》、《赣南征发事宜细则》⑩。

---

① 《陆海军大元帅大本营公报》1924 年第 7 号。
② 《陆海军大元帅大本营公报》1924 年第 8 号。
③ 《陆海军大元帅大本营公报》1924 年第 10 号。
④ 《陆海军大元帅大本营公报》1924 年第 11 号。
⑤ 《陆海军大元帅大本营公报》1924 年第 18 号。
⑥ 《陆海军大元帅大本营公报》1924 年第 23 号。
⑦ 《陆海军大元帅大本营公报》1924 年第 23 号。
⑧ 《陆海军大元帅大本营公报》1924 年第 24 号。
⑨ 《陆海军大元帅大本营公报》1924 年第 28 号。
⑩ 《陆海军大元帅大本营公报》1924 年第 30 号。

　　自孙中山于 1924 年 11 月离粤北上之后,大元帅大本营再未以孙中山名义公布新的法规。

　　以上法规的基本内容,有选择地并入第二章中分别进行阐述。

第二章
国民党的改组与广州国民政府的法制建设

（1924—1926 年）

第一节　国民党的改组与《中国国民党第一次全国代表大会宣言》

一、中国国民党第一次全国代表大会的召开

1923 年 6 月 12 日，在广州召开的中国共产党第三次全国代表大会，专门讨论了同孙中山领导的中国国民党建立革命统一战线问题。会议决定实行国共合作，共产党员以个人身份加入国民党，同时保持共产党地政治上、思想上和组织上的独立性。会后派出代表积极帮助国民党筹备改组工作。

中国国民党第一次全国代表大会，在 1924 年 1 月 20 日至 30 日于广州召开。1 月 23 日大会通过《中国国民党第一次全国代表大会宣言》和《中国国民党总章》，以及其他决议案，包括《组织国民政府之必要提案》、《国民政府建国大纲》和《海关问题案》等。大会选出有共产党人参加的中央执行委员 24 人，候补执行委员 17 人，组成中央执行

委员会;并选出监察委员、候补委员各 5 人,组成中央监察委员会。这次大会使国民党获得了新生,标志着具有伟大历史意义的第一次国共合作的正式建立。

二、《中国国民党第一次全国代表大会宣言》①确定了国民政府的施政纲领和立法方针

该宣言分为三个部分:中国之现状;国民党之主义;国民党之政纲。集中到一点就是以反帝反封建的革命精神和"联俄、联共、扶助农工"的三大政策,丰富发展了孙中山的三民主义,并提出了对内对外的政策方针。

1.关于民族主义　包括两个方面。一则"中国民族自求解放"。"其目的在使中国民族得自由独立于世界。"因而提出"一切不平等条约,如外人租借地、领事裁判权、外人管理关税权以及外人在中国境内行使一切政治的权力侵害中国主权者,皆当取消,重订双方平等互尊主权之条约"。二则"中国境内各民族一律平等",并于反帝反封建革命胜利后,组成各民族自由联合的统一国家。

2.关于民权主义　《宣言》批判了资产阶级的民权制度,要实施平民大众的民权。指出"近世各国所谓民权制度,往往为资产阶级所专有,适成为压迫平民之工具。若国民党之民权主义,则为一般平民所共有,非少数得所得而私也"。因而在对内政策中,提出实和普通选举制,废除以资产为标准之阶级选举;厘定各种考试制度,确定人民有集会、结社、言论、出版、居住、信仰之完全自由权;在法律上、经济上、教育上、社会上确认男女平等之原则,助进女权之发展。《宣言》还明确

---

① 　以下所有该宣言的引文,皆录自荣孟源主编:《中国国民党历次代表大会及中央全会资料》(上),光明日报出版社,1985 年,第 11—22 页。

提出实现民权主义的政策界限,即"凡真正反对帝国主义之为个人及团体,均得享有一切自由及权利;而凡卖国罔民以效忠于帝国主义及军阀者,无论其为团体或个人皆不得享有此等自由及权利"。也就是要保障革命人民的各项民主权利,必须剥夺一切与帝国主义、封建军阀相勾结的反动分子的权利。即实行各革命阶级的民主专政。

3.关于民生主义 原则有二。"一曰平均地权。"制定土地法,以解决农民的土地问题。以后孙中山又提出"二五减租"和"耕者有其田"的口号。同时还规定"制定劳工法,改良劳动者之生活状况,保障劳工团体并扶助其发展"。此即扶助农工政策的具体体现。"二曰节制资本。""凡本国人及外国人之企业,或有独占的性质,或规模过大为私人力所不能办者,如银行、铁道、航路之属,由国家经营管理之,使私有资本制度不能操纵国民之生计,此则节制资本之要旨。"

总之,改组后的国民党,注入了新的生命,确定了与国际国内革命势力合作,而向帝国主义封建势力进行斗争的革命原则。因而这个《宣言》便成为国共合作的政治基础,也是国民党的国民政府的施政纲领和立法原则。

上述施政纲领,以后又在1926年1月国民党第二次全国代表大会,1926年10月国民党中央执行委员及省区联席会议,以及1927年3月国民党第二届第三次中央全会通过的若干重要决议案和条例,得到补充和发展。这些纲领条例,在中国共产党人和国民党左派人士的积极努力下,对开展反帝斗争、发动工农运动以及推动北伐战争方面,都发挥了十分重要的作用。

三、毛泽东对《中国国民党第一次全国代表大会宣言》的评述

毛泽东在《新民主主义论》中,对这一宣言做出以下精辟论述:

(一)反帝反封建的口号和联俄、联共、扶助农工三大政策,是新三

民主义的重要标志。指出：在政治上形成了这个各阶级的统一战线，这就是第一次国共两党的合作。孙中山先生之所以伟大，不但因为他领导了伟大的辛亥革命（虽然是旧时期的民主革命），而且因为他能够"适乎世界之潮流，合乎人群之需要"提出了联俄、联共、扶助农工三大革命政策，对三民主义作了新的解释，树立了三大政策的新三民主义。在这以前，它是旧三民主义，这种三民主义是被人们看成为一部分人为了夺取政府权力，即是说为了做官，而临时应用的旗帜，看成为纯粹政治活动的旗帜。在这以后，出现了三大政策的新三民主义。由于国共两党的合作，由于两党革命党员的努力，这种新三民主义便被推广到了全中国。这种革命的三民主义，成了国共两党和各个革命阶级的统一战线的政治基础，"共产主义是三民主义的好朋友"，两个主义结成了统一战线。以阶级论，则是无产阶级、农民阶级、城市小资产阶级、资产阶级的统一战线①。

　　（二）三民主义和共产主义的异同点。毛泽东指出：三民主义和共产主义两个主义比较起来，有相同的部分，也有不同的部分。第一，相同部分。这就是两个主义在中国资产阶级民主革命阶段上的基本政纲。一九二四年孙中山重新解释的三民主义中的革命的民族主义、民权主义和民生主义这三个政治原则，同共产主义在中国民主革命阶段的政纲，基本上是相同的。由于这些相同，并由于三民主义见之实行，就有两个主义两个党的统一战线。忽视这一方面，是错误的。第二，不同部分。则有：（1）民主革命阶段上一部分纲领的不相同。共产主义的全部民主革命政纲中有彻底实现人民权力、八小时工作制和彻底的土地革命纲领，三民主义则没有这些部分。如果它不补足这些，并

①　参见《新民主主义论》，《毛泽东选集》第二卷，人民出版社，1991年，第700—701页。

且准备实行起来,那对于民主政纲只是基本上相同,不能说完全相同。(2)有无社会主义革命阶段的不同。共产主义于民主革命阶段之外,还有一个社会主义革命阶段,其最高纲领就是实现社会主义和共产主义社会制度的纲领。三民主义则只有民主革命阶段,没有社会主义革命阶段。因此它就只有最低纲领,没有最高纲领。(3)宇宙观的不同。共产主义的宇宙观是辩证唯物论和历史唯物论,三民主义的宇宙观则是所谓民生史观,实质上是二元论或唯心论,二者是相反的。(4)革命彻底性的不同。共产主义者是理论和实践一致的,即有革命彻底性。三民主义者除了那些最忠实于革命和真理的人们之外,是理论和实践不一致的,讲的和做的互相矛盾,即没有革命彻底性。由于这些不同,共产主义者和三民主义者之间就有了差别。忽视这种差别,也是错误的①。

(三)强调工人阶级领导的重要性。毛泽东在另一篇文章《论人民民主专政》中指出:一九二四年,孙中山亲自领导的有共产党人参加的国民党第一次全国代表大会,通过了一个著名的宣言。这个宣言上说:"近世各国所谓民权制度,往往为资产阶级所专有,适成为压迫平民之工具。若国民党之民权主义,则为一般平民所共有,非少数人所得而私也。"除了谁领导谁这一个问题以外,当作一般的政治纲领来说,这里所说的民权主义,是和我们所说的人民民主主义或新民主主义相符合的。只许为一般平民所共有、不许为资产阶级所私有的国家制度,如果加上工人阶级的领导,就是人民民主主义专政的国家制度了②。

---

① 参见《新民主主义论》,《毛泽东选集》第二卷,人民出版社,1991 年,第 687—688 页。

② 参见《论人民民主专政》,《毛泽东选集》第四卷,人民出版社,1991 年,第 1477—1478 页。

今天重温上述论述,对于正确理解与研究第一次国共合作及广州武汉国民政府的法制建设,具有重要指导意义。

四、改组后的中国国民党和国民政府的政权性质——国共合作的联合政府

关于改组后的国民党和广州、武汉国民政府的政权性质问题,历史早有定论。1945 年 4 月 20 日中国共产党六届七中全会通过的《关于若干历史问题的决议》明确指出:"在一九二四年至一九二七年革命时期,由于国共合作建立了联合政府,当时的根据地是以某些大城市为中心的,但是即在那个时期,也必须在无产阶级领导下建立以农民为主体的人民军队,并解决乡村土地问题,以巩固根据地的基础。"①此即确定它是第一次国内革命战争时期建立的国共合作的联合政府。

这个联合政府的阶级内容是:共产党同国民党"共同领导"的,"无产阶级在不同程度上参加了的,小资产阶级、资产阶级以及一部分地主阶级联合的,带有不同程度的新民主主义色彩的专政"②。这一结论,是经过审慎斟酌的,是符合当时实际情况的。

关于"共同领导"的论断,是毛泽东于 1945 年 5 月 31 日《在中国共产党第七次全国代表大会上的结论》中提出的。他说:"从前同孙中山合作时,我们说在孙中山领导之下,其实是共同领导。"③

毛泽东于 1948 年 9 月《在中共中央政治局会议上的报告和结论》

---

① 《毛泽东选集》第三卷,人民出版社,1991 年,第 974—975 页。
② 《关于废除伪法统》(新华社答读者问)1949 年"新华社陕北三月十四日电"。在这段引文的前面是:"一九二五年至一九二七年广州和武汉的政府是……"转引自 1949 年中国政法大学编印《司法业务参考材料》第 3 辑。
③ 《毛泽东文集》第三卷,人民出版社,1966 年,第 413 页。

中说:"我们政权的阶级性是这样:无产阶级领导的,以工农联盟为基础,但不是仅仅工农,还有资产阶级民主分子参加的人民民主专政。这个问题的提法,在我们党内有一个历史发展过程。大革命时期我们提的是'联合战线',当时右的理论是政权归国民党,我们以后再来革命。"①

关于武汉国民政府的政权性质,有的论著认为已与广州时期不同,变成工人、农民和小资产阶级的专政。这一论断是不确切的。周恩来在《关于党的六大的研究》一文中,明确指出"武汉政府当时不是工农小资产阶级的政府,还有谭延闿、孙科、唐生智等代表地主资产阶级的人物坐在政府中,汪精卫则是代表资产阶级的"②。在《论统一战线》一文中,周恩来又说:"汪精卫在大革命初期,是资产阶级的代表,在大革命中期,他很激进,接近小资产阶级,但是在武汉时期,他又转到大地主、大资产阶级方面去了。"③

周恩来在 1926 年 12 月撰写的《现实政治斗争中之我们》一文指出:"我们承认革命的中国国民党是中国国民革命的领导者,中国共产分子必须加入国民党共同奋斗。但这不是说中国共产党便失其独立性质而不应再有何种独立主张。国民党的联共政策和共产分子加入国民党,事实上是表示了两党的密切关系和国民党的领导地位,在这个原则之下,共产党除赞助国民党和国民政府之外,他还应为工农阶级在民主政治范围内提出政治上、经济上的要求,并督促国民党政府次第实施。"④

首先,应该指出,考察一个政权的组织体系不能只是从狭义的方面考察该政府的行政机关,应连同其权力机关(立法机关)和执行机关

---

① 《毛泽东文集》第五卷,人民出版社,1996 年,第 135 页。
② 《周恩来选集》上卷,人民出版社,1980 年,第 165 页。
③ 《周恩来选集》上卷,人民出版社,1980 年,第 208 页。
④ 《周恩来选集》上卷,人民出版社,1980 年,第 3 页。

（行政机关）进行全面系统的考察。从第一次国内革命战争时期的实际情况看，1924 年改组后的国民党，既是一个政治党派，又是当时历史条件下实行国共合作和各革命阶级联合统一战线的组织形式。从政权的组织结构看，国民党全国代表大会及其中央执行委员会，就是当时代行的国家最高权力机关，即国民政府的最高立法机关。依照国民党第一次全国代表大会通过的《中国国民党总章》的规定："本党最高机关为全国代表大会"，其主要职权是：制定修改本党政纲，决定应取之政策及策略，选举中央执行委员会和监察委员会。全国代表大会闭会期间，中央执行委员会为权力机关。1925 年 7 月公布的《中华民国国民政府组织法》明确规定："国民政府受中国国民党之指导及监督，掌理全国政务。"由此可见，国民党全国代表大会及其中央执行委员会，实际上执行着国家最高权力机关的职权，是一个临时的、代行的国家立法机关。因而它便构成这个"联合政府"中举足轻重的重要组成部分，即中枢决策机构。

其次，还应指出，在这个"国共合作"的、"共同领导"的"联合政府"中，中国共产党的领导作用究竟是如何体现的呢？从当时的实际情况看，既不是也不可能完全实现共产党的绝对领导，但也不是无所作为，毫无领导的；而是在不同时期、不同方面发挥了程度不同的领导作用。关于共产党的领导作用，需要从政治领导和组织领导两个方面，进行具体考察。

从政治纲领方面看，如上所述，中国共产党提出的反帝反封建的革命纲领，原则上为改组后的国民党所接受。孙中山将其倡导的三民主义，重新解释为具有反帝反封建内容的、实行联俄、联共、扶助农工三大政策的新三民主义。以后国民党召开的代表大会或中央全会通过的政纲决议案以及具有革命精神的法律条例，都是与共产党人的积极努力分不开的。

再从组织制度讲,国民党和国民政府的政治体制改革,皆采用集体领导的民主集中制的原则。在广州国民政府成立时,中国共产党虽然没有直接参加国民政府委员会,但却参加了作为决策机关的国民党中央执行委员会,发挥了参政议政和决定大政方针的作用。如1924年国民党第一届中央执行委员中,有共产党3人,谭平山、李守常(即李大钊)、于树德;候补中央委员中有7人:沈定一(即沈玄庐)、林祖涵(即林伯渠)、毛泽东、于方舟、瞿秋白、韩麟符、张国焘。在一届一次中央全会上,又推举谭平山为常务委员(共3人),负责处理中央执行委员会的日常事务。在中央党部中工作的共产党员有组织部长谭平山,秘书杨匏安,工人部秘书冯菊坡,农民部长林祖涵,秘书彭湃等①。

1926年1月国民党第二届中央执行委员中,有中共党员13人被选为执行委员或候补执行委员。执行委员7人:谭平山、林祖涵、李大钊、于树德、吴玉章、杨匏安、恽代英;候补委员6人:毛泽东、许苏魂、夏曦、韩麟符、董用威(即董必武)、邓颖超。另有高语罕为中央监察委员,江浩为候补监察委员。在二届一中全会上推举的中央执行委员会常务委员中,有中共党员3人:谭平山、林祖涵、杨匏安(如果不是陈独秀一再妥协退让,被选上的人数还会更多)。在中央党部工作的中共党员是:秘书处秘书谭平山、林祖涵、杨匏安,书记刘芬(即刘伯垂);组织部长谭平山,秘书杨匏安;宣传部代部长毛泽东,秘书沈雁冰;青年部秘书黄日葵;工人部秘书冯菊坡;农民部长林祖涵,秘书彭湃、罗绮园;外事部长彭泽民,秘书许苏魂;商业部秘书黄乐裕;妇女部秘书邓颖超②。他们在各自的岗位上,发挥了积极作用。

---

① 以上所列姓名和顺序,皆录自荣孟源主编:《中国国民党历次代表大会及中央全会资料》(上),光明日报出版社,1985年,第63、64、67页。

② 以上所列姓名和顺序,皆录自荣孟源主编:《中国国民党历次代表大会及中央全会资料》(上),光明日报出版社,1985年,第172—173页;第226—227页。

但是,在 1926 年 5 月召开的国民党二届二中全会上,国民党右派篡夺了中央的领导权,通过了限制、打击共产党的"整理党务案"。根据这一议案,蒋介石代替谭平山当上中央组织部长,顾孟馀代替毛泽东任宣传部长,甘乃光代替林伯渠任农民部长,叶楚伧代替刘伯垂任中央秘书处书记。

1927 年 3 月在武汉召开的国民党二届三中全会上,共产党人和国民党左派居于优势地位,中共党员在国民党中央领导机关中的地位,又有所增强;全会通过改选中央常务委员 9 人案,中共党员 2 人:谭平山、吴玉章。通过改选政治委员案,除常务委员 9 人兼政治委员外,选举林祖涵等 6 人为政治委员,谭平山为政治委员会 7 人主席团之一。通过改选国民政府委员案,在 28 名政府委员中,有谭平山、吴玉章。

总之,在第一次国共合作时期,改组后的国民党以及广州、武汉国民政府,是共产党参加领导的,由各革命阶级联合的,在一定程度上实现人民民主和对地主豪绅及一切反革命分子实行专政的,反帝反封建的联合政府。因而它才被称作"国共合作"的"带有不同程度的新民主主义色彩的专政"。从这个意义上说,它既不同辛亥革命时期在南京建立的资产阶级临时政府,也与当时与之对立的北洋军阀把持的北京政府,以及"四一二"蒋介石叛变后在南京建立的"国民政府"具有本质上的区别。

但是,在肯定广州、武汉国民政府具有一定革命性的同时,还应充分估计到它还有严重妥协性和反动性的一面。当时在国民党和国民政府中,潜伏着一批军阀官僚和伪装左派实为或右派的代表人物。他们掌握着党政军财大权,时刻在窥测方向,排斥国民党中的左派人士,同共产党相对抗,并妄图尽快消灭之。他们违背孙中山的革命思想,与帝国主义封建势力相勾结,处处阻挠破坏工农运动的深入发展,并且在等待时机准备发动反革命政变,进行反共反人民的罪恶勾当。因此,这个政权又是一个由投机分子把持的、具有严重反动倾向、极不可靠的过渡性的政权。从这个意义上说,它同后来的革命根据地建立的、由共产党独立领导的,以工农联盟为基础的人民民主政权(即彻底的新民主主义政权),也具有原则性的区别。

国民党和国民政府这种两重性的特点,在当时的立法和司法工作中也得到直接或间接的反映。凡是在共产党内正确战线占主导地位的时期和地区,通过同国民党左派人士的统一合作,就制定了一些具有革命性的法令和决议,给工农运动以大力支持,革命就能胜利前进;凡是在共产党内右倾路线采取妥协退让时,国民党右派势力便会乘机得势,极力阻挠革命法律的实施,破坏革命的审判工作,甚至制定一些带有反动性的法令和决议,限制和镇压工农运动的发展。因此,中国共产党和工农革命组织对待国民党和国民政府的态度是:对其积极革命的一面,则坚决予以坚持,并以革命法律为武器,极力保卫革命群众的利益;对其消极妥协甚至反动的一面,则应进行坚决斗争,并且利用一切合法的条件,放手发动群众,采取各种革命措施,极力制止和缩小反动势力对革命造成的损失。

综上所述,不难看出,第一次国共合作时期的国民党和国民政府,存在着两种截然相反的发展前途。其一,如果随着工农运动和北伐战争的继续深入,自觉地加强无产阶级对政权和军队的领导作用,选派得力的干部到政府和军队中去工作,有效地揭露打击潜伏在革命队伍中的军阀官僚和右翼分子的种种破坏活动,制裁反动分子的罪恶行径,国民党和国民政府有可能沿着革命方向继续前进。其二,如果无产阶级放弃对革命的领导权,不向反动势力作坚决有效的斗争,处处妥协退让,国民党和国民政府继续被军阀官僚和右翼分子所把持,一旦发生反革命政变,革命就立即面临失败的危机。后来由于陈独秀犯右倾机会主义错误,便出现了第二种不幸的结局,使轰轰烈烈的大革命遭受巨大损失。

第二节　广州国民政府的建立及政府组织法

一、《组织国民政府之必要提案》和《建国大纲》①

孙中山于 1924 年 1 月 20 日,在国民党"一大"《关于组织国民政府案之说明》中指出:"现在的政府为革命政府,为军事的时期政府。"但外国公使团却不肯承认,"日前公使团由领事团转来一牒文,谓地方政府与公使团来往文书须由领事团转达。我政府通牒驳之,谓此处非地方政府,乃北京之对敌政府……今日之事,实缘我们没有正式组织,没有明明白白与北方脱离关系,故组织国民政府实为目前第一问题"。"故本总理之意,以为此次大会之目的有二:一改组本党,一建设国家。而于建设国家,尚有应研究之问题二:一立即将大元帅政府变为国民党政府,二先将建国大纲表决后,四出宣传,使人民了解其内容,结合团体,要求政府之实现。一省如是,各省如是。合全国民意以与军阀奋斗,其效果必大"。"故大家应有此思想与力量,以党建国,兹请进而研究建国的方略。"

根据孙中山的上述提议,国民党"一大"于 1 月 20 日通过《组织国民政府之必要提案》,决定:(1)国民党当依此最小限度政纲为原则,组织国民政府。(2)国民党当宣传此义于工、商、实业各界及农民、工人、兵士、学生与夫一般之群众,使人人知设统一国民政府之必要。

国民党"一大"在通过组织国民政府提案的同时,还通过孙中山拟制的《国民政府建国大纲》。其要点是:(1)国民政府本革命之三民主义、五权宪法,以建设中华民国。建设之首要在民生,以解决民食、民

①　《孙中山全集》第九卷,中华书局,1986 年,第 101—104 页;第 126—129 页。

衣、民居、民行问题。其次为民权,训导人民行使选举权、罢官权、创制权、复决权。其三为民族,政府扶植国内之弱小民族,抵御国外之侵略强权。(2)建设之程序,分为三个时期,即军政时期、训政时期和宪政时期。分别规定各个时期的任务和施政纲要。这一建国大纲,就成为民国政府的长期奋斗目标。

二、《国民政府改组大纲》和1925年《中华民国国民政府组织法》

国民党"一大"虽然通过上述决议案,但由于当时国内外政治形势和广东军情的紧迫,大元帅大本营制度尚能较迅速地处置各种事变,因而对于国民政府的具体组建工作,一时没有提到议事日程。后来经过1924年10月平定港英操纵的"商团"叛乱,1925年2、3月举行讨伐陈炯明的第一次东征,同年5、6月又平定了滇桂军阀发动的"刘杨叛乱"①,使广州局势转危为安,特别是1925年全国正处在"五卅"运动和省港罢工的革命高潮中,十几万香港罢工工人回到广州,大大加强了广州的革命力量,成为广州革命政权的重要支柱,因而建立国民政府的时机已经成熟,于是国民党中央政治委员会在1925年6月14日决定,将大元帅大本营改组为国民政府,拟定了《国民政府改组大纲》和《中华民国国民政府组织法》,经中央执行委员会通过后,由代大元帅胡汉民于6月24日发布改组政府令,7月1日公布《国民政府组织法》,同日还发布《国民政府宣言》和第一个通告,宣告国民政府于广州正式成立,史称"广州国民政府"。

《国民政府改组大纲》②共6条,原则规定国民政府、军事委员会、监察部、省政府、市政委员会的职权和组织机构。

---

① 即指滇军刘震寰、桂军杨希闵。
② 谢振民编著:《中华民国立法史》(上),中国政法大学出版社,2000年,第209—210页。

《中华民国国民政府组织法》①1925 年 7 月 1 日于广州公布,共有10 条。其突出的特点是:

第一,实行孙中山"以党治国"的原则。第一条明确规定:"国民政府受中国国民党之指导及监督,掌理全国政务。"国民党与国民政府的关系是:国民政府委员须由国民党中央执行委员会任免;国民政府要向国民党中央执行委员会负责并报告工作;对于政治方针和立法原则,先由隶属于中央执行委员会的政治委员会研究拟定方案,经中央执行委员会通过后,交国民政府执行。这一原则,在当时国共合作的历史条件下,是有积极意义的。

第二,实行集体领导的委员会议制度。第二条规定:"国民政府以委员若干人组织之,并于委员中推定一人为主席。"第三条规定:"国民政府设置常务委员五人,处理日常政务;常务委员于委员中推定之。"第五条规定:"国务由委员会议执行之。委员会议出席委员不足半数时,由常务委员行之。国民政府委员会议于国民政府所在地行之。"第四条规定:"公布法令及其他关于国务之文书由主席及主管部部长署名;其不属于各部者,由常务委员多数署名,以国民政府名义行之。"

上述实行集体领导的会议制原则,在中国政权体制改革上是一次空前的创举,即将历史上长期实行的行政长官独任制,改为民主集中制的委员会议制。谢觉哉在《国民政府的现状》一文中指出:"至国民政府的组织,因国民党党章规定以孙中山为总理,孙先生后死,没有总理,只有中央执行委员会,准诸以党治国的道理,政府也自应为委员制,加以近世政治委员制度为进步,所以广东国民政府系采用委员制。"②毛泽东也曾风趣地指出:土豪劣绅说"如今是委员世界呀"。

---

① 《国民政府现行法规》(上),法制局,1928 年,第 2 页。
② 《谢觉哉文集》,人民出版社,1989 年,第 64 页。

"的确不错,城里、乡里、工会、农会、国民党、共产党无一不有执行委员,确实是委员世界。"①这一改制,是应运而生,符合革命发展的大趋势。这对以后革命根据地的政权建设,以至当代的政权体制改革,都具有深远的历史意义。

第三,规定了国民政府的行政机构,即在国民政府内设置军事、外交、财政各部,每部设部长一人,以委员兼任(有添部必要时,经委员会议议决行之)。各部长依其职权得发布部令。国民政府设有秘书处,受常务委员会的指挥。

第一届广州国民政府委员会的委员 16 人,即汪精卫、胡汉民、谭延闿、许崇智、林森、廖仲恺、伍朝枢、古应芬、朱培德、孙科、程潜、张人杰、于右任、张继、徐谦、戴传贤。国民政府常务委员 5 人,即汪精卫、胡汉民、谭延闿、许崇智、林森。推选汪精卫为主席。后来党务委员增至 7 人,即汪精卫、胡汉民、谭延闿、宋子文、伍朝枢、古应芬、张人杰。1926 年 3 月 20 日"中山舰事件"后,汪精卫离职去欧洲,国民党中央执行委员会于 1926 年 6 月 5 日决定由谭延闿为代理主席。

1925 年 7 月成立国民政府时,只设立军事部、外交部、财政部和秘书处。以后根据工作需要,陆续增设教育行政委员会、侨务委员会、法制编纂委员会和法制委员会。同时还有《改组大纲》规定的军事委员会和监察部。

三、《政治委员会处理事务细则》

1926 年 6 月 1 日公布,主要明确政治委员会与国民政府各部门的工作关系。

---

① 《毛泽东选集》第一卷,人民出版社,1991 年,第 33 页。

　　依照 1926 年 1 月 23 日通过的《中央执行委员会政治委员会组织条例》①的规定："政治委员会为中央执行委员特设之政治指导机关，对于中央执行委员会负其责任。"《改善中央执行委员会各部门间办事关系案》规定："政治委员会原为中央指导国民政府政治上的机关。"这一处理事务细则主要规定：（一）本会所收一切公文由秘书长商承主席，分送各该管机关处理。但有下列性质者由主席提出本会讨论：1.关系国家全体利益者；2.关系政府全部利害之政策者；3.关系本党主义或决定者；4.有使本党内部发生意见之可能者。（二）政府各高级机关发生事件，有上述四项性质之一者，应由各该机关直接提出于本会讨论。政府各高级机关每月须将经过成绩，将来计划及不能解决之困难，报告本会。但外交部须半月报告一次。如认为有紧急报告必要时，得临时向本会主席提出。本会审查报告时，该机关长官得到会说明。（三）本细则所称政府高级机关，是指：国民政府军事委员会、国民政府各部、国民政府监察院及审政院、国民政府司法行政委员会及教育行政委员会、广东省政府各厅、中央银行、缉私卫商委员会、团务委员会、广州市市政府。

第三节　国民政府会议规则与秘书处相关法规

一、《国民政府委员会会议规则》②

　　1925 年 7 月 20 日公布，共 5 章 19 条。章名是：开会及延会、议事及议事日程、时间及讨论、表决、议事录。

　　1.委员会每星期开会两次。但因特别事由得由主席召集临时会

---

①　荣孟源主编：《中国国民党历次代表大会及中央全会资料》（上），光明日报出版社，1985 年，第 225—226 页。

②　《国民政府公报》1925 年第 3 号。

议。常务委员会每天开会一次。

委员会议须有国民政府所在地委员总额之过半数出席,方得开议。会议中委员因事退席须得主席许可。

2.议事内容包括下列各款:(1)国内形势之报告与讨论现在政府应取之政策;(2)政府关于外交应采之行动;(3)省政府的报告及其建议;(4)各省之报告及现在政府应采之政策;(5)军事委员会的报告及其建议;(6)国民政府各部之报告及其建议;(7)其他事项。1925 年11 月 2 日删去第 7 项。议事日程须依上列各款之次序,由秘书长制定,各种议案须先期印刷分送各委员。

3.讨论结果有数说时,主席依次付诸表决,表决方法以举手表示赞同。必要时得用记名式投票。表决之可否同数取决于主席。

4.议事记载开会年月日时,到会委员及缺席委员人数及姓名,报告与建议人及其事由,表决情况等。议事录于下次会议前送达各委员。

二、《国民政府秘书处规则》①

1925 年 7 月 4 日国民政府令公布,共 8 条。

1.国民政府秘书处置秘书长 1 人(简任),秘书若干人(荐任),办事员、书记官若干人(委任)。秘书处内设总务、机要、撰拟 3 科。

2.总务科,职掌铨叙、印铸、文书收发、会计、庶务以及不属于其他各科之事项。

3.机要科,职掌关于委员会议之记录及文书编制事项,机密文件之撰拟翻译保存事项,典守印信。

4.撰拟科,职掌关于法令撰拟事项,函牍撰拟事项。

———————

① 《国民政府公报》1925 年第 2 号。

各科事务分股办理,其事务之分配由秘书长定之。

三、《宣誓令》与《兼职条例》

(一)《宣誓令》①

1925 年 11 月 2 日国民政府公布。

1.定文武官员及其他依国家法令执行职务之人,须于宣誓后始得任事。

2.宣誓仪式:(1)宣誓于就职地公开进行。(2)面对国旗举右手宣誓。(3)宣誓时最少须有国家职员一人在场作证。

3.文官宣誓词式是:余敬宣誓,余将恪遵总理遗嘱,服从党义,奉行国家法令,忠心及努力于本职,并节省经费,余决不雇用无用人员,不营私舞弊及授受贿赂。如违背誓言,愿受本党最严厉之处罚。此誓。

4.武官宣誓词式是:余誓以至诚,实行三民主义,服从长官命令,捍卫国家,爱护人民,克尽军人天职。此誓。

据查上述"武官誓词",早在 1924 年 6 月 28 日,孙中山在《大元帅批准军政部公布施行军人宣誓词及军人宣誓条例指令》中,就已公布过。在《大元帅指令》中指出:军人以服从命令,捍卫国家为天职,非经宣誓,实不足表示至诚。所拟宣誓条例九条暨宣誓词,均尚妥协,应准如拟施行。在军人宣誓条例中具体规定:(1)军政部各级司令部及各军事机关,由各该长官先行宣誓,然后监督所属各员依次行之。(2)各部队以团或营连为一组,由团长或营连长先行宣誓,然后监督各兵员依次行之。(3)军人宣誓时,向国旗军旗脱帽行三鞠躬礼,高声宣读誓词。宣毕,行一鞠躬礼,退下。(4)各部队宣誓后,将宣誓日期并造箕

---

① 《国民政府公报》1925 年第 14 号。

斗名册,报告直属长官。然后由军政部存案,将办理情形呈报大元帅。

（二）《兼职条例》①

1925 年 9 月 5 日国民政府公布,共 5 条。

1.凡服务于国民政府暨其所属各行政机关人员,不论等级高下,均以专任为原则,因不得已而兼任者,须呈本管官署转呈上级机关审定。

2.凡服务于政府机关之人如兼职者,不得兼薪。

3.如有改易姓名希图蒙混者,查出严行惩处。

1925 年 9 月 9 日又补充规定,技术人员在政府受职,而兼任学校教授者,应准予兼薪。

四、《文官官等条例》与《俸给表》

《文官官等条例》②1925 年 10 月 16 日公布,自 11 月 1 日起施行,共 6 条。

凡国民政府所属之文官及司法官,均依本条例附表所定等级,照文官俸给表内所定月俸支俸。此前各机关自行拟定的职员食俸等级,无论已否呈准有案,均属无效。以后新设各机关,均应由该管长官将各职员应叙等级及应支俸给数目详细拟定,呈报国民政府委员会核准,始能开支。广州市政厅及广东省各县县公署职员支俸章程,由广东省政府斟酌地方情形,另行拟定,呈候核准施行。

《文官俸给表》1925 年 7 月 20 日公布,同年 11 月 2 日修正公布。11 月 4 日国民政府令补充解释:简任官可支一等一级至二级俸,荐任官支二等三级至三等二级俸,委任官最高支三等三级俸。

　　特任官　　特　等　　　800 元　国民政府委员、各部部长、大理

---

① 《国民政府公报》1925 年第 8 号。

② 《国民政府公报》1925 年第 12 号。

院院长。

简任官	一等一级	750 元	
	一等二级	675 元	监察院委员、总检察厅检察长、国立大学校长。
	一等三级	600 元	国民政府秘书长、中央银行行长、省厅长、省检察长。
	二等一级	525 元	
	二等二级	450 元	各部秘书长、局长、大理院厅长、首席检察官、省秘书处主任、地方审检厅厅长、检察长、省局局长。
荐任官	二等三级	375 元	各部秘书、大理院推事、检察官、银行副行长。
	三等一级	300 元	各部秘书、大理院推事、书记官长、高等审检厅厅长、首席检察官。
	三等二级	240 元	各部科长、省府秘书、科长、高等审检厅推事、书记官长、一等局长。
委任官	三等三级	180 元	国民政府办事员、大理院一等书记官、科员、地方审检厅推事、检察官、二等局长。
	四等一级	120 元	各部科员、大理院二等书记官、省政府科员、高等审检厅一等书记官、地方审检厅书记官长、代理推事、三等局长。

| | 四等二级 | 90 元 | 各部科员、高等审检厅二等书记官、地方审检厅书记官、典狱长、看守所长。 |

| | 四等三级 | 60 元 | 各部科员、大理院三等书记官、高等审检厅三等书记官、地方审检厅书记官、各县管狱员。 |

雇员	五等一级	40 元	
	五等二级	30 元	
	五等三级	15 元	

五、《政府职员给假条例》与机关学校放假办法

（一）《政府职员给假条例》①

1925 年 11 月 2 日公布,共 15 条。

1.职员非因疾病及确系不得已事故,不得请假。请假者须亲笔填写请假书,呈请上级长官批准后,方得离职。但遇急病得临时由医生或其亲友代行。凡请假逾原定期限者,应即续假。凡请假人员须将经办事件委托同僚一人代理,但须得长官之许可。

2.凡未经请假而擅离职守,或假期已满仍未回署服务者,以旷职论。凡旷职未满一星期者,应按日扣除薪俸,在一星期以上者,应行撤换;职员因事请假每年合计准给事假二星期。因病请假每年准给病假三星期。但确罹重病非短时间能治愈者,得以长官之核准,再延长五星期。如因重病延长期尚无治愈希望者,应即辞职,或由政府或其长官派人代理。

3.凡职员满一年经长官认为勤劳称职者,准给休息假一月。服务两年以上绝少请假,经长官认为勤劳称职者。准给休息假二月至三

---

① 《国民政府公报》1925 年第 14 号。

月。假期内薪俸照常发给。凡遇婚丧大事,得由政府或其长官酌路程远近给假若干日。

（二）机关学校放假日期表

据 1925 年 12 月《国民政府公报》第 19 号的刊载,国民政府规定各机关学校放假制度如下:

一月一日　　　　临时政府成立纪念日,放假一天。

一月二、三日　　新年,放假二天。

三月五日　　　　植树节,放假一天。

三月十二日　　　孙大元帅逝世纪念日,放假一天。

三月廿九日　　　黄花岗各志士殉国纪念日,放假一天。

五月一日　　　　世界劳动节,放假一天。

十一月十二日　　孙总理生辰纪念日,放假一天。

星期日　　　　　放假一天。

阴历岁首　　　　放假三天。

阴历四时令节及清明重阳日,放假一天。

上表所列为在职人员普通假期,至学校之暑假,另由主管机关核定公布。

六、《公文程式令》①

1925 年 8 月 7 日国民政府公布《公文程式令》,共 6 条。

规定公文的程式有下列各种:

1.令——于公布法令、任免官吏及有所指挥时用之。

2.布告——于有所宣布时用之。

3.批——于人民或所属官吏陈请事项有所裁答时用之。

---

① 《国民政府公报》1925 年第 5 号。

以上公文属于国民政府者,由国民政府常务委员会主席及主管部部长署名,盖用国民政府之印。其不属于国民政府者,由常务委员多数署名,盖用国民政府之印。由各官署发布者,由各官署长官署名,盖用各官署之印。

4.任命状——特任官由国民政府常务委员多数署名,盖国民政府之印。简任、荐任各官,由国民政府常务委员会主席及主管部部长署名,盖用国民政府之印。委任官由各该管署长官署名盖印。

5.呈——下级官署对于直辖上级官署,或人民对于官署有所陈述时用之。

6.公函——不相隶属之官署公文往复时用之。

凡政府发表之公文书,皆应于《政府公报》予以公布。

第四节　军事机关组织法与军事法规

由于当时正处在北伐革命战争时期,无论广州军政府还是国民政府,对军事立法都非常重视。特别是在国民党改组以后,中国的军制发生了历史性的重大变革。如军队要接受国民党的领导与指挥,在军队中建立了革命化的政治工作制度等。因此,便出现了许多新的军事机构和军事管理法规。这对后来中国军事制度的影响极大,值得很好地研究和总结。

一、国民党关于军事政纲的原则规定

1.1924年1月,国民党第一次全国代表大会通过的《国民党之政纲》规定:将现时募兵制度渐改为征兵制度。同时注意改善下级军官及兵士之经济状况,并增进其法律地位。施行军队中之农业教育及职业教育,严定军官之资格,改革任免军官之方法。

2.1925 年 5 月 23 日,国民党第一届中央执行委员会第三次全体会议通过的《对于党校及军队之训令》,确定实行政治训育和党代表副署制。该训令规定:本党所立之军官学校及党的军队之中,于军事训育之外,更重政治的训育,所以官佐、学生、士兵必须一致了解政治训育之重要。该训令规定以下三项原则:(1)在军校及军队中,所有一切命令均由党代表副署,由校长或由应管官长执行。军中党的决议,其执行亦须遵照此程序。(2)所有一切军校及军队中之法令规则,经党代表副署者完全有效。(3)在军校及军队中,必须严格执行纪律,而全体同志务必互相警惕劝勉,俾趋一致,盖防止违反纪律于未犯之先,乃同志间之道德的责任也。

3.1926 年 1 月,国民党第二次全国代表大会通过的《关于军事决议案》,决定军队中必须之工作及改良士兵经济生活各条,交国民政府议定办法,于最短期间切实施行。(1)注意政治训练,使革命军人完全受革命教育,并宜明定党代表职权。(2)统一军需,设立中央军需局,使军需独立。(3)确定国家军事预算,务使国民革命各军教育平均、经济平均。(4)严禁肉刑,改良军法,注意士兵待遇。(5)改良士兵生活,一方面务使经济生活之安全,一方面注意正当娱乐之设备。(6)注意伤兵之医治及残废官兵之安置,确定抚恤之条例。

4.1926 年 10 月 21、22 日,国民党中央各省区联席会议通过《本党最近政纲决议案》,第二项《关于军事的十一条》:(1)党代表制必须实行,凡军、师、旅、团部必须派有党代表。(2)党代表人才,须设立一学校训练之。(3)凡党员有服兵役之义务,其服兵役法另定之。(4)军事政治学校,除黄埔外,可于其他各省地方设立之。(5)设立一中央军事政治大学。(6)设军事委员会及军事部,其委员会与部之关系,由政治会议决定之。(7)军政、民政应划分权限。军政不得以任何方式干涉民政,但在战争时期中于戒严地带,民政方面受军政之指挥。(8)国防军及省军之预算,应详细严格规定,以不侵害中央政府及省政府之行政需要为宜。(9)中央党部规定革命勋章,授与革命军有功将领及兵士,不分等级。(10)普及国民军事教育。(11)发展军事航空事业。

二、国共合作创办黄埔军校(陆军军官学校)

黄埔军校,原名"陆军军官学校",后改为"中央军事政治学校"。它是孙中山在中国共产党的积极支持和苏俄派遣的顾问人员的帮助下,建立起来的培养革命军事干部的学校。因校址设在广州市郊的黄埔长洲岛,故简称"黄埔军校"。

孙中山在 1921 年通过中国共产党人的介绍,在桂林会见了列宁派来的共产国际代表马林时,就谈到必须建立一支革命的军队和培养革命干部的军事学校。1922 年陈炯明叛变后,孙中山回到上海,就与中共领导人李大钊、陈独秀、林伯渠等商谈,并与苏联代表越飞进行会谈,再次谈到建立革命军队与军校问题。1923 年孙中山重回广州准备改组国民党时,就委派廖仲恺负责筹备黄埔军校。1924 年 1 月孙中山派遣蒋介石为陆军军官学校筹备委员会委员长,先后聘请鲍罗廷为政治顾问,加伦为军事顾问。要求参照苏联红军制度创立军校。但是蒋介石却于同年 2 月突然不辞而行,返回上海和奉化。孙中山遂派廖仲恺兼军校筹委会委员长,并着叶剑英、邓演达等协助办理筹备招生工作。待蒋介石回来时,一切已筹备就绪。蒋介石仍被孙中山委任为黄埔军校校长。1924 年 5 月 5 日举行新生入学典礼,开始上课。同年 6 月 16 日正式举行开学典礼。

孙中山《在陆军军官学校开学典礼的演说》①指出:(一)总结中国和苏联的历史经验,必须建立一支革命军队。"今天在这地开这个军

---

① 《孙中山全集》第十卷,中华书局,1986 年,第 290—300 页。

官学校,独一无二的希望,就是创造革命军,来挽救中国的危亡。"(二)什么叫做革命军呢?孙中山接着说:"有和革命党的奋斗相同的军队,才叫做革命军。中国革命虽然有了十三年,但是所用的军队,没有一种是和革命党的奋斗相同的。我敢讲一句话,中国在这十三年之中,没有一种军队是革命军。"(三)孙中山对学员的要求是:"诸君要革命,便先要立革命的志气。此时有了革命的志气,将来便可以当革命的将领。我们要把革命做成功,便要从今天起立一个志愿,一生一世,都不存升官发财的心理,只知道做救国救民的事业,实行三民主义和五权宪法,一心一意的来革命,才可以达到革命的目的。如果不然,就是诸君将来成立军队,打多少胜仗,得许多土地,各人都能够扩充到几万人,还是不能够叫做革命军的。"后来的历史事实证明孙中山的忠告和预言是完全正确的。

黄埔军校的组织机构是:孙中山任军校总理,廖仲恺任党代表(廖被刺后由汪精卫继任),蒋介石任校长,组织校本部。在校本部之下设立政治部,周恩来任主任(戴季陶、邵元冲最初也曾任主任,以后邵力子、熊雄继任);教练部,李济深任主任,邓演达副主任(实际由邓负责,后为何应钦);教授部,王柏龄任主任,叶剑英为副主任;入伍生总队长为邓演达、张治中;管理部主任林振雄;军需部主任周骏彦;教育长初为胡谦,后为邓演达、方鼎英等。政治教官以共产党员为主,主要有恽代英、萧楚女、聂荣臻(兼政治部秘书)、高语罕、张秋人、于树德等。军事教官主要有何应钦、刘峙、顾祝同、钱大钧、胡树森、徐培根等。

学习时间为六七个月至一年。军事课程,由苏联顾问编订教材。政治课程设有三民主义、国民革命概论、社会主义运动、社会学概论、政治学概论、经济学概论、中国及世界政治经济状况、中国政治问题、苏联研究、农民运动、劳工运动、青年运动、帝国主义、不平等条约、政治讨论……而军事各科则是学其主要部分。它虽然号称军事与政治并重作为教育方针,实际上又是以政治教育为主。即重在提高学生的政治素质,使他们成为自觉的反帝反封建的革命战士。特别是许多政治课程,主要是由优秀的共产党员担任讲授。如周恩来主讲国内外形势,恽代英主讲社会进化史,萧楚女主讲经济学概论,高语罕主讲政治学概论,于树德主讲政治形势。还有苏联顾问讲述红军战史战例等等。由于对学生进行了政治教育,虽然军事训练不多,两次东征却取得辉煌战绩。

在第一次国共合作时期,黄埔军校在长洲本岛共办了七期,前四期是在大革命时期毕业,后几期是在大革命失败后才毕业。现将前四期简介如下:

第一期 1924 年 5 月开始开始入学编队,总计正取生 350 名,备取生 120 名,合计 470 名,合组学生总队,以邓演达为总队长(后由严重接任)。下分第一、二、三、四队,统为步兵科。同年 9 月,四川省续送学生 20 名,军政部讲武堂拨来学生 158 名,合组为第六队。至 11 月 8 日,宣布毕业,共毕业 645 名。除部分留校工作,部分派往海军、工人纠察队、农民自卫军担任政治工作和教练工作之外,全部派往黄埔教导团任基层干部,并参加东征。第一期毕业生中,有共产党员和青年团员约五六十人,约占总数的十分之一。像徐象谦(徐向前)、陈赓、左权、蒋先云、许继慎、五尔琢、周士第都是第一期生。

第二期 于 1924 年 8—11 月分批入学,共计 450 名。先后编为 5 个队,即步兵一、二队及工兵队、炮兵队、辎重队。以严重为队长。于 1925 年 2 月随黄埔教导团参加第一次东征,以实战为学习。6 月回师广州,平定滇、桂叛军。于 1925 年 9 月宣布毕业。合计 449 名,在学时间约一年。毕业后主要派往第一军工作。

第三期 1924 年冬末入伍,共有 1200 多名,编为一、二、三营。入伍后先受三个月入伍生教育,考试及格者始编为正式学生。总队长为张治中。1925 年 6 月平定刘、杨叛乱后,第三期入伍生经过考试转为正式生,改编三个大队,内分 9 个步兵队,一个骑兵队。在学期间,参加消灭滇、桂军叛乱,至 1926 年 1 月宣布毕业,在学期间为一年。毕业后分到各军工作。

第四期　新生于 1925 年 7 月至 1926 年 1 月分七批入伍,设立入伍生三个团。以后陆续转为正式学生,改编为步兵军官团及步兵军官预备团两个团。另设炮兵、工兵、政治、经理四科。二次东征后,由第二团负责驻守惠州。1926 年选派一批学生分赴各省组织工农群众,准备协助北伐军作战。1926 年 9 月宣布毕业。另有潮州分校第二期学生同时毕业,共计 2654 名。

1926 年 1 月,黄埔军校改称"中央军事政治学校",仍由蒋介石任校长,李济深为副校长。以后第五期学生 2600 多人,第六期学生 4800 多人,第七期学生 3200 多人。第 6 期以后,分别在南京、广州招生训练。随着大革命的失败,学校名称和性质都发生变化,已非孙中山先生创办黄埔军校的本来面目。

三、共产党在革命军中建立政治工作制度,开创了中国军事史上的新纪元

第一次国共合作时期,在革命军和军校中,皆建立起政治工作制度,设立国民党的党代表和各级政治部,对官兵进行思想政治工作。黄埔军校的情况,已如前述。1924 年 11 月,商得孙中山的同意,筹级大元帅府铁甲车队,以徐成章、周士弟为正副队长,廖乾吾为党代表(这三人都是共产党员)。这是第一支由中国共产党人直接掌握的武装力量,也是以后叶挺独立团的前身。

周恩来时任中共广东区委员会委员长兼宣传部长,又兼任黄埔军校的政治部主任,创造性地开展政治工作。(1)建立起政治部的正常

工作秩序和工作制度。设立指导、编纂、秘书三股。由黄埔学生中选调共产党员担任各股主任。明确各股的任务，规定工作细则。制定对学生、官长、士兵的各种调查表。出版《士兵之友》。(2)加强对军校学生的政治教育。明确提出：第一，为什么要革命？是为了打倒帝国主义、军阀和贪官污吏。第二，是建立正确的军民关系，要救国卫民，严守纪律。第三，指导新成立的军校教导团的政治工作。选派共产党到各连担任国民党的党代表，规定了士兵的政治训练计划。第四，指导建立中国青年军人联合会。目的为了广泛联合黄埔军校及其他军官学校中的青年军人。1925 年 2 月 1 日联合会举行成立大会，蒋先云为负责人，出版机关刊物《中国军人》。到四月，会员发展到 2000 多人（包括黄埔军校以外的军人）。

1924 年 11 月孙中山北上以后，由胡汉民代理大元帅职务，广东革命政权内部比较混乱。盘踞在东江的陈炯明，时刻准备进犯广州。广东革命政府在 1925 年 1 月 15 日发布《东征宣言》，决定讨伐陈炯明。参加东征的除许崇智所部粤军，还有黄埔军校新成立的教导团第一团第二团。连以下的军官由刚毕业的第一期学生充当，士兵是新招募的。第二期学生编为学生总队，随军行动，共计 3000 人，与粤军共同组成右路军。

周恩来作为黄埔军校政治部主任，随军东征。校军同粤军长驱直入，很快攻下淡水、海丰及主要据点潮州、汕头，迫使陈炯明残部退入江西、福建境内。战事告一段落。这是在国共合作下取得第一次东征的胜利，对于巩固广东革命根据地起了重大作用。

第一次东征陈炯明的胜利，与周恩来主持下的黄埔军校的政治工作分不开的。在军队中的政治教育工作，使官兵时刻牢记"革命军"的宗旨和目的，军队保持严明的纪律，给人民留下深刻印象。正如 1925 年 3 月 27 日的《商报》报道所说："军行所至，不扰民间一草一木,老弱妇孺,喜而挤观。鸡犬不惊,商市安堵,入夜无公家空房则扎蓬营露宿,东江父老,谓民国以来仅此次所见,乃是真正革命军,真正卫国保民之革命军。"

同时,还向民众开展政治宣传,加强民众的组织工作。东征军占领海丰后,任命军校学生李劳工(共产党员)为后方办事处主任,吴振民为海丰县农民自卫军大队长兼教官,将武器发给农民自卫军,并恢复了被解散两年的海丰农会。

1925年3月,国民党中央执行委员会任命周恩来为东江各地党务组织主任,校军各团、营、连的党代表为组织员,在东江各地发展国民党的组织。4月,周恩来又兼任黄埔军校的军法处处长,对打击各地的土豪劣绅贪官污吏,发挥了重要作用,如在揭阳点名批评当地英商代办林逸才的罪行,在五华,与县长一起经过调查核实后,传讯有不法行为的当地大地主张谷山、陈卓人等,责令张谷山向全县人忏悔道歉,勒令陈卓人将霸占的公地退交五华中学作体育场。

1925年8月25日,黄埔校军改编与国民革命军第一军。3月下旬,周恩来被任命为第一军少将政治部主任兼第一师党代表。1926年1月又被任命为第一军副党代表(第一军长蒋介石,党代表由汪精卫兼任,第一师长何应钦)。周恩来离开黄埔军校后,军校政治部主任由邵力子接任,以后中共中央又调派刚众苏联归国的熊雄接任军校政治部副主任,恽代英担任军校政治部教官。当时黄埔军校的政治工作,仍由共产党人负责,并继续受时任中共广东区委军事部长周恩来的领导。

东征军回师讨伐杨、刘叛乱后,东江地区又被东炯明残部占领。并联络南路邓本段会攻广州。国民政府于1925年9月21日决定发动第二次东征。蒋介石担任东征军总指挥,东征军设立总政治部,由第一军政治部主任周恩来兼任总政治部主任。第二次东征中的政治工作又有许多新的发展。首先，组织更加严密。在总政治部下组织了163人的政治宣传队。其次，内容更加充实。总政治部制定《战时政治宣传大纲》①，规定军队中的政治宣传工作包括对本军的、对敌军的、对民众的三方面的任务。对本军的政治宣传工作有七项具体内容：(1)解释本军此次作战的意义；(2)解释本军实力及准备情况，以固信心；(3)说明敌军弱点及实力之比较，使兵士了解敌情提高自信心；(4)激励兵士感情和作战勇气；(5)引导兵士与民众发生密切关系；(6)殷勤慰劳伤兵；(7)于行军宿营时，尽可能组织各种娱乐活动。

可见，在两次东征中，校军的军事政治工作所取得的成就，是有目共睹的，在中国历史上也是空前的。

其他各军也多由共产党人担任各级党代表或政治部主任。如国民革命军第三军党代表朱克靖，第六军副党代表兼政治部主任林伯渠，第二军副党代表兼政治部主任李富春。第二军为原湘军，谭延闿为军长，鲁涤平为副军长，军党代表为汪精卫(未到职)。下辖四、五、六师，由共产党员李六如、方维夏、肖劲光分任各师党代表兼政治部主任。李富春到任后，立即着手健全各级党代表制度，组织军师两级政治部。政治部设党务处(国民党日常工作)、宣传处(科)。各团、营、连皆设党代表，负责基层政治工作。各级政工人员皆兼任各级党部领导工作，一切重大军事政治任务，皆通过党部进行。同时，在军师还建立共产党的秘密组织，李富春为第二军的党委书记。李富春在二军中，深入部队接近官兵，有针对性地灌输民主思想，宣传反帝反封建革命任务，宣传三民主义和联俄联共扶助农工三大政策，提倡官兵平等，军民团结，并进行遵守革命纪律的教育。

以上就是在第一次国共合作时期，中国共产党在领导革命军队政

---

① 参见《周恩来传》，人民出版社，1989年，第101页。

治工作方面的最早尝试,并且积累了相当重要的工作经验,这对以后中国人民军队的建设,有着深远的影响。

毛泽东在 1937 年《和英国记者贝特兰的谈话》中指出:"国民党的军队本来是有大体上相同于今日的八路军的精神的,那就是在一九二四年到一九二七年的时代。那时中国共产党和国民党合作组织新制度的军队,在开始时候不过两个团,便已团结了许多军队在它的周围,取得第一次战胜陈炯明的胜利。往后扩大成为一个军,影响了更多的军队,于是才有北伐之役。那时军队有一种新气象,官兵之间和军民之间大体上是团结的,奋勇向前的革命精神充满了军队。那时军队设立了党代表和政治部,这种制度是中国历史上没有的,靠了这种制度使军队一新其面目。一九二七年以后的红军以至今日的八路军,是继承了这种制度而加以发展的。一九二四年到一九二七年革命时代有了新精神的军队,其作战方法也自然与其政治精神相配合,不是被动的呆板的作战,而是主动的活泼的富于攻击精神的作战,因而获得了北伐的胜利。"[1]

四、广州国民政府军事机关组织法

(一)1925 年《中华民国国民政府军事委员会组织法》[2]

1925 年 7 月 5 日广州国民政府公布,共 11 条。其要点是:

(1)军事委员会受中国国民党之指导及监督,管理统率国民政府所辖境内陆海军航空队及一切关于军事各机关。

(2)军事委员会以委员若干人组成,于委员中推一人为主席。军事委员会中有一人由国民政府特任为军事部长。军事委员会之议决

---

① 《毛泽东选集》第二卷,人民出版社,1991 年,第 380 页。
② 《国民政府现行法规》(上),法制局,1928 年,第 52 页。

事项,须经出席委员三分之二通过,方为有效;如多数委员不在军事委员所在地时,主席与委员一人有决定处置之权。

(3)军事委员所议决事件,由主席署名,以军事委员会名义,用命令式行之。其关于政治训练部及军需局者,除由主席署名外,须由该管机关长官副署。关于国防计划、实施、军事动员,军制改革、高级军官及同级官佐任免,陆海军移防、预决算及高等军事裁判等,暨其他与国民政府之政策有关之事项,其文告及命令,应由军事委员会主席军事部长共同署名行之。

(4)军事委员会设政治训练部、参谋团、海军局、航空局、军需局、秘书厅、兵工厂等机关,分掌有关事务。

1925年7月3日军事委员会宣告成立。第一届军事委员会委员由汪精卫、胡汉民、伍朝枢、廖仲恺、朱培德、谭延闿、许崇智、蒋中正等8人组成,汪精卫为主席。

国民政府成立后,将其所属各种地方军,统一改编为国民革命军,由中央军事委员会统一指挥。1925年8月26日,军事委员会议决国民革命军的序列是:黄埔学生军加上部分原来的粤军为第一军,蒋介石任军长;建国湘军改为第二军,谭延闿任军长;建国滇军改为第三军,朱培德任军长;建国粤军改为第四军,李济深为军长;福军改为第五军,李福林任军长。以后在第二次东征后,将程潜所部的攻鄂军改为第六军,程潜任军长。广西方面的桂军,在两广政治统一工作完成后,改为第七军,李宗仁任军长。北伐出师前夕,又将唐生智的部队改为第八军,唐生智任军长。国民革命军组成后,在苏联军事顾问的帮助下,学习苏联红军的建军经验,在各军先后建立了党代表制设立政治部,进行政治领导和政治训练。周恩来担任第一军政治部主任,其他各军的党代表和政治部主任多由共产党人担任。因而国民革命军官兵的政治军事素质,有了不同程度的提高,为北伐战争奠定了胜利基础。这在中国军事制度史上,是一次具有历史意义的重大改革。

(二)1925 年《国民政府军事部组织法》①

1925 年 7 月 11 日公布,共 13 条。

(1)国民政府军事部设部长一人,于国民政府委员及军事委员会委员中推定,由国民政府特任之。军事部部长在国民政府对外的军事关系上,为国民政府之代表,并为国民政府各种问题议决案之代表说明者。在国民政府委员会内关于军事范围以内之工作,如军需预算案等及军事方面与政府其他各部工作关系上之联络诸问题,由军事部长代表发言。

(2)军事部长在军事委员会中,除以军事委员资格服务外,军事部长负有监督参谋团工作之专责,对于各种作战计划,应按时督促起草并指授机宜,对于军队之教育及组织等事项,监督并指导之。

(3)军事部长负责设法于民间普及军事教育,如于各学校中暂不能设专门军事训练,则提倡体育,以为军事训练最低限度之准备。此种最低之准备,须行之于各高小中大学校,以养成一般青年之军工精神,而减少将来施行专门军事教育之困难。

(4)军事部得设参谋、副官、秘书若干人,以处理部务,其服务人数及职员由军事部长按实际需要规定之。组织法还规定省政府军事厅受军事部长的指挥。

(三)1925 年《陆军测量局编制大纲》②

1925 年 8 月 31 日国民政府公布,共 35 条。

主要规定陆军测量局隶属于军事委员会参谋团军务厅,兼隶于省政府,商承省军事厅,施行全省陆地测量,制印兵要地图,并掌管关于

———————

① 《国民政府公报》1925 年第 2 号。
② 《国民政府公报》1925 年第 5 号。

丈量地面一切事宜。下设三角、地形、制图三课,并得附设陆军测量学校。

同时,军事委员会还在 1925 年 7 月 27 日公布《陆军测量机关保管秘密地图规则》10 条,《军事机关保管军用秘密地图规则》16 条。主要规定地图分为三类:(1)秘密图,即永久防御诸区域各图。(2)机密图,即战时及临时必要地点设施防御诸区域各图。(3)普通图,即不属于秘密机密各图。

(四)1925 年《兵工厂组织法》①

1925 年 9 月 11 日公布,共 11 条。

(1)兵工厂直属于国民政府,受军事委员会的直接监督。兵工厂负制造枪炮弹药及一切军械的责任。其经费由军事委员会议决饬令军需局照发。其产品由军委会负责分配。

(2)兵工厂设少将厂长一人,由国民政府简任。另设中校总务处长一员,中校督工处长一员,中校监察长一员,由军委会任命。设总工程师一员、工程师一员、制药技师一员,以及工程技士、化验技士、制药技士各一员,由厂长聘任。

(3)兵工厂内设总务处及督工处。下设七厂(无烟药厂、黑烟药厂、枪厂、机器厂、机关枪厂、机关弹厂和无烟弹厂)。

(五)1926 年《军事委员会政治训练部组织大纲》②

1926 年 3 月 19 日军事委员会公布,共 4 章 26 条。

其章名是:总则、政治训练部之组织、政治训练部所辖各处之职员、政治训练部人员编制表。

(1)政治训练部以指导国民革命军之党务、政治及文化工作为职

---

① 《国民政府公报》1925 年第 9 号。
② 《国民政府公报》1926 年第 28 号。

责。政治训练部受军事委员会之指挥,秉承其批准之计划及决议而工作。军委会主席同时为国民革命军总党代表,指导政治训练部,处理日常工作。政治训练部承中国国民党中央执行委员会及其政治委员会之指导,处理军队中之党务事宜(如特别区党部之组织、党员入党及开除党籍、党员之教育等)。政治训练部在军队中及其他军事机关中之工作,经过相当之党代表及政治部而为间接之施行。

(2)政治训练部设主任一员,同时为军事委员会委员。本部直辖机关:①各军党代表及独立师党代表;②海军局及航空局党代表;③中央政治军事学校党代表;④参谋团及军需局党代表。政治训练部对于前条直辖机关所发命令,须有军事委员会主席署名及政治训练部主任之副署。军队中一切党务政治及文化工作,一律按政治委员会之指导及计划而实施。军队中之一切社会政治组织,均承政治训练部及相当党代表暨政治部之指导而工作。凡在政治训练部之监督及指导范围以外之各种组织,一律禁止其存在。

(3)政治训练部之组织为总务处、宣传处、党务处。总务处,为政治训练部总务行政机关,负责文书,财务和收发工作。宣传处,负责编辑关于理论指导之材料,以作为军队中及政治宣传员对士兵学生与官长政治文化教育之材料。党务处,掌管关于军队中党务之组织指导及计划,并召集大小党务会议。

1926年春,国民党中央决定举办国民党政治讲习班,并指定由湘籍高级领导人组成的湖南政治研究会具体领导。该会推举谭延闿、程潜、陈嘉佑、鲁涤平、毛泽东、林祖涵、李富春7人为理事,李富春为主任。这班学员的一部是湘军整编时的编余人员,另一部是由湖南省国民党秘密召收150名共产党员共青团员和进步青年以及各省来的少量学员。讲授课程有国民党史、国民党政纲、三民主义、世界政治经济状况、职工运动、国际主义与民族问题、帝国主义由来及性质、中国经济政治状况、帝国主义侵华史、中国北方政治状况、广东农民运动、革命文学、各国革命史略、俄国新经济政策、军事学等 23 门。1926 年 6 月政治讲习班结束,为北伐革命军输送了一批政工干部。

(六)1926 年《国民革命军总司令部组织法》①

1926 年 7 月 7 日发布,共 10 条。

(1)国民政府特任国民革命军总司令一人,凡国民政府下之陆海航空各军,均归其统辖。总司令对国民政府与中国国民党在军事上完全负责。总司令兼任军事委员会主席。

(2)总司令部设参谋长,由军委参谋部部长兼任,或由总司令呈请国民政府委任。

(3)总司令部设置参事厅,以参谋长、总参议、高等顾问若干人组成,参赞戎机,襄助总司令处理有关事宜。

(4)政治训练部、参谋部、军事部、海军部、航空局、兵工厂等军事机关均直属于总司令部。

(5)出征动员令下后,即为战争状态。为图军事便利起见,凡国民政府所属军民财政各部机关,均须受总司令之指挥,秉其意旨办理各事。

1926 年 6 月 5 日国民政府特任蒋中正为国民革命军总司令。从此总司令的职权逐渐膨胀,形成蒋中正的个人专权。

(七)1926 年《国民革命军党代表条例》②

原《国民革命军党代表条例》制定于 1926 年 3 月 19 日,共 3 章 26 条。到 1926 年 10 月 26 日,国民党中央各省区联省会议对该条例进行了修订。主要特点是增设了"军人部"的职权(军人部长为蒋中

---

① 《国民政府公报》1926 年第 38 号。

② 荣孟源主编:《中国国民党历次代表大会及中央全会资料》(上),光明日报出版社,1985 年,第 291—293 页。

正），削弱了政治训练部的权利。

《国民革命军党代表条例》的主要内容是：

（1）为灌输国民革命之精神，提高战斗力，巩固纪委，发展三民主义教育起见，于国民革命军中设置党代表。党代表在军队中为中国国民党之代表。关于军队中之政治情形及行为，党代表对党员负完全责任。关于党的指导及高级军事机关之训令，相助其实行，辅助该队队长巩固并提高革命的军纪。党代表为军队中党部之指导人，并施行各种政治文化工作及军队中一切普通组织之工作，如俱乐部、体育会等，均受其指导，并指导其所辖各级党代表及政治部。党代表应深悉所属部队中各长官及该部中一切日常生活情形，研究并考查官兵之思想及心理。

（2）党代表为所属军队之长官，其所发命令与指挥官同，所属人员须一律执行。党代表有会同指挥官审查军队行政之权。但党代表不干涉指挥官之行政命令。党代表于认为指挥官之命令危害国民革命时，应即报告上级党代表。但于发现指挥官分明变乱或叛党时，党代表得以自己的意见，自动设法使其命令不得执行。同时应报告上级党代表（后增加中央军人部）及军事委员会主席。

（3）在战争时，党代表须以自己无畏勇敢的精神，感化官兵，为官兵之模范。党代表应注意该部队之经济生活，监察兵士能否按时得到给养，并是否清洁适宜。党代表于行军时，应随地注意民众，毋令其受骚扰，并向士兵解释革命军人之目的，在于解除人民受帝国主义者、军阀、贪官污吏、土豪劣绅等压迫。凡军队所驻之地，党代表须与该地党部及农工等团体发生密切关系，务使人民与军队接近。

（4）党代表之工作应以党部为中心，指导党部施行一切巩固军队之工作。党代表之意见如与该部队之党部有歧异时，有停止该党部决议之权，但同时应将理由速行报告上级党部及军人部。党代表须明了国民革命军之一切法规,及对该属部队一切有关的命令。

(5)各司令部、各局处、兵工厂及其他各军事机关党代表之权力,与该部局处厂及机关长官所有权力相等。党代表有监督其所属部局中军事、政治及军需之权。党代表与指挥官共同听阅各下级军官之报告呈文,并决议问题,与主管长官共同署名一切命令及公函。凡未经党代表共同署名者,概不发生效力。党代表与主管长官意见不同时,必须签署命令,并同时报告上级党代表。

(八)1926 年《党代表任免条例》①

1926 年 10 月 20 日国民党中央各省区联席会议通过,共 6 条。

条例除重申前已规定设立党代表的宗旨和条件外,着重规定任免的程序。即分为荐任和委任两种:(1)自师以至更高级之党代表,由军人部部长提出,经中央执行委员会通过后任命,但遇紧急时,除由中央执行委员会主席之署名及军人部长之副署,先行任命,然后依上项手续办理。(2)凡团以下及其相当军事组织之党代表,由军人部委任后,呈报中央执行委员会备案。同时,还规定:党代表有违反本党言论及行动时,军人部部长得以部令直接罢免,然后呈报中央执行委员会处分之。

此外,还有《中央派赴新成立各军工作特派员条例》,1926 年10 月 18 日国民党中央各省区联席会议通过,共 9 条。规定对于新成立各军,在未正式设置党代表以前,设立工作特派员,执行党代表的职权。具体规定:特派员每月须将该军或该军事机关之党务及政治工作,分别报告国民党中央党部、军人部及组织部一次。其他规定适用《党代表条例》。

---

① 荣孟源主编:《中国国民党历次代表大会及中央全会资料》(上),光明日报出版社,1985 年,第 290—291 页。

五、军事管理法规

（一）1926 年《党员服兵役法议决案》①

1926 年 10 月 22 日国民党中央各省区联席会议通过，共 7 条。

本党党员由 20 岁起至满 40 岁止，均有服兵役之义务。躯干未满规定，及病中或病后不堪劳役者，得延长其开始服役期限。但伤病永不堪服役者，得免其兵役。

党员之体格及学术程度，由党部调查，汇送军事部备案。

服兵役现役年限一年至二年。但在战时或际事变，得延长之。又本人志愿延长者，亦酌量允许。

招募用抽签行之。其陆海空军之分配，由军事部规定；各军中各科之分配，由各该当局者依各人志愿酌定。

规避服役，服役中逃亡，或犯罪革除兵役者，永远革除其党籍。

以上只是对于国民党员应服兵役的规定。至于一般民众，仍采用招募制度。

（二）1926 年《戒严条例》和警备区条例

1.《戒严条例》②

1926 年 7 月 29 日广州国民政府公布，共 11 条。

（1）国民政府在用兵时期内，对于所辖地域，为确保战地及内地之安宁秩序起见，依本条例所定由总司令宣布戒严。戒严地域分为两种：一、警备地域，即留守部队分防地区内为预防非常事变之发生，应行警戒之地域。二、接战地域，即前方作战区域，对敌攻击防御之地

---

① 荣孟源主编：《中国国民党历次代表大会及中央全会资料》（上），光明日报出版社，1985 年，第 289 页。

② 《国民政府公报》1926 年第 40 号。

带。前两项地域,应时机之必要,以布告定之。总司令部为戒严之情事终止时,即为解严之宣告。

（2）战争之际,凡要塞港岛湾及其他重要地区,为防制敌人侵越或应付非常事变起见,各该地最高军事长官得就该地情形临时宣告戒严,但须呈报总司令得其核准。在戒严时期,各地方最高军事长官,须就其所担任作战或留守区域内之戒严情状及一切处置,随时迅速报告总司令查核。

（3）在接战地域内,司令官有执行下列各款事件之权,因其执行所生之损害,不得请求赔偿:①取缔认为与军事有妨害之集会结社罢工罢市,或新闻杂志图画各种印刷品。②民有物品可供军需之用者,如因时机之必要,得禁止其输出。③检查私有枪炮弹药兵器火具及其他危险物品,因时机之必要,得押收或没收之。④拆阅邮信电报。⑤检查出入船舶及其他物品,或于必要时得停止水陆之交通。⑥监督指导各地民团农团等,如各团体中有不法行为致妨碍军事动作者,得由总司令随时勒令缴械解散。⑦因作战上不得已之时,得破坏人民不动产,但应酌量抚恤。⑧接战地域内,不论昼夜,如遇必要时,得检查家宅、建筑物、航行船舶等。⑨寄宿于接战地区内的人民,因时机之必要,得令其退出。

2.《广东全省各区警备司令设置条例》

1926年8月10日国民政府公布,共11条。

决定广东全省设置七个警备司令区,即潮梅、南韶连、高雷钦廉、肇罗阳五邑、琼崖、广属、惠州。

每区设司令一员,警备司令直辖于总司令部,秉承总司令的命令,行使其职务,负治安全责。警备司令有节制该警备区内所有一切驻军及人民武装团体之权。遇有非常事变,须施行戒严时,依《戒严条例》迅呈总司令施行。

(三)1924年《陆海军审计条例》①

1924年4月20日大元帅公布,共15条。

(1)军政部对于陆海军各机关经费出纳,及军用物品与军有产业之保管处理,应行审定之事项如下:①各陆海军及机关会计年度之预算;②每月现金之收支概算计算;③特别会计之收支概算计算;④军用品之收支概算计算;⑤军用产业之保管处理及买卖建筑事项;⑥命令特定应经军政部审定之收支概算计算。

(2)军政部审定陆海军及机关之计算决算,应将其审计之成绩呈报大元帅,其认为法令上经理上有应行改正事项者,得并呈其意见于大元帅。如发现疑义,得行文查询。各陆海军及机关遇有前项查询,须迅速答复。军政部审计支出款项如认为应负赔偿之责者,须分别呈报大元帅核夺,或由军政部行知该机关主管长官限期追缴。

(3)军政部审查完竣事项,自议决之日起五年内发现其中有错误、遗漏、重复等情事者,得为再审查。若发现诈伪之证据,虽经五年亦得为再审查。

(四)1926年关于解散旧民团建立农民自卫武装的规定

1.《关于民团总问题决议案》②

1926年10月26日国民党中央各省区联席会议通过。

首先指明旧有民团、团防局或保卫团的性质。"在事实上多属土豪劣绅及不法地主之武力。此等武力常为帝国主义、军阀及反动派所利用,破坏农民运动,动摇本党及国民政府之基础,于党及政府之前途危险实甚。"

因此作出如下决定:(1)民团、团防局或保卫团之团丁,须以本乡

---

① 《陆海军大元帅大本营公报》1924年第11号。

② 荣孟源主编:《中国国民党历次代表大会及中央全会资料》(上),光明日报出版社,1985年,第295—296页。

有职业之农民充当,其团长或局长须由乡民大会选举,禁止劣绅包办。由国民党党部派人施行政治训练。(2)民团、团防局或保卫团之惟一职任,在于防御土匪,除与土匪临阵交战外,无对任何人自由杀戮之权。也不得受理民刑诉讼。(3)民团、团防局或保卫团之用费,除由乡民会议公认外,不得巧立名目擅自抽收,并须制定预决算,并予以公开。(4)凡摧残农民之民团、团防局或保卫团,政府须解散并惩治之。但已有农民自卫的地方,不得重新设立民团、团防局或保卫团。

2.湖北省《人民自卫军组织法及进行计划大纲》

国民党湖北省党部执委会制定,1927 年 3 月 8 日发布于汉口《民国日报》。

在省党部执委会致湖北省政务委员会函中指出:查举办人民自卫军,系统一地方自卫,巩固革命基础之唯一办法。请贵会负责拨款,积极进行,俾获早观厥成,藉以捍卫地方,镇压反革命派,以巩固革命之新根据地。

(1)宗旨及性质:为统一地方自卫,减轻国防军任务,巩固革命基础起见,特设人民自卫军。自卫军的性质,"完全是保卫地方之常备军事组织"。

(2)组织:由政府与全省性与此有关系之人民团体,联合组织一委员会,为人民自卫军的最高机关。此委员会要向省政府负责。每县设常备军 200 人,分驻各县要地。一县设总队长一人,分队长若干人,受总部指挥。必要时总部得在各地设立办事处。其经费由各县警备队及保卫团拨充,不足时再请政府补足。

(3)实施计划:分区次第筹办。先由旧江汉道着手,再进及荆夏襄阳及其他区域。立即举办农民自卫军养成所。由旧江汉道所辖 29 县,每县派党员及农民协会会员 10 至 15 人,由县党部保送,省党部征别。训练期限 3 个月,然后派至各县办理人民自卫军事宜。

（4）管理：由省政府、省党部、总政治部、最高军事机关、总工会、省农民协会各派一人，组织一管理委员会，互推一人为主席，由委员会委派校务主任一人，管理学校事宜，校务主任对委员会负责，委员会对省政府负责。

谢觉哉在 1926 年所写《国民政府的现状》①中，对军事工作做出以下评述：孙中山先生原在骄兵悍将包围之中，深感"要发展革命事业，没有忠实的革命军队，不能成功"。于是便决定开办黄埔军官学校训练真正能为国牺牲的军人。学习俄国红军制度，知道革命军人同革命主义是不可分开的。1924 年 5 月黄埔军校开学，只有学生 460 人，后来得了商团军械，才成立一个教导团。1925 年 1 月陈炯明进攻广州，这时教导团第一期毕业及第二期在校生已有 1100 人入伍生已有一团。粤军及黄埔教导团为右路军攻淡水，连破陈军，直抵潮汕。军士受了训练，纪律最严，不拉夫，不筹饷，到处开兵农联欢会，使人民知道这才是救民的军队，因此得到人民的援助，这也是胜利的一大原因。现在广州的军队，统称"国民革命军"，军队中派有政治训练专员，自连以上都派有党代表，最近又设有全国陆军总监，对于各军之军事训练、政治训练，有随时监督指导之权。

第五节　外交机关组织法与对外宣言及外事文告

一、中国国民党中央对外政策的原则规定

（一）1924 年《国民党之政纲·对外政策》

1924 年 1 月 23 日通过的《国民党第一次全国代表大会宣言》中

---

① 《谢觉哉文集》，人民出版社，1989 年，第 58—59 页。原载《孙中山先生逝世周年纪念册》署名"觉斋"。

《国民党之政纲》宣布实行以下"对外政策"。

（1）一切不平等条约，如外人租借地、领事裁判权、外人管理关税权以及外人在中国境内行使一切政治的权力侵害中国主权者，皆当取消，重订双方平等互尊主权之条约。

（2）凡自愿放弃一切特权之国家，及愿废止破坏中国主权之条约者，中国皆将认为最惠国。

（3）中国与列强所订其他条约有损中国之利益者，须重新审定，务以不害双方主权为原则。

（4）中国所借外债，当在使中国政治上、实业上不受损失之范围内，保证并偿还之。

（5）庚子赔款，当完全划作教育经费。

（6）中国不负责任之政府，如贿选僭窃之北京政府，其所借外债，非以增进人民之幸福，乃为维持军阀之地位，俾得贿买侵吞盗用。此等债款，中国人民不负偿还之责任。

（7）召集各省职业团体（银行界、商会等）、社会团体（教育机关等）组织会议，筹备偿还外债之方法，以求脱离因困顿于债务而陷于国际的半殖民地之地位。

（二）1926 年《对外政策进行案》①

1926 年 1 月 13 日国民党第二次全国代表大会根据吴玉章等人的提议而通过本案，其要点是：

孙总理为本党定下对外三个大政策：第一就是联合世界上平等待我之民族，第二就是联合世界上被压迫的弱小民族，第三就是联合世界上一切被压迫阶级的革命党。如何进行才能达到这一目的呢？大

---

① 荣孟源主编：《中国国民党历次代表大会及中央全会资料》（上），光明日报出版社，1985 年，第 149—150 页。

会议决采取以下三种进行方法：

（1）与苏俄切实联合。俄国自从十月革命以来，成立了一个最新的国家，他的政策和本党一样，是要联合世界上被压迫阶级，推翻一切强权，打倒一切帝国主义。所以总理为本党定下了联俄的政策，是想得到很好一个帮助，来谋求我们中国民族的解放和世界被压迫民族的解放。

（2）扶助弱小民族。必定要切实扶助，要使他们自己觉悟，自家奋斗，支图解放。

（3）联合世界上的革命民众，帝国主义者国内的被压迫民众，是时时要革命的。他们表同情于我们。不过我们中国情形他们是很隔膜，并且有帝国主义者的报纸淆乱是非，妨害我们的联络。所以本党应该办各种各国文字的报纸，来做宣传；尤望我华侨诸同志特别努力。

二、外交机关组织法

（一）1925 年《国民政府外交部组织法》①

1925 年 7 月 11 日国民政府公布，共 15 条。

（1）国民政府外交部直隶于国民政府，管理国际交涉及关于居留外人并在外侨民事务，保护在外商业。外交部置部长一人，承国民政府之命，管理本部事务及监督所属职员。外交部长对于各地方最高级行政长官之执行本部主管事务有监督指示之责。外交部于主管事务对于各地方最高级行政长官之命令或处分认为违背法令或逾越权限，得呈请国民政府取消之。外交部置秘书长一人，承部长之命整理部务。外交部置第一局第二局。局长承长官之命，分掌各局事务。

（2）第一局置外政科，调查科。外政科掌理：①政治交涉事项；

---

① 《国民政府公报》1925 年第 2 号。

②领土交涉事项;③华洋诉讼交涉事项;④禁令交涉事项;⑤外人传教保护事项;⑥中外人民出籍入籍交涉事项;⑦埠设领事及河道工作交涉事项;⑧通商行船事项;⑨关税外债交涉事项;⑩路矿邮电交涉事项;⑪保护在外侨民事项。

调查科掌理:①调查各国政治经济社会状况事项;②调查各国外交政策事项;③关于国际联合会盟约保和会、红十字会事项;④审查关于订立及修改各种条约事项;⑤解释各种条约事项;⑥搜集各种条约各国法律书籍及交涉专书事项;⑦编纂条约统计报告及交涉专书事项;⑧调查外交事件事项。

(3)第二局置翻译科,交际科。翻译科掌理:①翻译外国文件事项;②翻译外国语言事项。交际科掌理:①接待外宾事项;②国际礼仪事项;③关于聘问事项;④关于派遣驻外委员事项。

(二)1926年《修正国民政府外交部组织法》①

1926年8月14日公布,共11条。

主要修正是将外交部原有的两局,改设为下列五科一局一会,并在职责方面有所调整。

(1)公法交涉科。掌理:①政治交涉事项;②领土交涉事项;③通商课税交涉事项;④行船交涉事项;⑤其他一切凡关系公法上交涉事项。

(2)私法交涉科。掌理:①华洋诉讼交涉事项;②国籍交涉事项;③华侨保护事项;④外人在中国营业之登记事项;⑤其他关系私法上交涉事项。

(3)翻译科。掌理翻译外国文件语言事项。

(4)调查科。掌理:①调查外交事件及外交政策事项;②编纂条约

---

① 《国民政府公报》1926年第42号。

及关于外交书籍;③编辑外交统计。

(5)总务科。掌理:①文书收发;②印信;③会计;④护照发给;⑤其他不属于各科事务。

(6)宣传局。掌理宣传政府外交政策及助进革命策略。

(7)参事会。置常任参事若干人,由外交部长聘任或委任,讨论外交约章上各种难题。必要时外交部长邀请其他官厅职员出席外交部参事会参加讨论。

(三)1926年《外交部宣传局暂行章程》①

1926年9月27日公布,共9条。

(1)外交部内设立宣传局。宣传局长由外交部长荐任,承部长之命掌理外交政策及革命策略之宣传事宜。遇有特别重要事件,由局长呈请部长核办,其他普通宣传事件得由局决定施行。

(2)宣传局得搜集中央及地方政府及各机关与外交或革命上有关系已公布的文件,用各种方法宣传于国内及国外。并应将外国披露的外交关系事件,随时报告本部。上述文件如认为有必要时虽未经公布,亦得交宣传局,应发与否由宣传局长决定。

(3)宣传局得发行月刊、周刊及其他刊物。宣传局得设立分局于国内外各通商口岸、都市地方,并得于欧美各国附设通讯处。宣传局为便利宣传起见,对于海内外各报社得斟酌予以津贴。

(4)宣传局在局长之下,设科长、秘书、文牍主任及各职员。

(四)1926年《外交部特派交涉员暂行条例》②

1926年9月9日公布,共16条。

(1)各重要商埠或边界地方设特派交涉员,称曰"外交部特派员

---

① 《国民政府公报》1926年第46号。

② 《国民政府公报》1926年第44号。

某埠或某地方交涉员"。承外交部长之命,办理各该埠或各该地方外交行政事务。充任特派员的资格:①在国内外专门以上学校法律科或政治经济科或商科毕业兼通外国语文一种以上者;②曾任交涉事务五年以上确有成绩者。特派交涉员依其所管辖地方之繁简轻重,分为三等,第一、二等交涉员由国民政府简任,第三等交涉员由外交部呈荐国民政府任命。

(2)特派交涉员办公处所,称曰"外交部特派某埠或某地方交涉署",以该交涉员为署长,下设科长和科员。交涉署设置以下各科:①公法交涉科;②私法交涉科;③翻译科;④总务科。视事务繁简,①②两科得合并为交涉科,③④两科合并为总务科。凡有委任文官资格者,得任为交涉署委任官。但担任交涉科事务之科长,必须通晓法律有文书证明或外交部考试认可者。科长科员之办事得力,勤劳卓著者,得由该署长酌给津贴,但至多不得逾本薪五成。

三、中国国民党与国民政府对外宣言

(一)1924 年《中国国民党对于中俄协定宣言》①

1924 年 7 月 14 日发布。

宣言指出俄国自革命以来,君主专制时代之帝国主义,已根本摧破,故对中国,尝明白表示自愿放弃一切特权,及废止破坏中国主权之条约。倘使当时北京政府不为非法军阀官僚所窃据,则必能代表民意,开诚相见,新约早成,邦交早复。此次中俄协定,则能适合于双方平等互尊主权之原则。故当协定将成,俄国驻广州代表鲍罗廷君,自北京致电本党总理,称此协定之精神,实准依本党政纲之对外政策,洵

---

① 陈旭麓、郝盛潮主编:《孙中山集外集》,上海人民出版社,1990 年,第 522—524 页。

非虚语也！故本党以为国民关于中俄协定，对俄一方面，当感其厚意。此后两国人民，益当互相了解，以共同努力于互尊主权，互助利益之途。对北京伪政府一方面，当知名器之不可久假，大任之不可虚悬，此后益当以国民之力，锄而去之。故秉承总理意旨，发此宣言。

（二）1925 年《国民政府外交部长胡汉民告世界各国人民》①

1925 年 7 月 11 日国民政府成立时发布。

首先，指出中国自鸦片战争以来，帝国主义利用一系列不平等条约，变中国为"共同殖民地"，割让领事裁判权，租借地和治外法权。因此，我们要求中国的国际地位此后应与其他各国地位平等，要求修订海关关税，使中国能为发展其经济采取必要的经济政策。要求终止一切外国军警枪杀我国人民的野蛮事件。

接着呼吁世界各国人民，不要受你们自国的少数帝国主义蒙蔽。中国不是由煽动者要激起反对外人的祸乱。中国民众的兴起是因为他们有因受了一班无心肝的剥削者的委屈与不义所发生的深刻的感情。中国已不能再忍受这些委屈与不义。中国希望你们能主持公平，因为他确信如果你们能知道事实的真相，你们决不让你们的政府在中国的万恶的政策继续一天。你们能与我们同声为正义之要求。这种要求，对于我们是国家独立，而对于你们则绝无损害。对于你们非特无害，并对于你们的经济事业，将有更盛之发展，世界的和平不至于生危险。无论如何，我们不会被我国各大城市所经受的屠杀所能灭绝的。这种屠杀，只能刺激我们，使我们努力进行对帝国主义的解放。至于所采何种方法，则虽有先见者，亦难预言。世界各国人民，我们请求你们主持正义，赞助我们废除不平等条约之行动。

---

① 《国民政府公报》1925 年第 2 号。

（三）1926 年《中华民国国民政府对外宣言》①

1926 年 4 月 22 日发布。

先帅遗嘱主张召集国民会议解决纠纷，以求统一政府之实现。并查在民国元二年之间，为时二十月无被承认之政府，而一切国际交涉，未尝有不便之感。故特郑重宣言：在国民会议未召集统一政府未成立以前，任何军阀盘踞北京，各国政府不应予以承认，免干涉我国内政，延长我国内争。尤望各国人民起而督促政府俾毋蹈前此之覆辙。庶几我国人民得而打倒一切军阀，统一政府，得以实现，人民得从事建设，岂惟中国之幸，抑亦可间接增各民族间之和平幸福矣。

从上述三则对外文告言中不难看出，国民政府是在坚持独立自主的外交政策。即废除一切不平等条约，为国家独立、民族解放而奋斗。

四、外事文告

（一）1923 年关于保护外侨私产的指令

1923 年 5 月 19 日大元帅指令第 178 号，据外交部广东交涉员呈称：本国从前对德宣战时期，经本省前省长依"宣战时处置德国在中国财产办法"第一条，在使馆界外或租界外之德国国有、私有房屋物品及其他动产、不动产，无人看管者，由该管官员派员看守，或封存之。其属于私有者，该管官员查明知照德委之中立国领事，仍依前项之规定办理。通行本省各商埠地方官，分别将德侨公私各产收用保管在案。现欧战告终，粤省德侨均以私有财产被收，纷纷来署要求发还，以维生计。应否准予发还，呈请帅座签核。

孙大元帅指令批复："准予发还可也。"

（二）1925 年关于华人在国内与外人订立契约概以华文为标准语

---

① 《国民政府公报》1926 年第 31 号。

的法令①

1925 年 12 月 31 日国民政府令外交部长胡汉民据广州市市商会主任董事等呈称：我国自通商以来，华人与外人交易者，往往受其欺侮。此虽由于法律习惯之不同，而文字之偏重实为一大原因。查华人与外人订立契约，无论成立于何地，概以西文为标准语。当其立约之初，华人因不识外国文字，全赖通译为之解说。为通译者又非精于外国文字法学之人，只能照字面述其大概。其中细微曲折之处，不能一一剖释。华人之立约者，见其字面无甚妨碍，遂亦盲从签押。迨有争议发生，彼则咬文嚼字，以相责难，我则忍气吞声，而受损害。天下事之不平孰有过于是者。拟由本会呈请政府令行交涉员照会各国领事官，通告各该国在华商民，一体知照。嗣后华人在国内与外人订立契约概以华文为标准语，其通华文者，得以其本国文译作副本。但有争讼发生，则当根据华文原本以为解释，其外国文副本只可留供自己参考，不能为适法之凭证。似此一转移间，可以保全华人权利不少，即于国体上亦有重要关系。是否有当，理合提议敬候公决。

国民政府令批："据此除批准外，合行令仰外交部即便遵照转令广东交涉员照会驻广州各国领事通告各该国侨商，一体遵办。"

（三）1925 年大本营代大元帅《对上海租界暴行宣言》

1925 年上海发生"五卅惨案"后，广州大本营总参议代行大元帅职权兼广东省长胡汉民，于 6 月 7 日发出这一宣言，严正指出：近日，上海租界当局嗾使巡捕对于巡行之学生开枪射击，致当场殒命者多人，因伤致死者累日不绝。……本政府兹郑重宣布：上海租界当局此等暴行，实为人道之蟊贼及中国国家暨国际之非常损失与侮辱。救治之道，不仅公开道歉、惩办、抚恤等枝节问题，尤当从废除不平等条约，

————————————

① 《国民政府公报》1925 年第 19 号。

收回租界着手，以谋根本解决。

（四）1925年广东交涉署为沙基惨案复英法领事照会

1925年6月19日，香港工人为支援上海"五卅运动"，举行反帝大罢工。罢工工人纷纷返回广州。广州沙面租界的中国工人也举行罢工。6月23日，广州工人、学生、农民等十万人召开大会，举行示威游行。当游行队伍路过沙面租界对岸的沙基时，英帝国主义者命令水兵、巡捕用机枪扫射游行群众，当场死伤百余人，造成"沙基惨案"。惨案发生后，广东交涉署于1925年6月26日照会英总领事、法领事云：为照复事，现奉外交部长、省长面谕，本省长于23日沙基惨案发生后，即召集法、警、工、农、商、学各界暨美、俄、德各国领事，共同组织调查委员会。调查报告确实证明"沙面方面向巡行群众首先开枪射击，以致死伤多人"。最后提出要求条件如下：（1）此案有关系国应派大员向广东政府谢罪。（2）惩办关系长官。（3）除两通报舰外，所有驻粤各关系国兵舰一律撤退。（4）将沙面租界交回广东政府接管。（5）赔偿此次被毙及受伤之华人。以上五条，应请英、法领事官转呈英、法驻华公使及英、法外交部查照答复。

（五）1926年《国民政府关于拒绝"调查法权外国委员来粤"的命令》①

1926年4月10日国民政府令外交部、司法行政委员会，指出：

> 为令饬事，国民政府唯一之职责，在奉行先大元帅之遗嘱，其最先着手即在废除不平等条约。领事裁判权当收回，无须由外人调查。故对于此次调查法权外国委员来粤，决定不予接待。除分令外，合行令仰该部委员会迅即转电各埠交涉员和各级法庭，一体遵照，此令！

---

① 《工人之路》1926年4月12日。

谢觉哉在 1926 年《国民政府的现状》①一文中,对孙中山的外交方针,做出以下评述:像张作霖一般人说:"孙先生原来不善外交,各国公使都不赞成他,租界上几乎不准他住。"这自然没得说了。要知道孙先生革命志愿,决于中法战役之年,他的革命是反抗国际帝国主义,而求中国之自由平等。因此,他一生常代表中华民族不屈不挠的精神,同全世界帝国主义抗。像关余事,商团事,孙先生对外宣言,何等的勇敢而神圣。反之能以平等待我的民族,我们自当去联络他。民六俄国革命,全世界帝国主义一致攻击苏俄,独孙先生打个电报去贺他成功,列宁接了非常感动,认为东方的光明来了。后来列宁决定两个计划:(一)对西方被压迫阶级,助他们联合起来;(二)对东方被压迫民族,助他们联合起来。民国十年,他派马林到广西见孙先生;十一年又派越飞到上海见孙先生,孙先生同他联合发表一个宣言。孙先生派廖仲恺送越飞到日本养病,在热海同住一个月,讨论许多事情;又派蒋中正到莫斯科,考察红军组织和共产党纪律的森严,遂为后日回国改组国民党创建党军之一大张本。从此孙先生和苏俄遂实行携手,苏俄也决定帮助孙先生。中国革命是世界革命的一部,那末联合世界被压迫阶级和民族战线,同压迫者斗,自是当然而且必要。孙先生在遗嘱中说:"必须唤起民众,及联合世界上以平等等我之民族,共同奋斗。"又致书苏俄表示两大民族携后的热烈。可怜一般无识之人,反说广东如何不应联俄,这完全不了解世界革命形势,完全为帝国主义者张目。至现在广东政府对付列强,能够继承孙先生不妥协不屈不挠的精神。沙基惨案发生,政府援助工人罢工,把香港变成荒岛。香港政府请伦敦出兵不成,援助陈炯明、邓本殷又失败,黔驴之技已穷,除屈服外,没有他

①　《谢觉哉文集》,人民出版社,1989 年,第 61—62 页。原载《孙中山先生逝世周年纪念册》署名"觉斋"。

法。至于广东政府对外政府方策,这是人人明白的 9 个大字:"废除一切不平等条约。"

第六节　财政机关组织法与财政税务法规

一、财政机关组织法规

自 1917 年孙中山在广州建立军政府,即设有财政部。

1921 年 5 月 16 日公布《总统府财政委员会组织大纲》,同年 6 月 23 日颁布《修正总统府财政委员会条例》,同年 6 月 25 日又颁布《财政部官制》。1923 年大元帅大本营也设立财政部,1924 年制定《修正大本营财政部官制草案》和《财政委员会章程》。1925 年国民政府成立后,正式制定《国民政府财政部组织法》。具有代表性的有以下几种。

(一)1924 年《修正大本营财政部官制草案》

1924 年 3 月 15 日大元帅核准施行,共 17 条。

为改组部务而修正官制,将原设立一厅三局改为一厅两局。其要点是:

(1)财政部隶属于大本营,职掌全国财务行政及会计出纳、公债货币、自收各省出赋国税、编制预算、监督金库银行及政府专卖、国有财产营业、地方税收,统辖全国会计出纳征收官员职员及所属公署。

(2)财政部设部长一人,由大元帅特任,承大元帅之命,总理部务,指挥监督本部及所属各公署官员职员。次长由大元帅简任,辅佐部长管理本部一切事务。财政部设置总务厅、赋税局、泉币局①分掌部务。

(3)财政部总务厅主管部务:①编制全国预算决算事项;②会计及

---

① 泉币局即钱币局。

国库部库之现金出纳事项；③本部及所属官员职员进退及记录事项；④本部文件收发及公布事项；⑤编制统计报告事项；⑥经理保管本部公产事项；⑦本部庶务及其他不属于各局事项。

（4）财政部赋税局主管部务：①考核各省田赋丁粮租税捐款之征收事项；②关税烟税盐税印花税及其他国税之征收及整理事项；③监督地方税及公益事项；④核订税率事项；⑤查核国有营业及其收益事项；⑥监核官产之清理事项。

（5）财政部泉币局主管部务：①关于币制及铸币事项；②关于纸币发行及整理事项；③关于金融及监督银行金库事项；④管理内外公债证券及稽核地方公债证券事项。

（二）1924年《财政委员会章程》①

1924年1月8日大元帅公布，共14条。

（1）关于设置财政委员会的理由，在财政部长叶恭绰向大元帅的呈文中提出：自政府成立以来，军需浩繁，财政倍形困难，若非预谋整理之道，恐有难以接济之时。当此北伐军事正拟积极进行，中央财政尤须亟谋整理。本部总管度支，但兹事体大，各有关联。欲收开源节流之效，宜有集思广益之方。爰拟由本部集合财政各机关长官，组织财政委员会，俾得各抒所见，相与有成。

（2）本会以统筹整理财政为宗旨。其委员由大元帅任命下列各员组成：财政部长、财政部次长、广东省长兼筹饷局督办、禁烟督办、船民自治督办、两广盐运使、广州市市长、广东省财政厅长、公安局长、造币厂长、广州市财政局长、广东沙田清理处处长。本会会议由财政部长、广东省长轮流主席。本会事务员由各委员调所管机关中相当职员充任。本会会议事项以关于中央及地方财政为限。其议案范围包括：

---

① 《陆海军大元帅大本营公报》1924年第1号。

①大元帅交议事项;②本会委员提议事项;③人民条陈事项。本会议决案,由各主管委员呈请大元帅核准施行。前项议决案,如属中央财政,交财政部;如属地方财政,交省长分别办理,仍应函复本会备案。

(三)1925年《国民政府财政部组织法》

1925年7月24日公布,共9条。

(1)财政部直隶于国民政府,管理国民政府财务行政,处理政府预算决算及监督所辖各机关。

(2)财政部设部长一人,综理本部一切事务。下设秘书、国库主任、办事员及书记员若干人。

(3)秘书承长官之命,掌理:①起草各种关于财政之法案;②撰核文稿及收发保管文件;③典守本部印信;④办理本部出纳、会计、庶务及预算决算报告等事;⑤监督稽核国家地方赋税及其他征收;⑥管理各种印花税及监制印花税票事项;⑦管理造币及监督国立及私立银行;⑧办理国家公债;⑨编制国家预算决算、财政统计事项。

(4)国库主任掌理:①国家款项之出纳;②出纳之逐日报告及会计;③库款之保管。

二、中国国民党关于财政方针的决议案

(一)1924年《对广东政治财政统一决议案》①

1924年2月1日,中国国民党第一届中央执行委员会第一次全体会议通过《对广东政治财政统一问题案》,提出广东为最高党部所在地,与全国革命有极大关系。目下广东政治、财政未能统一,亟应设法统一,使吾党革命根据地趋于巩固,方能全力以策全国革命之进行。

---

① 荣孟源主编:《中国国民党历次代表大会及中央全会资料》(上),光明日报出版社,1985年,第66—67页。

最后决议:"以中央党部名义建议于本党总理。"

(二)1926 年《关于财政决议案》①

1926 年 1 月 19 日国民党第二次全国代表大会通过了《关于财政决议案》,确定以下方针政策:

(1)统一财政。统一国家财政,实为发展国家之唯一基础。应以坚决之态度,将所有各种收入集中于政府之财政部。其他一切国家及军事之费用,均由国库支出。

(2)建立预算制度。所有国家之收入及支出,均须包括在国家预算之内,此项预算须经国民政府批准。若无政府特许明令,各机关团体不能增多其由国家预算所准许之费用。地方预算应呈缴国民政府,国民政府可以决定其支出及收入,并得限制其税项之征收。若有不敷时,以国家款项资助之。国民政府宜注意税项外之收入,因税项为人民之负担,实不宜加重。预算若有不敷时,得发行国内公债。军队与政府机关之人员须有定额,各人员之薪额不得超过定额。

(3)租税政策。以直接税为最公平之征收,然亦不可遽废间接税(如货物税等)。为发展本国实业起见,外国货之税率,应较本国为重。废除苛捐杂税,以农业税、商业税、工业税代之。涤除民政军政人员皆能征税之陋习,只有政府财政部乃是唯一之征税机关。除法定税项外,各地方人员无增加税项及附加税之权。以一种厘金取代多种厘金。废除商人承买饷税制度。由财政部所派出之各属财政所管辖税收事宜。

(4)银行政策。政府须以国家中央银行及其分行为收入及支出之总机关。各机关及各公众团体无需动用之金钱,应储蓄于国家中央银

---

① 荣孟源主编:《中国国民党历次代表大会及中央全会资料》(上),光明日报出版社,1985 年,第 120—126 页。

行。中央银行宜在广东各处及各省重要地方设立支行。

(5)改良币制。广东币制纷乱,使国民受莫大损失,而外国殖民地之银行则坐收其利,为改良币制,国民政府宜从新铸造新币。大洋为纯银九百分,杂质一百分;辅币(小洋)为纯银七百分,杂质三百分。旧币则依其所含之纯银价值由中央银行收回。政府宜令中央银行之纸币为标准货币,银币则仅为其辅币,以便零售之交换。除中央银行纸币外,不准他种纸币(外国殖民地银行纸币)在内地商场使用。如有使用外国货币及拒用国币者,宜惩办之。凡在中国境内所设立之各银行(包括外国银行),均须向政府领取特许证。

(6)公债政策。为发展国家经济及完成重大之计划(如建筑黄埔商港)起见,宜采用国内公债办法,以政府所有之产业为其担保。此公债为短期有奖公债。

(7)关税政策。关税税率自主,乃中国人民应有之权利。国民政府应管理各水陆关卡之收入,而将此收入存放中央银行。关税之行政人员应由国民政府委派。此关税发展国内工商业及增加国内原料及物产之输出,并增加政府之收入。

三、金融管理法规

(一)1924年《中央银行条例》①

1924年8月7日大元帅核准公布,19条。

中华民国中央政府为发展国内实业,调剂国内金融,补助国民经济,促进国际贸易起见,设立中央银行,由政府筹备资本经营之。第一次资本定为一千万元,由募集外债款充之。中央银行设总行所在地,各省会及商工业繁盛都市均得设支行分行,或与他银行订立代理合

————————

① 《陆海军大元帅大本营公报》1924年第22号。

同,但须呈请政府核准备案。中央银行业务年限,以30年为期。期满时呈请政府核准延长。

中央银行之业务如下:(1)买卖有价证券、商务确实期票及汇票或贴现;(2)办理汇兑及发行期票、支票及汇票;(3)买卖生金生银及各种货币;(4)经收各种存款,并代人保管证券、票据契约及其他贵重物品;(5)贷放定期或活期有据实担保或抵押品之借款;(6)代其他银行、公司、商号或个人收取各种票据之款项;(7)买卖经政府担保之有息债券证券及本国铁路公司商场工厂之股票;(8)其他关于银行应经营之业务。中央银行由政府授予下列之特权:(1)代政府募集内外实业债款;(2)发行货币;(3)代理金库现金之出纳及代收各项公款。

中央银行设行长1人,副行长2人,任期6年。董事长1人,董事8人,任期3年。监事1人,任期2年。均由政府任命。在职限期间内,不得兼任他银行职务。行长代表中央银行总理行务,监督指挥所属各职员。但遇有重要事项须先经董事会议决。董事长及董事有监督行务议决重要事项及建议之职责。监事掌稽查账目,查察库存现金及有价证券暨财产契据等事项。

下列事项应由董事会议决后,由行长执行:(1)资本之增加;(2)支行分行之设立地点及其存废;(3)营业计划预算决算;(4)贷借于政府款额期限及条件;(5)购入证券股票之限制;(6)货币之发行额;(7)合同契约之签订;(8)关于业务各项专章及各类办事规章暨账簿表册格式之规定或修正;(9)总行各科及各支行分行重要职员之进退;(10)公债金及行员奖励金之分配。前项议决事项其重要者仍由行长随时呈请政府核示。

中央银行营业年限,以每年一月至十二月为一总决算期,就编具下列表册书类,经监事复核,提交董事会议决后,呈报政府查核备案并予公布:(1)财产目录;(2)贷借对照表;(3)营业报告书;(4)损益计算书;(5)盈利分配案;(6)行员奖励分配案。每月月终应编具营业统计书及贷借对照表,经监事复核,呈报政府备案。

(二)1924年《中央银行基金公债条例》①

1924年8月9日大元帅核准公布,14条。

中华民国政府为拨充中央银行资本起见,发行"中央银行基金公债",以广东省通毫银一千万元为额。此项公债以十足收款并无折扣。年息6厘。以中央银行之资本为抵押。

发行后,前5年只付得息,自第6年起用抽签法,每年还本十分之二,至第十年本息一律还清。每年6月1日还本一次。

此项公债之票面概为一千元。由财政部长会同中央银行行长署名盖章。此项公债得自由买卖抵押,遗失概不补给。如有伪造及毁损其信用者,依律治罪。

(三)1925年《广东省金库条例》

1925年8月4日国民政府第14次会议议决修正通过,8月6日公布。

广东省金库管理省政府之现金出纳及保管事项。设库长一人,承省政府之命,受财政厅长之监督,综理金库一切事务。必要时得设立支金库或分金库。

金库之一切现金须存储中央银行。未设立中央银行分行支行者,委托其他稳固银行或银号,代理金库事务。

监察院、财政部或财政厅得随时检查省金库之款项及簿据,并得稽查中央银行之库款及簿据。

财政厅收税款,均由省金库收纳,由中央银行代理保管。省金库于现款之支出,须核明财政厅发给之支付命令,交中央银行付出。

---

① 《陆海军大元帅大本营公报》1924年第23号。

省金库每月须制成收支报告书 3 份,分送监察院、财政部、财政厅各一份。三机关得随时派员检查金库之款项簿据。

(四)各种公债条例

(1)1924 年《大本营财政部有利支付券条例》①

1924 年 1 月 12 日大元帅第 43 号指令核准公布,大元帅指令云:该部以粤省自军兴以来,赋敛已烦,不宜再增苛细捐税,重扰商民。拟发行有利支付券 300 万元,劝令殷富商民认购,并指定广东全省沙田登记费,民产保证费及印花税等项作为还本付息基金,限二十五个月内本息还清。准如拟施行,其条例要点是:

经财政委员会会议议决,发行"大本营财政部有利支付券"300 万元,利率为月息一分。自发行第二月起按月支付利息。自发行后第六个月起,每月抽签还本二十分之一。

此项支付券概不记名。如有遗失毁坏,不挂失,不补发。此项支付券得随意买卖、抵押,亦得作为担保品。

(2)1925 年《修正发行广东短期金库券条例》②

1925 年 9 月 11 日公布,共 6 条。

决定发行广东省金库券,定额 200 万元,月息 6 厘。分为 500 元、100 元、50 元、10 元、5 元 5 种。定期 3 个月本息偿还。

(3)1926 年《国民政府财政部有奖公债条例》

1926 年 1 月 23 日公布,共 15 条。

国民政府为改进国民经济及兴办造纸、土敏土厂、制革厂、其他应行兴办之实业起见,特由财政部发行有奖公债票 100 万张。每张 5 元,共计 500 万元,定名为"国民政府财政部有奖公债"。此项有奖公

---

① 《陆海军大元帅大本营公报》1924 年第 2 号。

② 《国民政府公报》1925 年第 9 号。

债由财政部以国家收入拨交中央银行为还本给奖之担保,并由中央银行负完全责任。

此项有奖公债之还本办法,分为三期,每十个月为一期,第一期每一个月还本2%,第二期每个月还本3%,第三期每个月还本5%,至第三十个月全数偿清。每届还本由财政部抽签决定。

此项募集之款项每年所得溢利,得提出二成充作奖金。此项奖金分为九等,一等奖一张,奖金2万元,至九等奖600张,各奖一元。此项公债于中奖时,即连本一并发还。

每届抽签开奖之期,应由财政部会同监察院派员办理,并邀请地方各法团推举代表莅场监视,仍任人参观。此项有奖公债由财政部公债科主管,并设立有奖公债局经理发行事宜。此项还本给奖由财政部委托中央银行及其他殷实商号按期支付。

此项有奖公债票为无记名式,得自由买卖、抵押,并得作公务上缴纳保证金之担保品,中央银行抵押放款之抵押品,此项公债得为银行之保证准备金。

经理此项有奖公债之官吏或其他商民,对于此项公债如有损毁信用之行为,按照刑律治罪。

此外,1926年7月20日国民政府又公布《第二次有奖公债条例》,规定其用途为"开辟黄埔商港"。共计1千万元,仍分三期还本,以利息作为奖金。

四、税务管理法规

(一)1926年《国民政府财政部税务总处组织章程》①

税务总处隶属于财政部,掌理税务行政及各关输出入关税之征收

---

① 《国民政府公报》1926年第25号。

事项,监督所属各关卡。税务总处设置处长一人,下设第一课、第二课。

第一课掌理以下事务:(1)税务行政及交涉事项;(2)审核各关之设立、废止及征收区域事项;(3)税务人员之任免考绩事项;(4)核定税务机关薪水费及编制预决算事项;(5)处分缉获充公货物及支配奖金事项。

第二课掌理以下事务:(1)整理税则税率统一事项;(2)拟订征收规章及改良手续事项;(3)考核税收比较及征解事项;(4)筹划加税免厘事项。

(二)1926年《违反印花税法案审理委员会章程》

1926年1月财政部公布,共14条。

财政部印花税处为了防杜滥罚所有关于违反印花税法案,特设审理委员会,由财政部长指派一至三人,监察院指派一人,广州四商会轮派一人,共同组成。

凡省河支处各检查员、专员及各区长警检获,或人民告发之违反印花税法案,应将违反事实及商店名称、管辖区域所在地方,切实填注于报告单内连同证物送会审理,不得私自交区执行处罚。各属支处辖内商民如有关于各支处审理违反印花税法案处罚不公者,得由被罚人呈请本处,将案发交委员会复审。审理结果,主张互异时,以多数表决。

审理委员会接到报告单及证物时,应即开会审理。认为确属违反税法者,由委员会以书面判定罚金数目。其非违反印花税法者,仍以书面判决之。前项判决书应由各委员联同署名,送处长核定,再行分别函送管辖警区执行,就近追缴罚金,或发还单据将案注销。

各当事人如有认为处罚不公者,得于三日内将充分理由详细声叙,呈请本处再行审理。如审理结果仍主张处罚时,应照案送区执行,追缴罚金。

（三）1926 年《煤油汽油特税章程》

1926 年 6 月 28 日财政部税务总处发出布告,说明煤油专卖业经遵令取消,另定征收煤油汽油特税章程 10 条,业经国民政府政治委员会议决通过,定于 6 月 28 日照章施行。

政府于取消煤油类专卖后为抵补国库损失,平均人员负担起见,除火油渣暂准免征外,凡煤油汽油入口时,均应征收特税,由税务总处在各输入地点,特派专员办理,或派员兼办。

煤油汽油特税税率,均按每 10 加伦计(即每一箱或两罐)收税毫银 2 元。凡煤油商贩运煤油汽油入国民政府辖境者,须先期取具殷商保证,向财政部税务处请领煤油或汽油进口准单,方准输入。前项进口准单,只贴印花票 5 元,不另纳费。

煤油汽油输入时,如无进口准单或转运单,一经海关或侦缉员查获,除货物全数充公外,并处以 100 元以上 5000 元以下罚金。煤油汽油输入后,未经纳足特税或未粘贴检查证,私自出仓或发售时,一经查获,除货物充公外,并处以 500 元以上 1 万元以下之罚金。

（四）1926 年《征收出产运销物品暂时内地税条例》

1926 年 10 月 17 日国民政府公布,共 6 条。

凡两广与中国各省或外国所贸易之物品,无论为出产品或运销品,应一律征收暂时内地税。此项内地税,对于普通货物之征收税率,应按照现在海关或常关所征收税率,另征半数。对于奢侈品则加征一倍。但烟酒煤油汽油等已遵缴特税者得免征。

为征收此项内地税,财政部得在各海关及常关口卡或其附近进行征收。

凡买卖或经理各项货物,而不依本规定缴纳税项者,除将货物充公外,应处 3 年以下监禁,或处以该项货物所值的十倍罚金。

五、1926 年《国民政府财政部盐务总处组织章程》①

1926 年 2 月 24 日国民政府公布,共 11 条。

盐务总处隶属于财政部,掌理盐务行政与场产运销及征税与稽核一切事宜。盐务总处置处长副处长各一人,下设第一课和第二课。

第一课掌理事务:(1)盐务行政及交涉事宜;(2)盐务人员任免薪费事项;(3)改良盐场仓栈建筑事宜;(4)调查考核盐类之制造及产额事项;(5)核定盐务机关之存废事项;(6)调查改良运盐手续及保护事项;(7)筹划支配销盐区域事项。

第二课掌理事务:(1)编制盐务收支预算决算事项;(2)编制盐务收支统计事项;(3)调查审订场产运销一切费用事项;(4)调查整理销盐数目事项;(5)考核税收比较事项;(6)考订盐税生产率事项;(7)征解盐税款项事项。

1926 年 7 月财政部修正章程,将原一、二课,修改为总务、运销、场产、审核、出纳五课。

六、1926 年缉私卫商管理法规

(一)《缉私卫商管理委员会组织法》②

1926 年 2 月 14 日广州国民政府公布。

缉私卫商管理委员会附设于财政部,管理盐务、沙田、银币、印花税票、烟酒、禁烟、煤油类、爆烈品及其他违禁品之私铸、私售、私制暨匿税、瞒厘之侦缉事宜,并保卫航运厂肆各商。

---

① 《国民政府公报》1926 年第 25 号。
② 《国民政府公报》1926 年第 23 号。

缉私卫商管理委员会的职权：(1)关于私铸、私运、私制之侦缉事项；(2)关于举报各案之受理及侦查事项；(3)关于水陆之检查事项；(4)关于违法违章之惩罚处分事项；(5)关于处置充公货物事项；(6)关于侦缉水面及市乡之走私匪类事项；(7)关于派遣军队兵舰警察协缉事项；(8)关于水陆商运之保护事项；(9)关于商运之保险及赔偿事项；(10)关于缉私人员之任免及奖惩事项；(11)关于缉私卫商各项章程之编订事项。

缉私卫商管理委员会设委员长一人，由财政部长兼任。委员 4 至 8 人，由政府特派。委员长总理本会事务，各委员会同委员长处理会务。缉私卫商管理委员会设置干事处和保卫、运输、经理、侦缉、执法等局处，分掌会务。

(二)《缉私卫商暂行条例》①

1926 年 2 月 24 日国民政府公布，共 11 条。

国民政府为体恤商艰维护饷源起见，组织缉私卫商管理委员会、办理缉私卫商各事宜。

委员会由财政部会同陆海各军组织。缉私卫商之区域，暂以广东全省为起点，但得因商民之请求，对于国民政府所辖各区域次第推行（先从广州及西江、东江试办，俟有成效，再分别推行于南路、北江及琼崖各属）。

缉私卫商分为水陆两种办法。水路，指定各军舰编制舰队，分段常驻或梭巡。陆路，指定各军舰择扼要地方，分区驻防巡护。因缉私卫商之必要，查有土匪图劫及违法私运违禁品等事，委员会得命令各军舰或军队，分别搜剿逮捕。为执行缉私职务起见，无论何项船只或官商所运货物，均须受其检查。如查有违章走私及抗拒实据，即准将

---

① 《国民政府公报》1926 年第 25 号。

船货及当事人扣留,转运至省,呈报委员会照章处分。

七、1926 年《财政部禁烟总处戒烟药膏专卖总局组织章程》

1926 年 9 月 29 日国民政府财政部公布《财政部禁烟总处戒烟药膏专卖总局组织章程》和《戒烟药膏专卖总局职掌规则》《戒烟药膏专卖总局收买药料暂行规则》。主要内容是:

戒烟药膏专卖总局隶属于财政部禁烟总处,管理全国戒烟药膏之专卖,并附属药料专卖事宜。其职权是:(1)关于戒烟药料之采办专运事项;(2)关于戒烟药膏之配制发行事项;(3)关于戒烟药料、药膏私运、私售、私制、私藏、私吸之检查事项。

戒烟药膏专卖总局设局长一人,由财政部禁烟总处长兼任。下设总务课、营业课、会计课,并具体规定各课分掌事务。

遵照政府专卖计划,所有各商店或行栈及水陆居民,藏有戒烟药原料(即已贴印花之烟土),依财政部派员会警查封,验明呈报有案者,得依本规则之规定,分别由局给价收买。未经查封或有人误藏未贴印花之烟土,能在限期内自行呈缴者,由局验明按规定价格五成给价收买。

1926 年 10 月 1 日,财政部又制定《各属禁烟局职务规程》规定各属禁烟局,除分隶于禁烟支处或分处者外,均直隶于财政部禁烟总处。执行关于禁烟之法令,及征收专卖检查缉私各事宜。各属禁烟局设局长一人,由财政部委任。各属禁烟局对于专卖之药膏药料,除自行备款请领承销及分发领有牌照各商代销外,得按财政部定额,招商统承或分承。但须取具商店保洁,呈请财政部核准,并由部发给布告,分行地方官军警备案。

八、1924 年《确定民业执照条例》

《确定民业执照条例》1924 年 1 月 12 日大元帅第 19 号训令核准公布①。

据广东财政厅长呈称：商民间向有以不动产向银行按揭款项。但自政府办理官产市产登记之后，人民之不动产失其稳固安全，故银行不敢轻于投资，而人民资源既受牵制，则国家财政必益困难。为此，特制定《确定民业执照条例》15 条，以流通经济，划一契照为宗旨，人民一经领契，即为确定民业之保证，可以自由买卖、典当、抵押，于人民经济固可逐渐流通，而政府酌收照费，于财政亦不无裨益。此条例施行后，举报官产市产等案，概停止受理。该条例的要点是：

（1）凡属民业，不论系人民买卖或向官厅承领，均须请领执照。此项执照，由省财政厅专办，省外各县，由厅设局派员或委托县公署办理。

（2）凡领有此项执照，即为确定民业之保证，准予永远管业，不得作为官产市产办理。

（3）业户请领执照，应带原有红契或执照缴验，并照产业百分之三缴纳执照费。此项执照为四联。一联存财政厅，一联存该管地方官署，两联分正副发给业户。嗣后如有因案须调验契照，准由业户将副照呈验。凡未领有此项执照者，以后典卖契据，不予税契。

---

① 《陆海军大元帅大本营公报选编》，中国社会科学出版社，1981 年，第297—299 页，大元帅训令第十九号后附《确定民业执照条例》15 条。《孙中山全集》第九卷，中华书局，1986 年，第 51 页，只有大元帅训令第十九号。

九、1926 年《清理官市产办法》①

《清理官市产办法》1926 年 4 月 17 日国民政府批准。

为解决官市产所有权问题，由广州市政厅主称，合同司法行政委员会、监察院及广东省财政厅各派员组成清理官市办法会议，拟定此办法，经国民政府批准，于 1926 年 4 月 17 日令广东省政府遵照办理。该办法共 18 条，其要点是：

（一）官市产清理原则：（1）关于证明人民私有之产业，虽逾官厅布告期限，未缴验契据者，仍不剥夺其所有权（但故意不在限期内缴验契据者施以相当处分）。（2）官市产业占有人，不于官厅布告限期内承领者，视为抛弃其权利。但优先权人虽逾优抚期限而与第三人同时呈请承领时，若出价相当，仍不失其优先效力。（3）关于庙产，其优先承领之顺序是：一、坊众团体；二、有营业关系之租客；三、坊众个人。（4）官地民业混合者，其优先承领之顺序是：一、管有人；二、有营业关系之租客。（5）寺庵收归官有者，坊众有优先承领权，其寺庵所有辅屋租客有优良承领权。（6）优先期限之争议，以呈请时期为标准，但呈请在先经主管官厅批令缴价而不依期缴纳者，不在此例。（7）一业数承领人致涉讼时，除有优先权者应依法维持外，得用竞投办法解决。以上七条之规定，从前官厅之处分，有违反时，撤销之。桥梁、海滩、码头及其他业权事项有争议时，依契照；其契照不明时，依习惯办理。

（二）人民对于民国十四年七月以前，各该管官市产官厅所为之处分，于本办法施行三个月内，得分别向财政厅、市政厅声明不服。其对于民国十四年七月以后财政厅、市政厅所为之处分，于本办法施行后一个月内，得向省政府声明不服。人民对于广东省各属在本办法施行

---

① 《国民政府公报》1926 年第 33 号。

后,所为官产之处分,限以两个月内,向财政厅声明有服。对于市财政局在本办法施行后所为市产之处分,限以一个月内,向市政厅声明不服。其不服财政厅、市政厅于本办法施行后所为官市产之处分,均限以一个月内向省政府声明不服。财政厅、市政厅及省政府受理人民声明不服之案,得径为裁决。但调查案卷认为事实不明时,得发还原处分官厅再行处分。省政府对于财政厅、市政厅所未受理之案,不予受理。省政府所处分之案,人民不服时,得呈请国民政府再为处理。前项处理不得再行声明不服。凡确定之案,一年内发现新证据者,得向该主管官厅请求再为处理。

第七节　内政(内务)部官制及其相关的行政管理法规

1917 年 8 月《中华民国军政府组织大纲》规定,军政府设立内政部,其所掌管的工作范围很广,凡在政府系统中没有设立专门机构的内政事宜,几乎都由内政部管理。1921 年 1 月 9 日军政府制定《内政部官制》9 条。1921 年以孙中山为首的总统府改设内务部。并于同年 7 月 15 日颁布《内务总官制》15 条。1923 年 3 月大元帅大本营仍改称内政部。国民政府成立后,先后从内政部中分立出教育行政委员会(教育部)、建设部(实业部)、劳工部、农政部、交通部以及侨务委员会等专门机构。以上各行政机构,先后制定了若干有关的行政法规。因此本章将内务、教育、实业、交通、劳工、农政各方面的法规,分节进行阐述。

一、内政(内务)部官制

(一)1921 年 1 月军政府《内政部官制》①

① 《孙中山全集》第五卷,中华书局,1985 年,第 453—455 页。

内政部长管理内务行政及地方自治、社会事业、劳工、教育、土地、农务、矿务、工业、渔业、商业、粮食、卫生等行政事务。内政部次长帮助部长整理本部事务。

内政部设司长 2 人,承本部长官之命,分理下列事务:(1)人口户籍及国籍事项;(2)选举事项;(3)地方行政事项;(4)地方自治事项;(5)育孤、养老、救灾、收养废疾及监督慈善各团体事项;(6)警察事项;(7)卫生防疫事项;(8)改良风俗事项;(9)保护劳工事项;(10)筹办普及教育及改良振兴各种学校事项;(11)著作权及艺术特许事项;(12)报纸事项;(13)行政区域及分割变更事项;(14)国道及桥梁事项;(15)海河堤防及水利事项;(16)振兴工业及监督奖励各工厂事项;(17)保护及改良渔业事项;(18)管理粮食事项;(19)礼制及国乐事项;(20)宗教事项;(21)地方官吏之任免、奖恤、铨叙事项;(22)土司事项;(23)文官考试事项;(24)文官惩戒事项;(25)统计事项。

司之分置及事务之分配,由内政部长决定。

内政部得设下列各局,分理以下事务:

土地局,分理测量土地,规定地价,登记册籍,管理公地。

农务局,分理制造并输入机器肥料,改良动植物种类,保护农民,开垦荒地,培植及保护森林,兴修水利,提倡农会。

矿务局,分理调查矿区,考验矿质,草定矿律,监收矿税,监督官业,奖励民业。

商务局,分理奖励国货,检查货品优劣,保护专利及牌号,奖励海外航天业,监督专卖事业,设立贸易银行及货物保险公司。

(二)1921 年 7 月大总统府《内务部官制》①

1921 年 7 月 15 日大总统颁布,15 条。

---

① 《孙中山全集》第五卷,中华书局,1985 年,第 576—577 页。

内务部直隶于大总统,管理全国内政,兼管教育、实业、交通等行政事务。置总长一人承大总统之命,管理本部事务,监督所属职员并管辖各官署。次长一人,辅佐总长整理部务。内务部置秘书处,及第一、第二、第三各司。对三个司的分工作了明确规定。除附设矿务局外,撤销其他各局。

第一司掌理人口户籍及国籍事项,选举事项,地方行政事项,地方自治事项,救济及慈善公益事项,改良风俗及褒扬事项,保存古物事项,土地调查测绘事项,土地收用及官地收放事项,道路及桥梁事项,海河堤防及水利事项,地方官吏之任免奖恤事项,土司事项,文官考试及惩戒事项。

第二司掌理礼制及国乐事项,宗教事项,筹办社会教育及学校教育事项,管理粮食事项,农业、林业、工商业、渔业、畜牧业之保护、监督、奖励及改良事项,保护劳动事项,著作权及艺术特许事项,医院药房注册及医生产婆药剂士特许事项,报纸事项。

第三司掌理筹划铁路建设事项,邮务事项,邮务汇兑及储金事理,电报及其他电气事项,监督地方公有及民业电气事项,航业及航海标识事项。

(三)1921年《内务部矿务局官制》

与此同时,大总统还在1921年7月15日颁布《内务部矿务局官制》7条。主要规定:矿务局职掌以下事务:(1)调查矿区;(2)考查矿质;(3)草定矿章;(4)监收矿税;(5)监督官业;(6)奖励民业。矿务局设局长一人,由内务总长呈请大总统任命,承内务部长官之命,管理本局事务,监督所属职员。下设科员、技士,承长官之命,分理局务或办理技术事务。

1925年国民政府成立后,仍设有内政部,但未见制定内政部组织法。

二、内务管理法规

根据现有资料,内务管理法规,主要是关于学会、民团、社团审核备案的批文。

(一)1924 年大本营内政部核准备案之法学共济会

1924 年 4 月 12 日《谢英伯为组织法学共济会请立案呈》称:窃维近世立国,首重法治。人类图存,端赖合群。法之编纂,有待乎学者之贡献;群之发展,必须乎智力之团结。民国十有三年,尚未有一正式法典,其有待于编纂研究,固不待言。今欲张大国法治之徽帜,树士林法学之阶梯,以为完成法典之准备。自当内审历代格律之沿革变迁,外考列邦法令之异同得失,集中西学说,一炉共冶。矧法律乃维持社会工具,社会情状变迁,法律亦因之而异,是故应时代之潮流,为适宜之规定,其研究固无穷期限也,然而集思乃能广益,孤立必至寡闻,自非群策群力,共同切磋,不足以收研究实效。有见及此,特组织法学共济会,以联络同志研究法学实行共济为宗旨。本研究学问为基础,进而为生活之共济。拟由会中营律师业务者,设立法律救济团,凡工人及贫民权利受非法侵害时,于相当限度内,委托办理诉讼事件,不受报酬。庶几不谙法律之人,虽无资延请律师,亦得于法律范围内,主张权利,受相当保障。现已征集会员 90 人,制定章程照章选出干事部职员,择定会址,乞准予立案。

1924 年 6 月 2 日,大本营内政部部长徐绍桢批文认为:该会以研究法学实行共济为宗旨,用意良深嘉许,所拟章程亦尚妥协。应予备案。

(二)1924 年大本营内政部核准备案之广东省民团章程

1924 年 9 月 15 日,广东省长廖仲恺向大本营内政部咨送《广东全省民团统率处章程》和《民团条例》要求查照备案。

《广东全省民团统率处章程》14 条。

广东全省民团统率处,直辖于省长,掌理全省民团之编制、训练、指挥等事宜。设督办一人,会办一人,由省长委任,综理本处事务。内设总务、训练、宣传三科。

督办于必要时,得召集全省民团代表及地方官代表,开团务会议。并得集中全省民团之一部或全部,施行检阅。

《广东全省民团条例》29 条。

凡本省人民,为防御盗匪,正当自卫,得自备枪械饷项,遵照本条例之规定举办民团。民团分为农团、工团、商团、乡团四种。统归全省民团统率处统率,并同时受各该管地方官指挥监督。

农工商团之团丁,限于真正的农工商民;乡团之团丁,限于居住该乡之乡民。但有下列情形之一者不得充当团丁:(1)曾犯徒刑以上之罪者;(2)有精神病者;(3)吸鸦片或嗜赌者;(4)游手无业者;(5)身体衰弱者;(6)年未满 20 岁或逾 50 岁者。

编制。各县民团分为乡、区、县三级,以乡团为基本组织。应设置乡团局(冠以农、工、商、乡团字样)。区设区团局,由各乡团局代表组织。县设县团局,由各区团代表组织。县团局直接隶属于全省民团统率处。各民团每 10 人编为一分队,三分队为一小队,其上为中队、大队、团、总团,各置队团长一员,由各该团局遴选,呈报民团统率处转呈省长委任。

职责。各民团以捍卫地方,防御盗匪为主要任务。民团应遵守下列规定:捕获盗匪应在 12 小时内解送地方官厅讯办。不得行刑及自行释放或科罚。如有赃物,应一并呈解。

此外,还具体规定有关饷械,奖恤及惩罚办法。

(三)1925 年国民政府核准立案之《中华国货促进会章程》

1925 年 9 月 9 日国民政府准予立案。

《广东省政府致国民政府呈》中转述中华国货促进会会长的呈称:

"自上海五卅惨案发生,而九江、青岛、镇江、汉口、长沙等处之巡行群众,叠遭帝国主义之屠杀。近且扩于革命首都之广州矣,国人痛势之式微,恨强邻之无道,乃谋以经济绝交之手段,为政府外交之后援。日来抵制劣货,拒用外币之声甚嚣尘上,亦可见人心未死,而敌忾具有同情也。"

《中华国货促进会章程》的要点是:本会以本救国之精神,抵抗帝国主义之经济侵略,促起国人振兴国货为宗旨。因此要求会员,自入会之日起,以后新买物品,应以国货为主,务使外货渐次绝迹于我国内,以符本会宗旨(但国货无相当之代替又属必需者,得暂用友国之货)。凡有发明国产货品,足与外国货抵抗者,得由本会用全体之力维持之,并代呈政府奖励,或请予免税专利等事。章程还规定该会的职员及其组织机构。

国民政府批示:"准予立案,章程、名册及图章式样存。"

(四)1926 年国民政府转发《广东农工商学联合委员会简章》①

1926 年 6 月 19 日国民政府第 326 号令转发广东各高级机关。

简章共 9 条,其要点是:

(一)本会定名为"广东农工商学联合会"。本会以建立并巩固农工商学的联合战线,保护民族利益、拥护国民革命基础为宗旨。本会以实现五月十一日工农商学联合大会七条议决案为职责。

(二)本会以中华全国总工会、广东农民协会、广东全省教育会各派代表 5 人,广州总商会、广东全省商会联合会、广州市市商会、广州市商民协会各派代表 3 人,及公推自由职业代表 2 人,共同组成②。

---

① 《国民政府公报》1926 年第 36 号。

② 依照《国民政府公报》第 36 号登载的《农工商学联合会各界委员名册》,广东省农民协会有原基等 5 人,中华全国总工会有苏兆征、邓中夏、李立三等 5 人,广州总商会有马伯年等 3 人,广州市市商会有梁培基等 3 人,广东全省商会联合会 3 人,广州市商民协会 3 人,自由职业 2 人,广东全省教育会 5 人。

（三）本会设总务、宣传二部，总务部掌管文书、庶务、会计、出版等事。宣传部掌管编辑、图书、标语、演讲、交际等事。每部设正副部长各一人。

三、医药管理法规

（一）1923 年《管理医生暂行规则》①

1923 年 9 月 13 日大本营内政部公布《管理医生暂行规则》、《管理医生暂行规则施行细则》及《医生资格审查委员会简章》。

《管理医生暂行规则》的主要内容：

在正式的《医师法》及《医师药剂师章程》未颁布以前，关于医师之认许，适用本规则。凡具有医生资格者，应由内政部分别中医、西药，发给医生开业执照。其未经核准给照者，不得执行医生之业务，违者处 200 元以下之罚金。

凡年在二十岁以上，具有左列资格之一者，准发给医生开业执照：（1）在国立或经部认可之公私立医科大学，及医学专门学校毕业，领有毕业文凭者。（2）在外国官立私立医科大学，及医学专门学校毕业，领有毕业文凭者。（3）外国人曾在该国政府领有医术开业证明书，经外交部证明认为适于执行医业者。（4）曾经各地方该管官厅考试及格，领有证明文件者。（5）在经部认可之中医学校或中医传习所肄业三年以上，领有毕业文凭者。（6）曾任官公立医院医员三年以上，确有成绩及证明文件者。（7）有医术知识经验，在本规则施行前行医五年以上，有确实证明，并取具给照医生三人以上之保证者。

医生非亲自诊察，不得施行治疗或开给药方及交付诊断书。医生诊治遇有传染病，或疑似传染病及中毒者，应即据实向该管地方官厅

---

① 《陆海军大元帅大本营公报》1923 年第 31 号。

呈报。医生不得因请托贿赂伪造证书,或用药及其他方法堕胎,违者按刑律治罪。医生关于其业务,不得登载及散布夸张虚伪之广告。

本规则颁布后,各地方中西医生得分别或联合组织医生公会拟订章程,由该管地方官厅转报内政部核准备案。

为了切实执行《管理医生暂行规则》的有关规定,大本营内政部于1924年1月18日发出第15号布告,公布《检查医生执照专员简章》9条,内政部派出检查专员,凡未照章领取行医执照而开业者,务须于2月1日前来部补领,逾期即照章执行处罚。检查专员如发现未领部颁执照者,开列地址,报第二局转呈部长核办。

1924年1月25日,大本营内政部发布第17号布告,指出近来有不少产科师前来请求注册,但本部尚未制定《管理产科师规则》。据医生资格审查委员会决议,暂准援用广州卫生局前颁《产科师注册章程》办理。

(二)1924年《管理药品营业规则》

1924年4月30日大本营内政部公布《大本营内政部管理药品营业规则》和《检查药品规则》。

凡曾在内政部核准注册的药品,该药商应于药品制成发售时,贴用内政部药品检查证,俾资识别而辨真伪。药品检查证由内政部制就颁发,按药品定价高低,分为五种。制药商应按照制成药品定价购领药品检查证,在药品的容量器或包纸上照额贴足,并加盖该商图记。

凡伪造或改造药品检查证者,照印花税法的相关规定处罚。还对制药商违反本规则各条之规定者,分别规定了不同数额的罚金。凡抗纳罚金者,内政部得酌量情节轻重,勒令停业,或没收其药品。

四、土地登记法规

（一）1926 年《广东都市土地登记及征税条例》①

1926 年 7 月 3 日公布,共 6 章 32 条。章名是:总则、土地登记、地价、地税、土地增价税、罚则。

1.“总则”规定:

（1）广东都市均适用本条例,其施行时间由广东省政府斟酌地方情况,以命令决定。凡经划入都市界线内之土地,直接受都市政府管辖,对于其他机关不担负纳税义务。

（2）都市土地分为以下几种:①宅地（认为宜于住宅商店或工场之用者谓之为宅地）。宅地又分为“有建筑宅地”（宅地区域内土地有永久建筑物者谓之“有建筑宅地”）和“无建筑宅地”（宅地区域内土地无建筑物或公有临时建筑物谓之“无建筑宅地”）。②农地（宅地区域外所有屋地、农地、菜地、苗圃、鱼塘、桑地及其他种植之土地谓之农地）。③旷地（都市土地除宅地、农地外谓之旷地）。

2.“土地登记”规定:

（1）关于下列土地权利成立之一切书据（包括红契、白契、典契、合同、租簿、官厅执照、批示、判决书及其他凭据足以证明土地权利者）,限于分区测量完竣通告发布 30 日内,连同抄白书据一份,呈缴土地局,依照不动产章程登记之,验讫书据发还。①土地所有权。②永租权（以永远租赁代买卖者谓之永租）。③典质权（担保债权之土地由债权人占有者,谓之典质）。④铺底权或上盖权（指经领有登记局之铺底顶手登记完毕证者）。⑤长期批租（有契约的租赁而期在 15 年以外者,谓之长期批租）。⑥抵押权（担保债权之土地不由债权人占有

---

① 《国民政府公报》1926 年第 38 号。

者,谓之抵押)。

(2)前条土地权利之登记按照经土地局确定之申报价2%纳费,依下列规定进行征收:①土地所有权或永租权之登记,由所有人或永租权人纳费。②有典质关系上之土地登记,由典质权人纳费。③有铺底上盖或长期批租关系之土地登记,如土地所有权人或永租权人之每年收益等于或超过平均地价10%,其登记费完全由土地所有权人或永租权人缴纳之。如其收益不及10%,其担负之登记费,对于全部登记费以其土地收益对于平均地价百分之十为比例,余额由其他土地权利人担负。④抵押登记费千分之五,转移登记费千分之一,抵押撤销登记,免费。

(3)土地权利有移转时(移转是指买卖、赠与、继承、永租、典质及抵押而言),转受人须于移转后十日内声请土地局登记,如系买卖按照买卖价,如非买卖按照申报地千分之一纳费,但最多以十元,最少以一元为限。

(4)市区内凡国有、省有、市有土地,主管机关或团体依规定申请登记。若有转移或变更土地种类时,须按上述规定办理,但均免费。

3.“地价”的规定:

(1)土地所有权人、永租权人、典质权人,须于土地局通告登记30日内,申报地价书二份,连同一切土地书据,呈缴土地局。申报地价书须依式填报下列事项:①土地所有权人、求租权人或典质权人之姓名及通讯处。②土地种类。③坐落。④面积。⑤每井价值(建筑物所值不在内)。⑥全段地价。⑦土地现充何用。⑧如有永租、典质、铺底上盖、抵押或长期批租关系,须分别注明。

(2)地价申报后,由土地局依据土地位置及价值,划分地价区域。同一区域内之土地于征税上价值相等,谓之平均地价。平均地价每三年由土地局予以修正。

（3）平均地价决定后，由土地局公布之。土地所有权人、永租权人、典质权人认为平均地价不平允地，得自公布之日起一个月内，向土地评议会申请修正，土地评议会对于前项申请所为之判决为最终之判决。

（4）前条土地权利人认为土地评议会判决为平允时，得自收到判决书之日起 15 日内，申请土地局照申请修正地价征税，或照该价将土地收买。

4."地税"规定：

（1）都市土地每年依照下列定率征收地税（建筑物免征）：①有建筑宅地，按照平均地价百分之一；②无建筑宅地，按照平均地价百分之一；③农地，按照平均地价千分之五；④旷地，按照平均地价千分之二。

（2）地税每年分两期征收，每期缴收半数，第一期三月一日至三月三十一日，第二期九月一日至九月三十日。

（3）下列土地得准予免税：①关于教育慈善或宗教育使用之土地。②公立免费游戏场或公园。③经都市政府指定作坟场之土地。④其他得都市政府准予免税之土地。

（4）地税之缴纳人是：①有永租关系之土地，由永租权人缴纳。②有典质关系之土地，由典质权人缴纳。③有铺底上盖或长期批租关系之土地，如土地所有人或永租权人之每年收益等于或超过平均地价百分之十，其地税完全由土地所有人或永租权人缴纳；如其收益不及百分之十时，由其应负担之地税，对于全部地税，以其土地收益对于平均地价百分之十为比例，余额由其他权利人缴纳。④其他土地由土地所有人缴纳。

5."土地增价税"。所谓土地增价，是指土地移转时，现实市价与最后转移时市价相关增加之数，或如无移转时，与初次申报地价相关增加之数。

（1）土地移转，除抵押外，每次须纳土地增价税。土地如无移转时，每十年须纳土地增价税。但土地改良费不征（于都市土地上建筑增加或修改，因而增长其价值，谓之"土地改良"）。土地增价税率为土地增价的三分之一。

（2）土地增价税的缴纳办法：①有永租关系之土地，由永租权人缴纳。②有典质关系之土地，由典质权人缴纳。但期满由所有权人赎回时，典质权人得免息取偿于土地所有人。③有铺底上盖或长期地租关系之土地，如土地所有人或永租权人之每年收益等于或超过平均地价百分之十，其增价税完全由土地所有人或永租权人缴纳。如其收益不及百分之十，由其应负担之增价税，对于全部增价税以其土地收益对于平均地价百分之十为比例，余额由其他权利人缴纳。

6."罚则"规定：（1）违背第六条第十五条之规定者，处以五十元以上千元以下罚金。即指违背关于土地权利一切书据依法向土地局呈缴的规定租违背申报地价书的规定。（2）违背第十一、十二条之规定者，处以其土地价值百分之五以下罚金。即指违背关于土地权利移转和土地种类变更须向土地局呈报的规定。（3）违背第二十条之规定者（指关于缴纳土税的规定），每延迟一个月，处以一倍税额以下之罚金，但最多不过十倍。（4）违背第二十五条之规定者（指关于缴纳土地增价税的规定），处以一倍税额以下之罚金。（5）违背第十三条之规定者（指关于公有或团体土地须照章申请登记），得呈请该管上级机关予以相当之惩戒处分。

（二）1926 年《广东土地登记条例》①

1926 年 7 月 23 日国民政府公布，共 5 章 22 条。章名是：总则、登记、登记费、罚金、附则。

---

① 《国民政府公报》1926 年第 40 号。

1.凡下列土地,无论公有或私有,其权利之保存、移转、分合、消灭、添附及处分,在本条例颁行前不问曾否登记,有无书据,均须向广东土地厅及所属土地局进行登记。(1)建筑用地(包括房屋用地、场厂用地、码头用地、铁路用地、公园地、操场、炮台用地、灯塔用地、祠庙地、坟墓地以及其他一切供建筑用之土地)。(2)农地(包括水田、山田、旱田、沙田、苗圃、桑田、菜田、果园、滩塘以及其他一切耕作种植之土地)。(3)畜牧地(包括牧场、渔场、山林、原野)。(4)森林地。(5)矿山地。(6)盐田。(7)道路地(包括道路、铁道线地、沟渠、河道、堤墟)。(8)杂地(包括荒地、坦地、蚬地、壕地以及其他一切不属于上述各项之土地)。

上列各类土应行登记之权利,包括:(1)土地所有权。(2)永租权。(3)抵押典质权。(4)地上权。(5)公用土地管理权。

凡土地一切之权利,非经遵照本条例规定申请登记,领有登记完毕证,不能以之为土地权利的根据,享受法律上之保障及行物权上之绝对权,以之对抗一般人。

2.登记办法规定:(1)土地登记册应记明以下事项:土地所在之地名及坐落四至、土地之类别及现作何用,面积、地价(每井或每亩),每亩租值,有无书据,曾否纳税其额若干,有无地图,业户(或永租、典主及管理人)之姓名年岁籍贯职业住址。由代理人声请时,代理人之姓名年岁籍贯职业住址。有佃人时,佃人之姓名住址,其他登记事项。(2)上述应登记事项,皆由土地权利人或其代理人于登记期间内自行呈报。土地应行登记时期,由省政府决定。土地登记须刊登政府公报,自公告之日起三个月为假定期,如在假定期内无人提出异议,即属确定,发给登记完毕证。(3)在假定期内如有认为不符实之处,得由土地关系人具书请求更正。凡对登记事项有疑义或争执时,得请求土地局附设之审查委员会分别解释或审理。如呈请登记人或异议人不服审查委员会的裁决时,得呈请土地厅所属土地公断处为终审之裁决。但自公断处裁决后,如发现基于不法行为或不当利得而取得土地权利,业经法院确定判决者,得声请土地公断处予以纠正。

3.关于登记费,分别规定如下:(1)原有产业保存其所有权者,征其地价的千分之五。(2)共有产业之分得者,征其所得地价的千分之六。(3)永租权之取得者,征其租金金额的千分之六。(4)因抵押典质而取得者,按其债权金额,一年以内者征千分之三,三年以内者征千分之五,十年以内者征千分之六,十年以上者征千分之八。(5)因抵押典质期满而回复者,按其原登记件数每件二毫。(6)因拍卖而取得者,按其债权金额征千分之六。(7)在本条例施行以后土地权利有移转时,其登记费是:因遗产或赠与及其他无偿名义而取得所有权者,按其地价征千分之三十;因买受而取得所有权者,按其地价征千分之十五;因前两项以外之原因而取得者,按其地价征千分之十。(8)下列各项土地免征登记费:政府用地,公署局所之建筑物,学校自置用地,公园、公立医院、图书馆、公共市场、孤儿院、难民所、义冢、公共仓库等建筑地,以及经省政府特许核准者。

4.关于罚金的规定:(1)凡于登记期限内不呈报登记时,如逾期两个月以内者,按其地价处以千分之三十的罚金;四个月以内者,按其地价处以千分之五十的罚金;六个月以内者,按其地价处以千分之一百的罚金;逾期六个月者,得没收之。(2)违背本条例第八条之规定(指土地权利移转时不予登记者),以隐匿论,适用上述第一项的规定。(3)依本条例规定经过测量或调查发现土地权利所呈报有隐匿不符情事时,得按其地价处以千分之二十的罚金,并按规定补行登记。

（三）1926年《广东土地登记条例施行细则》①

1926年9月9日公布，共58条。

1.由省土地厅指挥监督所属土地局办理土地登记。未设土地局各县之土地登记事，由土地厅在各该县派员会同其他机关办理。凡施行《广东省都市土地登记及征税条例》的都市，不适用本细则的规定。

2.土地厅因施行土地登记的便利，得将全省划分为若干区域，依次第施行。在各县也斟酌地方情形，分区进行。由省政府的命令公布各地施行土地登记的日期和手续。由各地方以布告、登报等方式告知地方公团、乡长、乡董转告民众周知。

3.声请登记手续是：（1）具声请书，按照所列款式逐项填报二份。（2）缴验原有足以证明土地权利之书据及契照影印或抄白书二份。（3）缴纳登记费或登记证纸价。

4.详细规定各种书证的用法和填法，计有"书式"11种，如"广东土地登记声请书"，"缴验书据收条"，"土地登记费收据"，"土地登记证纸价收据"，"免费查阅声请书"，"查阅声请书"，"请求更正请愿书"，"土地公断请愿书"，"土地变动报告书"，"土地登记证"，"罚金收据"等。

第八节　教育行政委员会组织法与教育法规

依照1921年《内务部官制》的规定，在内务部内设立教育局，主管教育行政事宜。广州国民政府成立后，专门设立了教育行政委员会。1927年改为教育部。先后制定了几种教育法规。

---

① 《国民政府公报》1926年第44号。

一、1926 年《国民政府教育行政委员会组织法》①

1926 年 2 月 20 日广州国民政府公布,共 9 条。

教育行政委员会掌理中央教育行政。教育行政委员会以国民政府所委教育行政委员为干部会,下设行政事务厅,依干部会议决,处理本委员会所管事务。干部会推举常务委员 2 人处理常务,并得以本委员会名义对外接洽交涉事件。

行政事务厅设置秘书处、参事处、督学处。秘书处掌理:整理及准备干事会会议材料,襄助常务委员处理所管事务。参事处掌理关于教育设施计划制定事项,关于教育统计作业之指导与编制事项。督学处掌理关于教育法规之编订、实施状况之监督视察事项,关于教育行政上人事、财务之监督审核事项。

二、教育管理法规

(一)1924 年《大学条例》与《国立广东大学规程》

1.《大学条例》②

1924 年 8 月 13 日大元帅孙中山公布,8 条。

大学之旨趣,以灌输及讨究世界日新之学理、技术为主,而因国情,力图推广其应用,以促社会道义之长进,物力之发展副之。

大学之规模、实质须相称。其只适于设一单科者,得以一单科为大学;其适于并设数分科者,得合数分科为一大学。大学得设研究院。大学得授各级学位。

大学除国立外,并许公立及私立。公立及私立大学均受政府监

---

① 《国民政府公报》1926 年第 24 号。

② 《陆海军大元帅大本营公报》1924 年第 4 号。

督。公立及私立大学之设置及废止,须经政府认可。分科之增设或废止,亦同。私立大学须设定财团,有大学相当之设备,及足以维持大学岁出之基金。

2.孙中山发布成立广东大学令①

1924 年 2 月 4 日孙中山发布大元帅令:着将国立高等师范、广东法科大学、广东农业专门学校合并,改为"国立广东大学"。

1924 年 3 月 12 日大元帅第 96 号训令,据国立广东大学筹备处呈称:教育为神圣事业,人才为立国之本,故国家设立大学,实振兴教育之总键,陶冶人才之巨炉。东西各国莫不注重大学,所以不竞投巨资,莫非为国家奠定基础。当国立广东大学筹备时期,首须顾及经费为第一入手办法。但原来之经费既少,新拨经费无多,盼厥成功,相差尚远。现经广东省署决定,拟开办省外各属筵席捐,并将该捐项以三分之二拨为国立广东大学经费,以三分之一拨为各该地的教育经费,并由大学荐人,由财政厅委任,随时分赴各属监提。大元帅核准上述决定,特指令广东省长、各军长官知照,并转饬所属一体遵照,"对于此项筵席捐永远不得截留挪用,以重学款,而维教育"。

1926 年 6 月 7 日,大元帅核准《国立广东大学劝捐章程》,训令广东省政府遵照通令各县,按照所派数目依限审定解缴(每县最高 2 万元,最低 300 元不等)。

3.《高师、法大、农专三校归并广东大学办法》

1924 年 6 月 5 日大元帅核准公布,8 条。

高师、法大、农专学生依照所学学科归入广东大学各学院各科。归入大学其待遇照旧,至原定毕业时期为止。原有三校学生归入大学以前所修了之科目,由各学院审查后认为与大学所授者程度相当时,

---

① 《孙中山全集》第九卷,中华书局,1986 年,第 433 页。

准其免修；其不相当者，由各学院酌情另定办法。

原有三校已毕业学生，一律为广东大学同学会会员。原有三校毕业如欲得本大学学位者，准其实习大学课程。其应实习之科目及学分由各学院规定。

1924 年孙中山北上前夕，广东大学于 11 月 11 日举行成立典礼，孙中山亲临指示，写了以下训词："国立广东大学训词：博学、审问、慎思、明辨、笃行。"后来为了纪念孙中山，将广东大学改称"中山大学"。以后在武汉又设立另一所中山大学。1927 年 2 月 9 日汉口《民国日报》报道：由武昌武大、医大、商大、法大、文大五校合并改组成立中山大学。

4.《国立广东大学规程》①

1924 年 9 月 1 日大元帅核准公布，共 9 章 71 条。章名是：宗旨、设科、入学学费及修学、考试毕业及学位、校长及校务机关、教育界职员之任用及待遇、财务、纪律及惩戒、附则。

宗旨与设科。国立广东大学以灌输及研究高深学理与技术，并因应国情，力图推广其应用为宗旨。设科，分为预科、本科及研究科。在国内新制高级中学未达到相当数额及程度时，暂设预科。本科设列下列分科：（1）文科；（2）法科；（3）理科；（4）工科；（5）农科。研究科，俟大学第一次本科毕业，大学有充分之设备时，由大学校务会议决定设立。预科修业年限二年，本科修业年限四年。

本科入学资格：（1）广东大学预科毕业；（2）具有下列各项资格之一，经入学试验合格者：（甲）其他国立大学预科毕业；（乙）有同等学历公立私立大学预科毕业；（丙）高等专科学校毕业；（丁）新制高级中学毕业。

---

① 《陆海军大元帅大本营公报》1924 年第 24 号。

考试、毕业及学位。本科学生设学期考试及学年考试。凡各科目不及 60 分者为不及格。每学年有三分之一以上科目不及格者,不得升级,但已考试及格之科目得免再习。本科各分科学生,已满修学年限,成绩及格者,当准予毕业,授予各该学科之学士学位。

校长及校务机关。校长一人,由行政元首任命,主持全校事务。设立大学校务会议。由校长、各分科学长预科主任以及全校教授互选若干人组成,以校长为主席。其主要职权是:议决大学一般进行计划及学生入学毕业事项;议决各科系之设立及变更,议决学位之设定,奖学金之给与,审议预算,以及大学内部规则的制定与变更等事项。

大学各分科设立各分科教授会,由各该科教授组成,以各分科学长为主席。分科学长由校长就该分科教授中指认,任期二年,大学分科系设教授会,以各系主任为主席。各系主任由教授互选,任期一年。

教职员之任用及待遇。大学之教课事宜,由教授、讲师、助教、助理员担任。教授由校长提出经聘任委员会审查合格后,聘任。教授系专任职,非在不妨碍本校教课范围内,且经大学校务会议同意,不得在校外兼任教务或其他职务。教授薪金分为若干等级,以其在校年限进级。继续服务 6 年者,得休息一年,照支全薪。

本科科系设置。广东大学文科设有中国文学系、外国文学系、史学系、哲学系。理科设有数学系、物理系、化学系、生物系、地质系。农科设有农艺系、农艺化学系、园艺系、蚕桑系、畜牧系、病虫害系、森林生产系、森林经营系、农业经济系、林业经济系。

法科设有法律学系、政治学系和经济学系。其中法律学系的课程计划,分为四个学年,并有必修和选修。(括号内为每星期时数)。第一学年必修课有:法理学(1)、民法(总则,4)、刑法(总则,3)、宪法(4)、外国法(2)、经济学(4)、第二外国语(2)、体育(2)。选修课任选其一:中国法制史(3)、政治学(3)。第二学年必修课有:民法(债权,

4)、民法(物权,2)、罗马法(2)、刑法分则(3)、行政法(总论,3)、法院编制法(1)、外国法(用外国文讲授刑法,2)、第二外国语(2)、体育(2)。选修课有:社会学(2)、财政学(总论,3)。第三学年必修课有:民法(亲属,2)、商法(商人通则、公司条例,3)、民事诉讼法(4)、刑事诉讼法(3)、国际公法(4)、行政法各论(3)、外国法(用外国文讲授民法,2)。选修课有:刑事政策(2)、比较民法(4)、破产法(2)。第四学年必修课有:民法(继承,2)、商法(商事通例、票据、船舶,4)、民事诉讼法及强制执行法(2)、国际私法(2)、外国法(用外国文讲授商法,2)。专门研究(论文或译书)。选修科目(任选其二)有:社会立法论(附劳工法,3)、公证法及法庭实务(1)、判例(1)、法医学(1)、社会主义及社会运动(1)。

(二)1926 年《教科书审查规程》①

1926 年 10 月 1 日教育行政委员会公布,共 18 条。

小学校及中等学校各类教科图书,非经国民政府教育行政委会审定,不得采用。但在未审定公布之前,暂时沿用者,不在此例。如须教育行政委员会审定认为不当的教科图书,不准各校采用,并得禁止发行。

审定图书以不背党义而适合教授目的、教育程度、教科体裁者为合格。教科图书分为教员用及学生用二种。凡呈请教育行政委员会审查之图书,无论印本或稿本,皆须预备两份送呈。如用稿本应预印数页作为纸张印刷款式等之样本,其未经完成或未定价目之图书,不得收付审查。已经审定或正在审查中的教科图书,如发行人将内容变更,呈请复审。

已经审定的图书,由教育行政委员会将下列各项予以公布:①书

---

① 《国民政府公报》1926 年第 47 号。

名;②册数及页数;③定价;④某种学校用;⑤发行之年月日;⑥编辑人及发行人之姓名。已经审定之图书,应在书面上记明"国民政府教育行政委员会审定"字样。已经审定之图书发行人,应将十倍该图书定价之审查费缴纳,方予公布。

(三)1926年《学校职教员养老金及恤金条例》

1926年11月公布,共17条。

第一,关于养老金的规定。

养老金的条件:(1)学校职教员,凡连续服务15年以上,年逾60岁者,自请退职或由学校请其退养者,得领养老金。(2)年未满60岁而身体衰弱不胜任务者,亦得领养老金,但以不任其他职务者为限。(3)职教员如因公受伤以致残废,不胜任务者,虽未满前条之年限,亦行领养老金,但以不任其他职务者为限。

养老金的标准:依照《职员及专任教员养老年金表》执行。凡连续服务15年以上者,如因公伤致残而退职时,职员及专任教员之养老金,除依《养老金表》外,照最后年俸给予百分之十。兼任教员之养老金照最后三年内年俸平均数给予百分之三十。

养老金的支给时间,自退职之翌日起,至死亡日止。

第二,关于恤金的规定。

职教员领取恤金的条件,分以下五种:(1)连续服务10年以上者死亡时;(2)连续服务15年以上者死亡时;(3)连续服务20年以上者死亡时;(4)因公致死亡时;(5)因公受伤或受病以致死亡时。

恤金领取标准,分别规定如下:(1)职员及专任教员,属于前条第一项者,照最后年俸之半数;第二项者照最后年俸之全额数;第三、第四、第五项者,照最后年俸之倍数。(2)兼任教员,属于前条第一项者,照最后三年内年俸平均数的百分之三十;第二项者百分之四十;第三项者百分之五十;第四、第五项者,照最后三个内年俸之平均数。

第三,其他规定。

服务年数之计算,以连续一校者为限。但当转任他校者系经主管教育行政机关调用,或原校校长许可并专案呈准者,不在此限。

国立学校遇有应发之养老金或恤金,由国库支给,省立学校由省库支给,市县立学校由市县教育经费支给。私立学校遇有应发之养老金或恤金,由各校察度经费情形酌量支给。

各校请领养老金或恤金,应由本人或其法定继承人,开具履历事实及请领金额,经由该校校长呈请主管教育行政机关核给。

(四)1926 年国民政府关于推行国语注音字母的批令

1926 年 3 月 31 日,国民政府令中华全国总工会指出:教育行政委员会呈称:现准政府秘书处函开,无线电队职员濮思顺拟具国语注音字母及简略教授法,请于革命军中及劳动界均加教授一案,经国民政府常委会议决,交教育行政委员会审核。此举为普及国语教育起见,尚属可行。惟在军人及劳工中训练,似应由政府分行军事委员会及全国总工会酌量办理。

除批准并函达军委会外,合行抄同濮思顺原呈,令发该会遵照酌量办理。

同年 3 月 30 日国民政府另批无线电队濮思顺:"呈及附件均仰候令行军事委员会及全国总工会酌量办理。"

第九节　建设部与经济管理法规

1921 年军政府时期,没有专门管理实业的行政机关,而是由内务部分管工商农渔等实业行政事宜。1923 年大元帅大本营设置建设部,专管工商农渔等行政事宜。到 1927 年,武汉国民政府改设实业部,制定了实业部组织法。在上述各个历史时期,先后制定了若干经济管理法规,积累了许多有益的经验。

一、1923 年《暂行工艺品奖励章程》①

1923 年 10 月 4 日大元帅指令公布,共 18 条。

大本营建设部呈文提出:"富国之道,工商为重,改良商品,工艺为先。吾国工业方面,方在萌芽,提倡奖励,责在政府。"本部工商局特制定本章程,其要点是:

关于工艺上之物品及方法,首先发明及改良,或应用外国成法制造物品著有成绩者,得按本章程呈请奖励。享有奖励权利者,以中国人为限。

奖励类别:(1)凡关于工艺上之物品及方法,首先发明或改良者,得呈请专利,其年限分为三年、五年两种,由建设部核准。(2)凡应用外国成法制造物品著有成绩者,呈请给予褒状。但下列工艺品不得呈请奖励:①有紊乱秩序妨害风俗之虞者。②业有同样发明或改良呈请核准在先者。还规定饮食品和医药品,不得呈请专利。

专利权得承继或转移,但须呈请建设部核准换给执照。在专利年限以内,如有他人私自仿造妨害专利时,享有专利权者得呈请禁止。

已行专利者,如有下列情事之一,其专利权利应即取消:(1)已得专利权自给照之日起,满一年尚未制造营业者。(2)贩运外国货品冒充自制专利品发行者。(3)所制物品与说明书所载与各样模型不符者。(4)专利期内无故休业一年以上者。(5)以诈伪方法朦请核准者。

根据本章程的规定,建设部还制定《暂行工艺品奖励章程施行细则》,于 1923 年 10 月 16 日予以公布。

---

① 《陆海军大元帅大本营公报》1923 年第 32 号。

二、1923 年《国有荒地承垦条例》①

1923 年 11 月 26 日大元帅公布,共 6 章 30 条。章名是:总纲、承垦、保证金及竣垦年限、评价及所有权、罚则、附则。

本条例所称之国有荒地是指江海、山林、新涨及旧废无主未开垦者而言。凡国有荒地除政府认为有特别使用之目的外,均准人民按照本条例承垦。凡承领国有荒地开垦者,无论其为个人或为法人,均承认其为有承垦权者。但是,非有中华民国国籍者不得享有承垦权。

凡欲领地垦荒者,须具书呈请该管官署准报建设部立案。承垦人缴纳一定保证金(每亩一角)后,即由该管官署发给承垦证书。该条例第二、三、四章具体规定了呈请书和承垦证书的详细内容以及按地亩面积规定的竣垦年限和按荒地质量规定的地价。

承垦者依照条例规定如期竣垦,并照章缴纳地价后,该管官署应按其缴纳之亩数发给所有权证书。

三、1924 年大本营建设部《权度法》②

1924 年 2 月 14 日大元帅指令批准公布。

建设部在 1924 年 1 月制定了《权度法》及其附属法令《权度法施行细则》、《权度营业特许法》、《官用权度器具颁发条例》,于 1 月 10 日呈请大元帅审核。

呈文提出制定《权度法》的理由是:权度划一,所以便民利用。《虞书》美舜政绩曰:同律度量衡。《周礼》:质人一职,同其度量,壹其淳制。而《管子》亦曰:权度平正,不可以欺轻重,差以短长。近观欧美

---

① 　《陆海军大元帅大本营公报》1923 年第 39 号。
② 　《陆海军大元帅大本营公报》1924 年第 5 号。

各国,亦莫不以划一权度视为国家要政。我国法治不修,典章废弛,而权度不独自成风,抑更县自为制,参差不一,欺诈日生。往者,民国四年有鉴于此,曾经善后公布权度各法则以期廓清积弊,乃迄未推行尽利。固由积重难返,更始维艰,而百政丛脞亦可概见。我帅座建造邦国,革故鼎新,凡我设施,中外属望。广州为护法政府所在地,尤宜法治昌明,为全国模范。兹拟定《权度法》及其附属法会,并确定在广州市区内的施行日期令如下:

第一条《权度法》、《权度营业特许法》、《权度法施行细则》及《官用权度器具颁发条例》,自民国十三年六月一日于广州市区内施行。

第二条《权度法施行细则》第五十二条,权度器具之暂准行用期限,于广州市区内得缩短为一年。

大元帅第139号指令指出:划一权度,以杜侵欺,洵属国家要政,而广州市乃政府所在地,尤为中外观瞻所系,应准如所请。以期首善之区,积习先革,次第推行,渐及各省。仰即由部录令布告广州市市民一体周知。

不久,大元帅又在同年3月30日核准公布了《大本营建设部权度检定所暂行章程》,4月20日公布《广州市权度检查执行规则》。这样就使得《权度法》在广州市的试行,有了一套比较完善的法律依据。

四、1924年《商标条例》①

1924年2月19日大元帅指令公布施行。1925年9月12日广州国民政府修正公布。

(1)《商标条例》的制定和修正

1924年初,大元帅大本营建设部长林森拟定《商标法》40条及《商

---

① 《陆海军大元帅大本营公报》1924年第6号。

标法施行细则》32条,于同年1月29日呈请大元帅孙中山审核。该呈文提出的理由是:查商标专用,所以表彰工商品物;商标注册,所以保障商人私权,文明国家莫不定有专例,其能商各国方且缔结互相保护商标之条约。民国建造十有三年,关于《商标法》则尚未见实行,殊不足以振兴实业,保护私权。兹拟采仿商标专用主义,规定注册,严禁冒假。至外国人民呈请商标专用时,其有条约规定者,依现行条约办理,以昭公允,而便推行。

大元帅孙中山于1924年2月14日发布指令,认为所拟《商标法》及施行细则,"均尚妥协"。惟此项法规,既未经议会议决,自应改为条例,以符名实。仰即遵照将标题及条文内容所用"法"字,一律修改为"条例"。

建设部根据上述批示进行修改,定名为《商标条例》连同《施行细则》,于1924年2月19日以大元帅第177号指令公布施行。

为了具体掌管商标注册事宜,1924年3月20日建设部于《大本营公报》发布《商标注册所暂行章程》,成立商标注册所。由总办综理会所事务。设立第一、二、三科。分管审查注册及评定调查事项。

广州国民政府成立后,对《商标条例》进行修改,于1925年9月12日公布施行。主要修改点:①将原文的多处"实业厅",改为"广东商务厅"。即以广东省政府的商务厅作为商标注册的主管机关。②将第三十一条的"得依法起诉于省政府",修改为"得依法提起诉愿于广东省政府"。

1925年9月12日还公布《商标条例施行细则》32条,具体规定注册呈请书的填写内容和要求。

(2)《修正商标条例》的主要内容

因表彰自己的生产、制造、加工、拣选、批售或经纪之商品,欲专用商标者,须依本条例呈请注册。但下列各款之一,不得作为商标:①相同或近似于中华民国国旗、国徽、国玺、军旗、官印及勋章者；②相同或近似于红十字章或外国之国旗、军旗者；③有妨碍风俗秩序，或欺妄公众之虞者；④相同或近似于同一商品习惯上所通用之标章者；⑤相同或近似于世所共知他人之标章，使用于同一商品者；⑥相同或近似于政府所给奖章，及博览会劝业会所给奖牌褒状者（但以自己所受奖者作为商标之一部分，不在此限）；⑦有他人之肖像姓名、商号或法人及其他团体名称者（但已得其承诺时，不在此限）；⑧相同或近似于他人注册商标失效后，未满一年者。

二人以上同一商品以相同或相近似之商标，各别呈请注册时，准实际最先使用者注册，或准最先呈请者注册。其在同日呈请者，非经各呈请协议妥洽，让归一人专用时，概不注册。同一商人同一商品使用类似之商标，得作为联合商标呈请注册。

自商标注册之日起，由注册人取得商标专用权。商标专用权以呈请所指定之商品为限。商标专用期间，自注册之日起以二十年为限。到期如呈请续展期，仍以二十年为限。商标专用期间内废止其营业时，商标专用权因之消灭。因商标注册呈请所生之权利，得与其营业一并移转于他人，并得使用该商标之商品，多析移转。承受前项之权利者，非呈请更换原呈请人之名义，并经商务厅核准注册者，不得以之对抗第三人，其商标专用权抵押时亦同。

商标专用权除得由注册人随时呈请撤销外，凡有下列情事之一，商务厅得以其职权或据利害关系之人呈请撤销之：①于其注册商标自行变换，或另附记，以图影射而使用之者；②注册后并无正当事由，迄未使用已满一年，或停止使用已满二年者；③商标移转后已满一年，未经呈请注册者，但因继嗣之移转不在此限。

凡经核准注册之商标及关于商标之必要事项，商务厅应登载于《政府公报》，或商务厅所刊行之公报。商标呈表人对于核驳有不服者,自审定书送达之日起,30 日之内,得其不服理由书,依法诉愿于广东省政府。

关于商标争议的评定问题,对商标有争议时,得由利害关系人提出请求书于商务厅,请求评定。各当事人所呈之书状,商务厅应抄示对方,令限期具书答辩。评定委员由商务厅厅长指定 3 人进行合议,以其过半数为决定。有利益关系应行回避。对于评定之决定不服时,自评定书送达之日起,60 日内得依法提起诉愿于广东省政府。关于商标专用权事项,有提出民事或刑事诉讼者,应依评定之评决确定后,始得进行诉讼程序。

处罚办法:犯下列各项一者,处一年以下徒刑或 500 元以下罚金,并没收其物件:①使用他人注册商标于同一商品,或使用附有他人注册商标之容器包装于同一商品,或以此种商品交付或贩卖者。②意图使用于同一商品,而伪造或仿造他人之注册商标者。③同一商品以与他人注册商标相同或近似之商标,使用于营业所用之广告、招牌、单票及其他交易字据者。犯下列各项之一者,处 6 个月以下徒刑或 200 元以下之罚金:①以诈欺取得商标专用权者。②以未经注册而冒称注册之商标使用于商品交付贩卖者。③以冒称之注册商标,表示于营业所用之广告、招牌、单票及其他交易字据者。证人、鉴定人及通译,对于商务厅及其嘱托之行政或司法官署为虚伪之陈述者,处 6 个月以下之徒刑或 200 元以下之罚金。但对该案审定或评定之前自首者,得减轻或免除其刑。

外国人民依商标互相保护之条约,欲专用其商标时,得依本条例呈请注册。关于上述商标之处罚及赔偿损害,如涉及外国人民时,有条约特别规定时,依现行条约办理。

据《大本营公报》1924 年 7 月 30 日第 21 号所载商标专刊第一次"公告",下列外国商标准予注册。

①审定美洲瑞芬广嗣药露之鹰十字商标。

②审定日本东京服部洋行电器之花瓣商标。

③审定广州翰华公司留香墨汁之双羊商标。

以后《大本营公报》开辟的"商标专刊"登载多起准予注册的国内外商标。

五、1926 年《黄埔商埠股份有限公司招股章程》①

1926 年 7 月 8 日国民政府公布,共 21 条。

本公司定名为"黄埔商埠股份有限公司"。本公司承国民政府之特许,以集资辟黄埔商港,建设码头货栈,经营商埠营业为目的,本公司依照《中华民国股份有限公司条例》注册存案。本公司总事务所设在广州市。黄埔商埠急于经营,所有计划已由本公司招待委员会聘请筑港专家设计测量,准备进行第一步工作。

本公司资本总额定为广东通用毫银二千万元,分为二千万股,每股毫银一元,一次收足。除由政府筹拨一千万元外,其余一千万元由中华各界人民认购。股本分为优先股及普通股两种,由宣布章程之日起,在本国及港澳,两个月内(外埠四个月内)附股交银者,为优先股,股银依照额定九折缴纳。逾期附股交银者,为普通股,股银十足缴纳。本公司股本利息,定为年息一分,依收据所填交款日起,每年会息一次。本公司每年溢利,先除股息,后除花红,其余按股分派,或贮作公积,应由董事会随时议定。

本公司所招股本,一经收足金额四分之一,即行召集股东大会,选举董事成立董事会。在未举出董事之前,暂以政治委员会一人、建设、市政、财政、实业、农工、土地六厅厅长,另由"开辟黄埔商埠促进会"选

---

① 《国民政府公报》1926 年第 38 号。

出 6 人,组成执行委员会,对政府负责,办理招股、保管款项及开埠一切事宜。本公司每一股有一选举权,凡股东皆有被选为总协理、董事及监察之权。本公司设董事 15 人(由政府股票选举 7 人,人民股票选举 8 人),监察 9 人(由政府股票选举 5 人,人民股票选举 3 人,发起开辟本埠各团体选举 1 人),任期一年,并得连任。总理 1 人,协理 2 人,均由董事会任免,其余各职员由总理协理任免。

本公司股东大会每年举行一次,如有特别事故,得随时由董事会招集特别会议,但有股票总额十分之一向监察委员会要求开会时,或监察委员会认为有开会必要时,该会须召集特别会议。本公司每届年终总结一次,须将全年收支数目经过情形及资本盈亏报告股东大会,以昭信守。

第十节　交通部组织法与电信管理法规

一、1926 年《国民政府交通部组织法》①

1926 年 11 月 13 日公布,共 15 条。

交通部受国民政府之命令,管理全国铁路、邮政、航政及其他关于水陆空交通之建设及行政事务。

交通部设部长一人,管理本部事务及监督所属职员。交通部长对于各地方最高级行政长官之执行本部主管事务,有指挥监督之责,交通部长对于主管事务,认为各地方最高行政长官之命令或处分有违背或逾越权限时,得呈请国民政府予以取消。交通部内设置秘书处、铁路处、邮电航政处、无线电管理处。

秘书处掌理下列事项:关于撰写文书、收发文件、典守印信、保存

---

① 《国民政府公报》1926 年第 51 号。

档案、铨叙职员事项,关于本部会计出纳、编制本部预决算,购办本部需用物及其他庶务事项。

铁路处掌理下列事项:关于管理国有铁路,监督民办铁路事项,统一铁路会计制度、整理铁路统计事项,关于澄清铁路积弊事项,关于铁路建设之设计,促进现有铁路之建筑完成事项,关于监督陆上运输业事项,关于铁路职工之训练及养成铁路专门技术人员事项,关于改善铁路职工待遇及办理路工保险事项。

邮电航政处掌理下列事项:关于管理监督全国邮政事项,办理邮政汇兑及保管邮政储金事项,管理电报省际长途电话及其他有线电交通事项,监督各省民政电话事项,管理沿海及内河航政事项,关于经营国有航业,奖励民办航业事项,监督制造船舶及水上运输业事项,关于训练海员养成航海专门技术人员事项,改善海员待遇保障海员利益事项。

无线电管理处掌理下列事项:关于管理全国无线电交通事项,管理无线电报台及无线电播音事项,经营无线电材料制造厂及无线电器具专卖事项,监督取缔私有无线电台及无线电播音台事项,关于训练无线电技术人员事项。

二、1926 年《无线电信条例》[1]

1926 年 9 月 25 日国民政府公布,12 条。

凡不借电线之一切电力通信,统称为"无线电信"。无线电信为政府之专有事业。除军用无线电信由军事机关直接管理外,所有公用私用无线电信,均由建设厅管理。

无线电信材料,由政府设立或个人或团体设立之专卖局经售。广

---

[1] 《国民政府公报》1926 年第 46 号。

播无线电话事业及广播无线电话收音台,由政府设立管理局管理。除广播无线电话收音台外,个人或团体机关如欲设立无线电发报或收报台者,须先呈报建设厅,如有下列理由之一,经核准给予执照,方得设立:(1)行驶海洋及沿海各口岸之船只,为谋航行之安全;(2)个人或教育机关为研究试验之用,其研究试验之方法确与无线电学前途有重大关系者;(3)个人或团体机关,因特殊情形,经建设厅认为有设立电台之必要者。

外国商轮在领海内及各口岸停泊时,非得建设厅之特准给予执照,不得随意用无线电通信。遇必要时,建设厅得限制或停止停泊港内外外国商轮之通报,并得酌派有经验人员卸除其机器之一部或全部。

任何无线电台,在接到海轮呼救电报时,应立即通报最近之救生站或轮船。

凡犯下列各条之一者,得处一百元至五百元之罚金,并没收其机器:(1)未领执照私立电台者;(2)已经取消执照之电台,私自通报者;(3)普通无线电报及广播无线电话之材料,有私制或假冒专卖局标记,或未加专卖局标记者。

凡犯下列各条之一者,得处三个月至一年之监禁,或五百元至二千元之罚金:(1)电台有违抗政府收用或卸除其机器,如本条例第六条及第八条所规定者(第六条规定:依本条例所设立之无线电台遇有必要时,政府得收管其机器之一部或全部,并得酌情派员使用其机器,以为公众或军事通信之用。第八条规定:遇必要时建设厅得限制或停止其所设立之各电台);(2)凡利用无线电以传布假伪消息,煽惑听闻者;(3)凡扰乱船只呼救或公众及军事通报者。

第十一节　法制委员会组织法与修正民律草案及起草《国民会议组织法》

一、法制委员会组织法

（一）1924 年孙中山谈组织法制委员会之目的

1923 年建立大元帅大本营时，设有法制局，后改为法制委员会。1924 年 4 月 18 日，孙中山于大元帅府与廖仲恺、戴传贤、林云陔、吕志伊等法制委员谈话时，提出组织法制委员会的目的，要做好以下三件事：

第一，要把现在广东各机关的组织条例，全部拿来审查。整理行政的系统，改善行政的组织。在审查时应该要求各该机关的人列席，求事实的明了和理论的贯彻。

第二，要把一切现行的法律，全部拿来审订。和民国建国精神相违背的地方，通要改过，并且一方（面）要求适合于革命时期中的行使，一方面要求适合于国家和人民的需要。

第三，要审定法院编制和司法行政的组织。我们一个着眼在除弊，一个着眼在便民。能除弊方能确立司法的尊严；能便民方能完成司法的效用。至于法官和律师的考试，也是一件要紧的事情。委员会要制定考试的通则和法官律师考试的专则①。

法制委员会即根据上述精神，着手拟制各种法律条例。其详情参见本书的相关章节。

孙中山当年提出的"除弊""便民"的原则，在今天，对于社会主义

---

① 参见《与大本营法制委员的谈话》，《孙中山全集》第十卷，中华书局，1986 年，第 85—86 页。

法制建设,仍然具有现实指导意义。

(二)1924年《大本营法制委员会处务规则》和《会议规则》①

1.《大本营法制委员会处务规则》

1924年5月8日大元帅核准备案,共21条。

本会分为两组。第一组掌拟订或审定关于法律事项。第二组掌拟订或审定关于行政制度事项。委员长及委员须担任一组或两组事务。

委员长或委员对于各种法制,认为有拟订之必要时,得提出经本会议决后,再依组分任起草。大元帅及各部院送交审查之法制案,应由委员长依其性质交主管组审查后,提交本会讨论。

委员长对于本会秘书处职员有监督指挥之权。秘书处设立文牍股和庶务股。

2.《大本营法制委员会会议规则》

1924年5月8日大元帅核准备案,共12条。

本会会议每星期举行一次。但有特别事故得由委员二人以上之提议,由委员长召集临时会议。会议由委员长主席。委员长因故缺席时,由委员公推一人为主席。

本会议议决下列事项:(1)大元帅发交之件;(2)各部院送交之件;(3)本会委员提议之件。担任审查或起草之委员,审查或起草完竣,先交委员长付印,分送各委员审阅,于会议席上公决。会议日期连同审查案于两日前分送各委员。

本会议以有全体委员三分之二以上之出席,方能开会。以出席委员三分之二以上之同意,始得议决。提议各案一次不能议决者,应由委员长宣告延会。

_____

① 《陆海军大元帅大本营公报》1924年第13号。

（三）1925 年国民政府法典编纂委员会和《法制委员会组织法》①

1925 年国民政府成立时，决定设立"法典编纂委员会"。同年 7 月 22 日任命林翔、卢兴原、陈融、林云陔、曹受坤为法典编纂委员会委员。

1925 年 9 月 5 日国民政府决定将法典编纂委员会改为法制委员会。委员多由法院人员兼任，或具有充分法律学识及经验者充任。

1925 年 9 月 29 日公布的《法制委员会组织法》规定：

法制委员会直隶于国民政府，掌理拟订或审定一切法制事宜。

法制委员会置委员 7 人，由政府派充。会务由委员会议议决。关于法制之起草及审查，由委员分任。

1926 年 4 月 12 日，国民政府令，将法制委员会改为法制编审委员会。委派林翔、卢兴原、林云陔、陆嗣曾、村之秋、湛桂芬、陈芝昌、于若愚、卢文澜为法制编审委员会委员。

（四）1926 年《法制编审委员会组织法》

1926 年 6 月 1 日公布，共 11 条。

法制编审委员会直隶于国民政府，掌理编订及审定一切法制事宜。法制编审委员会置委员若干人，由国民政府派充，互选一人为主席。

法制编审委员会内附设法律讨论会，其会员由法制编审委员会函聘法学专家充任。

会务由委员会议讨论决定。会务会议非有过半数委员出席，不得开会，非有出席委员过半数之同意，不得议决。可否同数时，取决于主席。关于编订及审定各项法令，由委员会议指定或分任。

在这一时期内，国民政府令法制委员会或法制编审委员会起草了许多法律草案。但对于修正《民律草案》和起草《国民会议组织法》则

---

① 《国民政府公报》1925 年第 10 号。

鲜为世人所知。特将此两案录后,供研究中国立法史者参考。

二、1925 年国民政府关于修正《民律草案》令二则

(一)国民政府于 1925 年 12 月 15 日发布第 241 号令——关于修正民律草案问题

据司法调查委员会呈称:窃以司法官员以依据法律为唯一之职责,现我国法律诸待编制,其中尤以民律为关系重要。现在民律未布,司法官根据前清不完不备之现行律①,引律既穷,则据该法官之所谓条理者,以行武断,以此确定人民权利,至为危险。查前清法律编查馆所编之民律草案②选择各国民律至精之法理,又派员调查各省之习惯,审慎周详,始成此律。民国元年本经南京临时议会通过③。十年三月二日军政府复修正而颁布之④。其时高等审判厅长陈融以其中数条有不适用,呈前大理院长徐谦,呈奉大总统命令交大理院核议,延期施行⑤。

---

① "现行律",即指《大清现行刑律》,1910 年(清宣统二年)颁布。是在《大清新刑律》颁布之前暂时适用的过渡性法典,主要是刑法内容,但也规定民事条款,单独分出,以示民刑区分。

② "民律草案",是指《大清民律草案》,自 1907 年(清光绪三十三年)至 1911 年(清宣统三年)8 月完成,但未正式颁布。史称"第一民律草案"。

③ 南京临时政府参议院于 1912 年(民国元年)4 月 3 日通过的《新法律未颁行以前暂适用旧有法律案》确定:"惟民律草案,前清时并未宣布,无从援用,嗣后凡关于民事案件,应仍照前清现行律中规定各条办理。"

④ 1921 年孙中山在广州重建"军政府"后,于同年 3 月 2 日颁布了《修正民律草案》。但这一重要史实,却鲜为人知,因而在中国立法史未引起重视,笔者曾试图查找这一民律草案的原文,但目前尚未查到。

⑤ 据《孙中山全集》第五卷,中华书局,1985 年,第 575 页所载,大总统于 1921 年 7 月 14 日发布《命民律延期施行令》指出:"据大理院长徐谦呈称,民律已届施行期,唯审察社会现制及各地风俗习惯,尚有应行修正之处,拟请暂缓施行等语。民律着延期施行,仍交该院长审拟办法,呈候核夺。"

延至今日，延期已久，而大理院并未核议。夫恶法胜于无法，况该草案经中外法律大家编订，精良如前所述。本会为民律急待颁布起见，特具文呈请钧府准予将该民律草案发交法制委员会迅予审查，如果有修正之必要，限以一月之内修正完毕，呈请钧府令颁布，俾法官有所拘束，人民得所保障。是否有当，理合呈请察核施行。

国民政府令批如下："呈悉，候令行大理院将该民律草案提交法制委员会审查，于两个月内修正完毕，呈请颁布，仰即知照。"

（二）国民政府 1926 年 3 月 25 日第 147 号令——关于修正民法草案问题

现据司法行政委员会呈称：法制委员会委员林翔等呈请指定修正民律草案方针一案，经国民政府常务委员会 2 月 6 日议决，交司法行政委员会议议复。

按原呈分甲乙两主张，甲主张该草案系上稽我国历代法例，旁参德、日民法，荟萃中外名流，讨论数载，纵有小疵，不无可取，宜择其中窒碍难行者，酌为修改，余仍其旧。乙主张法律为社会之产物，宜适应社会之潮流，尤须毋背国宪。先大元帅宣示，以党治国，吾党党纲，即国民政府之宪章。该草案关于物权、债权、亲族、继承等编，与党纲之妇女解放、平均地权、节制资本，无一相合，非彻底改造不可。以上两种主张，彼此参照，皆不乏相当之理由。惟查吾国民律草案原取材于德、日。德民法颇完备，然其施行之期，距今不过五十余载，则缔造之艰，已可窥见一斑。次就日本民法而论，明治六年即着手编纂，先后由名士箕作麟祥及法国之法律学者巴苏那数十人，详细考虑，复经元老院之审查修正，至明治二十八年，总则、物权、债权三编草案始定。明治三十年亲族、相续二编草案始定，尤足证立法之不易。若将党纲加入，势非延长期间不能藏事。则当民律未产出之际，全国人民之权利义务，无由昭划而臻于明确，而司法厅官之裁判，反得以己意为左右，其弊必有不堪胜言者。况查该草案经先大元帅在粤时,由前大理院长徐谦呈准修正补行,公布在案,虽因局部之反对,未克实行。然以作为暂行法,亦当不至于谬妄。……不过以法治国,不可一日无法。就其中显与国宪相抵触者酌量删改。俾得暂应用,并非为永久之昭垂而一成不易者也。至加入党纲,以求适合乎民情,乃当然办法。本党第二次全国代表大会亦有督促政府从速依据党纲制定保护农工、男女平等种种法律之议决案。是以本会主张仍由法制委员会遵照前令,于两个月内将民律草案修正,呈请公布日时。仍请钧府明令该会为根本上之讨论,另编新民法,以备采择施行。综上观察,是甲乙二主张,均属不可偏废,不过缓急之不同耳。

国民政府常委会令批:"呈悉,准如所议办理。仰候令行法制编审委员会遵照。"

但是,在这一时期内,法制编审委员会并未完成对于民律草案的修正工作,而于 1926 年 10 月 4 日奉国民政府之命,"着即裁撤"。

三、国民政府令法制委员会根据东江行政委员周恩来的提议起草《国民会议组织法》①

1926 年 3 月 31 日发布。详见本章"前沿专论"之"东江行政委员周恩来呈请国民政府颁发布《国民会议组织法》"。

第十二节 侨务机关组织法与侨务法规

1923 年成立大元帅大本营时,在内政部设置侨务局,主管华侨事务。国民政府成立后,于 1926 年设置直接隶属于国民政府的侨务委

---

① 《国民政府公报》1926 年第 28 号。

员会。先后制定若干侨务机构的组织法规以及侨务管理法规。

一、1923 年大本营内政部《侨务局章程》①

内政部设侨务局,掌管下列事项:(1)关于保护回国华侨事项。(2)华侨子弟回国就学事项。(3)保护旅外华侨之内地家属及财产事项。(4)提倡奖励华侨回国兴办实业事项。(5)导引华侨回国游历内地及其招待事项。(6)襄办华侨选举国会议员事项。(7)奖励华侨举办慈善公益事项。(8)介绍华侨为中外出产贸易事项。(9)华侨教育及学校注册事项。(10)海外华侨设立商业会所及其他公共团体之监督保护事项。

侨务局关于下列事项得斟酌情形,呈由内政部长咨商外交部,令饬交涉员及驻外使领馆协助办理:(1)关于调查保护华侨工商业事项。(2)劳工海外移植及就募事项。(3)调查华侨生活及工作状况事项。(4)调解华侨争执事项。(5)华侨户口调查及国籍事项。

内政部设侨务委员会,为评议机关,遴选回国华侨之学识优裕者充任。设侨务顾问若干人,由部长聘请熟悉侨务名望素孚者充任。侨务局设局长一人,由大元帅简任。局内分科办事,必要时得增设驻外侨务官及调查员,由部长委任。

凡华侨回国及出外时,须向侨务局注册。经注册之华侨,其本人或家属遇有事故须向政府请求时,得直接呈由侨务局办理。关于华侨举办公益,创办实业,销募公债及赞助政府有功人员,应颁荣典,由内务部另定褒扬条例,呈请大元帅颁奖,以资鼓励。

依照上述章程的有关规定,内政部长徐绍桢于 1924 年 1 月 11 日公布了《侨务局经理华侨注册简章》、《内政部侨务局保护侨民专章》

① 《陆海军大元帅大本营公报》1923 年第 42 号。

和《大本营内政部侨务局办事细则》。

二、1924 年《侨务局办事细则》①

1924 年 1 月 11 日大本营内政部公布,共 20 条。

侨务局设会办一员,佐理局务。暂设总务科、第一科、第二科。每科设有科长 1 人,科员 2 人。总务科掌理撰辑保存公文,典守印信,会计统计及本局庶务等。第一科掌理回国华侨保护事宜、华侨教育及学校注册事项、奖励华侨举办慈善公益事项。第二科掌理奖励华侨回国兴办实业,海外华侨设立公共团体以及华侨户口调查与国籍事项。

侨务局设局务会议,凡属本局职员均行提出议案。每星期至少召开一次。以局长为主席,会办、科长、特别指定人员及提出议案人员皆得列席。每期局务会议记录,随时呈报部长查核。

侨务一切寻常文件,用局长名义,盖本局关防。重要事件,应呈请内政部长核示办理。侨务局对外的护照、单照、证书,按规定应用部印由部长署名者,由内政部钤盖空白颁发本局填用。

三、1924 年《侨务局保护侨民专章》和《经理华侨注册简章》②

1924 年 1 月 11 日大本营内政部公布。前者 20 条,后者 5 条。

中华民国人民旅居外国及回国者,统称侨民,凡回国侨民均须依《侨务经理华侨注册简章》的规定,注册领取证明书。注册手续本人亲到或委托亲友或迳用信函申请均可。已在侨务局注册之回国侨民遇有欺凌冤抑情事,得直接呈报侨务局,侨务局当为之保障或申雪。有意兴办实业者,得申请侨务局指导及扶助。侨民回国居住或游历内

---

① 《陆海军大元帅大本营公报》1924 年第 1 号。
② 《陆海军大元帅大本营公报》1924 年第 1 号。

地,得呈请侨务局知会地方官保护招待。

凡旅外侨民均须向侨务局注册领取证明书。其在内地家属、财产均受侨务局的保护。如有被人欺凌及霸占情事,得直接向侨务局申诉。侨民子弟回国就学得请侨务局给予证明书,并按着程度送入相当学校肄业。凡前赴外国之人民,无论工商,如须领取出洋护照时,得请侨务局介绍。前赴外国之人民,在本局注册后,由侨务局发给公函,交由各该侨民于抵埠时,呈递驻在地公使或领事,妥予照料保护。凡侨民系在未与中国立约之国侨居,或该地尚无领事驻者,其保护事宜当由侨务局委托在该国商会或派侨务官办理。

凡旅外侨民有被虐遇事故发生,须与该国政府交涉者,当由侨务局商请外交部,或驻在地商会交涉保护拯救。凡旅外侨民有争执等事,当由侨务局转请驻在地领事及商会调解,或派员前往会同办理。凡旅外侨民遇有变故回国者,由侨务局知会各地方官分别护送回籍安置。

四、1926 年《国民政府侨务委员会组织条例》①

1926 年 8 月 21 日公布,共 14 条。

国民政府侨务委员会直隶于国民政府,专门管理海外华侨下列事务:(1)关于取缔监督移民海外事项;(2)保护奖励海外华侨事项;(3)指导监督华侨政治经济社会及教育等团体之组织进行事项;(4)调理各国政府对待华侨之政策条例,海外华侨之户口、国籍、工商农学之生活状况等事项;(5)优待回国华侨之游历参观,指导华侨子弟回国就学,介绍因国华侨兴办实业等事项;(6)处理海外华侨之争执纠纷事项。

---

① 《国民政府公报》1926 年第 43 号。

由国民政府任命委员 5 人,组成华侨委员会,并于委员中指定一人为主席委员。侨务委员会所议决之案件,由主席委员署名执行。侨务委员会内设秘书处及移民科、组织科、交际科、调查科。各科主任由委员分任。

侨务委员会设立名誉顾问若干人,由委员会聘请熟悉侨务名望素孚者充任。另设立名誉咨议若干人,由委员会就回国及居海外华侨之热心国事著有劳绩者充任。侨务委员会于必要时得增设驻外侨务特派员及调查员,由委员会委任,其权责以不与驻外使领职权抵触者为限。

凡华侨回国及出外时,须至侨务委员会注册。在侨务委员会注册之华侨,其本人或其家属有事故须向政府请示时,得直接呈由侨务委员会办理。

1926 年 9 月 4 日,国民政府任命邓泽如、陈友仁、彭泽民、曾养甫、周启刚为侨务委员会委员。

五、1926 年《华侨褒章条例》①

1926 年 7 月 12 日广州国民政府公布,共 9 条。

凡海外华侨,对于革命事业著有勋绩,或曾捐巨款者,得依本条例给以褒章。褒章分为四等:(1)一等金质褒章;(2)二等金质褒章;(3)一等银质褒章;(4)二等银质褒章。给予褒章时并附给执照。

海外各地最高党部查得当地华侨,有合于上述规定应给予褒章者,得详列事实,呈由中央海外部复核后,转请国民政府酌给各等褒章。

凡受褒章者,限于本人终身佩带。但犯罪或违反其他法令,受褫

---

① 《国民政府公报》1926 年第 40 号。

夺公权之宣告时,应将褒章及执照,一并缴还。

第十三节　考试院组织法与考试法规

一、1924 年《考试院组织条例》①

1924 年 8 月 26 日,大元帅孙中山颁布,26 条。

按五权宪法精神,考试权系与行政权分离独立,宜特设机关掌理该项事务。故设立考试院,直隶于大元帅,管理全国考试及考试行政事务。考试院置院长一人,由大元帅特任,综理考试行政事务,并监督指挥所属各职员。副院长一人(简任),参事 6 至 10 人(简任),秘书长、秘书及事务员。由参事组成参事会,管理计划考试科目,审议考试程序及考试标准。

考试与监试委员会。考试院于举行考试时,分别设置下列各种考试委员会,掌理考试事务:(1)荐任文官考试委员会;(2)委任文官考试委员会;(3)外交官及领事官考试委员会;(4)司法官考试委员会;(5)律师考试委员会;(6)法院书记官考试委员会;(7)荐任警官考试委员会;(8)委任警官考试委员会;(9)监狱官考试委员会;(10)中等学校教员考试委员会;(11)小学校教员考试委员会;(12)医生考试委员会;(13)其他特种考试委员会。上述各种考试委员会,由委员长一人、委员若干人组成。待考试完毕即行撤销。

考试院于举行考试时,置监试委员会,掌理监试事务。由委员长一人、委员若干人组成。考试完毕即行撤销。

各省区设置考试分院,管理各该区之考试及考试行政事务。考试分院得就各该省区酌划区域组织各种委员会巡回考试。考院分院关

---

① 《陆海军大元帅大本营公报》1924 年第 24 号。

于考试行政受考试院之监督指挥。考试分院置分院院长一人,参事若干人。考试分院在举行考试时分别设置各种考试委员会和监试委员会。

二、1924 年《考试条例》①

1924 年 8 月 26 日,大元帅孙中山颁布,共 64 条。

考试分为以下 13 类:(1)荐任文官;(2)委任文官;(3)外交官及领事官;(4)司法官;(5)律师;(6)法院书记官;(7)荐任警官;(8)委任警官;(9)监狱官;(10)中等学校教员;(11)小学校教员;(12)医生;(13)其他特种考试。上述第(1)、(3)至(5)及(7)类每三年考试一次。第(2)、(6)、(8)、(9)类,每二年考试一次。第(10)至(12)类每年考试一次。第(2)、(6)、(8)至(12)类的考试,在分院举行。第(13)类的考试时间地点,由考试院酌定。考试日期,在中央举行时,应于 4 个月前由考试院公布。在各省区举行者应于 3 个月前公布。

应试人资格。凡中华民国人民具有本条例所定各种考试资格者,得参与相关的考试。条例对各类考试规定了不同年龄和投考资格。例如报考司法官则规定:年龄 22 岁以上,须有下列各款资格之一者:(1)本国国立大学或高等专门学校学习法政学科三年以上毕业者;(2)经政府认可之外国大学或高等专门学校学习法政学科三年以上毕业者;(3)经政府认可之本国公私立大学或高等专门学校学习法政学科三年以上毕业者;(4)在外国大学或高等专门学校学习速成法政学科一年以上,曾充推事、检察官一年以上,或曾在第一款或第三款所列学校教授法政学科一年以上,经报告政府有案者。但有下列情形之一者,不得参与各种考试:(1)褫夺公权尚未复权者;(2)有精神病者;

---

① 《陆海军大元帅大本营公报》1924 年第 24 号。

（3）亏欠公款尚未清结者；（4）吸食鸦片者；（5）为宗教之宣传师者。此外，还规定应试人违背考试规则者，不得参与考试。考试委员与应试人有亲属关系者，于口试时应声明回避，违者其口试无效。考试及格后六个月内发现有违反上述规定经证明者，其及格无效，并追缴证书。如有贿托嫌疑者，移送法院处理。

考试方法与科目。考试分为第一试、第二试、第三试。第一试之科目为国文、三民主义、五权宪法。应试人非经第一试及格后，不得参与第二试及第三试。第一试第二试为笔试，第三试为口试。笔试口试均用中国文字语言作答。但特种考试或专门学科得以外国文字语言作答。第二试科目由考试院或考试分院选定 6 科以上考试。该条例对各类考试和各学科规定了不同的考试科目。例如"荐任文官"中"法律科"的考试科目是：比较宪法、行政法、民法、商法、刑法、国际法、民事诉讼法、刑事诉讼法、国际私法、比较法制史、社会学等 11 门。司法官的第二试科目是：比较宪法、民法、刑法、民事诉讼法、刑事诉讼法、行政法、法院编制法、商法、国际私法、经济学、社会学等 11 门。第三试就应试人曾经笔试之各科目，进行口试。第一试以考试各科目平均满 60 分者为及格。第二试第三试之考试各科目平均满 60 分者为及格。但第二试有一科不满 50 分者不录。考试及格人员由考试院或分院给予及格证书。考试及格人员由考试院呈报大元帅发交各主管官署分别任用或注册。但对司法官还规定在考试及格后，须分到地方审检各厅实地练习，期限满后由主管长官咨送考试院再试。再试也分笔试和口试两种。其笔试以二件以上诉讼案件为题，令应试人详叙事实及理由，拟具判词作答。口试则以应试人实习期内所得之经验进行口试。

以上是经孙中山审批的考试法规。至于这些考试法规当时是否已经开始实施，目前尚未见到直接的史料。但它所确定的基本原则，对后世的考试制度,仍具有重要参考价值。

第十四节　监察院组织法与监察惩吏法规

一、1925 年《国民政府监察院组织法》①

1925 年 7 月 17 日公布,共 13 条。

监察院受中国国民党之指导监督与国民政府之命令,根据中国国民党中央执行委员会政府改组令第三条,监察国民政府所属各机关官吏之行动,及考核税收各种用途之状况。如查得有舞弊亏空及溺职等情,当即起诉于惩吏院惩办之。

设监察委员 5 人,执行院务,互选一人为主席。所有全院事务均由院务会议解决。院务会议须有监察委员过半数出席,议决后由主席署名,以监察院名义行之。

监察院分设五局及一政治宣传科。

第一局分设总务科和吏治科。吏治科负责考察各官吏之称职与渎职,以便升降;调查各大学及专门学校之人才,以便荐举;建立考试制度,以求政府各种适当人才。

第二局分设训练科、审计科。审计科负责审查各机关所用之簿记方法是否遵守训练科所议定统一方式,并有审核政府一切机关各项收入之权。本科科长为审计长,得派员亲赴各地各机关审查账目事项。在广州市内各机关一月审查一次,市外各地各机关三个月审查一次,审查后将一切经过情形报告监察院。当派员审查各机关时,如遇有怀疑及质问,无论任何高级官吏,应即予圆满之答复。倘经查出舞弊情事,应即报告监察院,再由监察院起诉于惩吏院,依法办理。

---

① 《国民政府公报》1925 年第 10 号。

第三局分设邮电科和运输科。第四局分设税务科、货币科。分别负责调查政府所属各系统的情况。第五局分设密查科和检查科。前者负责密查各机关所发生之非法案件而报告之；后者负责搜集各官吏舞弊渎职违令及滥费公家财产等案件之证据，以起诉于惩吏院。各科科长须富有专门学识及经验者，方可由本院委员会委任之。

此外还规定政治宣传科由中国国民党委派一人，专理宣传本党主义及指导各党员与官吏遵守党纪事项。

国民政府任命谢持、林祖涵、黄昌谷、甘乃光、陈秋霖 5 人为监察委员。1925 年 8 月 1 日发布的《国民政府监察委员就职宣言》中，提出："国民政府建设计划，能否实施，当视病国殃民之蟊贼，能否尽杀。但人民之耳目，即为政府观察之所由，人民之喉舌，即为政府兴革之所寄。委员等就职伊始，当秉总理大公无私之遗规，破除情面，努力为人民除害。同时愿受人民一切痛苦之陈诉，使人民得实行总理所主倡之民权。深望人民与政府合作，并为本院之后盾，使贪官污吏无所遁逃。"

二、1926 年《修正国民政府监察院组织法》①

1926 年 10 月公布，共 14 条。

主要修正点是：明确规定监察对象及其具体职权。原组织法规定"监察国民政府所属各级机关官吏之行动"，修改为"监察国民政府所属行政、司法各机关官吏事宜"。特别补充了六项具体职权：（1）关于发觉官吏犯罪事项；（2）关于惩戒官吏事项；（3）关于审判行政诉讼事项；（4）关于考查各种行政事项；（5）关于稽核财政收入支出事项；（6）关于官厅簿记方式表册统一事项。

监察院组织机构的变化。主要规定设监察委员 5 人，审判委员

---

① 《国民政府公报》1926 年第 47 号。

3 人,分掌监察及审判事务。其他院内行政事务由委员会议处理。监察院设秘书处及四科。秘书处承委员会之命,处理印信、记录编撰、会计、庶务事项。第一科负责考查各种行政事项。第二科负责稽查中央及地方财政收入支出及统一官厅簿记表册事项。第三科负责弹劾官吏违法处分及提起行政诉讼事项。第四科负责审判官吏惩戒处分及行政诉讼事项。

监察院惩戒官吏,发现刑事犯罪时,应将刑事部分移交司法机关审判。前项案件应由监察委员一人执行刑事原告职务。

监察院行使职权时,随时调查各官署之档案册籍。遇有质疑,该官署主管人员应负责为充分之答复。监察院认为必要时,得设置监察员若干人,逐日分赴行政司法各机关调查。监察院对于官吏违法或处分失当,得不待人民之控告径以职权检举之。

三、1925 年《审计法》及其施行规则

(一)《审计法》①

1925 年 11 月 28 日国民政府公布,共 17 条。

监察院关于审计事项应行审定者如下:(1)国民政府总决算;(2)国民政府所属各机关每月之收支计算;(3)特别会计之收支计算;(4)官有物之收支计算;(5)由政府发给补助费或特与保证之收支计算。

监察院审定各种决算,应就下列事项编制审计报告书,呈报国民政府:(1)总决算及各主管机关决算报告书之金额与财政部金库出纳之计算金额是否相符;(2)岁入之征收,岁出之支用,公有物之买卖让与及利用,是否与预算相符;(3)有无超过预算及预算外之支出。监察院应将会计年度审计之成绩,呈报国民政府。其认为法令上或行政上

---

① 《国民政府公报》1925 年第 16 号。

有应行改正事项,得并呈其意见。

各行政机关应将经常预算,送财政部或财政厅审查,呈国民政府或省政府核定后,由部或厅送监察院备案。经管征税或他项收入之各机关,每月过后,应编造上月收入计算书送监察院备查。各机关每月过后,应编造上月支出计算书,连同凭证单据,送监察院审查。但因国家营业之便利,其他有特别情事者,其凭证单据得由各该机关保存,而监察院得随时进行检查。

监察院审查各机关计算书如有疑义,得行文查询限期答复。监察院随时派员亲赴各机关审查账项,如遇怀疑及质问,无论任何高级官吏应即予以完满之答复。监察院审查各机关之支出计算书及证明单据认为正当者,应呈报国民政府准予核销;认为不正当者,应由监察院通知各该主管长官执行处分。但出纳官吏得提出辩明书,请求监察院再议。监察院认定为应负赔偿之责者,应通知该主管长官不得为之减免。此项赔偿事件之重大者应由监察院起诉于惩吏院进行惩办。各机关故意违背监察院所定之送达期限及答复期限,应即通知该主管长官或上级机关执行处分。其故意违背监察院各种证明规则者亦同。

各机关现行各种会计章程,应送监察院备案。其会计章程有与审计法规抵触者,应通知各机关修正。各机关所有簿记监察院得派员检查,其认为不遵守监察院所定之方式者,应通知各机关修正。监察院对于审查完竣事项,从议决之日起,五年内发现其中错误、遗漏、重复等情事者,得为再审查。若发现诈伪之证据,虽经过五年后,亦得为再审查。

(二)《审计法施行规则》①

1925 年 11 月 28 日国民政府公布,共 18 条。

---

① 《国民政府公报》1925 年第 16 号。

各机关应于每月一日以前,依议决预算定额之范围,编造本月支付预算书,送监察院审核。各机关如有新委员须随时报明其姓名俸给于监察院审核,不得并日汇报。经管征税及他项收入之各机关,应每月编造上月收入计算书,送监察院审核。各机关应每月编造上月支出计算书,连同证凭单据送监察院审查。其有该管上级机关者,应每月编成上月收入计算书,支出计算书,送由该管上级机关核阅。加具按语,送监察院审查。

财政部应于年度经过后三个月以内,编造全年度国库出纳计算书,送监察院审查。凡关于公有财产之变卖,其办理手续须报告监察院审核,凡关于国债事项,如偿还方法及抵押物品等,如单据契约,均须送监察院审查。遇有收到债款或收回债券,均应报告监察院,以备查核。

监察院审查各机关之计算书,如有疑义时,行文查询,限文到后七日内答复。监察院因审计上之必要,得向各机关调阅证据或该管主管长官之证明书。各机关储藏簿记内所载收支数目与现存之款项及其单据,监察院得随时派员检查是否相符。各机关应将出纳官吏姓名履历及如有保证金者,注明保证金额,送监察院备查。遇有交代时亦同。出纳官吏交代时,应将经管款项及物品,详列交待清册,点交接管人员,由该管长官报明交代情形于监察院,此项交代清册监察院得随时调查。

倘经监察院查出舞弊情事,应即起诉于惩吏院依法办理。

(三)《监察院单据证明规则》①

1925 年 11 月 28 日国民政府公布,共 20 条。

本规则之规定,以收据凭单为证明收支数目之准确。收据须由受

---

① 《国民政府公报》1925 年第 16 号。

款人直接出具,不得由会计员、庶务员或其他承发人代造。收据上须有收款人署名签字或盖章。但商号收据以商号印章代之。

各单据有杂列各种货币者,应注明折合率及折合银元总数。洋文单据应由经手人译成汉文附粘于背面。各项单据均应由出纳官吏签字及盖章,并注明用途。

四、1926 年《国民政府惩吏院组织法》①

1926 年 1 月 23 日公布,共 10 条。

国民政府惩吏院受中国国民党之指导监督,与国民政府之命令,掌理惩治官吏事件。

惩吏院置委员若干人,并互选一人为主席委员。惩吏院审理案件,以委员 3 人至 5 人组织合议庭。合议庭以主席委员为庭长。主席委员缺席时,以主管该案之委员代理之。全院事务由委员组织院务会议公决行之。院务会议非有委员过半数之出席不得开议,非有出席委员过半数之同意不得议决。可否同数时,取决于主席。

惩吏院设秘书处,掌管机要文书、统计、会计、庶务及其他事项。置秘书长一人,科长若干人,由院呈国民政府任命。

国民政府于 1925 年 7 月 22 日任命徐谦、邓泽如、邹鲁、林云陔为国民政府惩治吏院委员。1926 年 5 月 4 日,国民政府将惩吏院改为审政院,任命邓泽如、李翔、李章达、潘震亚、卢文澜为审政院委员。

五、1926 年《惩治官吏法》②

1926 年 2 月 17 日国民政府公布,共 3 章 19 条。章名是:总则、惩

---

① 《国民政府公报》1926 年第 22 号。
② 《国民政府公报》1926 年第 24 号。

戒事件、附则。

总则规定:本法所称官吏,以文官、司法官及其他公务员为限。官吏非据本法,不受惩治。但其他法令有特别规定者不在此限。惩吏院接受惩戒事件后,认为必要时,得呈请国民政府或通知该监督长官,先行停止其职务(并停俸给)。停止职务之官吏,未受褫职处分或科刑判决者,得依上述程序命其复职。

惩戒事件规定:凡违背誓言、违背或废弛职务者,应给以相应的惩戒处分。惩戒处分分为以下六种:褫职、降等、减俸、停职、记过、申诫。所谓"褫职",即褫夺其现任之官职。"降等"即依其现在之官等降一级改叙。受降等之处分,无等可降者,减其月俸 1/3。"降俸"即依其现在之月俸,减额支给其数的 1/10 以上,1/3 以下。"停职",即停止一月以上六月以下的职务之执行,并停止俸给。"申诫",由惩吏院呈请国民政府或通知该管长官以命令行之。

惩戒程序规定:(1)监察院对于官吏认为应付惩戒者,应备文声叙事由连同证据咨送惩吏院惩戒之。各监督长官对于所属官吏认为应付惩戒者,备文声叙事由连同证据,请监察院咨送惩吏院惩戒之。(2)惩吏院接受惩戒事件,应将原送文件抄交被惩戒人,并指定日期,令其提出申辩书,或令其到院面加询问。但有正当事故不能到会时,得委托代理人到会答辩询问。被惩戒人对于指定日期不到会,又不委托代表人或不依限期提出申辩书者,惩吏院得径为惩戒之议决。(3)惩吏院应制作议决书,并呈报国民政府。该议决书除咨送监察院并传知被惩戒人外,并将其主文或全文公示于政府公报。(4)记过、申诫处分,由国民政府或该管长官得径予行之。(5)惩戒事件认为有刑事嫌疑者,应交法庭办理。

附:国民政府惩吏院议决书第一号①(摘要)

国民政府惩吏院议决书　　惩字第一号

被付惩戒人　周雍能(即周静斋)粤汉铁路路警处长

周熙春粤汉铁路第一区区长

右被付惩戒人经监察院以营私舞弊等情,呈请国民政府交付惩戒,本院评议会审查议决如左:

主　文

周雍能　褫职,停止任用三个月。

周熙春　褫职,停止任用一年。

周熙春违法抽收保护费银圆九十六元六毫,着即缴案。

事　实

周雍能,原任军事委员会秘书长,于去年九月间私兼粤汉铁路路警处长,当即派其族侄周熙春为该路第一区区长,对于粤汉路从前抽收保护费等积弊,不特毫无改革,且任周熙春勾通旧任职员朋比为奸,因仍如故。当经查办粤汉铁路委员会查悉前情,呈国民政府监察院复核后,转呈交付惩戒到院。本院即令被付惩戒人提出申辩书,复令到会面询明晰,依法开会议决。

理　由

本案被付惩戒人周雍能,被举发营私舞弊之点计分:(一)勒收柴卡保护费;(二)侵吞警饷及办理护车队舞弊;(三)违令支领兼差薪俸三项。

被付惩戒人,身为粤汉铁路路警处长,对于所属区长警兵等应负监督整饬之责,对于从前积弊,亦应负兴革之责。乃到任伊始,即派族侄周熙春为区长,任其勒收柴捐营私舞弊,实属废弛职

① 《国民政府公报》1926年第33号。

务,咎无可辞,令依惩治官吏法第六条第一项予以褫职处分,并停止任用三个月,以示惩儆。至周熙春职掌分巡,宜如何洁己奉公,乃竟于数旬中勒收保护费九十六元六毫之多,显属违背誓词。本院自应遵令着即如数缴案,听候处置,并应依惩治官吏法第六条第一项予以褫职处分。自褫职之日起,一年内不得充任官吏。再周熙春私取保护费之行为,涉及刑事范围应移法院办理。特议决如右。

　　中华民国十五年五月七日

　　　　　　　　国民政府惩吏院主席委员邓泽如

　　　　　　　委员李章达　卢文澜　科长肖诚

本件证明与原本无异。

　　　　　　　　　　　　　　　　科长肖诚递送

第十五节　地方政权组织体制改革及组织法规

一、地方政权组织体制的改革

　　国民党中央关于中国地方政权体制,原则上确定采用省、县、市政府的形式。关于省政府,1925 年 6 月 24 日国民党中央执委员会《政府改组大纲》,确定省政府采取由厅长组织的省务会议的形式。到 1926 年 10 月国民党中央各省区联席会议决定改用省政府委员会制度。县市政府也采取委员制,同时决定建立省民会议、县民会议、乡民会议,用职业选举法选举代表,皆为各该级政权的咨询机关。

　　《政府改组大纲》还规定市政委员会,由现代职业团体、农会、工会、商会、教育会、自由职业团体六种团体中,各委任 3 人,合 18 人为委员(现时暂用委任制,将来再行选举制),以组织市政委员会,并任命委员长一人,为市政委员会之主席。设置财政、工务、公安、教育、卫生五局,每局委任局长一人。

依据上述原则,先后制定了省政府组织法以及各厅的组织法。以后在实践中根据形势发展的需要,在省之下,创立了行政委员公署,作为省政府的临时派出机关。1927 年 3 月国民党二届三中会会通过了《湖南省民会议大纲》和《湖南省民会议组织法》。湖南省党部制定了《区乡自治条例》。1927 年初汉口收回英租界后,制定了中国历史上第一个特别行政区法规。1927 年 3 月上海工人第三次武装起义中创建了上海市民代表政府。以上都是这个时期产生的具有历史意义的地方体制的重大改革。下面分别进行阐述。

二、1925 年《中华民国省政府组织法》①

自 1925 年国民政府成立以来,省政府组织法经历了前、中、后演变进程。具有代表性的有:《中华民国省政府组织法》。

1925 年 7 月 1 日国民政府公布,共 10 条。是前期的省政府组织法。

省政府于中国国民党指导监督下,受国民政府之命,处理全省政务。以民政、财政、教育、建设、商务、农工、军事各厅组成。各厅长联合组成省务会议,推举一人为主席。各厅长至少每月一次以书面报告其职务经过于省务会议。省政府设秘书处,承省政府命令掌理秘书事务。

关于省行政之命令,经省务会议决定之后,主席及主管厅长署名,以省政府名义公布。省政府于不抵触国民政府命令之范围内,得发布省单行规程。

---

① 《近代中国立法史》,商务印书馆,1936 年,第 342 页。

省政府得任免荐任官吏,各厅长得任免委任官吏。省政府认为省内官吏之命令,为违背法令,逾越权限或妨害公益时,得停止或撤销之。

1926年3月19日,国民政府发布统一广西问题的决议方案,决定依照国民政府颁布之《省政府组织法》,成立广西省政府。各厅组织法,由广西省政府斟酌参照订定。但应归中央直辖之机关,如交涉员、高等审判厅等,由国民政府直接管辖。

三、1925年广东省政府各厅组织法

广东省政府成立后,国民政府于1925年7月15日公布了《广东省政府民政厅组织法》、《建设厅组织法》、《农工厅组织法》、《军事厅组织法》。7月17日公布《商务厅组织法》。1926年4月12日公布《土地厅组织法》。到1927年2月23日又公布《司法厅组织法》。

民政厅组织法规定:民政厅受省政府之指挥监督掌理全省民政事务,监督县长及所属各官署。各县县长由民政厅报告于省务会议,由省政府任免。民政厅设第一、第二两科。

建设厅组织法规定:建设厅专任经营管理省内交通及新建设事业。建设厅直接管辖治河处、公路局、航政局、电报局、无线电局、各铁路管理局。厅内还设有第一、第二两科。

农工厅组织法规定:农工厅监督掌理关于全省农工各事项。设置统计、农工两科。农工科掌理:(1)保护佃农农会,耕地整理,业农争议,农人失业救济,劳农银行,农业生产合作等。(2)保护工会,劳资争议,工人待业救济,劳工银行,劳工医院,消费合作等。

军事厅组织法规定:军事厅受军事委员会之指导监督,并受国民政府军事部之指挥,掌理省区内关于地方绥靖事宜,监督省内现有一切人民武装自卫团体。省区内临时发生事变,经省务会议议决需要用

兵力时,由军事厅陈请于军委会及军事部施行。依据军事部所颁之各学校各团体普及国民军事教育及体育诸计划内,在省区内监督其实施。

商务厅组织法规定:商务厅掌理广东全省地方商务行政,提倡矿业、农产、森林、垦殖、渔牧、丝茶及工业制造各事业,并监督农商等实业团体。商务厅内设立两科。第一科负责调查商务状况及商务统计报告,关于调剂金融事项,调剂物价商品原料输出入,改良各种生产品及预防灾害,关于度量衡之检定事项。第二科负责掌理商业及商标注册立案,特许专利及奖励补助事项,工商考核及陈列,矿物化验,监督农商实业团体及审查商事公断事项,交易所及其他经纪之监督取缔事项。

1926年4月1日,国民政府令宣布将广东商务厅改为实业厅。国营实业管理委员会应办事项,统归广东实业厅办理,国营实业管理委员会应即撤销(据查国民政府曾在1925年12月7日决定在财政部内设立"国营实业管理委员会",所有士敏土厂、皮革厂等皆归其管理)。1926年5月24日公布《广东省政府实业厅组织法》,规定实业厅掌理全省农工商矿等实业行政事务。设置第一、二、三科。

土地厅组织法规定:土地厅主管全省土地事宜,设置两科。第一科掌理以下事项:①关于土地种类之调查及核定报告事项;②土地面积之测勘及清丈事项;③测勘人员之养成任用事项;④测勘队之组成及派遣事项;⑤关于土地业权纠葛之审决事项;⑥关于登记手续之审定事项;⑦关于土地产品之安全事项;⑧关于绘制全省土地总分各图事项。第二科掌理以下事项:①关于测勘人员薪费川旅费等之核定事项;②关于土地业权之登记事项;③关于土地权执照之核发事项;④关于业权执照费之征收报解事项;⑤关于执照存根之审核及编存事项;⑥关于预算及统计之编制事项。

司法厅组织法规定：司法厅为省政府之一部分，受国民政府司法部之监督指挥，依省政府的命令，管理全省司法行政。置厅长一人，管理本厅事务，并监督所属职员及所辖法院，司法厅内设置总务科、民事科、刑事科、监狱科四科。

四、1926 年《修正省政府组织法》①

1926 年 11 月国民政府重新公布《修正省政府组织法》。这一组织法是根据 1926 年 10 月召开的国民党中央各省区联席会议通过的几个决议案进行修正的。

（一）国民党中央各省区联席会议关于地方政权的几个决议案

第一，《省政府、地方政府及省民会议、县民会议议决案》②

省政府的形式，采用委员制，组织省政府委员会。委员额数由 7 人至 11 人，其中有兼厅的，亦有不兼厅的（与现行厅长制不同）。其产生方法，由中央执行委员会指定数人，会同省执行委员组织省政府。

省政府下设民政、财政、建设、军事、司法、教育各厅，必要时得增设农工、实业、土地、公益等厅。

县市政府之组织，亦采用委员制，由省政府任命委员若干人，分掌教育、公路、公安、财政各局，必要时设立农工、实业各局。由省政府指定一人为委员长（特别市组织法另定）。

省民会议、县民会议、乡民会议，用职业选举法选举代表组成。其组织法，由省党部起草，呈由中央党部决定。省民会议、县民会议皆为咨询机关。省民会议每年召集一次，以两星期为限。立即预备将来选举代表至国民会议。

---

① 《国民政府现行法规》（下），法制局，1928 年，第 324—325 页。
② 荣孟源主编：《中国国民党历次代表大会及中央全会资料》（上），光明日报出版社，1985 年，第 281 页。

第二,《省政府对国民政府之关系议决案》①

1926 年 10 月 20 日,中国国民党中央各省区联席会议通过。

凡关于一省之事,归省政府办理。凡两省以上有关系之事,或全国有关系之事,归国民政府办理。外交事务归国民政府办理。省政府之厅,须受国民政府性质相同之部的监督指挥。

国民政府与省政府之财政,须明白划分界限。省财政归省政府管理,国家财政归国民政府管理。

划分省军队与国家军队的界限。省军队为维持省法及治安秩序而设,其数额由中央决定。但为国防之用,亦可由国民政府调遣。县政府不得用任何名义组织军队。国民政府得按照政治、外交、军事及战略上之需要,设立国家军队,并决定其数量、质量及驻防地点。

地方司法划归省政府办理,但省高级法院仍隶属于国民政府司法部。省监狱归省政府司法厅管理,但国民政府司法部得因必要在省之地方设国立监狱。大理院分院,得由国民政府司法部酌定各省适当地点设立之。各省须设立国民政府监察分院。

省内之国立大学归国民政府办理,省之小学、中学、大学皆归省政府办理。但教育方针应由中央决定。

第三,《省党部与省政府之关系议决案》②

1926 年 10 月 20 日,中国国民党中央各省区联席会议通过。

根据各省情形的不同,可分为三种办法:①省政府在省党部指导之下;②省政府在中央特别政治委员及省党部指导之下;③省政府与省党部合作。某省应用某种办法,由中央执行委员会决定。

---

① 荣孟源主编:《中国国民党历次代表大会及中央全会资料》(上),光明日报出版社,1985 年,第 281—282 页。
② 荣孟源主编:《中国国民党历次代表大会及中央全会资料》(上),光明日报出版社,1985 年,第 282—283 页。

（二）《修正省政府组织法》

1926年11月国民政府公布,共13条。这是中期的省政府组织法。其重要修正点是:

成立省政府委员会。由国民政府任命省政府委员7至11人组成省政府委员会,行使省政府的职权。由省政府委员会推选3至5人组成省政府常务委员会,由常务委员互推一人为主席。常务委员会按照省政府委员会的决议执行日常政务。

省政府得制定省单行法令,但不得违反国民党的决议及国民政府之命令。省政府的一切命令及公文,须经全体常务委员及关系厅厅长之署名行之。

省政府下设民政、财政、建设、教育、司法、军事各厅。必要时得增设农工、实业、土地、公益等厅,分管行政事务。各厅长由国民政府任命之政府委员兼任,但委员中可以有不兼厅者。省政府设立秘书处,秉省政府委员会之命,分任秘书事务。

此时,中央机关已决定北迁。为了使广东得以继续巩固,重新改组了广东省政府。任命陈树人、李济深、孙科、陈孚木、甘乃光、何香凝、许崇清、周佩箴、宋子文、李禄超、徐权柏等11人为省政府委员。分设9厅,陈树人为民政厅长,宋子文为财政厅长,孙科为建设厅长,许崇清为教育厅长,徐权柏为司法厅长,李济深为军事厅长,陈孚木为农工厅长,李禄超为实业厅长,周佩箴为土地厅长。

五、1925年广东省行政委员公署的创立

原来的广东全省,在行政方面极不统一,地方官吏各自为政,大元帅府的政令难在广州以外实行。1925年10月11日国民政府发表东征宣言,决定扫除陈炯明余部,统一广东。由蒋介石任东征军总指挥,周恩来任政治部主任兼第一军党代表。至11月3日东征军攻占汕

头。陈炯明在东江的势力至此全部崩溃。在东征的同时,还进行南征邓本殷,至 1926 年初,广东全省完全统一和巩固了。

1925 年 11 月,国民政府决定将广东全省 94 县划分为东江、南路、广州、西江、北江及海南六个行政区,成立行政委员公署,设置行政委员公署的理由是:"因粤省幅员辽阔,交通不便,兵战连年,匪盗充斥,故假以事权,俾便分途整理,此不过暂时之制。"行政委员的主要职权是:(1)督率所属各县县长,处理地方行政事宜。(2)对所属各县县长得先行任免,再行报告省政府。

据《国民政府公报》所载,1925 年 11 月 21 日国民政府任命周恩来为广东东江各属行政委员,行政公署设于汕头,管辖惠州、潮州、梅县(嘉应州)所属 25 县。1925 年 11 月 21 日,国民政府还任命甘乃光为广东南路各属行政委员。12 月 1 日又任命宋子文兼任广东广州各属行政委员,古应芬兼任广东西江各属行政委员。

特别是以周恩来为首任行政委员的东江地区,在整顿地方行政,实现群众代表参政议政方面,发挥了创造性的作用,为吏治改革树立了榜样。第二次东征胜利后,周恩来即以东征军总政治部主任名义,开始处理东江地区 25 县的行政事务。积极建立政权机构和群众组织。电请广东省政府任命新的县长,委任东江各县的检察官,向各县派遣特派员,负责领导当地的群众组织(如农会、工会、妇女协会等)。由于周恩来还兼任国民党东江各地党务组织主任,他派出特派员到潮安、揭阳、普宁、潮阳、惠来等县改组国民党县党部,并参加了上述各党部在汕头召开的代表大会。

1926 年 2 月 1 日,周恩来就任东江各属行政委员,正式成立东江行政公署。国民政府于 1926 年 3 月 24 日令广东省政府批准周恩来呈请委任该署第一、二、三科科长。这是历史上第一个由共产党人在一个地区范围内担任主要领导职务的地方政权机构。它是在国共合作的特定历史条件下出现的。周恩来在就职通电中明确提出两项工作任务：一、在政权建设方面，限期召集各种行政会议，引导人民参加政治，聊期实现总理训政主张之初衷，立潮梅革命之基础。二、在经济建设方面，以总理建国方略为依归，首重物质建设，疏河、筑路、开港、筑堤，先谋交通之方便，再期实业之发展。当晚，他在汕头各界代表大会发表演说，指出：革命基础已稳固，如教育、实业、水利、交通诸大端已定计划，从事建设。惟政府之力，仍恐有所未逮，尚望各界加以督促与援助，俾建设计划均得实施。

东江各界行政会议，在周恩来的主持下，于 1926 年 2 月 22 日至 3 月 3 日，在汕头召开。出席会议的有各县县长、教育局长，以及农工商学妇女各界代表 95 人，特聘代表 24 人。共收到各代表的提案、计划书 177 份，调查报告、统计资料 180 份。2 月 23 日，周恩来向会议作政治报告。会议开了 9 天，听取了各县市长及群众团体代表的报告及提案说明，经过代表们的讲座决定致电慰劳省港罢工委员会。通过议案 93 件，在建设方面，如治河浚港，修建省道县道；教育方面，增加平民教育，确立革命化教育方案，优待小学教师，推行国语；民政方面，取缔旧保卫团，整顿警察；财政方面，逐步废除苛捐杂税，增加洋货厘金；农工方面，援助省港罢工工人，扶助农工团体，禁止工头压制工人群众；妇女议案，禁止买卖人口，提倡婚姻自由，援助妇女解放，以及建议组织东江国民会议促成会等等。

总之，行政委员公署的建立，对整顿史治推进各县行政制度的革命化，以及实现广东根据地的统一和巩固，发挥了重要作用。当时对于设立行政委员公署，虽然作为临时性的措施，实际上后来却成为省、县之间的一级不可缺少的行政纽带。因而开创了中国行政体制中的"行政委员公署"或"行政专员公署"的先河。为后来革命根据地以及建国后的政权组织所沿用。

六、1926 年《筹议两广政治军事财政统一委员会议决事项》①

1926 年 3 月 19 日,国民政府发布关于统一广西问题的决议方案,令广西民政长黄绍竑、广西军务督办李宗仁、军事会办黄绍竑等遵行。其决议要点如下:

(一)关于政治者:(1)广西省政府于中国国民党指导监督之下,受国民政府之命令,处理全省政务。(2)凡应归中央直辖之机关,如交涉员、高等审判厅等,由国民政府直接管辖。(3)依照国民政府所颁布之《省政府组织法》,成立广西省政府。各厅组织法由广西省政府斟酌参照订定。

(二)关于军事者:(1)广西现有军队全部改编为国民革命军,其应编地方军与否及其数量,呈军事委员会决定,及由改组委员会拟具办法,呈军事委员会决定。(2)广西现有军队按国民革命军编制法编为第八军、第九军,任李宗仁、黄绍竑为军长,两军军长为军事委员会委员。两军驻地由该两军军长呈报军事委员会核准。(3)八、九两军受军事委员会之指挥,但经过下列军事委员会所辖各机关(参谋部、政治训练部及军需部)。(4)关于军事及政治教育计划及各种军实上补充与给予,均按照革命军现定章程实施。(5)为指挥及改编现有广西军队起见,指定李宗仁为主席,黄绍竑、白崇禧、胡宗铎、俞作柏、黄旭初、夏威及中央特派员为委员,组织改编委员会。

(三)关于财政者:(1)凡两广之财政机关及财政计划,均应受国民政府财政部之指挥监督。(2)凡两文财政上之税率及税捐制度,应由国民政府财政部核定施行。(3)凡两广财政上之收入,均应归国民政府财政部征收解交国民政府之国库。(4)凡两广财政上之支出,由国民政府所委之财政长官会同地方长官拟具预算,呈请国民政府核

---

① 《国民政府公报》1926 年第 27 号。

准。(5)凡两广财政官吏均由国民政府委任。(6)两广省财政根据国民政府财政部所定之原则及计划,对于各该省财政厅施行指挥监督。

第十六节　广州国民政府的刑事立法

一、军事刑律

(一)1923 年的《临时军律》①

1923 年 6 月 27 日大元帅公布。在大元帅孙中山的训令中指出:前因广州市内竟有白昼抢劫情事,惊扰闾阎,妨害治安,经令行该省兼卫戍总司令督饬所属一体严防密查。近闻更为有冒充军人,擅自逮捕商民,或入民居搜索,或滥封渡船,或强拉伕役等类情事,愈堪痛恨。特制定《临时军律》6 条:

(1)抢劫财物者,枪决。

(2)冒充军队及不知会警察,擅自拉夫者,枪决。

(3)未奉长官命令,不知会警察,擅自逮捕商民或入铺屋搜索者,枪决。

(4)不经由兵站,擅自封用船渡者,枪决。

(5)强占商民铺屋者,枪决。

(6)掳人勒索及打单吓诈者,枪决。

(二)1924 年的《航空局暂行军律草案》

1924 年 5 月 16 日大元帅指令施行,共 17 条。在大本营军政部长程潜向大元帅的呈文中说明这一暂行军律尚属可行,一俟陆军刑法公布,即将此律销除。

本律分别规定以下犯罪和刑罚:

———————————

① 《陆海军大元帅大本营公报》1923 年第 18 号。

（1）凡本局人员有不遵守普通法令或违抗上官之特别命令者，处三等有期徒刑。或因违背命令，以致损失本局公物及损害他人身体者，处三等有期徒刑。或更伤害他人性命者，应由临时裁判处判处一等有期徒刑或死刑。

（2）在战争时期有不服从普通法令或上官之特别命令者，得处以死刑。

（3）本局人员奉命办理公务，若发生欺伪报告，处三等有期徒刑。如在战时有犯此种情事者，处以死刑。

（4）职员受有命令而故意造成障碍，以图延滞及规避者，处以无期徒刑或死刑。

（5）违反哨令者，处五等有期徒刑；如在军中或戒严地域者，处四等有期徒刑；在敌前者处三等有期徒刑。

（6）凡有意谋害及侵犯长官情事者，处一等有期徒刑若在战时得处以无期徒刑或死刑。

（7）凡犯有抢劫奸淫等罪，或滥毁坏他人财物者，得处以无期徒刑或死刑。

（8）凡擅将飞机或其他公物滥行使用及毁坏者，处以无期徒刑或死刑。

（9）除因执行职务或自卫时，凡有滥用本局军器者，得处以无期徒刑或死刑。

（10）如有擅离职守，或弃职潜逃者，得处以无期徒刑或死刑。

（11）本局人员如有兼受他国职务，或将本局机密计划及军事消息与秘密图本泄漏于他国或他人者，应处以无期徒刑或死刑。

（12）凡有图谋破坏本局情事，使局员解体，希图离间使他人辞职，而致害本局工作之进行者，应处以无期徒刑或死刑。如有联同罢职以图要挟者亦同。

以上两个临时军律的制定与实施,为制定《陆军刑律》,提供重要经验。

(三)1925 年的《陆军刑律》①

1925 年国民政府成立后,为了整饬国民革命军的军纪,参照1915 年北洋政府制定的《陆军刑事条例》,并依照广东根据地的军事政治形势和实施《临时军律》的经验,特制定《陆军刑律》83 条,于1925 年 10 月 9 日由民国政府公布实施。这是中国近代刑法史上具有重要意义的军律。

《陆军刑律》分为总则、分则两编(附则条在外)。

第一编　总则,共 7 条。其主要规定是:

本律适应范围:(1)凡陆军军人犯罪者,适用之。凡与陆军共同作战之他种军队犯罪者,照陆军军人办理。(2)陆军现役军人及召集中之在乡军人,服陆军勤务或履行服务义务之在乡军人,均为陆军军人。(3)虽非陆军军人,犯下列各罪者,战时亦适用本律:叛乱罪、私自募兵、强占民房、强拉夫役者;暴力胁迫者;对上官哨兵加以侮辱者;强奸妇女者;掠夺者;诈伪罪;军有物品损坏罪;欺蒙或不服哨兵禁令者。

对于若干术语的法定解释:(1)称在乡军人者,谓陆军现役以外之续备、后备等兵役及退役陆军准尉以上之官佐。(2)称陆军军属者,谓陆军文官现服勤务之人;但预备或退职者不在此限。(3)称上官长官者,谓有命令关系之军官,有下命令权者,或无命令关系而官价在上者。(4)称哨兵者,谓军队驻在地为卫戍或任警戒之军人。(5)称部队者,谓陆军军队、官署、学校及一切之特设机关。

本律刑罚之执行:(1)凡执行死刑时,依管辖陆军刑律之长官所定

---

① 《国民政府现行法规》(下),法制局,1928 年,第 161—171 页。

处,枪毙之。(2)宣告徒刑者,于陆军监狱执行之。无陆军监狱之处,得以其他监狱或禁闭室执行之。

第十六条规定:镇压极大之暴行,或战时部队警急,为保持军纪之故,而有不得已之行为,不为罪;但超过必要程度者,以其情节酌量处罚。

第二编 分则,共12章65条。另有附则一条。本刑律与1915年北洋政府的《陆军刑事条例》相比较,将强奸罪单列为第七章,并将"关于俘虏之罪"和"违令罪"两章合为"违背职守罪"。各章的要点如下:

第一章 叛乱罪:(1)叛乱本党主义而聚众谋叛乱之行为者,首魁处死刑;能与谋议或为群众之指挥者,处死刑或无期徒刑,其他任各种职务或附从者,处二等至四等有期徒刑。意图谋乱、掠夺兵器、弹药及其他军用物品者,刑同前条。(2)意图叛乱而有下列行为之一者,处死刑:以军械或军用物品资敌人;泄漏军事上之机密;胁迫长官;阴谋不轨;私通敌人等。意图利敌而有下列行为之一者,处死刑:毁弃要塞;阻碍交通;解散队伍;诈传命令;煽惑军心;自损军实等。意图使军队暴动而煽惑之者,处死刑。(3)预备或阴谋犯以上各条之罪者,处三等至五等有期徒刑,但于事前自首者,得免除其刑。

第二章 擅权罪:(1)不遵守命令擅自进退或无故而为战斗者,处死刑;但有不得已之事由,或敌人开衅而为正当防卫者,不在此限。(2)未受长官允许私自募兵者,强占民房或私卖公物者,把持各种机关或截留款项者,强拉人民充当夫役或强封其舟车者,干预他人民刑诉讼事件者,皆处三等至五等有期徒刑。

第三章 辱职罪:(1)不尽其所应尽之责,而率队降敌或临阵退却或托故不进者,故意纵兵殃民者,或无故不就守地或私离守地而失误军机者,皆处死刑。(2)冒功、透过及赏罚不公者,处二等至四等有期徒刑。（3）意图利己而收受贿赂、侵吞粮饷、缺额不报、得枪不缴、扣饷激变者，皆处三等至五等有期徒刑。（4）当部下多众有犯罪行为，不尽弹压之方法者，处四等有期徒刑，如因此扰害地方者，处一等有期徒刑。（5）哨兵及卫兵无故离去守地者，依下列各款处断：敌前处死刑；军中或戒严地域处三等有期徒刑；其余处五等有期徒刑。（6）哨兵及卫兵因睡眠或酒醉怠其职务者，依下列各款处断：敌前处三等有期徒刑；其余处五等有期徒刑。（7）卫兵巡查、侦探及其任警戒或传令之职务，无故撤离勤务所在地或应到之处不到者，依下列各款处断：敌前处死刑或无期徒刑；军中或戒严地域处三等有期徒刑；其余处五等有期徒刑。（8）无故不依规则使哨兵交代或违反其他之哨令者，依下列各款处断：敌前处三等有期徒刑；军中或戒严地域处四等有期徒刑；其余处五等有期徒刑。（9）在军中或戒严地域掌传达关于军事之命令、通报或报告而无故不为传达者，处三等有期徒刑，因而失误军机者，处死刑或无期徒刑。在军中或戒严地域服侦探巡察或侦探勤务而报告不实者，处四等有期徒刑，因而失误军机者，处二等有期徒刑。（10）保管军事机密之图书物件当危急时，不能尽其委弃于敌之方法致委于敌者，处三等有期徒刑。（11）在军中或戒严地域掌支给或运输兵器、弹药、粮食、被服及其他供军用物品，无故使之缺乏者，处四等有期徒刑，因失误军机者，处死刑或无期徒刑。（12）因取用兵器或弹药之不注意伤毁他人之身体者，处五等有期徒刑，致死者，处三等有期徒刑。（13）为守军纪而借势勒索、调戏妇女、包庇烟赌、吸食鸦片者，皆处三等至五等有期徒刑。

第四章　抗命罪：（1）反抗上官命令，或不听指挥者，处死刑。（2）伙同犯前条之罪者，首谋处死刑，余众处无期徒刑或二等以上有期徒刑。

第五章　暴行胁迫罪：（1）对于上官为暴行胁迫者，依下列各款处断：敌前处死刑或无期徒刑；其余处一等有期徒刑。伙党犯前条之罪恶者，敌前首谋处死刑，余众处死刑或无期徒刑；其余首谋处死刑或无期徒刑，余众处一等有期徒刑，如发生重大变故者，得依敌前处断。(2)对于哨兵为暴行胁迫者，敌前处二等有期徒刑，其余处三等有期徒刑。伙党犯前条之罪者，敌前首谋处无期徒刑，余众处二等有期徒刑；其余首谋处二等有期徒刑，余众处三等有期徒刑。(3)对于上官或哨兵以外之陆军军人当执行职务时为暴行或胁迫者，处三等有期徒刑。伙党犯前条之罪者，首谋处一等有期徒刑，余众处三等有期徒刑。(4)滥用职权而为凌虐之行为者，处四等有期徒刑。

第六章　侮辱罪：(1)对于上官面加侮辱或直接以文书侮辱者，处五等有期徒刑，其以图书、文书、偶像、演说或其他方法公然侮辱上官者，处四等有期徒刑。(2)对于哨兵面加侮辱者，处五等有期徒刑。

第七章　强奸罪：1915年《陆军刑事条例》在掠夺罪一章中规定："抢掠或强奸妇女者，处死刑或无期徒刑。"本刑律将强奸罪从掠夺中分出，单列专章规定："强奸妇女者处死刑。"足见国民革命军对强奸罪的重视。

第八章　掠夺罪：(1)掠夺财物者，处死刑；其情节轻者，处无期徒刑。(2)盗取财物或强迫买卖者，处二等至四等有期徒刑。

第九章　诈伪罪：(1)捏造军情或伪造关于军事上命令者，处死刑。(2)意图免除兵役勤务为虚伪之报告者，或军医有伪证之行为者，处三等至五等有期徒刑。冒用军制服、徽章或构造谣言以淆惑听闻者，处三等至五等有期徒刑。

第十章　逃亡罪：(1)无故离去职役者，敌前处一等有期徒刑；军中或戒严区域过三日者，处四等有期徒刑；其余过六日者，处五等有期徒刑。伙党犯前条之罪者，敌前首谋，处死刑或无期徒刑，余众处一等有期徒刑;军中或戒严地域过三日者,首谋处一等有期徒刑,余众处二等有期徒刑;其余过六日者,首谋处三等有期徒刑,余众处四等有期徒刑。(2)犯前条之罪携带兵器、马匹及其他重要物品者,敌前处死刑或无期徒刑;军中或戒严地域处一等有期徒刑;其余处三等有期徒刑。伙党犯前条之罪者,敌前首谋处死刑,余众处死刑或无期徒刑;军中或戒严地域,首谋处死刑或无期徒刑,余众处一等有期徒刑;其余首谋处一等有期徒刑,余众处三等有期徒刑。(3)投敌者,处死刑。

第十一章　军用物损坏罪:(1)烧毁或炸毁军用仓库、工场、船舶、汽车、电车、桥梁及其他战斗用之建筑物者,处死刑或无期徒刑。(2)损坏前条所列各物及军用铁道、电线、水陆通路或使之不堪使用者,处一等有期徒刑。(3)烧毁露积兵器、弹药、粮食、被服、马匹及其他军用物品者,军中或戒严地域处死刑或无期徒刑;其余处一等有期徒刑。(4)毁弃或伤害兵器、弹药、粮食、被服、马匹及其他军用物品者,处三等有期徒刑。

第十二章　违背职守罪:(1)监视或护送俘虏使之逃亡者,处二等有期徒刑;出于疏忽者,处四等有期徒刑。(2)在乡军人无故逾召集之期限者,处三等至五等有期徒刑。(3)欺蒙哨兵通过哨所,或不服哨兵之禁令者,敌前处三等有期徒刑;军中或戒地域处四等有期徒刑;其余处五等有期徒刑。(4)发礼炮、号炮及其他空炮时,装填弹丸或瓦石者,处三等至五等有期徒刑。(5)军中或戒严地域闻急呼之召报而不集合者,处三等至五等有期徒刑。(6)意图违背服从之义务而结私党或以图书散布者,处三等至五等有期徒刑。(7)违背职守而秘密结社集会及入非政府所许可之党者,处一等至五等有期徒刑。(8)哨兵或卫兵无故发枪炮者,处五等有期徒刑。

二、1925 年《统一广东军民财政及惩办盗匪奸宄特别条例》①

《统一广东军民财政及惩办盗匪奸宄特别条例》,1925 年 9 月 30 日,广州国民政府公布,1925 年 12 月 14 日修正公布,1925 年 3 月 27 日再次修正公布,1926 年 3 月 31 日根据广西省的要求,删去"广东"二字,适用于广东以外各省。全文 24 条。其主要内容如下:

第一,首先规定本条例的性质适用范围和适用期限。(1)第一条规定:本条例为统一军民财政及惩办盗匪奸宄之特别规定。(2)第二、三条规定:本条例于凡在国民政府所辖地内犯罪者,不问何人适用之,其在政府所辖地之中华民国船舰内犯罪者亦同。本条例于凡在国民政府所辖地外犯罪者,不问何人,亦适用之。(3)第廿四条规定:本条例自公布日施行,其施行期限至广东军民财政统一时为止(后修改为"至军民财政统一盗匪肃清时为止")。

第二,自第四条至第廿一条具体列举各主要犯罪行为及量刑标准。这一特别刑法的基本特点是突出打击勾结外国势力及破坏爱国运动者,增加了某些新罪名,并对《暂行新刑律》的某些重要罪行,加重了量刑标准。从这一角度来看,本条例实际上是对《暂行新刑律》的补充和修正。

(1)第四条规定:海陆军军人意图利己或危害政府,而上抗上官之命令,或不服从者,处死刑、无期徒刑或一等有期徒刑;其情轻者,处二等以下有期徒刑或拘役。第五条规定:无论何人,不待命令,无故为战斗或自相残杀者,刑同前条。

(2)第六条规定:擅委文武官吏者,处二等以下有期徒刑或拘役,并科 5000 元以下罚金。其被委就职者,处三等以下有期徒刑或拘役,

---

① 《国民政府公报》1925—1926 年,第 10 号、19 号、28 号。

并科 3000 元以下罚金。第七条规定:官吏调任或撤差而抗不交代者,处三等以下有期徒刑、拘役,或 1000 元以下罚金。教唆他人使之实施犯本条之罪者,依正犯之例处罚。

(3)第八条规定:擅自征收或截留租税及各项入款者,处三等至五等有期徒刑或拘役(系图利己者,处二等至五等有期徒刑、拘役,并科与征收或截留同额之罚金)。第九条规定:犯前条之罪,所征收或截留租税及各项入款,没收其全部或一部。若不能没收时,追征其价额。

(4)第十条规定:犯内乱罪者,依刑律第 101 条至第 107 条处断(即《暂行新刑律》第二章内乱罪之 7 条)。

(5)第十一条规定:聚众械斗者,依下列处断:①首魁处无期徒刑或二等以上有期徒刑。②执重要事务者,处一等至三等有期徒刑,或 1000 元以下 100 元以上罚金。③附和随行仅止助势者,处四等以下有期徒刑、拘役,或 300 元以下罚金。第十二条规定:于前条所列情形内犯杀伤、放火、决水、损坏及其他各罪者,援用所犯各条,分别首魁、教唆、实施,依刑律第 23 条之例处断(即按"俱发罪"的规定办理)。

(6)第十三条规定:犯刑律第 373 条之罪者,得处死刑(按《暂行新刑律》第 373 条规定:强盗,侵入现有居住或看守之宅第建筑物者,伙同三人以上行劫者,伤害人而未致死及笃疾者,处无期徒刑或二等以上有期徒刑(原无死刑之规定)。

(7)第十四条规定:犯下列各罪者,处死刑:①刑律第 374 条之罪(原规定强盗、结伙三人行劫者,致人死或伤害二人以上者,于盗所强奸妇女者,处死刑、无期徒刑或一等有期限徒刑)。②刑律第 376 条之罪(原规定犯强盗罪、故意杀人者处死刑或无期徒刑)。③犯强盗之罪故意放火者。④掳人勒赎者。③④两项原刑律无规定。1925 年 12 月在第④项之后,又补充规定:"打单勒索者处一等有期徒刑。"

(8)第十五条规定:无政治目的而犯下列各款之罪者,处死刑、无期徒刑或二等以上有期徒刑:①意图妨害公安而制造收藏或携带爆烈品者;②聚众掠夺公署之兵器、弹药、船舰、钱粮及其他军需品,或公然占据都市城寨及其他军用地者。

(9)第十六条规定:犯刑律第 229 条之罪者,得处死刑(原刑律规定:伪造通用货币者,处无期徒刑或二等以上有期徒刑)。

(10)第十七条规定于禁止粮食或其他必要品出口之际,未受政府允准而运输出口者,处无期徒刑或一等以下有期徒刑、拘役,或处1000 元以下罚金。前项之物品没收。第十八条规定:以破坏爱国运动为目的,而反抗群众一致之举动者,处无期徒刑或一等以下有期徒刑、拘役,或 1000 元以下罚金。因而酿成不利于国家者处死刑。第十九条规定:除前二条所列外,以其他行为将政治上之利益给与外国,或酿成政治上之不利于国家者,得处死刑或无期徒刑;其情节轻者,处一等以下有期徒刑、拘役,或 1000 元以下罚金。

(11)第廿一条规定:意图陷害而诬造他人犯本条例之罪者,处死刑、无期徒刑或三等以上有期徒刑。犯前项之罪未至确定判决而自首者,得减轻或免除其刑。

第三,关于褫夺公权与死刑的规定。

(1)第廿条规定:犯本条例之罪宣告二等有期徒刑以上之刑者,褫夺公权。宣布五等有期徒刑以上之刑者,得褫夺之。

(2)廿三条规定:凡死刑、无期徒刑,非经司法行政事务处(后改为司法行政委员会,下同)覆准,不得执行。司法行政事务处认为有疑义者,得令其再审(后修正为"得咨由特别刑事审判所再审")。

(3)第廿二条规定:死刑得用枪毙。

1926 年 3 月 23 日发布的《统一军民财政及惩办盗匪奸宄特别刑事补充条例》,又补充以下三条:

第一条,未受政府之命令允准,而组织或扩充军队者,处一等至三等有期徒刑或五万元以下五百元以上罚金。

第二条,对政府有公然诬蔑之行为者,处一等至三等有期徒刑或一万元以下一百元以上罚金。

第三条,凡涉有《统一军民财政及惩办盗匪奸宄特别刑事条例》第十条、第十三条、第十四、第十六条各罪之重大嫌疑者,得因处罚被告人施以三年以下二月以上之监禁处分。

三、1925 年《禁烟条例》①

1925 年 7 月 21 日广州国民政府发布禁烟令和《禁烟条例》12 条。同日还公布《禁烟督办组织章程》和《禁烟领牌章程》。《禁烟条例》主要是规定关于管理禁烟的行政措施,但在第十条、第十一条也规定了以下刑罚条款:

(1)凡违犯第四条(禁止栽种、贩运、收藏鸦片烟)、第六条(藏有鸦片烟而不据实呈报者)之规定者,除鸦片烟及其运船、制具没收或铲除外,科以所值二倍以下之罚金,并得处以五年以下之监禁。

(2)违犯第七条(禁绝吸烟馆舍)之规定者,除将所有鸦片烟及一切物品没收外,科以 3000 元以下之罚金,或 5 年以下之监禁。

四、1926 年《党员背誓罪条例》②

中国国民党中央执行委员会议决,1926 年 9 月 22 日广州国民政府公布施行。

此处所谓"党员",系指国民党员。由于当时各级行政司法官吏,

---

① 《国民政府公报》1925 年第 3 号。
② 《国民政府公报》1926 年第 46 号。

皆须加入国民党①,所以《党员背誓罪条例》实际上是对违法官吏的治罪条例。本条例共 8 条。涉及刑法者有 5 条。

党员任官职违背誓言而为不法行为者,分别情形,按刑律加一等以上处罚。

党员反革命图谋内乱者,不分既遂未遂,一律处死刑。

党员以职权操纵金融,图利自己或他人者,处死刑,并没收其财产。

党员舞弊侵吞库款满一千元者,处死刑,并没收其财产。但因公挪移未及弥补者,不适用本条。

知党员犯罪而不举发者常人依违警法处罚,党员以从犯论。

此外,规定党员犯处死刑各条之罪,由中央执行委员会组织临时法庭审判之。

第十七节　共产党和国民党的工运纲领与早期劳动法规

一、中国共产党的工运纲领与《劳动法案大纲》奠定了我国劳动立法的基础

(一)中国共产党的工运纲领

1922 年 6 月 15 日《中共中央第一次对于时局的主张》提出的劳动斗争纲领是:(1)采取无限制的普通选举制。(2)保障人民结社、集会、言论、出版自由权,废止《治安警察条例》及压迫罢工的刑律。(3)制定保护童工、女工的法律以及工厂卫生、工人保险法。(4)承认妇女在法律上与男子有同等的权利。

――――――――――

① 　根据 1926 年 9 月 28 日国民政府令规定:嗣后各机关任用人员,文职委任以上,武职尉官以上,应以本党党员为准,但事务人员不必人人入党。

1922 年 7 月《中国共产党第二次全国代表大会宣言》，又提出"改良工人待遇"的 6 项要求：（1）废除包工制。（2）八小时工作制。（3）工厂设立工人医院及其他卫生设备。（4）工厂保险法。（5）保护女工童工。（6）保护失业工人等。同时，党的"二大"还通过了开展劳动立法运动的决议案，即将上述劳动纲领，向全国工人作广泛的宣传，使之成为动员全国工人参加罢工高潮的斗争目标。

依据上述劳动斗争纲领，中华全国总工会的前身——中国劳动组合书记部负责人邓中夏拟定了《劳动斗争原则》4 项和《劳动法案大纲》19 条，作为反帝反封建革命斗争的重要组成部分。正如邓中夏在《劳动界招待议员开会时的讲话》所指出的："国际的资本主义不打倒，军阀也难打倒，而我们劳动立法上的幸福也实难享受。"

（二）1922 年 7 月《劳动法案大纲》①的基本内容和特点

《劳动立法原则》共 4 项，即下述的各个标题。《劳动法案大纲》19 条，即具体化的条文，分述如下：

1."保障政治上的自由"。包括：（1）第一条"承认劳动者之集会结社权"。当时主要是争取建立工会和自由集会的权利。（2）第二条"承认劳动者之同盟罢工权"。即将同盟罢工的合法化。（3）第三条"承认劳动者之团体的契约缔结权"。即由工会与厂方制定各行各业的劳动契约之后，资本家雇用工人时，必须遵守团体契约的规定。（4）第四条"承认劳动者之国际的联合"。

在我国自工人运动一开始，中国共产党就注意对工人进行国际主义教育，并与国际无产阶级加强联系。1922 年 7 月党的"二大"决议案提出：各国革命的工会必须有统一的联合，即"组成工会带到赤色工

---

① 《邓中夏文集》，人民出版社，1983 年，第 11—15 页。《中国劳动组合书论部总部邓中夏等的请愿书》中含有《劳动法案大纲》19 条。

会国际旗帜之下"①。1923 年 6 月党的"三大"决议案提出：大的产业工会，尤其是海员工会须设法与赤色职工国际联合。1925 年 5 月第二次全国劳动大会决定加入赤色职工国际。1927 年 5 月在汉口召开了"太平洋劳动会议"，出席会议的有中、苏、美、英、法、日、朝鲜、爪哇（今印尼）等国的代表。通过了 20 多个决议案，决定在上海设立太平洋工会秘书处（苏兆征任主席），作为太平洋各国工人运动的总机关。

2."改良经济生活"。《劳动法案大纲》提出以下要求：（1）确立法定的工作时间。如第五条"日工不得过 8 小时，夜工不得过 6 小时"；第六条"吃力的工作不得过 6 小时"；第七条"禁止超过法定的工作时间，如有特别情形，须得工会同意，才得增加工作时间"；第八条"农人的工作时间虽可超过 8 小时，但所超过之工作时间的工值，须按照 8 小时制的基础计算"。（2）规定休假制度。如第五条"每星期连续42 小时的休息"；第十八条"各种工人和雇用人一年工作中有 1 月之休息，半年中有两星期之休息，并有领薪之权"。（3）保障最低工资。如第十三条"为保障工人适当以至低限度之工钱，国家须制定这种法律；当立此项法律时，须准全国总工会代表出席。无论公私企业或机关的工资，均不得低于此项法律保障的至低限度"。（4）保护童工、青工和女工。如第十二条"禁止雇用 16 岁以下之男女童工"；第十条"对于 18 岁以下之男女工人，绝对禁止超过法定时间；绝对禁止女工及18 岁之男工作夜工"。此外，还专门规定了女工产假制度，如第十一条"体力的女工产前产后各 8 星期休工，其他工作之女工产前产后各

---

① "赤色工会国际"，亦称"赤色职工国际"，在列宁和第三国际的指导下，于1921 年 7 月在莫斯科召开各国工人代表大会上成立的，是国际工会运动中的进步组织，在帮助殖民地半殖民地国家的工人运动和民族解放运动中，作出很大贡献。1938 年 2 月，为了建立反法西斯统一战线，赤色职工国际即自动宣布解散。

6 星期休工,均照常领取工资"。(5)建立工人保险制度。如第十七条"一切保险事业须由工人参加规定之,以保障所有在政府的、公共的、私人的企业和机关内的工人之损失或危险;保险费完全由雇主和国家出之,受保险者决不分担"。

3."参加劳动管理"。为了解放劳动者、保障工人的利益,并使之取得管理企业的经验,如第十四条规定"各种工人皆有权通过工会选举代表参加政府经济机关和公私企业的管理";第十六条规定"国家保障工人有完全参加国家所设劳动检查局之权"。工人参加管理,目的在于了解生产情况,改良工厂管理制度,并匡正雇主之错误,维护劳动者的利益,同时也为将来无产阶级管理工厂做好准备。

4."劳动补习教育"。《劳动立法原则》指出:现代社会之不平等,大半起于无受教育之机会。政府每年支出巨额款项,专为资产阶级办教育,至无产阶级则毫无顾及。此等不平,使我等永为彼辈之奴隶。故我等应要求以法律保证男女劳动者有受补习教育的机会。这一要求也列入《劳动法案大纲》,第十九条规定"国家须以法律保证男女工人有受补习教育的机会"。

综观以上两个劳动立法文献的基本内容,不难看出,它代表了当时受压榨受奴役的中国无产阶级的意志和权益,充分反映了他们要求立即改变现状的强烈愿望。这是中国共产党领导制定的最早的一批劳动法规。

《劳动法案大纲》的主要特点是:

1.由于当时尚未取得革命政权,所以这时的劳动立法还不可能做到把工人阶级已经争得的权利和利益,通过自己的政府,用立法形式确定在劳动法典中,并以革命政权为后盾,保证其贯彻实施;而只能由中国共产党以及有关革命组织,提出劳动立法的基本纲领和立法原则,号召并领导工人群众向帝国主义、反动统治当局和资本家进行斗争,借以争取尚未得到的权利,维护工人阶级的基本利益。

2.由于当时缺乏劳动立法的实践经验,不可避免地要从外国的劳动法典中摘取某些条文。因此有些规定显然要求过高,与中国的实际情况不相符合。如每星期连续 42 小时的休息,女工产前产后各给以 8 或 6 星期的休假等。这些规定,不仅在未建立革命政权之前难以做到,就是在取得政权之后,当生产力水平和经济条件不具备时也是难以实现的。

3.在《劳动法案大纲》中,对于工农联盟问题非常重视,主要表现在对于农民也规定了具体保护措施。除对农业工人规定了工时限制外,还在第九条专门规定"须以法律担保一般不掠夺别人劳动之农人的农产品价格,此项价格由农人代表提出,以法律规定之"。这一规定,在农民运动尚未开展的时候是十分必要的。在此期间,党和劳动团体的其他文件中,也有相应的规定。如 1922 年 7 月党的"二大"宣言中,就论述了工农联合的重要意义,指出:中国三万万的农民,乃是革命运动中的最大要素。农民因为土地缺乏、人口稠密、天灾流行、战争和土匪的扰乱、军阀的额外征税和剥削、外国商品的压迫、生活程度的增高等原因,以致日趋穷困和痛苦。"如果贫苦农民要除去穷困和痛苦的环境,那就非起来革命不可。而且那大量的贫苦农民能和工人握手革命,那时可以保证中国革命的成功。"[1]1925 年 5 月第二次全国劳动大会通过的《工农联合的决议案》指出:无论哪个国家的工人阶级要想推翻现存的剥削制度,必须联合农民作为自己的同盟军,否则革命便难以成功。如 1871 年巴黎公社和 1905 年俄国革命的失败,都是因为没有得到农民的帮助。后来俄国十月革命所以得到成功,就是因为得到农民的援助。中国农民占全国人口的 75%。中国工人阶级要

---

[1] 《中共中央文件选集》(1),中共中央党校出版社,1982 年,第 76 页。

想得到解放,非联合农民共同奋斗不可。农民要得到自身解放,也只有与工人联合才有可能。同时还具体规定:工人在回乡村时,或在工作的附近的农村,均应向农民进行宣传,并帮助他们组织农民协会和合作社。工会应设法提携农会,并援助农会发动的经济斗争或政治斗争。

《劳动法案大纲》公布后,中国共产党及其领导的工会组织,先后发动全国各地工人群众举行了多次罢工,并在部分地区或厂矿争得了一定的权益。如1922年8月下旬,中国劳动组合书记部主任邓中夏直接领导的长辛店铁路工人大罢工,迫使北洋政府控制的铁路当局答应了工人提出的部分条件,如增加了部分工资、"短牌工"(临时工)满2年均可改为"长牌工"(正式工)、工人因公受伤或在患病期内应发给工资等。同年9月安源路矿工人大罢工后,路矿当局不得不与安源路矿工人俱乐部签订协定①,接受工人提出的某些条件。如承认工人俱乐部有代表工人之权,并由路矿两局补贴俱乐部的经费;假日照发工资,病假发工资一半,因公殒命须发恤金;增加部分工资;矿局职员工头不得殴打工人等。以后又领导了1923年"二七"大罢工和1925年"五卅"运动等一系列罢工斗争,显示了中国工人阶级的伟大力量。许多工人阶级的优秀代表,如林祥谦、施洋、顾正红等,为争取人民的自由和民族解放献出了宝贵的生命。由此不难看出,在帝国主义和反动军阀统治下,劳动纲领的实施,每前进一步都要付出巨大的代价。这从反面也为中国共产党和革命人民认识我国的国情和特点,寻求正确的革命道路,提供了重要的历史根据。它已初步证明半殖民地半封建

---

①　安源路矿工人俱乐部,是江西安源煤矿和株萍铁路工人最早的工会组织,1922年5月1日,在毛泽东为首的中共湘区委员会领导下成立。同年9月,在李立三、刘少奇直接领导下,俱乐部发动路矿工人大罢工,取得全部胜利。该俱乐部一直坚持到1925年9月被反动军阀查封。

的中国,"在内部没有民主制度,而受封建制度压迫;在外部没有民族独立,而受帝国主义压迫。因此,无议会可以利用,无组织工人举行罢工的合法权利。在这里,共产党的任务,基本地不是经过长期合法斗争以进入起义和战争,也不是先占城市后取乡村,而是走相反的道路"①。这时,中国共产党正在利用一切时机,采取各种斗争形式,继续探索中国革命的正确道路。

(三)1926 年《劳动法大纲决议案》对《劳动法案大纲》的主要补充和修改

1926 年 5 月第三次全国劳动大会通过的《劳动法大纲决议案》②,全文共 17 条,除了保留 1922 年《劳动法案大纲》的基本内容外,主要修改增删了以下各点:

1.关于罢工问题。决议案第二条在规定"工人有罢工的自由"之后,根据当时的国共合作的政治形势和实践经验,增加了一项重要条件,即"惟在国民政府下,可经过劳资间或主管官厅之一度调解,方始罢工"。这一补充是必要的,是协调劳资关系的必经步骤。第三次全国劳动大会还专门通过《罢工战术决议案》。总结了几年来罢工斗争的经验,阐述了罢工的意义以及讲究罢工战术的重要性。首先指出:不论政治罢工或经济罢工,都对阶级斗争有重大意义。但要注意在每一次经济罢工时,一定要注意引向政治的道路;每一次政治罢工时,也要注意工人的经济要求。其次指出:罢工要讲究战术。因为罢工是工人阶级反抗压迫阶级的重要武器,用得好,可以战胜敌人,用得不好时,可能"自杀"。所以既不能害怕罢工,也不能轻率罢工,正确的罢工战术是,在每次决定罢工时,对于客观的情形,主观的力量,必须有明

---

① 《毛泽东选集》第二卷,人民出版社,1991 年,第 542 页。
② 《劳动法大纲决议案》,全文见《中国工会历次代表大会文献》,工人出版社,1984 年,第 124—125 页。

了的观察，要正确判定罢工的趋势与结果，决不可贸然从事。要做好罢工的种种准备工作，包括组织上的准备、宣传口号是否切实可行，秘密组织与公开组织如何联系，以及罢工中和罢工后的注意事项，都应准备多种具体方案，以便灵活掌握。

2.关于休息制度。根据当时的实际情况，第二条明确规定"星期日及重要纪念日休息，仍照给工资"。没有再规定"每星期连续42小时休息"，也没有规定年度休假日期。

3.关于工资问题。第十二条规定工资标准，"以维持工人生活为最低工资；其不及维持工人生活之工资，政府得强制增加之"。第十三条规定工资之给与，以银元为标准，并不得以物类代替或克扣。第八条还规定对延长工作时间者，"加倍付给工资"。

4.对于青工和童工的保护措施。第九条规定：绝对禁止不及16岁的青年工人作不卫生及危险的工作，并禁止使用13岁未满之童工。这便进一步明确了童工（13岁至16岁）和青工（16岁至18岁）的年龄界限，以及禁雇童工的法定年龄（未满13岁）。

5.修订了女工的产假期限。第十条规定：女工从事重（体力）工作者，产前产后共休息8星期；从事轻（体力）工作者，共休息6星期，均应照发工资。此外，还规定哺乳女工应有法定的哺乳时间，这是一项重要补充。

6.删除了关于农业劳动者的规定。因为这时农民运动已在各地逐步兴起，并建立了专门的领导机构（省、县、区、乡农民协会）。关于保护农业劳动者的法规，都由各省农民代表大会决议案中加以规定。如与第三次全国劳动大会同时召开的广东省农民第二次代表大会的决议案中，就具体规定了对于雇农和牧童的保护措施。在以后的全国劳动大会上，仍有关于工农联合的决议案。

1926年《劳动法大纲决议案》的主要特点是，根据我国工人运动的实践经验,对 1922 年《劳动法案大纲》进行的重要补充和修订,使之更加全面、合理,更加符合我国的实际情况;在文字上也更加明了确切。它标志着我国劳动立法在学习国际工运经验与中国实际相结合方面,向前迈出了可喜的一步,为以后革命根据地的劳动立法奠定了良好基础。

综上可见,《劳动法案大纲》和《劳动法大纲决议案》本是两个文件,虽然名称有些近似,但是两者却是在不同年代,不同历史条件下制定的,内容也有很大差别。可是,现在有的工具书却将两者混同。例如 1984 年出版的《中国大百科全书》法学卷第 355 页的"图片说明",即将《劳动法大纲决议案》误认为是《劳动法案大纲》,建议该出版社应予核实校订。

以上关于《劳动法案大纲》和《劳动法大纲决议案》的许多规定,不仅在当时被国民党所采纳,作为国民政府劳动立法的主要内容,而且成为日后革命根据地实施劳动立法的指导方针。其中某些规定,就是在新中国成立 60 年的今天,仍然需要创造条件,为其彻底实施而继续奋斗。例如薪金不得拖欠,工人保险制度,每日工作超过八小时者,超时部分应增加相应的工资,以及工会得代表工人与厂方订立集体劳动合同等等,在某些非公有制企业中,还有待进一步落实。

史源学专论:"法律史源学"例证之二
——对《劳动法案大纲》各种翻印版本正误的考订辨析

据考察,现存的《劳动法案大纲》基本上有三种版本。一种是早期中文版本,一种是日文本及其回译本,另一种是经过擅自改动的邓中夏著《中国职工运动简史》的翻印本。

（一）《劳动法案大纲》的早期中文版本

该大纲的早期中文版本，经笔者多年考察，目前查到的，有以下几种：

（1）《中国劳动组合书记部总部邓中夏等的请愿书》。中国共产党成立后，以中国劳动组合书记部作为领导工人运动的公开组织。1922年为了申明党的劳动斗争纲领，推动工人运动的发展，并为揭露当时北洋政府直系军阀所谓"制宪"和"保护劳工"的政治骗局，党的第二次全国代表大会决定在全国发起劳动立法运动。根据这一决定，中国劳动组合书记部负责人邓中夏拟定了《劳动立法原则》和《劳动法案大纲》。这一大纲首先以《请愿书》的形式，在1922年7月提交北京的"参议院"，其中附有《劳动法案大纲》全文。这是最早的也是具有权威性的版本（以下简称"请愿书本"）。

（2）1922年8月15日中国劳动组合书记部向全国发布了开展劳动立法运动的通告，同时全文公布了《劳动法案大纲》，要求各地工会进行讨论，并组织广泛宣传。最早公开发表这一大纲的是中国劳动组合书记部在北京的机关报《工人周刊》，1922年8月16日出版。但是，这一期的《工人周刊》刚出版，即被北京当局销毁，因而这期周刊目前国内学术界和出版界尚未查到，这是长期以来发生版本歧异的主要根由。

（3）1922年9月3日出版的中国社会主义青年团中央机关报《先驱》第11期，发表了署名"澄宇"的文章《少年工人与劳动立法》，并将《劳动法案大纲》作为附录，全文登载，并注明"转载工人周刊"（以下简称"先驱本"）。

（4）其他各地报纸也有转载《劳动法案大纲》，如1922年8月20日《民国日报》（上海版）第6版，全文转载了《劳动法案大纲》（以下简称"民国日报本"）。《大公报》（长沙版）1922年9月7、8日第

9 版连载了"请愿书"和《劳动法案大纲》(以下简称"大公报本")。

在以上早期版本中,尽管《工人周刊》尚未查到,但综合考察"请愿书本"、"先驱本"、"民国日报本"以及"大公报本"所载《劳动法案大纲》的条文,除个别文字印错或漏字外,皆是一致的。经过互相核对,可以校正出一份内容可靠、符合原件的大纲全文(详见本文(三))。

(二)日文本及其回译本有些什么错误?

(1)日本人长野朗在大正十四年(1925年)4月,于北京燕尘社出版的《支那劳动者与劳动运动》,用日文全文翻译出版了这一大纲,改称《劳动法大纲》(以下简称"日文本")。

(2)1928年12月北平社会调查部出版的《第一次中国劳动年鉴》,转载了《劳动法大纲》全文,并注明该史料来源于长野朗的上述著作,这是按日文本直接翻成中文的回译本(以下简称"年鉴本")。其用词、语序和风格,与早期版本截然不同,几乎每个条文的词句都有出入。如第5条,早期版本是"日工不得过八小时","日文本"及其回译本翻成"每日昼间劳动时间不得过8小时"。又如第13条"全国总工会"译成"全国劳动总工会",完全是日语化的用词。再如第9条,早期版本是"须以法律担保一般不掠夺别人劳动之农人的农产品价格","年鉴本"照日文本的译法翻成"以法律保障农民(不掠夺他人之劳动者)之生产品价格"。

特别应该指出的是,有的条文在中译日和日译中时,不仅词句不同,而且在内容上也存在严重错漏。如第10条,早期版本的原文是:"吃力的工作及有碍卫生的工作,对于十八岁以下的男女工人,绝对禁止超过法定时间。绝对禁止女工及十八岁以下之男工做夜工。"这一条包括两层含义,前一句是说凡是男女成年工人从事"吃力的工作"和"有碍卫生的工作",以及"十八岁以下的男女工人",都不准超过法定时间(即不准超过6小时),后一句是说禁止全部女工和18岁以下的男工做夜工。但是,在翻成日文时,却译成"过激的劳动、有害卫生的劳动、法定时间外的劳动、夜工,不得使用十八岁以下男女工人",其内容与上述原意出入很大。首先,不得超过法定小时者,漏掉了成年男女工人,其次,禁止做夜工者,漏掉了成年女工。尤其是"年鉴本"在回译成中文时,又在"日文本"上述错误的基础上,完全漏掉有关"夜工"的规定。翻译成"激烈、有害卫生,及法定之工作时间外之劳动,不得使18 岁以下之男女工为之"。与早期版本的原文,相差更远。

(3)解放后出版的许多资料书或专著中,皆以"年鉴本"为依据,全文翻印了这一大纲,例如(以出版时间为序):

①1949 年 9 月,人民出版社出版的邓中夏著《中国职工运动简史》,第 76—77 页。

②1952 年 9 月,中国人民大学中国革命史教研室翻印的邓中夏著《中国职工运动简史》,第 83—85 页。

③1958 年 9 月,工人出版社出版的《中国工会历史文献》(第一卷),第 14—15 页。

④1979 年中国人民解放军政治学院党史研究室编《中共党史参考资料》第二册,第 313 页。

⑤1979 年 8 月,中国人民大学中共党史教研室编《中共党史教学参考资料》第一册,第 342—344 页。

⑥1982 年 2 月,中央档案馆编《中共中央文件选集》第一册,第 80—81 页。

⑦1983 年 3 月,中国社会科学出版社出版的李新、陈铁健主编《伟大的开端》,第 575—576 页。

⑧1983 年 8 月,人民出版社出版《邓中夏文集·中国职工运动简史》,第 486—487 页。

此外,有的政法院校出版的法制史或劳动法参考资料,也依照"年鉴本"翻印这一大纲。

总之,上述翻印资料有一共同的缺陷,就是没有查找早期版本的原文,都是以"年鉴本"作为主要依据,因此其全部条文都与原文不相符合。其中翻译上的错误,也被各种翻印本沿袭下来。以下以《中共中央文件选集》(简称"文件选集")为代表进行对比剖析。

(4)邓中夏著《中国职工运动简史》所载大纲也是出自"年鉴本"。

《中国职工运动简史》,是邓中夏在1928年出席赤色职工国际代表大会被选为执行委员后,留驻莫斯科时,于1930年6月写成的,由苏联中央出版局出版。该书全文登载了《劳动法大纲》(以下简称"简史本")。当邓中夏在莫斯科编写这一简史时,查找史料是很困难的。正如他在"著者申明"中所说:"本书缺乏材料参考,大部分都是凭记忆所及,秉笔直书。由于没有查到该大纲的早期版本的原文,不得不以当时流传的"年鉴本"作为惟一的史料根据。这样,从文件名称到全部条文,都是沿用了"日文本"及其回译本的写法①。"简史本"这一缺陷,本应在解放后早日加以纠正和弥补。但却被"文件选集"等各种翻印本所承袭,大有以日文回译本取代原文的趋势。这种以讹传讹、以假代真的不正常现象,不能再继续下去了,应立即恢复该大纲的本来面目。

(三)各种史料选集中所印大纲条文存在的主要问题

1.大纲第5条中的问题

大纲第5条关于每星期的休息制度,原文本是"每星期连续四十二小时休息"。"文件选集"印成"二十四小时之休息"。这一修改,可能来源于1958年出版的《中国工会历史文献》(以下简称"工会文

---

① 查阅《邓中夏文集》第13页"请愿书本"的《劳动法案大纲》和第486—487页"简史本"的《劳动法大纲》,可以清楚地看出两者的差异。

献")。"工会文献"编者按认为"四十二小时"疑是"二十四小时"的
"误排",所以"依邓著简史"改为"二十四小时"。

以后国内各种翻印本,大多都套用此说(只有西南政法学院函授
部编《中国新民主主义革命时期法制建设资料选编》第三册,仍用"四
十二小时之休息")。那么,"工会文献"所谓"依邓著简史"其根据又
是什么呢? 可能是 1949 年 9 月人民出版社出版的《中国职工运动简
史》。该"简史本"确是将大纲第 5 条直接写作"二十四小时的休息"。
谈到这里,不能不提出以下问题进行探讨:①该大纲第 5 条的原文,究
竟是"四十二小时"还是"二十四小时"的休息? ②邓中夏在"简史"
中,是否对这一条文进行过修改? ③"文件选集"和人民出版社改写成
"二十四小时"是否正确?

(1)大纲原文是"四十二小时"无疑

据查《劳动法案大纲》第 5 条,不仅所有早期版本(包括"请愿书
本"、"先驱本"、"大公报本"、"民国日报本"),都是"每星期连续四十
二小时休息",就是"日文本"和"年鉴本"也是"四十二时间"或"42 小
时",1925 年第二次全国劳动大会《经济斗争决议案》,仍规定有"继续
四十二小时之休息"(见《中共中央文件选集》(1)第 340 页)。甚至到
第二次国内革命战争时期在苏区制定的 1930 年《劳动保护法》和
1931 年的《中华苏维埃共和国劳动法》,也有"四十二小时"的连续休
息的规定。

这一规定的含义,是每星期要有一天半的休假(例如从星期六下
午 2 时至星期一 8 时)。对此,1930 年中央苏区机关报《红旗》第
107 期《劳动保护法解释书》专门作过说明,所谓连续四十二小时休
息,即"星期六工作半天,星期六夜工停止,星期日整日夜休息"。由此
可见,该大纲的原文肯定是"四十二小时"无疑,并非"二十四小时"的
误排。

（2）"邓著简史"并未将"四十二小时"改成"二十四小时"

人民出版社出版的《中国职工运动简史》中"关于本书的说明"指出："一九四三年解放社根据苏联中央出版局的版本出版了这本书。这次重印，系以一九四三年解放社的版本为依据。"笔者曾试图查找1930年苏联中央出版局出版的原始版本，但迄今尚未查到。现在国内最有权威性的版本，就是1943年在延安由解放社出版的《中国职工运动简史》。经核对该书第83页所载大纲第5条，原本就是"四十二小时的休息"。同时，还查阅了解放前在革命根据地出版的该"简史"的各种版本，如1947年4月东北书店出版的"简史"第65页，1948年10月太岳新华书店出版的"简史"第75页，1949年3月中原新华书店出版的"简史"第77页，1949年7月天津知识书店出版的"简史"第62页，以及冀中新华书店出版的"简史"，全部都是"四十二小时的休息"。从而证明邓中夏在"简史"中，并未将"四十二小时"修改为"二十四小时"。因此，"工会文献"中所谓"依邓著简史"而改为"二十四小时"，是靠不住的。

（3）将"四十二小时"改为"二十四小时"是人民出版社的主观臆断

既然早期版本的原文，全是"四十二小时"。革命根据地翻印"邓著简史"也是"四十二小时"，那么究竟是谁，又根据什么，改成"二十四小时"的呢？依据现有资料，最早修改大纲第5条的，是1949年9月人民出版社出版的《中国职工运动简史》。该书第76页毫无根据地擅自将原文的"四十二小时"，改成"二十四小时"。到1953年11月第2版和1979年12月第6次印刷，以及1983年出版的《邓中夏文集》第486页，依然如故。这种单凭主观臆断，擅自修改历史文献的做法，是极不应该的，而且是无独有偶，另有他例。如1927年5月，在汉口召开的"泛太平洋劳动大会"，其决议案中提出了十项要求，其中第二项就是"每星期内,须使工人有一次连续 42 小时之休息"。其原文请读者查阅《第一次中国劳动年鉴》二编,第 396 页。但是,在人民出版社 1954 年 11 月出版的《第一次国内革命战争时期工人运动》,第 540—544 页翻印《泛太平洋劳动大会》全文时,虽然在文末注明"录自《第一次中国劳动年鉴》,1928 年 12 月出版"。但却未加任何说明,擅自将引文第二项的原文"连续四十二小时之休息"也改成"二十四小时之休息"。这种任意修改历史文献的做法,是很不严肃的,已经在出版界、学术界造成了以讹传讹的不良后果。笔者在此以前也曾将人民出版社的这一修改,误认为是邓中夏本人修改的,现应一并纠正。

为了从理论上澄清这一问题,有必要考察一下有关周休制度的发展历史。在世界劳动立法史上,由于各国经济制度和生产力发展水平的差异,特别是由于工人运动成长状况和阶级力量对比关系的不同,关于休息制度,有各种不同的规定。一般包括以下几种:①每个工作日内的间歇和用饭时间。②两个工作日之间的休息时间。③每星期的连续休息时间(也称"周休时间")。④每年的例假和休息时间。其中的"周休制"各国也有不同的规定。有每周休息一日制,即每星期连续休息 24 小时;有周休一日半制,即每星期连续休息 42 小时;也有周休两日制,即每星期连续休息 48 小时。在二十世纪二十年代,在经济发达、工人运动兴盛的资本主义国家,通过工人阶级的长期斗争,已经争得了周休一日制。1921 年 10 月 25 日"国际劳工组织大会"第三次会议通过了"工业工人每周应有一日休息之公约"。规定凡批准此公约的会员国,至迟应于 1924 年 1 月 1 日前施行。这说明当时在国际劳工运动中,主要是在争取实现星期日休息制,只有俄国在十月革命后,明文规定实行周休一日半制,如 1919 年 3 月俄共第八次党代表大会通过的党纲中指出:"苏维埃政权业已依立法程序实行并在劳动法典中确认八小时工作日……一切劳动者每星期有必须四十二小时的连续休息。"可见,1922 年《劳动法案大纲》中规定每星期连续四十二小时的休息制度,是从苏俄劳动法典中吸取来的。当然,在经济落后、工人运动刚兴起不久的中国,这一规定如果作为教育群众向反动政权进行斗争的宣传口号和长远奋斗目标,是完全可以理解的。但是,如果作为立即实施的行动口号,则是不切合中国实际的,因而也是难以行得通的。如 1922 年 12 月湖南水口铅锌矿大罢工后,经过工会代表与矿方代表谈判,最后只达成星期日休息的协议。在一向没有周休制度的中国,能实现星期日休息制也是劳动立法的一大进步和工人运动重要斗争成果。因此,在 1923 年 6 月中国共产党第三次代表大会议决案中,即改为"星期日休息"。以后即为实现周休 24 小时而进行不懈斗争。由此可见,在工人运动的初期,由于自己没有实践的经验,从外国劳动立法中抄袭某些条文(包括某些过高的规定),也是可以理解的。后来根据自己的经验,不断总结调整,逐步做出符合实际情况的灵活规定,这是劳动立法上的一项重要经验。

2.大纲第 11 条中的问题

大纲第 11 条是关于女工产假的规定。原文是:"体力的女工产前产后各八星期休工,其他工作之女工,产前产后各六星期休工……""文件选集"印成:"对于需要体力之女子劳动者,产前产后均予以八星期之休假,其他女工,应予以五星期之休假。""文件选集"第 11 条,除了文字语句上沿用了"日文本"的变化之外,还存在以下两个问题:一是第二句"其他工作之女工产前产后各六星期休工",漏掉了一个"各"(或"均")字。这是翻译成日文时遗漏的,"年鉴本"及其他翻印本,皆沿袭了这一缺陷。二是其他女工的产假,究竟是"六星期"还是"五星期"呢? 笔者认为"六星期"是对的。其根据是:不仅所有早期版本和"日文本"及其回译本,皆是"六星期",就是各革命根据地出版的"简史本"(包括"冀中版"、"中原版"、"东北版"、"太岳版"和"天津版")此处都是"六星期"。1949 年人民出版社出版的"简史本",也是"六星期"。

但是,解放后翻印的《劳动法大纲》,却有不少版本与"文件选集"一样,皆印成"五星期"。如 1952 年中国人民大学革命史教研室编印的"简史本"第 84 页;1958 年工人出版社的《中国工会历史文献》(一)第 15 页;1983 年中国社会科学出版社出版的《伟大的开端》第575 页,以及各种党史、法制史、劳动法等参考资料中,也有不少印成"五星期"。

这种分歧是怎样产生的呢? 在没有查到根源之前,问题似乎很复杂,难以说服对方。一旦查出原因,说来又是极为简单。分歧的根源,来自 1943 年延安解放社出版的《中国职工运动简史》,为了查清这一问题笔者曾两次到北京图书馆查阅解放社的"简史本"。第一次看到该书第 84 页第 5 行,确实印作"五星期"。但回来以后,仍不甘心,怀疑是否看错,第二次再去查阅该书正文,仍是"五星期"。最后,当反复翻阅该书时,无意中发现该书附有几页"正误表",恰好涉及这一问题,即"正误表"第 6 项:

页	行	误	正
84	5	应予以五星期	应予以六星期

据此自然可以得出以下结论:

凡按解放社 1943 年"简史本"第 84 页翻印,并参照该书所附"正误表"第 6 项予以更正的,皆印作"六星期";凡只按"简史本"正文翻印,未按"正误表"更正的,皆印成"五星期"。因此,建议后者再版时应予以更正。

(四)《劳动法案大纲》的校正本及校正说明

自上世纪五六十年代,笔者发现日译本存在的问题之后,就开始查找早期的中文版本。经过延续 30 年,先后查到 1922 年的"先驱本"、"民国日报本"、"大公报本",以及 1983 年出版的《邓中夏文集》所载"请愿书本"。现以"请愿书本"为基础,与其他几种版本相互对照,校订出大纲的全文,并将各种版本互有出入者,分别在脚注中加以说明,以便读者参阅判断,同时对照鉴别"文件选集"之正误。

《中国劳动组合书记部总部邓中夏等的请愿书》、《中共中央文件选集》
分别所载《劳动法案大纲》条文对照

《中国劳动组合书记部总部邓中夏等的请愿书》所载《劳动法案大纲》	《中共中央文件选集》所载《中国劳动组合书记部拟定的劳动法案大纲》
(1)承认劳动者之集会结社权。	(1)承认劳动者有集会结社权。
(2)承认劳动者之同盟罢工权。	(2)承认劳动者有同盟罢工权。
(3)承认劳动者之团体的契约缔结权。	(3)承认劳动者有缔结团体契约权。
(4)承认劳动者之国际的联合①。	(4)承认劳动者有国际联合权。
(5)日工不得过八小时,夜工不得过六小时,每星期连续四十二小时休息②。	(5)每日昼间劳动时间不得超过八小时,夜工不得超过六小时,每星期应予以连续二十四小时之休息。
(6)十八岁以下的③青年男女工人及吃力的工作,不得过六小时。	(6)十八岁以下之男女工及剧烈劳动之劳动时间,不得过六小时。
(7)禁止超过法定的工作时间,如有④特别情形,须得工会同意才得增加工作时间。	(7)禁止超过法定工作时间,设有特别事故,须得工会之同意,始可延长之。
(8)农工⑤的工作时间虽可超过八小时,但所超过之工作时间的工值⑥须按照八小时制的基础计算。	(8)农业劳动者之工作时间,虽得超过八小时,但对于超过时间之工资,须以八小时制为标准而计算之。
(9)须以法律担保一般不掠夺别人劳动之农人的农产品价格,此项价格由农人代表提出,以法律规定之。	(9)以法律保障农民(不掠夺他人之劳动者)之生产品价格,由农民代表提出,以法律规定之。
(10)吃力的工作及有碍卫生的工作,对于十八岁以下的男女工人,绝对禁止超过法定时间,绝对禁止女工及十八岁以下之男工作夜工。	(10)剧烈有害卫生及法定之工作时间外之劳动,不得使十八岁以下之男女工为之。

（续表）

《中国劳动组合书记部总部邓中夏等的请愿书》所载《劳动法案大纲》	《中共中央文件选集》所载《中国劳动组合书记部拟定的劳动法案大纲》
（11）体力的女工产前产后各八星期休工，其他工作之女工产前产后各六星期休工，均照常领取工资。	（11）对于需要体力之女子劳动者，产前产后均予以八星期之休假，其他女工，应予以五星期之休假，休假中工资照给。
（12）禁止雇用十六岁以下之男女童工。	（12）十六岁以下之男女工，不得雇用。
（13）为保障工人适当以至低限度之工钱，国家须制定这种保障法律。当立此项法律时，须准全国总工会代表出席。无论公私企业或机关的工资，均不得低于此项法律保障的至低限度。	（13）为保障劳动者之最低工资计，国家应制定保障法；制定此项法律时，应许可全国劳动总工会代表出席。公私企业或机关之工资均不得低于最低工资。
（14）各种工人，由他们的产业组合或职业组合保障可选举代表参加政府经济机关，及选举代表参加政府企业机关及政府所管理的私人企业或机关之权。	（14）各种劳动者，有由产业工会或职业工会选举代表参加政府之经济机关、企业机关及政府所管理之私人企业或机关之权。
（15）国家对于全国公私各企业均须设立劳动检查局。	（15）国家对于全国公私各企业，应设立劳动检查局。
（16）国农保障工人有完全参加国家所设劳动检查局之权。	（16）国家对于劳动者，应予完全参加劳动检查局之权利。
（17）一切[7]保险事业[8]须由工人参加规定之，以保障所有在政府的、公共的、私人的企业和机关内的工人之损失或危险。保险费完全由雇主和国家出之，受保险者决不分担。	（17）一切保险事业规章之订立，均应使劳动者参加之，俾可保障政府、公共及私人企业或机关中劳动者所受之损失；其保险费完全由雇主或国家分担之，不得使被保险者担负。
（18）各种工人和雇用人一年工作中有一月之休息，半年中有两星期之休息，并有[9]领薪之权。	（18）各种劳动者，一年劳动期间中，应有一个月之休假，半年中应有两星期之休假，其期间内有受领工资之权。
（19）国家须以法律保证男女工人有受补习教育的机会。	（19）国家以法律保障男女劳动者享受补习教育之机会。

（续表）

《中国劳动组合书记部总部邓中夏等的请愿书》所载《劳动法案大纲》	《中共中央文件选集》所载《中国劳动组合书记部拟定的劳动法案大纲》
请愿者：中国劳动组合书记部总部邓中夏 　　　　中国劳动组合书记部武汉分部林育南 　　　　中国劳动组合书记部上海分部袁大时 　　　　中国劳动组合书记部湖南分部毛泽东 　　　　中国劳动组合书记部广东分部谭平山 　　　　中国劳动组合书记部山东分部王尽美 介绍人：童启曾、杜凯元、张秉文、赵金堂、岳云韬、孙镜清、李肇甫、刘纬、萧湘、廖希贤、蒲伯英、吕复、骆继汉、姚桐豫、周继漾、万钧、彭学浚、孙钟、邓毓怡、汤松年、张国浚、胡鄂公 　　　　　　　　1922 年 7 月	（附白）工友们！这是本部斟酌各国劳动法拟定的。我们认为是最低的限度，并不过高，我们是非要国会都要通过不可的。但不知各位对于这十九条认为满足不满足？完备不完备？如有认为要增加或更改的，请快快来函示知，以便修改。这是关于我们劳动阶级切身的利害，我们不可忽视呀！ 《中共中央文件选集》所载《中国劳动组合书记部拟定的劳动法案大纲》
①此处"请愿书本"、"先驱本"、"民国日报本"、"大公报本"的原文皆如此。"日文本"加一"权"字。 ②"先驱本"漏掉"休息"二字。 ③此处"国民日报本"和"请愿书本"皆有"的"字，"先驱本"和"大公报本"皆无"的"字。 ④此处"请愿书本"为"如有"，"先驱本"、"大公报本"、"民国日报本"皆为"如在"。 ⑤此处"请愿书本"为"农人"，"大公报本"、"先驱本"、"民国日报本"皆为"农工"，"日文本"译作"农业劳动者"。 ⑥"请愿书本"、"先驱本"、"民国日报本"、"大公报本"此处皆为"工值"，"日文本"译作"赁银"，"年鉴本"翻为"工资"。	注：《中共中央文件选集》1989 年新版本，第 1 集第 566—567 页，抽掉日译本，改用早期中文原版，并注明"根据一九二二年九月三日出版的《先驱》第十一期刊印"。

（续表）

《中国劳动组合书记部总部邓中夏等的请愿书》所载《劳动法案大纲》	《中共中央文件选集》所载《中国劳动组合书记部拟定的劳动法案大纲》
⑦"民国日报本"此处为"一概"，"请愿书本"、"先驱本"、"大公报本"皆为"一切"。 ⑧"请愿书本"此处为"事件"，"大公报本"、"先驱本"、"民国日报本"皆为"事业"。 ⑨"先驱本"、"民国日报本"、"大公报本"此处皆无"有"字，只有"请愿书本"有此"有"字。 此外，"大公报本"还有以下几处错漏：如第13条中的"至低限度"漏一"限"字，最后"限度"误为"限制"。第15条中的"全国"误为"各国"，在"设立劳动检查局"之后，多加"之权"二字。	

二、国民党改组后关于扶助工人运动的政纲

1924 年 1 月，《中国国民党第一次全国代表大会宣言》中关于扶助工人运动的政纲，基本上采纳了中国共产党的劳动斗争纲领，从而大大丰富和发展了孙中山"民生主义"的重要内容。《宣言》在阐述"民生主义"时指出："中国以内，自北至南，自通商都会以至于穷乡僻壤，贫乏之农夫，劳苦之工人，所在皆是。因其所处之地位与所感之痛苦，类皆相同，其要求解放之情至为迫切，则其反抗帝国主义之意亦必至为强烈。故国民革命之运动，必恃全国农夫、工人之参加，然后可以决胜，盖无可疑者。国民党于此，一方面当对于农夫、工人之运动，以全力助其开展，辅助其经济组织，使日趋于发达，以期增进国民革命运动之实力；一方面又当对于农夫、工人要求参加国民党，相与为不断之

努力,以促国民革命运动之进行。盖国民党现正从事于反抗帝国主义与军阀,反抗不利于农夫、工人之特殊阶级,以谋农夫、工人之解放。质言之,即为农夫、工人而奋斗,亦即农夫、工人为自身而奋斗也。"①《宣言》接着指出:"又有当为工人告者:中国工人之生活绝无保障,国民党之主张,则以为工人之失业者,国家当为之谋救济之道,尤当为之制定劳工法,以改良工人之生活。此外如养老之制、育儿之制、周恤废疾者之制、普及教育之制,有相辅而行之性质者,皆当努力以求其实现。凡此皆民生主义所有事也。"②在《宣言》的"对内政策"中,有关劳工政策有以下几项:"(四)实行普通选举制,废除以资产为标准之阶级选举"。"(六)确定人民有集会、结社、言论、出版、居住、信仰之完全自由权"。"(十二)制定劳工法,改良劳动者之生活状况,保障劳工团体,并扶植其发展"。"(十三)于法律上、经济上、教育上、社会上确认男女平等之原则,助进女权之发展。"③第一次国共合作的形成以及上述宣言的公布,使革命气象为之一新,从而推动了南方各省以至全国工人运动的恢复和发展。

1926 年 1 月 16 日,中国国民党第二次全国代表大会专门通过《工人运动决议案》,提出关于改良工人状况的劳动纲领 11 条。同年10 月 21、22 日国民党中央及各省区联席会议通过的《本党最近政纲决议案》中,也有关于工人政纲 10 条。综合起来,确定了以下劳动立法的原则:

(1)在法律上,工人有集会、结社、言论、出版、罢工之绝对自由。主张不以资产及知识为限制之普遍选举。

(2)废除包工制,制定劳动法,以保障工人之组织自由及罢工自

---

① 《孙中山全集》第九卷,中华书局,1986 年,第 121 页。
② 《孙中山全集》第九卷,中华书局,1986 年,第 121 页。
③ 《孙中山全集》第九卷,中华书局,1986 年,第 124 页。

由,并取缔雇主过甚之剥削。但关于兵工厂及其他军用事业或与军事有关的交通事业,须另定劳工待遇条例,以不妨碍国民革命运动为标准。

(3)主张八小时工作制,禁止十小时以上的工作,限制工作时间,每星期不得超过 54 小时,例假休息照发工资。

(4)修正工会法,改善工会之组织,免除工会间的冲突。

(5)制定最低工资制度。

(6)保护童工、女工,禁止 14 岁以下之儿童作工,并规定学徒制。女工在生育期内,应休息 60 日,并照发工资。

(7)制定劳动保险法,并设立工人失业保险、疾病及死亡保险机关。

(8)改良工厂卫生,改良工人住居,并注意卫生。

(9)设立劳动实习学校及工人子弟学校,以增进工人普通知识及职业技能。

(10)奖励并扶助工人消费合作社,切实赞助工人的生产合作事业。

(11)设立劳动仲裁会,以调处雇主与雇工间之冲突,务求满足工人之正当要求。

此外,在 1926 年 10 月联席会议通过的新政纲中,还有关于学校教职员和机关职员雇员的若干条,皆属于劳动法的范畴。其主要内容是:提高教职员薪金标准,特别要提高小学教职员的薪金;要正式规定各机关职员及雇员的薪金;薪金要按月发给,不得拖欠;假期及病假期中应受领薪金;要规定死亡之保险,服务过一定年限,应享受养老年金;机关职员和雇员每年应有半个月的休假,假期内仍受领薪金。

上述劳动立法原则,就成为广州国民政府制定劳动法规的依据,例如 1924 年 10 月 1 日颁布的《修正工会条例》,1926 年 8 月 16 日公布的《劳动仲裁会条例》就是依照上述政纲,并参照近几年的新经验加以补充修订的。

三、1924 年孙中山颁布的《修正工会条例》①

(一)国内政治形势和工人运动的发展变化

自 1922 年,制定《暂行工会条例》至 1924 年 10 月,颁布《修正工会条例》,国内政治形势发生很大变化,工人运动也得到进一步发展,工运纲领和组织工会的经验更为丰富,原有工会条例已不符合实际需要,有必要也有可能将 1922 年的《暂行工会条例》修订得更加充实完善。

在这一时期内,与工运纲领和制定新工会法有密切关系的活动,主要有以下各项:

第一次全国劳动大会在 1922 年 5 月于广州召开。大会通过的《全国总工会组织原则决议案》确定:(1)在全国总工会未成立以前,委托中国劳动组合书记部作为全国总通讯机关(中国劳动组合书记部成立于 1921 年 8 月,是中国共产党领导工人运动的公开机关)。(2)确定组织工会的方针是,凡能采用产业组合的,都应一律采用产业组合法去组织工会,确实不能采用组合办法的,不妨用职业组合。(3)务必将每个地方所有各种产业组合和职业组合的工会,结合为地方劳动联合会,将来由各地方联合会组成全国总工会。

在国民党改组后,为了适应中国工人运动的发展和各地组织工会的需要,在共产党人和国民党左派人士的共同努力下,总结了两年多工运纲领和组建工会的经验,由国民党中央执行委员会及政治委员会通过了《修正工会条例》,21 条,于 1924 年 10 月 1 日由孙中山以大元

---

① 《孙中山全集》第十一卷,中华书局,1986 年,第 125 页。

帅名义加以公布。

与此同时,还制定了《工会条例理由书》(以下简称"理由书")。"理由书"指出:"在中国今日大机械工业尚极幼稚之时代,大部分之手工业工人,又多不感觉于组织团体之切要,故本草案注意之点,即首在确认劳工团体之地位,次在允许劳工团体以较大之权利及自由,三在打破其妨碍劳工运动组织及进行中之障碍,使劳工团体得渐有自由之发展。基于此种理由,故对于本草案中特列入十大要点。"① "理由书"的十大要点,即成为《修正工会条例》的纲要,与条文结合一起作如下阐述。

(二)《修正工会条例》的主要补充修改

(1)明确规定扩大工会会员的范围,使工会真正成为整个工人阶级群众性的组织。第一条规定凡是年龄在 16 岁以上,同一职业或产业之脑力或体力之男女劳动者,家庭及公共机关之雇佣,学校教师职员,政府机关事务员,集合同一业务之人数在 50 人以上者,得适用本法组织工会。从此不难看出,组织工会者,不仅有体力劳动者,而且包括脑力劳动者,不仅各厂矿企业的职工有权按职业或产业系统组织工会,就是家庭及公共机关的佣人、学校的教职员、政府机关的事务员,都有组织工会的权利。

(2)关于工会的组织方针,明确规定以产业工会为主,并加强国内国际的联合。第六条规定:工会以产业组织为主,但因特殊之情形,经多数会员之同意,亦得设职业组织。已设立之同一性质之工会有两个或两个以上者,应组织工会联合会。工会或工会联合会,得与别省或外国同性质之团体联合或结合。这样便为建立全国总工会和全国性

---

① 　原件为中国国民党中央执行委员会 1924 年翻印的《孙大元帅公布工会条例》,录自郝盛潮主编:《孙中山集外集补编》,上海人民出版社,1994 年,第 432—433 页。

的产业工会以及参加国际组织取得法律根据。不久,于 1925 年 5 月在广州召开的第二次全国劳动大会,决定成立中华全国总工会,并加入"赤色职工国际"。第十一条规定:工会委员由工会会员按照本工会选举法选出之职员充任之,对外代表本会,对会员负其责任。这在实际上是确认以民主集中制作为工会的组织原则。

(3)扩大工会的职责权利。①第二条规定:在重申工会为法人后,又补充规定会员私人对外行为,工会不负连带责任。②第三条明确规定工会与雇主团体处于对等地位,于必要时得开联席会议,计划增进工人之地位,及改良工作状况,讨论及解决双方纠纷或冲突事件。③第四条规定:工会在其范围以内,有言论、出版及办理教育事业之自由。④新增加罢工权。第十四条规定:工会在必要时,得根据多数会员决议,宣告罢工,但不得妨害公共秩序之安宁,或加危害于他人之生命财产。⑤补充规定改善会员劳动条件。第十五条规定:工会对于会员工作时间之规定、工作状况、及工场卫生事务之增进及改良,得对雇主陈述意见,或选出代表与雇主方面的代表组织联席会议,讨论及解决。⑥第十条具体列举工会职务 13 项,即主张并拥护会员间之利益;会员之职业介绍;与雇主缔结团体契约;为会员之便利或利益而组织合作银行、储蓄机关及劳动保险;为会员组织各项娱乐事务、会员恳亲会及俱乐部;为会员组织生产、消费、购买、住宅等各种合作社;为增进会员之智识技能而组织各项职业教育、通俗教育、劳工教育、讲演班、研究所、图书馆及出版物;为会员组织医院或诊治所;调解会员的纷争;关于工会或会员对雇主之争执及冲突事件,得对于当事者发表并征集意见,或联合会员作一致之行动,或与雇主之代表开联席会议,执行仲裁;或与雇主方面共推第三者参加主持仲裁,或请求主管官厅派员调查及仲裁;对于有关工业或劳工法制之制定、修改、废止等请示事项,得陈述其意见于行政官厅、法院及议会,并答复行政官厅、法院及议会之咨询;调查并编制一切劳工经济状况,及同业间之就业、失业暨一般生计状况之统计及报告;其他有关增进会员利益、改良工作状况、增进会员生活及智识之事业。

(4)会费及工会财产的保护。①会员对工会之经常费,不得超过该会员收的百分之五。但特别基金及为会员利益之临时募集金或股份,不在此限。②第十三条规定:工会会员于必要时,得选派代表审核工会簿记,并调查财产状况。③第十七条规定:工会基金、劳动保险金、会员储蓄等之存贮于银行者,该银行破产时,此类存款得有要求优先赔偿之权利。④工会及工会所管理的会所、学校、图书馆、俱乐部、医院、诊治所、各类合作社的动产及不动产,一律不得没收。维护会员利益的基金、劳动保险金和会员储蓄,也不得没收。

(5)对工会的管理与监督。①第七条规定:发起组织工会者,须向县公署或市政厅提出注册请求书,并附具章程及职员履历表各二份。第八条具体规定了工会章程须载明的内容。②第五条规定:工会组织之区域范围,如有超过行政区域者,须呈请高级行政官厅指令管辖机关。③第九条规定:工会每六个月应将职员姓名履历、会员情况、财产状况、事业经营成绩、罢工或冲突事件,造具统计表册,报告主管官厅。④第十六条规定:行政官厅对于辖区内之工会与雇主间发生争执或冲突时,得进行调查并执行仲裁,但不得强制执行①,只有公用事业②之工人团体与雇主冲突扩大或延长时,行政官厅经过调查仲裁后,双方仍相持不下者,得执行强制判决。⑤第十九条规定:工会发起人及职员,如不按本条例第八、九条之规定,进行呈报或呈报不实不尽者,主

---

① 《工会条例理由书》第七要点说明:"行政官厅对于非公用事业之雇主与工人间冲突,只任调查及仲裁,不执行强制判决,以养成工人自动之能力。"

② 《工会条例理由书》第七要点说明:"草案中所指之公用事业,系指一切有关于日用交通、电灯、电话、煤气、自来水、电车、铁道、航船等而言。"

管官厅得命令其据实呈报或补报。在未据实呈报或补报以前,该工会之行动不受本法之保护。删去了第一个条例中关于司法处罚的规定。

(6)新增加一条,即第二十条:凡刑律违警律中所限制之聚众集会等条文,均不适用本法。即明确宣布废止北洋政府制定的《暂行新刑律》和《治安警察条例》关于压迫工人的种种规定。这是中国人民在二十年代向北洋军阀反劳工法律进行斗争,在部分地区取得的初步胜利。同时也是为了杜绝广州军政府管辖下的法院警厅,对于工人运动滥行干扰的法律依据和种种借口。正如《工会条例理由书》第九点所指出的:"特别声明对于刑律及违警律中所禁止之聚众集会等条文,不得适用于工会法,以免法院警厅之比附,而妨碍工会之进行。"

此外修正条例还删掉关于工会解散及清算的规定。

综上所述,不难看出,1924年的《修正工会条例》,是在1922年《暂行工会条例》的基础上,总结了工会运动的新经验而制成的相对完善的工会法。如果说第一个《工会条例》是初期工人运动的积极产物,那么修正后的《工会条例》便成为国共合作和孙中山实施"扶助农工"政策在法制建设上结下的丰硕成果。

这一条例公布后,成为全国各地组织工会的重要法律依据。例如1926年3月18日国民政府令广西民政长黄绍竑,组织工会必须依照《工会条例》,全文指出:现据广西滕县柴业行总工会发起人呈请成立广西柴业行联合总工会并附章程。查该会章程多与《工会条例》不符合,将原章程发还,仰即转饬。按照民国十三年十月前大本营颁布之《工会条例》,将章程妥为修改,务使工会与雇主团体立于对等地位。不许雇主加入,或由雇主发起组织,致失工会本性。其他各项亦须与条例符合,始能准其立案。

1925年北京农商部拟制的《工会条例》透露后,上海总工会除通电全国表示反对外,并以孙中山制定的《修正工会条例》为基础,加以调整修改,于同年 7 月 17 日提出《工会条例草案》①,21 条,成为工人阶级向北洋政府进行斗争的有力武器。

四、1926 年广州国民政府的《劳工仲裁会条例》②

1926 年 8 月 16 日广州国民政府公布。

设立劳工仲裁会的宗旨是为解决劳工组织间的争执,包括工人之纠纷,决定工会范围和其他纠纷或冲突。如农工厅不能解决工人争执时,当即在 24 小时内呈请国民政府设立仲裁会。

劳工仲裁会由政府委派仲裁代表一人及有关系之双方或数方各派代表一人,共同组成,仲裁会的职责是:①调查争执原因;②调查关于争执之各工会的互相关系;③调查关于争执或纠纷之各种事项;④研究有关工会要求条件之曲直。仲裁会须于最短时期调查完竣,然后作出公平判决。

对于仲裁会的判决,如一方或各方不满意,可上诉国民政府。国民政府所认为公平或修改的判决,即为最后的判决,各方必须遵守。

凡工人争执须在仲裁会解决,无论何时各方不得聚众携械斗殴,或有违犯警律或危害公共之行动。两工会发生争执时,双方的行动不得危及第三方。无论何方违反此条例所造成的损失,归其直接负责。

五、1926 年《国民政府组织解决雇主雇工争执仲裁会条例》③

1926 年 8 月 16 日公布,共 9 条。

(一)对于雇主雇工间的争执,当设立仲裁会予以解决,仲裁会负

---

① 上海总工会拟定的《工会条例草案》发表于 1925 年 7 月 17 日上海《民国日报》,参见《中国工会历史文献》(1),工人出版社,1958 年,第 106—108 页。

② 《国民政府公报》1926 年第 42 号。

③ 《国民政府公报》1926 年第 42 号。

责解决雇主与雇工间的各种纠纷,如工值问题、补偿伤害问题、工作时间问题、雇工待遇问题及其他争执问题。

(二)仲裁会由政府委派仲裁代表一人,有关系的双方各派代表2人,共同组成。如属关系数方的争执,各方得派代表一人或数人。

(三)雇主及雇工发生争执自己不能解决时,当由双方或单方将情由禀明农工厅,呈请按本条例组织仲裁会,农工厅当即转呈国民政府并代请组织仲裁会。

(四)仲裁会成立后,务当调查该关系雇工之生活状况,当地经济状况及该种工业或商业的经济状况,然后作出公平判决。如双方或一方不满意仲裁会的判决,得上诉国民政府请求作出最后判决。国民政府所视为公平或所修改的判决,或发还仲裁会经仲裁会复审的判决,各方皆应遵守。

(五)凡雇主、雇工之纠纷已呈请仲裁者,双方不得采取直接行动,如罢工或关厂。但在未请求仲裁之前所发生的罢工或关厂,不在此内。

第十八节　农民政纲与减租减息政策的提出

一、农民运动的兴起与中国共产党的农民政纲

(一)中国农民运动的兴起

1920年8月,上海的早期的共产党员陈独秀、李达、陈望道、沈雁冰、沈定一等,正式建立了中国共产党的上海发起组之后,在开展工人运动的同时,也注意到农民问题,准备开展农民运动。在其机关报《共产党》中,发表《告农民书》揭露地主对贫苦农民剥削的严重性和土地集中与阶级分化的发展趋势,号召农民起来"抢回他们被抢的田地"。

并且指出"中国农民是全人口的大多数,无论在革命的预备时期和革命的实行时期,他们都占重要地位的。设若他们有了阶级的觉悟,可以起来进行阶级斗争,我们的社会革命,共产主义就有了十分的可能性了"。因而向革命者号召:"我他要设法向田间去,促进他们这种自觉呀!"①1921 年春,沈定一回到他的家乡浙江萧山县衙前镇,邀请参加过"一师风潮"的进步教师刘大白、学生领袖宣中华等,从办教育入手,开展农民运动。到 1921 年 9 月 27 日,召开衙前农民大会,通过了《衙前农民协会宣言》和《衙前农民协会章程》14 条,选举了李成克等6 名委员,组成衙前农民协会,宣告中国第一个农民协会的诞生。宣言提出:"土地是农民传播气力来养活人类的工具","土地该归农民所组织团体保管分配"。这就明确提出了分配地主土地的奋斗目标。但当前的任务,主要是减轻租税。章程规定减租的原则是:"本会会员每年完纳租息的成数,由大会议决公布。租息成数以收成及会员平均的消费所剩余的作标准。"上述宣言和章程,很快传播到周围各县,先后成立了 82 个村农民协会。在此基础上,于 1921 年 11 月 24 日成立了衙前农民协会联合会,领导农民开展了抗租减租的斗争。衙前农民协会,到 1921 年 12 月虽被反动当局镇压而解散,然在中国农民运动史上,占据了重要的地位,被称作"全国农民运动的历史上最先发轫者"。

不久,彭湃领导的广东海丰一带的农民运动,相继兴起。1922 年9 月在赤山约(28 乡)成立赤山约农会。1923 年 1 月成立海丰县总农会,彭湃为会长。以后周围各县相继成立农会,于是在此基础成立了广东省农会。同广东军阀陈炯明为代表的地主豪绅开展斗争。1926 年彭湃撰写的《海丰农民运动》,推动了全国农民运动的发展。

在湖南,毛泽东自青年时代起,就注意研究农民问题。1919 年写

---

① 《共产党》第 3 号:《告中国农民》。

的《民众的大联合》中就号召农民联合起来,为保护农民的利益而斗争。1923 年在湖南水口山铅锌矿开展工人运动时,就委派共产党的刘东轩、谢怀德回到家乡衡山县白果,从事农民运动。9 月成立了"岳北农工会",同军阀赵恒惕的胞弟赵念慈为首的土豪劣绅开展斗争。1925 年毛泽东从上海回到韶山村,一面养病,一面建立秘密的农民协会,开展"阻禁平粜"斗争。在此基础上成立了中共韶山党支部。1927 年 3 月毛泽东实地考察了湘潭、湘乡等五县,写了著名的《湖南农民运动考察报告》。瞿秋白在为该书写的序言指出:"中国革命者个个都应当读一读毛泽东这本和彭湃的《海丰农民运动》一样。"

以后随着北伐军的胜利进军,农民运动又在湖南、湖北、江西、河南等省相继发展。

(二)中国共产党的早期农民政纲

1922 年 6 月 15 日《中共中央第一次对于时局的主张》就提出:"没收军阀官僚的财产,将他们的田地分给贫苦农民。"要制定"限制租课率的法律","废除厘金及其他额外的征收"。1923 年 6 月中国共产党第三次全国代表大会通过的《中国共产党党纲草案》中,提出以下关于农民的政纲:(1)划一并减轻田租、革除陋规。(2)规定限制田租的法律,承认农民协会有议租权。(3)规定重要农产品价格的最小限度。

1923 年 3 月《共产国际执行委员会给中国共产党第三次代表大会的批示》,强调中国农民问题和土地革命的重要意义,指出:"在中国进行民族革命和建立反帝战线之际,必须同时进行反对封建主义残余的土地革命。只有把中国人民的基本群众,即占有小块土地的农民吸引到运动中来,中国革命才能取得胜利。"因此,为了实现工农联盟,必须实现下列土地革命的口号:(1)没收地主土地,没收寺院土地,并将其无偿分给农民。(2)歉收年不收地租。(3)废除现行征税制度,废除包税制。(4)铲除旧官僚统治,建立农民自治机构,并由此机构负责分配没收的土地。最后,要求共产党必须不断地推动国民党支持土地革命,在孙中山的军队占领地区必须实行有利于贫苦农民的土地政策及一系列革命措施。

1925年10月中国共产党的扩大执行委员会决议,提出"耕地农有"的口号。指出农民运动的目标,"应当没收大地主、军阀、官僚、庙宇的田地,交给农民。中国共产党应当使一般民主派知道没收土地是不可免的政策,是完成辛亥革命的一种重要职任"。"如果农民不得着他们最主要的要求——耕地农有,他们还是不能成为革命的拥护者"。

上述关于农民问题的政纲,不仅直接指导着各地农民运动的深入发展,并且由国民党各级党部中工作的共产党员,将这些政策原则,带到国民党的立法机关中,以法律形式,加以具体化、条文化,从而保证农民协会的合法地位,使农民群众组织起来,为保护农民的合法利益,向土豪劣绅进行积极斗争。

二、国民党改组后关于农民政纲的规定

1924年1月《中国国民党第一次全国代表大会宣言》中,关于农民的政纲,有以下要点:(1)在解释民生主义时,提出"平均地权"的口号。"盖酿成经济组织之不平均者,莫大于土地权之为少数人所操纵。故当由国家规定土地法、土地使用法、土地征用法及地价税法。私人所有土地,由地主估价,呈报政府,国家就价征税,并于必要时依报价收买之,此则平均地权之要旨也。"(2)在"国民党之政纲"中,提出:"严定田赋地税之法定额,禁止一切额外征收,如厘金等类,当一律废绝之"。"清查户口、整理耕地,调正粮食之产销,以谋民食之均足"。"改良农村组织,增进农人生活。"

1924 年 6 月 19 日《革命政府对于农民运动宣言》①系由国民党农民部起草,经国民党中执会第三十八次会议修正通过,并呈请以孙中山大元帅名义发布。《宣言》首先指出:中国自开国以来,以农业经济为国之基础。但自国际帝国资本主义侵略以来,农业经济之上层建筑物、小商店、家庭手工业等,皆为之破坏净尽,而代之以外国之大工厂、大商店,输进外国货物于全国各商埠市场,而吸收中国之现金,同时又以关税政策,阻碍中国出产品之输出,使中国产业界陷于萎靡不振,大宗农产品更日现零落衰微,使自耕农、佃农相继沦落为兵匪,贫困日甚,骚扰日多,而乡绅之把持乡政,重利盘剥,贪官污吏横征暴敛,祸国殃民一至于此。本政府欲达到解除上述种种压迫,应即时组织农民协会及农民自卫军。此种农民协会的性质,为不受任何拘束完全独立之团体。规定各村农民协会为基本组织。须有 16 岁以上之会员 20 人以上,方能成立。但下列人员不得加入农民协会:(1)有田地百亩以上者。(2)以重利盘剥农民者。(3)为宗教宣传师者,如神甫、牧师、僧道、尼姑等。(4)受外国帝国主义操纵者。(5)吸食鸦片及嗜赌者。农民协会对于横暴官吏,有请求罢免之特权。农民协会得派代表至各地方或中央政府之各机关之农务会议,讨论各种之农业问题(如整理水利、救济灾荒、信托贷款及农民教育等)。此外还确定农民协会的旗帜是:于红旗上绘一犁,旗上备一黄幡,上书某省某县某区某村农民协会字样。以后即按此原则,制定了《农民协会章程》。

到 1926 年 1 月 19 日国民党第二次全国代表大会通过《农民运动决议案》时,根据农民运动的深入,对农民运动的重要性有了进一步的认识,对农民政纲作了新的补充。决议案指出:"中国尚在农业经济时

---

① 陈旭麓、郝盛潮主编:《孙中山集外集》,上海人民出版社,1990 年,第 515—518 页。

代,农民生产占全生产百分之九十,其人数占全人口百分之八十以上,故中国之国民革命,质言之,即是农民革命。吾党为巩固国民革命之基础,惟有首先解放农民,无论政治或经济的运动,均应以农民运动为基础。党之政策,首须着眼于农民本身之利益,政府之行动,亦须根据于农民利益而谋其解放。因农民苟得解放,即国民革命大部分之完成。"

基于以上理由,大会对于农民运动,作出以下三方面的决议:一、政治的:甲、引导农民,使成为有组织之民众,以参加国民革命。乙、排除妨碍农民利益之军阀、买办阶级、贪官污吏、劣绅土豪等。丙、解散压迫农民之武装团体。丁、明定农民以自力防御侵害之原则。戊、制止土豪劣绅垄断乡政,扶助农民之自治团体。己、无论何时,本党应站在农民利益方面奋斗。庚、制定农民保护法。辛、实行公用度量衡。二、经济的:甲、严禁对于农民之高利贷。乙、规定最高租额及最低谷价。丙、减少雇农作工时间,增加雇农工资。丁、取消苛税杂捐及额外征收,制止预征钱额及取消无地钱粮。戊、废止包农制。己、从速设立农民银行,提倡农民合作事业。庚、从速整理耕地,并整顿水利,改良农业。辛、清理官荒,分配于失业之贫农。壬、取缔奸商垄断物价。癸、改良青年雇农及女工待遇。子、注意农民救济事业。三、教育的:甲、厉行农村义务教育及实习教育。乙、利用地方公款,兴办各种农民实习学校。丙、尽力宣传,使农民自动的筹办各种学校。

本党为求解除农民痛苦,使其成为有组织之民众,兹决定如下:1.各省党部均应设立农民部,并与中央农民部发生密切关系,实行中央党部之统一运动计划。2.在中央党部领导下,于本国中北两部选择相当地点,各设农民运动讲习所,以培养农民运动人材。3.确定并扩大农民运动经费。4.各省、市党部之宣传部,须与各该省、市之农民部发生密切关系,尤须与中央农民部发生密切关系,使此种运动成为本党之整个的统一的运动。

1926 年 10 月,国民党中央、各省区联席会议通过之《本党最近政纲决议案》,其中关于农民者 22 条。最突出的特点,首先是明确规定减租减息的法定标准,如第 1 项"减轻佃农田租百分之二十五"。第 2 项"统一土地税则,废除苛捐"。第 3 项"遇饥荒时,免付田租,并禁止先期收租"。第 14 项"不得预征钱粮"。第 16 项"禁止租契及抵押契约等不平等条件"。第 22 项"禁止包佃制"。第 10 项"禁止重利盘剥,最高利率不得超过百分之二十"。第 7 项"设立省县农民银行,以年利百分之五借款与农民"。第 8 项"省公有土地,由省政府拨归农民银行作基金"。第 9 项"荒地属省政府,应依定章,以分配与贫苦农民"。其次,规定农民协会的合法地位。如第 18 项"农民有设立农民协会之自由"。第 19 项"农民协会有保障农民之权力"。第 20 项"农民协会有组织农民自卫军之自由"。第 21 项"禁止对农民武装的袭击"。第 15 项"政府应组织特种委员会,由农民协会代表参加,以考察农民对抗不正当租税及其他不满意事"。第 17 项"乡村成年人公举一委员会,处理乡村自治事"。

三、1924 年国民党制定的《农民协会章程》①

1924 年 6 月 24 日,国民党中央执行委员会制定,经大元帅孙中山核准公布。

在中央执行委员会的呈文中提出:本会以为欲实现本党对内政策所列举之农民政策,一方固应由政府以政治之设施,为贫苦之农民实行解放;一方尤赖贫苦之农民能建立有组织有系统之团体,以自身之

① 《陆海军大元帅大本营公报》1924 年第 18 号刊有"中国国民党中央委员会的呈文"及大本营秘书处函达"奉批照准",但未刊章程全文。章程全文是录自单行本抄件(未注明单行本来源)。

力量而拥护其自身之利益。爰为拟订农民协会章程,建议于政府批准实施。

《农民协会章程》共 13 章 76 条,各章名称是:总则、农民协会会员、会员之权利与义务、农民协会之组织、全国农民协会、省农民协会、县农民协会、区农民协会、乡农民协会、纪律裁判委员会、任期、纪律、经费。其主要内容如下:

(1)章程规定了会员条件和入会手续。本章程所称农民者,是指自耕农、半自耕农、佃农、雇农和农村的手工业者。凡居住在中国的人,不论国籍、性别,凡是年满 16 岁,履行了入会手续的,皆得为本会会员。凡有下列情形之一者得拒绝入会:①有田百亩以上者;②以重利盘剥农民者;③为宗教宣教师者,如神甫、牧师、僧道尼巫等;④受外国帝国主义操纵者;⑤吸食鸦及嗜赌者。关于入会手续和要求是:①填写入会志愿书。②承认并遵守本会章程。③承认恪守本会纪律。④缴纳入会金及月费,并规定凡农民入会须由该乡全体会员大会 3/4 通过,并经区农民协会执委会批准。开除会员,大体与上述规定相同。

(2)关于会员的权利和义务。①会员在各级会员大会均有发言权、表决权及控告权;②依照章程,选举或被选为农民协会职员及代表之权;③会员须遵守章程与纪律,服从本会决议案,如有违背及破坏者,均受纪律制裁。

(3)关于农民协会的任务,有以下 5 项:①实行协会之决议及口号;②宣传三民主义之农民政策,并从事三民主义建设的工作;③宣传农民与工商间经济之关系及联络扶助之方法;④提倡合作事业;⑤厉行禁止烟赌。还规定农民协会得设立下列组织:①农民自卫军;②农业改良部;③雇农部;④佃农部;⑤手工业部。

(4)章程规定了各级农民协会的成立程序是:有 3 个乡农民协会

成立后,即组织区农民协会;3 个区农民协会成立后,即组织县农民协会;5 个县农民协会成立后,即组织省农民协会。最先成立的省农民协会,行兼摄全国农民协会职权。待三个省农民协会成立后,即组织全国农民协会。章程还规定了各级农民协会的组织机构和职权。

依照这一章程,各级农民协会在国民政府管辖地区,取得了合法地位,因而推动了农民运动的发展。至 1927 年 6 月根据国民政府农政部以 16 个省的统计,全国已有广东、湖南、湖北、江西、河南五省成立了省农民协会,安徽正在筹备成立省农民协会。县农民协会共计201 个,区农民协会 1102 个,乡农民协会 16144 个,村农民协会4011 个。会员总数为 9153093 人。

四、1926 年《农民运动委员会组织大纲》①

在中国共产党的推动下,国民党中央执行委员会第 26 次会议于1924 年 5 月决定组织农民运动委员会,以辅助国民党中央农民部的工作。1926 年 1 月国民党第二次全国代表大会后,林祖涵任国民党中央农民部长。2 月 5 日农民部发布通告,由农民部拟定的《农民运动委员会组织大纲》和委员名单,经中央第二次常委会批准公布。委员名单是:林祖涵、毛泽东、萧楚女、阮啸仙、谭植棠、罗绮园、甘乃光、宋子文、陈公博等。

《农民运动委员会组织大纲》共 8 条:(1)农民运动委员会之设立,为辅佐中央执行委员会农民部进行工作,由农民部主管。(2)农民运动委员会之委员,必须经农民部介绍,提交中央执行委员会通过。(3)委员会的主席为中央农民部部长。(4)委员会所议决之事项,统交农民部执行。(5)委员会至少每星期开会一次,如遇特别事故时,得

①　录自单行本抄件(未注明来源)。

开临时会议。(6)委员会对中央如有建议时,交农民部提出。(7)委员会人数不定,但至少有 7 人以上。(8)委员会得聘请对于农民运动有经验之外人为顾问。

五、"二五减租"政策的提出及实施

为了减轻农民的地租负担,各地农民运动中皆规定实行减租。减租标准各地不一。一般依照田地的肥瘠情况,副业的多寡,押金的轻重和押金利息的有无,减少原租额的 5% 至 30%。孙中山在 1924 年 11 月离粤北上以前,总结广东各地实行减租的经验,提出了"二五减租"的政策。这一论断的根据之一,是 1926 年 10 月 1 日鲍罗廷所写的《土地问题》。鲍说:"二年前总理说自(己)签字一个命令,即减少农民纳租税——从百分之五十中减少百分之二十五,使此命令能执行,农民即可减少十二石半谷了(以百石为标准)。此命令为我在广州所亲见,现仍存在公文库中。……此命令我认为总理遗嘱中最重要的一项。为何此命令未执行? 因为当时国民党没有力量去执行。"[1]根据之二,即恽代英在《国民党中央及各省区代表联席会议之经过》中说:"有一条政纲,就是要规定要减少田租百分之二十五。这条政纲,总理在北上之前,已经定下,但因总理北上之后,有种种之关系,省政府的人,把他放在箱子里锁起来,现在找了出来,依然规定下来了。"[2]

自 1926 年 10 月国民党中央及各省区联席会议正式确定实行"二五减租"政策之后,在农民运动深入地区,即开始按此规定执行。如江西省农民代表大会 1927 年 3 月决议案规定:"依照中国国民党联席会议决议案,一律减轻佃农租百分之二十五。"

---

[1] 《鲍罗廷在中国的有关资料》,中国社会科学出版社,1983 年,第 603 页。
[2] 《恽代英文集》(下),人民出版社,1984 年,第 893 页。

现在保存下来的湖南浏阳县农民协会印制的《承佃契约》①，就是实施"二五减租"的佐证。这一契约的原件，是自右向左竖写的，分为两部分。右面约占 3/4 是"承佃契约"的内容，左面 1/4 是"说明"，规定了有关政策及双方遵守的权利义务条款。

《承佃契约》的全文是：

> 立承佃字人涂礼和，今凭介绍人戴科阳，佃到谢有名所管浏阳第九区第二乡，地名石烟冲袁家塘税田壹亩贰分，计四坵。原租谷叁石整。遵照中央政府条例，每石减租谷贰斗伍升整，二〇②扣（即七五折），实租谷贰石贰斗伍升整。当凭当地农协证明，两无异言，此据。
>
> 发佃人　谢有名
> 承佃人　涂礼和
> 介绍人　戴科阳
>
> 证明人浏阳第九区第二乡农协执委长　戴克文印
> 中华民国十六年六月初五日

《说明》的全文是：

> 承佃人所佃之田土屋宇山岭等业，在右方所管字样之下，申诉明白后，接写"当由承佃人出备押金洋若干，交与发佃人收讫。此项押金自承佃之日起，应由发佃人出备年息若干，交与承佃人收用。承佃人则每年完纳租谷若干（或某种租谷若干）。年岁丰收，不得短少；惟遇水旱荒兼，认为应予减免时，得请凭本地农协秉公酌定，双方不得无理争执。至于整理屋宇，修培塘圳，其材料

---

① 《历史教学》1964 年第 7 期，第 40 页。附有《承佃契约》原件照片。
② 此为中国传统民间数码的一种，从一至十的写法是：〡、〢、〣、〤、〥、〦、〧、〨、〩、十，如一、二、三连用，应写为"〡二〣"。

工资伙食,应由发佃人负担。承佃人对于发佃人之屋宇山岭,如应负维持之责者,应切实维持。日后契约解除时,业产与押金,双方发还。此系□□(原件两字不清)同意,相应订立佃约,各执一纸为据"等字样。

六、广东省解决农民地主纠纷办法

1927 年 1 月 24 日广东省政府公布。

国民党政治会议广州分会,为了巩固佃户之地位,免除地主与佃户的争端,改善广东农工之状况起见,特拟定"解决农民地主纠纷办法"①11 条,经广东省政府第 5 次省务会议议决,1 月 4 日由省政府通令公布。其主要内容是:

1.在各县设立改良佃户局,在各区设立改良佃户分局。区分局由下列人员组成:(1)政府代表一人,由县当局委派,经省政府准可,为分局之主席。(2)区农民协会一人,地主代表一人。

2.具体办法是:(1)佃户之租赁田地,不论有无合同,或仅以口头订定,均得请求该地之改良佃户分局为之登记其租赁田地之条件。(2)登记内容包括:田地所在之地名、面积、田地之种类、租赁期限、应交租金(以米谷或金钱完纳租金)、交租期限(如遇意外时之交租条件)。如租期已满而不续租时,佃户得令地主赔偿其改善田地所耗费用。(3)如地主与佃户发生争执时,由改良佃户分局做出裁定。如有一方不服时,得上呈县改良佃户局。县局之裁决,为最终判决。在县局未有判决前,则仍须遵守分局裁定。(4)各改良佃户局须以政府之"二五"减租为依据,不准额外征收费用,不准向地主赠送礼物。

---

① 　录自手抄件(未注明来源)。

3.县改良佃户局之组织,主席由省政府委派,为政府之代表,县农会代表一人,县地主代表一人。县改良佃户局的职责:(1)考察及管理其县内之各分局所订定的各种章程。(2)接受不服分局判定之呈词,宜为之判断。(3)各局宜规定用以完纳租金之米谷器量之容量,及禁止不合法之量器。(4)须以严厉方法禁止地主对佃户的虐待。如有欠租时,须经官厅判决,只有官厅才有处罚佃户之权。禁止农奴制度的残余(如某处农奴后裔每月工资仅有三仙,并须向主人贺喜送礼等)。(5)宜于一月内,与财政部共同商榷及决定农民所能纳之地方税及其税率,确定征收农民税之机关。此种税项,于一月内呈报国民政府审定。(6)于两月期间,与财政部合作,以决定下列各种计划:一、设立农场之详细计划,以指导农工耕植方法,及以廉价租赁种子及农具于农民。二、设立农民银行之详细计划,此银行须具有下列各项工作:以土地抵押借贷于农民;为改善田地予以特别之借款;农民购买土地时,得予长期贷款;银行设立特别事务部,给农民以短期借款,以助其耕植。

谢觉哉在 1926 年 3 月《国民政府现状》①一文中,对农工运动做出以下评述:国民革命自然要全体民众尤其是占民众大多数之农工参加。所以广东政府于农工训练,视为革命进程中一件事。重要组织有广州工人代表会,革命工人同志会,工人运动讲习所,农民运动讲习所,全省农民协会,各地农民协会,粤汉、广三、广九三路工会,全国劳动大会等巨大机关。现在工人有组织的 20 余万人,农民有组织的 50 余万人,其训练政治与军事并重。去年刘杨之变,深得工人之助;东江之役,深得农民之助,这是国民革命中大特色,不特革命成功易于达到,在将来的政治制度、经济组织亦有莫大关系。

---

① 《谢觉哉文集》,人民出版社,1989 年,第 62—63 页。

第十九节　婚姻家庭立法原则的提出及其早期的法律思想

我国现行的社会主义婚姻家庭立法的指导原则有五项,即(一)男女平等的原则。(二)婚姻自由的原则。(三)一夫一妻的原则。(四)保护妇女儿童和老人的原则。(五)计划生育的原则。这些指导原则并不是1950年制定《中华人民共和国婚姻法》时才确定的,它是产生于革命根据地的婚姻立法。除计划生育原则是近二三年来所确立之外,作为新民主主义婚姻立法的四项原则(男女平等、婚姻自由、一夫一妻、保护妇女儿童和老人)早在中国共产党成立后的政纲中,就已明确提出。但是,作为改革婚姻家庭制度的早期法律思想,可以追遡至1919年"五四"新文化运动。因此首先应对"五四运动"后以李大钊、陈独秀、毛泽东等为代表的革命知识分子,关于改革婚姻家庭制度的基本主张,进行简要考察。

一、"五四运动"后,李大钊、陈独秀、毛泽东等对于改革婚姻家庭制度的基本主张

此处所引证的言论,包括以下两部分:

(1)"五四运动"后,李大钊、陈独秀、毛泽东的有关论述。

(2)1919年11月,长沙城发生赵五贞花桥自刎的悲剧后,长沙《大公报》为此发表的毛泽东与其他人的评论文章。

归纳起来,主要有下列法律思想:

(一)总则类

1.关于女权运动中的主要法律要求

毛泽东:关于"定婚权由父母移于子女关系改变吾国婚姻制度之大者,则定之于宪法","规定男女结婚年龄和离婚的最小限制(如两

造同意),让之于民法",又说:男女均有承受其亲属遗产之权,因为这一点改变中国的遗产制度关系甚大,"所以应规定于宪法"(1921年4月25日《省宪法草案的最大缺点》)①。

李大钊:①公法上,妇女参政权。②民法上,妻在法律前应与以法律的人格的完全地位,并民法上的完全权能。③刑法上,所有歧视妇女的一切条规,完全废止(1922年1月18日《现代的女权运动》)②。

2.打破父权夫权家长专制制度

李大钊:"政治上民主主义的运动,乃是推翻父权的君主专制政治之运动"。"社会上种种解放运动,是打破大家族制度的运动,是打破父权(家长)专制的运动,是打破夫权(家长)专制的运动,是打破男子专制社会的运动"(1920年1月1日《由经济上解释中国近代思想变动的原因》)③。

柏荣:"打破旧式的亲权家长制和婚姻制"(1919年11月22日《我对于赵女士自杀后的意见》)④。

3.关于妇女运动的大联合

毛泽东:"我们要进行女子的大联合,要扫荡破坏我们身体精神自由的事业恶魔"(1919年7月28日《民众的大联合》)⑤。

李大钊:"中国现当军阀专横之时代,欲为民权的运动,无论哪种团体,都须联络一致,宗教的、母权的、女权的、无产阶级的妇女运动,可合而不可分,可聚而有可散,可通力合作而不可独立门户"(1923年2月4日《女权运动》)。

---

① 长沙《大公报》1921年4月25日。
② 《李大钊文集》,人民出版社,1984年,第515页。
③ 《李大钊文集》,人民出版社,1984年,第182页。
④ 长沙《大公报》1919年11月22日。
⑤ 《湘江评论》1919年第2—4期。

(二)改革婚姻家庭制度的四项基本原则

1.男女平等原则

李大钊:社会解放运动,应包括"法律上男女权利平等问题"(1920年1月1日《由经济上解释中国近代思想变动的原因》)。

李大钊:"宪法上之选举权及被选举权应平等","民法之上之亲权、财产权、行为权及其他种种不平等之规定俱应加修正","婚姻法也应该规定","行政法上为官吏之权女子应不受限制"。"一切男子之职业,女子可以参加者,均须有同等参加之权"(1923年2月4日《女权运动》)。

陈独秀:中国妇女第一必须取得法律家所谓"自然人"的资格,然后才能说到别的问题,才能说到和别人的同等权利(1921年3月8日《我的妇女解放观》)。

毛泽东:"人民不分男女,均有承受其亲属遗产之权"(1921年4月25日《省宪法草案的最大缺点》)。

2.婚姻自由原则

李大钊:社会解放运动包括:"婚姻问题——自由结婚、离婚、再嫁"(1920年1月1日《由经济上解释中国近代思想变动的原因》)。

毛泽东:"人民有自由主张其婚姻之权。婚姻之自由权,除依法律规定之结婚年龄外,不受父母及任何人之限制。"还特别提出:"女子对于婚姻应有自决权"(1921年4月25日《省宪法草案的最大缺点》)。

毛泽东:"你们自己的婚姻,应由你们自己去办。父母代办政策,应该绝对否认。恋爱是神圣的,是绝对不能代办,不能威迫,不能利诱的"(1919年11月19日《婚姻问题敬告男女青年》)①。

毛泽东:"子女的婚姻,父母绝对不能干涉"。"对于父母干涉自

---

① 长沙《大公报》1919年11月19日。

己的婚姻,应为绝对的拒绝"(1919 年 11 月 25 日《打破父母代办政策》)①。

刘渡黄:"对于法律方面……减轻亲权,尊重子女的人格和结婚自由"。"婚姻的当事人是子女,子女既是个人,当然有人的'人格',父母不能侵犯子女的'人格'。结婚是各人的权利,须由当事人的意思自然结合,断不容第三者的干涉"(1919 年 11 月 29 日《我对于婚姻改造的意见》)。

西堂:"今男女婚姻自由之说,为世界大势所趋"(1919 年 11 月 24 日《论赵女士自杀事》)。

3.一夫一妻制原则

李大钊:社会解放运动,包括"婚姻问题一夫一妻制"(1920 年 1 月 1 日《由经济上解释中国近代思想变动的原因》)。同时还提出应明文规定"重婚罪"(1923 年 2 月 24 日《女权运动》)。

毛泽东:在提出急需研究的 71 个问题中,包括"废妾问题"和"废娼问题"(1919 年 9 月 1 日《问题研究会章程》)。从而说明如实行一夫一妻制,必然要"废妾"、"废娼"。

4.保护妇女儿童原则

李大钊:严禁"买卖妇女"(1923 年 2 月 4 日《女权运动》)。

李大钊:社会解放运动,包括"家庭问题中的亲子关系问题","社会问题中的私生子问题、儿童公育问题"(1920 年 1 月 1 日《由经济上解释中国近代思想变动的原因》)。

陈独秀:"我们相信尊重女子的人格和权利,已经是现在社会生活

---

① 长沙《大公报》1919 年 11 月 25 日。

进步的实际需要"(1919 年 12 月 1 日《新青年》宣言)①。

毛泽东:提出急需研究的 71 个问题中,包括"公共育儿院"和"公共蒙养院"的设置问题,"私生儿待遇问题"和"避妊问题"(1919 年 9 月 1 日《问题研究会章程》)。可见早在"五四"时期就已提出避妊问题。

衍仁:"中国有一种溺女的风俗,多数的女儿生将下来,就要受这种惨酷的待遇。……社会上对于这种无人道的举动,要有一种如何严格的制裁"(1919 年 11 月 30 日《可怜的中国妇女》)。

(三)关于婚姻立法若干法律规范的早期设想

1.禁止早婚,规定法定最低婚龄

毛泽东:"女子在身体未长成时候,绝对不要结婚",同时还提出另外两个条件:"女子在结婚前,需要备足够自己生活的知识和技能","女子需自己预备产后的生活费。上述三条乃女子个人自立的基本条件"。(1919 年 11 月 21 日《女子自立问题》)②。又说:法律应"规定结婚年龄"(1921 年 4 月 25 日《省宪法草案的最大缺点》)。

西堂:"吾以为改良社会计,不但宜禁止早婚,且宜禁止幼时订婚"(1919 年 11 月 24 日《论赵女士自杀事》)。

筼园:"凡未成年的男女,暂不要替他结婚,要等到他学问养成的时候,才听他自由择配这就是限制早婚的办法"(1919 年 11 月 21 日《我的改革婚制谈》)。

纬文:"改定结婚年龄,年龄在婚姻上有极大的关系"。"应先取定一个一定的结婚年限,照生理学上,大约二十岁以上成年的时候为

---

① 《中共党史教学参考资料》(党的创立时期),中国人民大学中共党史系资料卷,1979 年,第 146 页。

② 长沙周南女校主办《女界钟》特刊第一号,1919 年 11 月 21 日。

好"(1919 年 11 月 20 日《婚制改造问题》)。

西堂："主张男女婚姻略施以年龄的限制,以为必年满二十始允自由。此意斟酌国情,极为相合"(1919 年 11 月 24 日《论赵女士自杀事》)。

2.关于婚约的意见

毛泽东针对不合理的婚姻制度,建议组成"拒婚同盟"。"已有婚约的,解除婚约,没有婚约的,实行不要婚约"(1920 年 12 月《致罗学瓒信》)。

刘渡黄："两性问题的爱情得自由发展,婚约得自由缔结,不至受'代办'婚姻上的痛苦"。"子女有了婚约,父母须绝对的承认。若滥行干涉,须以侵犯他人自由权利论"(1919 年 11 月 29 日《我对于婚姻改造的意见》)。

不平："万一事到临头,一方不愿,即悔弃婚约也不要紧。法律对于请求离婚的尚与许可,未婚悔约,有何不可"(1919 年 11 月 20 日《赵女士自杀案的"舆论"》)。

3.关于结婚形式

毛泽东："新式婚姻的成立……倘要明白表示令亲友皆知,最好在报上登一启事,说明我们俩愿做夫妻,婚期是某月某日就算完事。不然便到官厅注册,乡间则在自治局里报名,亦尽够了"(1919 年 11 月 27 日《打破媒人制度》)①。前者即"结婚启事",后者即到行政机关实行"婚姻登记"。

4.关于离婚的意见

毛泽东："非依法律规定,不得限制人民离婚"。"离婚的最小限制(如两造合意)"(1921 年 4 月 25 日《省宪法草案的最大缺点》)。

---

① 长沙《大公报》1919 年 11 月 27 日。

不平:"法律对于请求离婚的"应"予许可"(1919 年 11 月 20 日《赵女士自杀案的"舆论"》)。

5.关于改革家庭制度的基本主张

李大钊:"属于社会的生活者,须承认妇女之家庭的、社会的、工作的高尚价值"(1920 年 1 月 1 日《由经济上解释中国近代思想变动的原因》)。

李大钊:"法律上男女权利平等问题(如承继遗产权利问题等)"(同上)。此即明确提出妇女具有平等的遗产继承权。

毛泽东:在急需研究的 71 个问题中,包括家庭中的"姑媳同居问题"、"家庭教育问题"、"放足问题",以及"家庭制度改良及家族制度应否废弃问题"(1919 年 9 月 1 日《问题研究会章程》)。

毛泽东:女子须有"承受其亲属遗产之权",这是"所以救女子无财产之弊。女子无财产,女子要解决教育、职业、参政、婚姻种种问题,都是说梦。财产是一个根本,教育、职业、婚姻者是枝叶"(1921 年 4 月 25 日《省宪法草案的最大缺点》)。

西堂:"古者父子异宫,西洋妇姑别居。结婚以后,其组织家庭之人,即新夫妇二人也"。"吾尝以为中国家庭制度,不亟改良,中国群居断无进步之望。家庭改良总是复杂,卒难解决。目前非实行分家,别无下手之法。不但兄弟宜早分也,故父子亦宜分家。不但大家庭宜化为小家庭也,即小家庭之内,如夫妇不和,不能离婚,而又以同居为苦者,亦可分家。财产以分而少,则人绝依赖之心。人丁以分而单,则反增亲爱之意。此事既了,则其他种种社会问题,皆可迎刃而解矣。(或谓兄弟分家,如老父母无人侍养,何?则父母或留产别居,或令子孙轮供,皆无不可也)"(1919 年 11 月 24 日《论赵女士自杀事》)。

刘渡黄:两性间既结了婚,即可组织小家庭历行平等互利的新生活(1919 年 11 月 29 日《我对于婚姻改造的意见》)。

6.刑法要求与法律责任

李大钊:"刑法上所有歧视妇女的一切条规,完全废止"(1922 年 1 月 8 日《现代的女权运动》)。

李大钊:刑法上,要规定"重婚罪",修改"纳妾不为罪"的规定。 "买卖妇女在刑法上应厉禁"(1923 年 2 月 4 日《现代的女权运动》)。

毛泽东:"各国刑法有禁止自杀的规定"(1919 年 11 月 23 日《非自杀》)①。

西堂:"如果女父有纳贿逼嫁之情,佘四娘有串合隐瞒之事,必须公呈法院,治以严刑"(1919 年 11 月 24 日《论赵女士自杀事》)。

刘渡黄:考我国法制,民律上凡男女结婚及离婚,皆须得父母之允许。若父母死亡,又须得亲属会议的同意。你看这种种的限制,纯然是提倡父母权。我们应该要求法律的改善。如果父母对子女的婚姻实行"包办","滥行干涉,须以侵犯他人自由权利论。审判官厅受理被害人的申诉,检察官亦须提起公诉,处以相当的刑罚"(1919 年 11 月 29 日《我对于婚姻改造意见》)。

总之,"五四运动"时期提出了上述法律思想;1921 年中国共产党成立后,将这些思想原则,写入了党的宣言和政纲,并在工农运动中开始实施;1924 年实现国共合作后,纳入国民党的决议案和国民政府的部分法律中;真正全面实施,是在中央苏区制定婚姻法以后。

二、中国共产党成立后关于解放妇女改革婚姻家庭制度的基本纲领

1922 年 6 月 15 日《中国共产党第一次对于时局的主张》②明确提出以下政纲:"采取无限制的普通选举制","保障人民结社、集会、言

---

① 长沙《大公报》1919 年 11 月 23 日。
② 《中共中央文件选集》(1),中共中央党校出版社,1982 年,第 26 页。

论、出版自由权",""承认妇女在法律上与男子有同等的权利"。

1922 年 7 月,中国共产党第二次全国代表大会《关于妇女运动的决议》①,提出以下两个重要观点:(1)中国共产党认为妇女的解放是伴随着劳动解放进行的,只有无产阶级获得了政权,妇女才能得到真正解放。(2)目前的妇女运动,不过是达到完全解放的目的必须经过的站驿。在私有财产制度下,妇女真正的解放是不可能的。前进,才能跑进妇女解放的正路。同时明确提出:"结婚离婚自由",并主张"打破奴隶女子的旧礼教"。

1922 年 7 月《中国共产党第二次全国代表大会宣言》②中,提出"废除一切束缚女子的法律,女子在政治上、经济上、社会上、教育上一律享有平等权利"。在党的第二次全国代表大会通过的《关于"国际帝国主义和中国共产党"的决议案》③中,又提出"制定保护工人、农人和妇孺的法律"。

1923 年 6 月,中国共产党第三次全国代表大会通过的《妇女运动决议案》④又进一步提出:"一般的妇女运动,如女权运动、参政运动、废倡运动,亦甚重要。"大会决定中国共产党应随时指导并联合这种运动,并且提出以下重要口号:"全国妇女运动的大联合","打破奴隶女子的旧礼教","男女教育平等","男女职业平等","男女社交平等",以及"结婚离婚自由","母性保护"(即保护母亲)。同时还明确提出"女子应有遗产继承权"。在 1923 年 6 月通过的《中国共产党党纲草案》中,规定"公私法上男女一律平等"。

1923 年 8 月,中国社会主义青年团第二次代表大会决议案中,也

① 《中共中央文件选集》(1),中共中央党校出版社,1982 年,第 56—57 页。
② 《中共中央文件选集》(1),中共中央党校出版社,1982 年,第 78 页。
③ 《中共中央文件选集》(1),中共中央党校出版社,1982 年,第 36 页。
④ 《中共中央文件选集》(1),中共中央党校出版社,1982 年,第 120 页。

直接提出："反对蓄婢,反对买卖人口,反对纳妾及重婚,反对童养媳的恶习。"

1925 年 1 月,中国共产党第四次全国代表大会通过的《关于妇女运动决议案》①,进一步规定:"女子应有财产权与继承财产权。"这不仅肯定了女子应有财产继承权,而且应与男子一样具有平等的财产所有权,这是实现男女平等的物质基础。

中国共产党的上述原则,被工农运动中所通过的法规议案所接受,例如:

上海工人第三次武装起义中建立的上海市民代表政府,于 1927 年月 4 月 11 日公布的《上海特别市政府政纲草案》②,提出以下各项规定:(1)妇女与男子一律平等,得参加一切市政权。(2)严惩拐匪及贩卖人口。(3)严禁卖淫业,现在妓女准其自由择配。(4)市内各学校得男女同学(校),女生享有通信、社交及婚姻自由。(5)保障结婚离婚自由。(6)废除童养媳及奴婢纳妾制度,改良济良所。(7)设立育婴院,保护私生子,并使无力养育儿女或母亲工作关系须暂寄儿女者,得享此社会育儿院的权利。(8)保护女子之承继权。

在农民运动中也有类似的决定。如 1926 年 12 月湖南省农民代表大会通过的《农村妇女问题决议案》③,指出中国农村妇女在封建制度下,一切权利都被剥夺,如不能参与乡村自治机关及各种公共集会,即祠堂祭祀酒食,亦无资格参与。家政除少数特别外,妇女多不能过问,但是她们的家庭劳动是繁重的,却得不到一点代价。这些现象都是旧式的农业经济社会的必然结果。农村妇女之完全解放,必在由旧

① 《中共中央文件选集》(1),中共中央党校出版社,1982 年,第 304 页。

② 《新闻报》1927 年 4 月 12 日。

③ 《第一次国内革命战争时期的农民运动资料》,人民出版社,1983 年,第 424—425 页。

式的农业经济进到一个新式的农业经济以后。但在目前条件下,须实行以下补救办法:(1)各级农民协会要设立妇女部,注意领导妇女加入农民协会和乡村自治委员会,领导她们参加各种集会,为争取妇女解放而斗争。(2)农民协会兴办的学校,应收纳妇女参加学习。(3)女工工作,与男工相等时,应得同样工资。(4)婚姻须得女子的同意,反对买卖婚姻,取消聘金制。(5)再婚妇女在社会上须一律待遇,不得歧视。(6)禁止童养媳,反对虐待童养媳。(7)严禁虐待女孩及溺毙女婴。(8)反对恶姑残害媳妇、丈夫虐待妻子。农会会员不得虐待其妻子。(9)禁止妇女缠足、穿耳等恶习。

1927 年 2 月,江西省农民代表大会《农村妇女问题草案》①同样规定:"婚姻须得女子之同意,反对买卖婚姻,取消聘金制"。"再嫁妇女在社会上须一律待遇,不得歧视。"此外还有"保护女子之承继权"。

上述规定,在工农运动深入地区,已经开始实行,并收到一定的效果。正如毛泽东在《湖南农民运动考察报告》中所指出的,在农民运动势盛的地方,"地主权力既倒,农会便成了唯一的权力机关,真正办到了人们所谓一切权力归农会"。又说"地主政权既被打翻,族权、神权、夫权便一概跟着动摇起来。农会势盛地方,族长及祠堂经管人不敢再压迫族下子孙……女子和穷人不能进祠堂吃酒的老例,也被打破"。其发展趋势是:"至于家庭主义、迷信观念和不正确的男女关系之破坏,乃是政治斗争和经济斗争胜利以后自然而然的结果。"

三、中国国民党改组后关于婚姻家庭问题的决议案

(一)中国国民党历次决议案中关于婚姻继承立法原则的规定

---

① 《第一次国内革命战争时期的农民运动资料》,人民出版社,1983 年,第577 页。

1924 年 1 月《中国国民党第一次全国代表大会宣言》所确定的革命政纲中规定："实行普通选举制,废除以资产为标准之阶级选举"。"确定人民有集会、结社、言论、出版、居住、信仰之完全自由权"。"于法律上、经济上、教育上、社会上确认男女平等之原则,助进女权之发展。"

1926 年 1 月 8 日何香凝在中国国民党第二次全国代表大会上做了"妇女运动经过"的报告①,指出:改组后第一次代表大会,仅在对内政纲中第十三条规定确认男女平等和助进女权之发展,但并未明白规定关于妇女运动的决议案。后来中央执行委员会和各省党部先后成立妇女部,并制定妇妇运动的计划。最后提出:"妇女解放,必须参加国民革命,而要在革命成功后,始能达到妇女解放。"1 月 9 日,大会推举宋庆龄、何香凝、邓颖超三人组成妇女运动报告审查委员会。同年 1 月 16 日,大会通过了《妇女运动决议案》②提出应督促国民政府从速依据党纲对内政策第十三条的规定,实行下列各项要求:

1.制定男女平等的法律。

2.规定女子有财产承继权。

3.从严禁止买卖人口。

4.根据结婚离婚绝对自由的原则,制定婚姻法。

5.保护被压迫而逃婚的妇女。

6.根据同工同酬、保护母性及童工的原则,制定妇女劳动法。

在妇女运动的口号中,提出:反对多妻制,反对童养媳,离婚结婚绝对自由,社会对再婚妇女不得蔑视,应一律待遇,女子应有财产权与承继权,打破奴隶女性的礼教,反对司法机关对于男女不平等的判决

---

① 《政治周报》第六、七期合刊,第 69—70 页。

② 荣孟源主编:《中国国民党历次代表大会及中央全会资料》(上),光明日报出版社,1985 年,第 138—139 页。

等等。

据《大会始末纪要》记载：1926 年 1 月 18 日，何香凝同志动议："请大会令国民政府将议决之依照党纲修改法律案，于半年内修改完竣案。"理由谓："敝代表等提议，请令政府依照党纲修改法律案，虽已通过，但恐修改期迁延过长，则妇女之希望难达到，谨请令饬国民政府从速修改至迟是半年内将法律修改完竣。"大会决议："众无异议，通过。"①

但是，会后国民政府并未制定出具体的实施法律。只是在 1926 年 5 月 29 日，以《国民政府为颁布妇女运动决议案令》的形式，抄发原决议案第九项所列各项法律原则和理由，令各地行政机关转饬所属切实施行。

广州国民政府司法行政委员会在 1926 年 10 月向广东、广西、湖南各省高等审检各厅发出通令，规定在未颁布男女平等法律之前，关于妇女问题，应根据上述妇女运动议决案中的法律方面的原则，进行裁判。

（二）1955 年何香凝就国民党《妇女运动决议案》的实施情况给笔者的复信。

上述国民党第一、二次代表大会关于婚姻继承的政纲决议案通过后，究竟实施情况如何呢？笔者在上世纪 50 年代，曾就这一问题以及其他法律问题，请教过中国妇女运动的先驱者、革命老人何香凝。她当时曾回过两封信，对这些问题做过简要的答复。

何香凝在 1955 年 11 月 23 日的来信说："当时在一九二四年的中国国民党第一次全国代表大会中，已经通过了全国男女在社会上、政治、经济、教育各方面一律平等。后来在第二次全国代表大会上又通

---

① 《政治周刊》第六、七期合刊，第 31 页。

过了女子有财产继承权,有结婚离婚自由,男女同工同酬,保护童工,保护女性等决议,并提出由国民政府在半年之内将法律修改完竣。就在第二次全国代表大会之后不久,一九二六年的三月二十日,蒋介石就叛变了。以后在蒋介石的反动政府统治之下,这些决议都没有切实执行。"

何香凝在 1956 年 5 月 15 日的复信中说:"对于大革命时期法权方面问题,因为我当时多是负责妇女工作,对法权情况了解不够详细,兼之现在年月已久,以前保存有关资料,经战乱又已散失无遗,所以不能够确切解答,甚为抱歉,请谅。"

以上就是中国共产党成立后和第一次国共合作时期关于妇女解放运动,以及在改革婚姻家庭制度方面的基本情况。当时虽然由于右翼反动势力的阻挠和破坏,这些基本政纲和原则没有制定出具体的法律条文,更未认真贯彻执行。但是随着北伐战争的胜利进军和工农运动的发展,中国妇女运动,无论在上层知识妇女界,还是在工农劳动妇女中,都程度不同地提高了觉悟,并开始建立了自己的组织。特别是在当时的历史条件下,能在改革婚姻家庭制度方面,提出上述基本原则,并作为国共合作的共同纲领的重要组成部分,确实是十分难得的。这些政纲和原则不仅对于以后革命根据地的婚姻立法,提供了有益的经验,就是在建设中国特色的社会主义法治国家的今天,仍然具有重要参考价值。

第二十节　广州国民政府的司法机关和诉讼制度

一、1925 年《修正法院编制法》——废除"司法不党"原则

1923 年孙中山建立大元帅大本营时,任命赵士北为大理院院长。

后因赵主张"司法不党",孙中山以其违反"以党治国"原则,于1924年4月1日发布大元帅令:"大理院长兼管司法行政事务赵士北,着免本兼各职。"同日"特任吕志伊为大理院院长兼管司法行政事务"。

为了贯彻"以党治国"原则,广州国民政府于1925年11月28日公布《修正法院编制法》①,主要是删改了原第一百二十一条的第二项。

原《法院编制法》第一百二十一条第二项规定:"为政党员政社员及中央议会之议员,不得担任推事及检察官职务。"

因上述第二项与国民党党义有抵触之处,故应予修正。现修改为:推事及检察官在职中不得为左列事宜:(1)于职务外干预政事;(2)为中央议会或地方议会之议员;(3)为报馆主笔及律师;(4)兼任非本法所许之公职;(5)经营商业及官吏不应为之业务(删掉"为政党员政社员"的规定)。

到1927年武汉国民政府改革司法制度时,全面贯彻这一原则,明文规定法官必须是国民党党员。

二、1925年《特别刑事审判所组织条例》与《特别刑事诉讼条例》

(一)《特别刑事审判所组织条例》②

1925年9月30日公布,同年10月9日修正公布,共15条。

特别刑事审判所以国民政府所辖地为管辖区域。凡《统一广东军民财政及惩办盗匪奸宄特别刑事条例》所揭各罪者,由特别刑事审判所审定。军人犯上述条例所揭各罪者,亦由特别刑事审判所审定。

特别刑事审判所为合议制,其审判权以审判员3人之合议庭行之。合议审判以所长或资深审判员为审判长,开庭审判时,得禁止

---

① 《国民政府公报》1925年第16号。
② 《国民政府公报》1925年第10号。

旁听。

特别刑事审判所设置下列职员:(1)所长一人(特任),总理全所审判事务,并监督其行政事务。(2)审判员 3 人以上(简任),掌理审判案件。(3)检察员 2 人以上(荐任),掌理起诉莅庭执行及其他代表公益之事务。(4)主任书记员 1 人(委任),承所长之命,掌理指挥监督书记室事务,并处理全所行政事务。(5)书记员 4 人以上(委任),承长官之命,分掌诉讼记录、会计、文牍及庶务。此外,得设雇员、司法警察若干人。1925 年 10 月 6 日特派林翔为所长,9 日派詹大悲、林云陔、林德轩为审判员。

(二)《特别刑事诉讼条例》①

1925 年 9 月 30 日公布,同年 12 月 24 日修正公布,共 20 条。

特别刑事审判所之事务及土地管辖,以国民政府所辖地为管辖区域。一人犯数罪,其中有不属于特别刑事审判所之管辖者,应将该无管辖权之案件,移于有管辖权之审判机关受理。

审判员、检察员、书记员回避或拒却之声请,应由特别刑事审判所长裁判之。所长回避或拒却之声请,由司法行政事务处裁决之。前二项裁决不得声明不服。12 月 24 日修正补充规定:所长受回避或拒却之声请时,由资深之审判员代行审判长职务。

告诉人或告发人得为原告径行起诉,告诉人告发应于诉状内填明住址,并具保状保证随传随到。保证人为虚伪之保证者,处二百元以下之罚款。告诉人或告发人得勾摄。

被告人所在地在外县时,得向该县县长为告诉告发。县长接受告诉告发时,应即调查事实。如无犯罪嫌疑时,应即将被告人释放,并录案呈请特别刑事审判所核定。认为有犯罪嫌疑时,应即勾摄被告人,

---

① 《国民政府公报》1925 年第 10 号。

连同卷证于 24 小时内解送特别刑事审判所,不得擅行审判。但犯《统一广东军民财政及惩办盗匪奸宄特别刑事条例》第 11、12、14、15、16、17 条之罪者(即聚众械斗者,因前条犯杀伤放火决水者,强盗放火者,制造携带爆烈品者等),得由该县县长径行审判。

公判准备程序,由审判长指定审判员一人行之。于被告人到场 24 小时内开始,并准用刑事诉讼律侦查预审之规定。审判员办理公判准备程序,应于 24 小时内终结,并报告所行结果于公判庭。公判庭接受前项之报告,应于 24 小时内开始公判。遇有案情重大或其他原因不能依限终结而需延长者,得由审判员呈请所长核定。

公判庭非左列各员出席不得开始审判:(1)审判员;(2)书记员;(3)检察员;(4)告诉人或告发人;(5)被告人;(6)辩护人。被告人如无委任辩护人时,应由审判长依刑事诉讼律第 318 条之规定选任。

审判长对于被告人询问后,原告人应即陈述案件要旨。告诉人或告发人为原告时,检察员应于言词辩论终结前,陈述意见。辩论应于可能的限度内迅速终结。

宣告判决于辩论终结后即日为之。12 月 24 日修正补充规定:辩论终结后不能即日宣告判决者,得延长之,但不得逾三日。宣告判决时发现该案件不属于特别刑事审判所管辖者,应即移送有管辖权的审判机关办理。宣告死刑或无期徒刑时,应即日将卷证咨由司法行政事务处核办。执行死刑,应公布犯罪事实及理由。

最后注明本条例无规定时,适用刑事诉讼律之规定。

三、1925 年《特别陪审条例》[①]

1925 年 11 月 24 日公布,共 15 条。

---

① 《国民政府公报》1925 年 16 号。

本条例专适用于特别刑事审判所审判关于《特别刑事条例》第十八条第十九条案件(系指非法运输粮食或其他必需品出口者和以破坏爱国运动为目的而反抗群众一致之举动者,如破坏省港罢工运动)。特别刑事审判所公判上述案件时,须召集陪审员 3 人出席。陪审员之席次,设在辩护人席次之左。

陪审员由罢工委员会预选三倍之人数①,具报特别法庭审判所注册,遇有陪审案件,由审判长按照名册次序通知出席。下列人等不得被选为陪审员:(1)非中华民国国籍者;(2)未成年者;(3)褫夺公权尚未复权者;(4)有精神病者;(5)吸食鸦片烟者;(6)不识文义者。

召集陪审员用通知书,应记载下列事项:(1)陪审员之姓名住址;(2)审理案件的案由;(3)应到日时处所;(4)发通知书之官署。审判长应于通知书上签名。通知书应于出席日期24小时前送达。当场由审判长告知下次出席日时者,以已经送达通知书论。陪审员于公判日期不出席,或出席不足定数者,特别刑事审判所得径行判决。

陪审员于公判开始后,须为事实之陈述及证明其真实,并陈述对于本案之意见,但不得干预审判。陪审员于陈述前应向总理遗像宣誓,对于该公诉事件为本于良心诚实陈述。特别刑事审判所于陪审员陈述之事实,仍须依职权调查判决。陪审员于出席时,非得审判长许可,不得离席。陪审员适用关于司法官之回避拒却之各项规定。

另据 1925 年 11 月 11 日《国民政府致(省港)罢工委员会函》称:"查特别法庭审判所业经成立,在此罢工期内,应由贵会派员三人陪审,其职权以关于罢工案件为限。除分别令行司法行政处特别刑事审

---

① 陪审员产生于省港罢工中。省港罢工委员会内设有会审处,负责审理关于破坏罢工的各种案犯。后由于广东总检察厅进行干预,经省港罢工委员会与国民政府的交涉,最后决定将此类案犯交由特别刑事审判所审理,省港罢工委员会得派出陪审员参与陪审。

判所知照外,特此函达查照。"

四、1926 年《禁止干涉民刑审判令》

1926 年 3 月 9 日国民政府公布,共 19 条。

查五权宪法创自先总理,本党久奉为政纲,司法关系人民生命财产,尤不容他人妄加干涉。且考之现行法例,普通民刑诉讼,概采三审制,即令法官审判偶失平允,自有正当救济之法,嗣后各级党部各团体,对于民刑案件,概不许干涉,以维法权,而保公平。自经此次命令之后,如再有积习相沿,干预司法者,定予从严惩治,决不宽贷。

五、1926 年《军法委员会组织大纲》①

1926 年 3 月 19 日军事委员会公布,共 19 条。

(1)为维持国民革命军之军法军纪秩序,制止财政上之舞弊,消灭间谍谋叛、反对政府反对长官及其他罪恶等行为,特于国民革命军政治训练部之下,设立军法委员会。军法委员会之责任,在提高士兵之普通政治智识,对国民革命及政府与军队之一切敌人为严厉之惩罚机关。为此军法委员会之行为,应以最明了、公开为原则。军法委员会根据国民政府所颁之法令,承政治训练部之指导,处理职务。

(2)军法委员会设主席一人、副主席一人、委员三人、副委员二人、秘书长一人,由政治训练部推荐于中国国民党中央执行委员会、政治委员会任命。军法委员会主席为理论之指导者,并统率委员会所属人员,指挥处理一切行政事宜。军法委员会全体委员及副委员组织军法委员会的军法会议,解决各种问题,如增减刑及免刑、再审等。

(3)军事法庭,由军法委员会主席或副主席为主席,及二名委员组

———————————

① 《国民政府公报》1926 年第 28 号。

成。若军法委员缺席时，由副委员充任。秘书则任审判之记录。法庭人员须经军法委员会主席的批准。军事法庭于各项问题决议中，须以有利于国民革命为原则。对于犯人之刑罚，由委员多数同意决定。

（4）检察所，军法委员会设检察所，置检察所长一人，检察员四人。其任命方式与军法委员会同。检察所长承军法委员会主席或副主席之命，执行检察事务。检察所长得分配各种案件于各检察员进行检察，其检察结果须提交军法会议审定。军法会议对于已检察案件，认为欠明确者，有要求检察所再行检察之权。被告人罪状不成立时，其消案权在军法委员会之军法会议。

（5）总务处，管理关于军法委员会及检察所和卫队（直隶总务处长）等机关及人员之经济事宜。卫队负有保护本会委员、守护本会屋宇财产、维持秩序之责。

（6）拘留所，监禁各种犯人，拘留所长、副所长及卫队长秉承政治训练部主任及军法委员会主席或委员之命令，执行逮捕任务。拘留所长只服从军法委员会主席、副主席的命令，在未受军法委员会主席、副主席之书面命令前，不得释放监押人。

二、司法行政机关与司法行政法规

（一）司法行政机关的演变

在孙中山建立广州军政府时，没有设立专门的司法行政机关，经历了由内政部管理——大理院内设司法行政处——司法行政委员会——司法部的发展过程。

（1）1918年由内政部管理

1918年2月23日，大元帅孙中山《批内政部呈令》①指出：内政部

①　《孙中山全集》第四卷，中华书局，1985年，第352页。

呈请明令撤销地方行政长官监督司法,以维司法独立。查三权分立,约法具有明文。以行政长官监督司法,实为司法独立之障碍。军政府以护法为职志,自宜遵守约法上之规定。所请撤销地方行政长官监督司法,应即照准。至司法行政及筹备司法事务,应暂由内政部管理。

（2）1921 年由大理院长兼管,设立司法行政处

1921 年 5 月 11 日大总统孙中山发布命令:司法行政事务暂归大理院长兼管。

到 1923 年建立大元帅大本营时,明令规定由大理院院长兼任司法行政事务。大理院内设置司法行政处,具体管理有关司法行政事宜。

（3）1926 年 1 月成立独立的司法行政委员会

广州国民政府成立后,于 1926 年 1 月 21 日决定成立独立的司法行政委员会。在其令文中指出:行政、司法两权,各官分立,实五权宪法所明定。前因军务紧急,百事草创,以大理院长兼管司法行政事务,不过一时权宜。现在庶政刷新,亟应将行政、司法两权划分,各设机关,以明权责。嗣后司法行政事务处,着即裁撤。国民政府于同日公布了《司法行政委员会组织法》,并宣布特派徐谦、伍朝枢、林翔、卢兴原为司法行政委员会委员,以徐谦为主席（未到任前以伍朝枢代理）。

（4）1925 年国民政府成立司法调查委员会

为了详细调查广东的司法状况,拟具改革方案,1925 年 11 月 11 日,国民政府发令组织专门的司法调查委员会。令文指出:

司法职责在保障人民身体财产及种种权利,至为重要。现查广东人民对于司法,极不满意。本政府目的,在造成廉洁政府。行政方面,查有积弊,业已决策剔除,司法机关亟应查明整顿。兹特派伍朝枢、林翔、卢兴源、甘乃光、钱树芬为司法调查委员,以伍朝枢为主席。该委员等务须将现在广东省司法状况,详细调查,并拟具改良方法,以备采

择施行,用副政府慎重保障人民之至意。

1926 年 4 月 24 日,国民政府批准结束司法调查委员会的工作。指出:查阅司法调查委员会的报告书,调查积弊,颇为详尽,所拟改良救济办法,亦均中肯。调查任务既已完,应准结束。报告书候发交司法行政委员会切实执行。

(5)1926 年 11 月成立司法部

1926 年 11 月 10 日,国民政府令撤销司法行政委员会,正式成立司法部,并于 11 月 13 日公布了《国民政府司法部组织法》。

(二)1926 年《司法行政委员会组织法》①

司法行政委员会直隶于国民政府,管理民事刑事非讼事件。户籍登记、监狱及出狱人保护事务,并其他一切司法行政。

司法行政委员会置委员 5 人,由国民政府特派之,承国民政府之命,管理本会事务监督所属职员所辖各官署。司法司政委员会对于省政府及各地方最高行政长官之执行本会主管事务有监察指示之责。司法行政委员会于主管事务,对于省政府及各地方最高行政长官之命令或处分,认为违背法令,或逾越权限者,得呈请国民政府予停止或撤销。

司法行政委员会置秘书处,设秘书 2 人。秘书处的掌理事务如下:(1)关于法院之设置、废止及其管辖区域之分划变更事项;(2)关于司法官及其他职员之考试任免事项;(3)关于律师事项;(4)关于稽核罚金赃物事项;(5)关于本会经费并各项收支预算决算及会计事项;(6)关于司法经费及稽核直辖各官署之会计事宜;(7)管理本会所管之官产官物;(8)撰辑保存收发文件;(9)编制统计及报告;(10)记录职员之进退;(11)典守印信;(12)管理本会庶务及其他不属于各司之事项。

----

① 《国民政府公报》1926 年第 22 号。

司法行政委员会置民刑事司,设司长一人,掌理如下事务:(1)关于民刑事事项;(2)关于非讼事件事项;(3)推检民刑事诉讼审判及检察之行政事项;(4)关于公证事项;(5)关于户籍登记事项;(6)关于赦免、减刑、复权及执行刑罚事项;(7)关于国际交付罪犯事项。

司法行政委员会置监狱司,设司长一人,掌理如下事务:(1)关于监狱之设置废止及管理事项;(2)关于监督监狱官事项;(3)关于假释、缓刑及出狱人保护事项;(4)关于犯罪人异同识别事项。

(三)1926 年《国民政府司法部组织法》①

1926 年 10 月国民党中央各省区联席会议通过的《国民政府发展决议案》,决定成立司法部。根据这一决定,制定了本组织法,于 1926 年 11 月 13 日公布,共 10 条。

国民政府司法部受国民政府之命令,管理全国司法行政,并指挥监督司法行政。

司法部置部长一人,管理本部事务,并监督所属职员及所辖法院。司法部长于主管事务,对于各省各地方最高级行政长官之命令或处分,认为不合法或逾越权限,得呈请国民政府取消之。

司法部内设秘书处及一、二、三处。置秘书长一人,承司法部长之命,指挥秘书掌理秘书处事务,并撰核文稿及办理指定之事。各处设处长一人,承部长之命分掌各处事务。各处分科办事,得酌设科长、科员、并得任用法律技术人员及雇员。

秘书处掌理:(1)关于法院之设置、废止及管辖区域之分划变更事项;(2)关于司法及其他职员的任免、惩奖并考试事项;(3)关于本部官产官物事项;(4)关于收发及保存文件事项;(5)关于本部及各法院司法经费之预算、决算并会计事项;(6)关于典守印信事项;(7)关于

---

① 《国民政府公报》1926 年第 51 号。

本部庶务及其他不属各处事项。

第一处掌理：(1)关于民事事项；(2)关于非讼事件事项；(3)关于民事诉讼审判之行政事项。

第二处掌理：(1)关于刑事事项；(2)关于刑事诉讼审判及检察之行政事项；(3)关于赦免、减刑、复权及执行刑罚事项；(4)关于国际交付罪犯事项。

第三处掌理：(1)关于监狱之设置、废止及管理事项；(2)关于监督监狱官吏事项；(3)关于假释缓刑及出狱人保护事项；(4)关于犯罪人识别事项；(5)关于律师事项；(6)关于罚金赃物事项；(7)关于统计表册事项。

（四）1924 年《法官学校规程》

1924 年 11 月 28 日大元帅孙中山核准备案①，共 10 章 31 条。章名是：总纲、分科、修业年限、入学资格、学费、试验、毕业待遇、组织、经费、附则。

本校以养成精通法理，适合国情及世界潮流之司法人材为宗旨。本校设在广州，直隶于广东高等审检两厅。分设特别科和普通科。特别科分民刑事及刑事检察两班。普通科酌照现行法政专门学校规程办理。特别科修业三学期，一年半毕业。普通科修业六学期，三年毕业。

入学资格。有下列资格之一者，得应考本校特别科：(1)在专门以上学校修习法政之学三年以上者；(2)在法政讲习所一年半以上毕业，曾在法院供职满二年以上者；(3)在各种专门学校毕业，曾在法院充当书记官三年以上者。有下列资格之一者，得予免试：(1)现任及曾任各厅候补推检者；(2)修习法政之学三年以上，曾任法院书记官二年以上

---

① 《孙中山全集》第十一卷，中华书局，1986 年，第 417 页刊有"准予备案，规程存"。无规程全文。

者;(3)现在各厅学习或实习推检事务一年以上者;(4)曾在本校普通科毕业者。有下列资格之一者,得应考普通科:(1)在中学以上毕业者;(2)有与中学毕业相当学历,曾在各官署供职一年以上者。

组织。设校长一人,直隶于广东高等审检厅,由高等审检厅令派,总理全校。下设教务处和总务处,延聘教员若干人,设评议会,议决本校根本计划事宜。评议员由校长聘任。

课程。特别科所学课程是:民事审判实务、刑事审判实务、民诉判例及实务、刑诉判例及实务、民法总则及判例、债权及判例、物权法则及判例、亲属法则及判例、继承法则及判例、商事法则及判例、登记法则及实务、刑法及判例、公证法则及实务、法院行政法则及实务、破产法规及实务、证据法规及实务、强制执行法实务、刑法及判例、特别刑法及判例、比较刑法学、审判心理学、法医学、刑事政策学、监狱法规及实务、中华民国建国大纲、社会经济学、比较法学、社会学、犯罪学、采证学、工场法规。

普通科所学课程,参照现行法政专门学校课程另定。

考试与毕业待遇。考试分为临时、学期、毕业三种。特别科考试以 70 分为及格,普通科考试以 60 分为及格。

特别科学生毕业考试及格者,由校长呈送高等审检厅,以推检任用。普通科学生毕业考试及格者,得免试升入特别科修业。不愿升级者,由校长呈送高等审检厅,分别录用。

(五)1926 年《法官考试条例》①

1926 年 5 月 24 日国民政府公布,共 4 章 28 条。章名是:总纲、典试委员会、考试、附则。

1.应试资格与免试条件

---

① 《国民政府公报》1926 年第 34 号。

（1）中华民国人民年满22岁以上，有下列各款资格之一者，得应法官考试：①在本国国立大学或专门学校修法政学科三年以上毕业，得有毕业证书者。②在外国大学或专门学校修法政学科三年以上毕业，得有毕业证书者。③在经政府认可之本国公私立大学或专门学校修法政学科三年以上毕业，得有毕业证书者。④在国内外大学或专门学校学习速成法政学科一年半以上毕业，并曾充推事、检察官一年以上或曾在第一款或第三款所列各学校教授法政学科二年以上，经报告政府有案者。⑤在本条例施行前，曾应法官考试及格者。

（2）凡具有下列资格之一者，经法官考试典试委员会之审查认可，得免应考试：①在国内外大学或专门学校修法律之学三年以上毕业，并曾在国立大学或专门学校教授主要科目任职三年以上者。②具有前条资格之一，曾任司法官或办理司法行政事务继续三年以上，具有成绩，经该管长官认为属实出具证明书者。③曾在法官学校高等研究部修业期满，得有毕业证书者。

（3）有下列各款情事之一者，虽具有前二条资格，不得应法官考试及免试：①曾受五等以上有期徒刑之宣告者。②受禁治产或准禁治产之宣告尚未有撤销之确定裁判者。③受破产之宣告后尚未有复权之确定裁判者。④有精神病者。⑤亏欠公款尚未清结者。⑥其他法令有特别规定者。

2.法官考试录取之等第与补缺

法官考试取录等第分为甲乙丙三等。（1）甲等。考试分数平均在85分以上者为甲等。取录甲等者，以推检遇缺先补。（2）乙等。考试分数平均在70分以上者为乙等。取录乙等者以候补推检遇缺先补。（3）丙等。平均分数在60分以上者为丙等。取录丙等者，以书记官遇缺先补。免试人员，由司法行政委员会审查资格分别擢用。

3.典试委员会

（1）法官考试典试委员会以下列各员组成：①典试委员长，掌理考试事务，监督典试、襄校各委员。委员长有事故时，得以首席典试委员代表。②典试委员、襄校委员，受委员长之监督，管理考试事务。③监试委员，管理监试事务。

（2）典试委员长，由司法行政委员会于司法行政委员会委员、大理院长总检察厅检察长中遴选一人，呈请国民政府简派。

（3）典试委员若干人，由司法行政委员会于司法行政委员会司长、大理院庭长及总检察厅首席检察官、法制编审委员会委员、高等审判厅厅长、高等检察厅检察长、广州地方审判厅厅长、广州地方检察厅检察长以及其他具有相当法律学识人中遴选，呈请国民政府简派。襄校委员由司法行政委员会于司法行政委员会荐任各职员、大理院推事、总检察厅检察官、高等审判厅推事及高等检察厅检察官、各属地方审判厅厅长及检察厅检察长、其他具有相当法律学识人员中遴选，呈请国民政府派充。

（4）监试委员由司法行政委员会咨由监察院遴选，呈请国民政府派充。

4.考试方法与科目

（1）考试，分为笔试和口试两种。笔试及格者，得应口试。

（2）笔试科目：①三民主义；②五权宪法；③宪法史；④行政法；⑤刑法；⑥国际公法；⑦民法；⑧商法；⑨民事诉讼法；⑩刑事诉讼法；⑪国际私法；⑫拟公判请求书；⑬民刑事判决书；⑭公文程式。

（3）口试科目：①民法；②商法；③刑法；④民刑诉讼法；⑤普通社会状况。

笔试、口试均以考试各科目平均满60分以上为及格。

《法官考试条例》颁布后不久，广东大学校长褚民谊向国民政府提出呈文，请示修正法官考试条例，以便使该校法科毕业人员与法官学校同样取得法官资格。此事经司法行政委员会会议讨论决定:法官学校毕业学生之有免试法官资格,系基于该校规程先有规定其取得免试法官之资格,即犹如法科毕业学生取得学士学位。待遇虽殊,而事理则一,不能援例,易地皆然。原呈所陈既无充分理由,自未便准予修正条例。最后国民政府于1926年7月1日令批国立广东大学校长褚民谊:"据此自应依议办理,仰该校长即便转饬知照。"

(六)1926年《司法行政委员会法官政治党务训练班规程》①

1926年10月4日公布,共11条。

(1)本班按照司法行政方针,以训练司法人员深明党化司法适应革命需要为宗旨。凡国民党党员有下列资格之一者,填具志愿书后,得入本班为学员:①有应征资格条陈根本改造司法意见书,经审查认为有见地者;②现任推事、检察官、书记官经司法行政委员会调受训练者(除广州市外其他各地所遗职务由司法行政委员派员暂代);③曾在法政专门学校以上学习法律三年以上取得毕业证书,经司法行政委员会主席指定者。

(2)每期学员以60至100名为限,不收学费。两个月为一期,每周授课24小时,本班所授科目是:①世界最新宪法;②苏俄司法制度;③苏俄民刑法概论;④世界政治经济状况;⑤中国政治经济状况;⑥孙文主义;⑦国民党史;⑧本党宣言及训令;⑨政治训练;⑩各种民众运动;⑪各国革命史;⑫帝国主义史;⑬社会主义概论;⑭革新司法计划;⑮革命与司法;⑯法官实务问题。前项科目于必要时得予增改。

(3)学员期满及格者,由司法行政委员会发给训练及格证书。毕业学员成绩优良者,现任推检,准供原职,或予以升调。其余人员由司法行政委员会分别授予"推检试署"。试署期限为六个月。成绩优良

---

① 《国民政府公报》1926年第47号。

者,分别荐任。

(4)本班设主任一人,总管全班事务及教授事宜。由司法行政委员会主席指派教授若干人,分别讲授各学科。由主任商请司法行政委员会主席函聘之事务员若干人分掌各种事务,由主任委任。

(七)1923 年《修正律师暂行章程》①

1923 年 7 月 19 日大元帅指令公布。

广州革命政府对律师法规极为重视,最早曾由大理院院长徐谦主持修正公布。大元帅府成立后,大理院长兼管司法行政事务赵士北再次修正。他在 1923 年 7 月 16 日向大元帅的呈文中提出:近日迭接各方请领律师证书,纷至沓来,亟应规复旧制,准其照章请领。但前订律师章程没有"律师公会"专章,并"资格"各条间与现在南方政府情形也有不合,理应予以增册修订,现交修正律师章程折呈鉴核。

大元帅孙中山于同年 7 月 19 日发布第 331 号指令:"准如所拟办理。"该章程共 8 章 38 条。章名是:职务、资格、证书、名簿、义务、公会、惩戒、附则。

(1)律师职务。律师受当事人之委托,或法院之命令,得在通常法院执行法定职务,并得依特别法之规定,在特别审判机关行其职务。律师受当事人之委托,为契约、遗嘱之证明,或代订契约等法律文件。

(2)律师资格。第一,律师应具有下列资格:①中华民国人民满二十岁以上之国民。②依律师考试合格,或依本章程有免试之资格者。第二,有下列资格之一者,不经考试得充律师:①在外国或本国大学修业三年以上,得有毕业文凭,并专修法律之学得有学位者,或在外国修法律之学得有律师文凭者。②在外国或本国大学,或经政府认可之公立私立法律或法政学校修业三年以上,得有毕业文凭,并曾充司法官

———————————

① 《陆海军大元帅大本营公报》1923 年第 21 号。

一年以上,或办理司法行政事务三年以上者。③具前项上段之资格,曾充国立或经政府认可之公立私立大学,或专门学校之法学教授三年以上者。④依本章程充律师后,经其请求撤销律师名簿之登录者。⑤在本章程施行前,领有司法律师证书者,但在护法政府成立之后,如领有北京司法部律师证书者,须另领证书,照章纳费。第三,有下列情形之一者不得充律师:①曾处法定五等有期徒刑以上之刑者,但国事犯已复权者不在此限。②受破产之宣告确定后,尚未复权者。

(3)证书与名簿。经考试合格或有免试资格者,得依本章程请领律师证书,但应纳证书费一百元,印花税费二元。

司法总长发给律师证书时,应将该律师列入总名簿。律师名簿须载明:姓名、年龄、籍贯、住址、律师证书号码、事务所、登录年月日、惩戒。领有证书之律师,得声请指定一高等审判厅管辖区域执行其职务。

(4)律师义务。①律师执行职务时,不得兼任官吏或其他有俸给之官职,但充国会、地方议会议员,学校讲师,不在此限。②律师受诉讼事件之委托后,而不欲承诺者,应通知委托人,否则应赔偿因此所生之损失。③律师不得故意延滞诉讼之进行,如因懈怠过失,或不谙习法令程式致委托人受损失时,应负赔偿之责。④律师应于执行职务之法院所在地置事务所,并应报告所在地之法院。

(5)律师公会。律师非加入律师公会不得执行职务。律师公会受所在地方检察长或高等分厅监督检察官之监督。律师公会置会长,副会长和常任评议员。律师公会得提议决定下列事项:①法律命令及律师公会会则所规定之事项。②司法总长或法院所咨询之事项。③关于司法事务或律师共同之利害关系,建议于司法总长或法院之事项。④律师公会或常任评议员之会议,有违反法令及律师公会会则者,司法总长或高等检察长得宣示其决议无效或停止其会议。

（6）惩戒。律师有违反本章程及律师公会会则之行为者,律师公会会长应依常任评议员或总会之决议,声请所在地方检察长将该律师付之惩戒。地方检察长受理前项声请后,应即呈请高等检察长,提起惩戒之诉于该管高等审判厅。惩戒处分分为以下三种:①训戒。②停职一月以上二年以下。③除名。受除名处分者,非经过四年不得再充律师。被惩戒人或高等检察长,对于惩戒裁判有不服者,得向司法总长提出复查之请求。本章程关于司法总长之职权,由兼管司法行政事务之大理院长行使。

（7）为了按照《律师暂行章程》甄拔律师,大元帅还在 1923 年 12 月 7 日发布第 676 号指令,公布了《甄拔律师委员会章程》①。

（八）关于监所管理的规定

（1）1921 年关于清理庶狱的训令

早在 1921 年 10 月 5 日,大总统孙中山曾明令清理庶狱,后因粤乱发生(指陈炯明叛乱),未得实行。到 1923 年 4 月 6 日,孙中山又以大元帅名义发布第 62 号训令。决定由大理院督率广东高等审检两厅及所属各厅庭,各派专员清理现有监狱中执行刑罚之罪犯,分别情形作如下处理:①择其情有可原者,呈请减刑。②所有羁押民事被告人,无论有无保人,均应一律释放。③对刑事被告人,凡证据不充分者,或系应处五等有期徒刑以下之刑者,凡案经上告卷宗于上年变乱中损失,一时难结案者,应取保释出候审。④督促所属,以后务遵刑事审限,并依法厉行缓刑、假释、责付保释。同时还决定,凡军事犯及受行政处分而羁押者,或因犯已废止之《治安警察法》而被惩治者,应由各军事长官及广东省长遵照前令分别办理,统一限定在三个月内办理完竣具报,勿稍延玩。

---

① 《陆海军大元帅大本营公报》1923 年第 40 号。

（2）1921年关于减刑省释的指令

孙中山于1923年5月21日，又以大元帅指令第192号，令大理院长兼司法行政事务赵士北，重申清理庶狱的原则，指出：此次申令清理庶狱，省释无辜。凡在疑狱，从宽免刑。轻罪可原，迅予开释。至于减刑一节，除真正命盗要案外，宜详加审查，视其情罪之轻重与在监狱执行刑罚久暂，分别等差，呈请减免。

在1923年4月10日《大本营公报》上，曾刊登孙中山发布的一道训令，涉及一件典型案例的处理。其主要案情是，华侨潘嘉集资返国在广州河南开设一织造厂。不料在1922年5月13日夜，强徒在墙外挖洞而入，被厂中工伴陈、胡、潘三人发现，急以铁棍木棒与挥刀横来的匪徒抵御，将其戳伤而逃，该匪徒在中途伤重倒毙。当时正值大总统蒙难离粤，由陈炯明窃权的司法界判处拒盗三工伴有期徒刑各一年（已被押八个月）。孙中山回粤后，华侨潘嘉于1923年3月上书孙中山，要求将三工伴特赦出狱。孙中山在训令中指出："陈、胡、潘三名，事出自卫，情有可原，业经执行徒刑数月，应予从宽减刑省释。仰该院（大理院）长转饬该管检察厅遵照办理。"

（3）1926年总政治部提出《改良粤省监狱计划》

1926年11月29日，由总政治部负责召开后方政治工作联席会议第十三次会议，特议决呈请国民政府清理广东全省庶狱，并依照核准此项清理整顿计划，通令国民政府治下各省遵照施行。

根据广州市公安局对广州看守所、南石头惩治戒场、南海、番禺两县监狱、广州分监与看守所以及公安局拘留所等地的调查，除南石头惩治戒所稍形优异外，其余均弊窦丛生，例如：久不审讯，克扣囚粮，待遇残酷，侵蚀囚款，空气醍龊，狱所潮湿，重染成病，还有随意严加镣铐，任其冻馁，停滞书信，断绝音信等，不胜枚举。

会议采纳各方呈报意见，提出以下改革要求：①清理监狱，凡久押未决之人犯当饬各该管分别情况,及时处理,早释无辜。②增加囚粮。一面派员检查囚犯之饮食,一面严惩克扣囚粮者。③改良待遇,革除一切非法陋规。④注重卫生,添置浴场厕所。⑤增设工艺,按日操作。⑥设教化班,按时上课,变化其原质而生向上之志愿。⑦建设新狱,以资安置更多囚犯。

第一次国共合作时期政治制度的前沿探索
——国民会议促成会全国代表大会的召开和广东省人民代表大会的筹备

在第一次国内革命战争时期,对于我国政治制度的改革,曾经进行过多方面的探索和实践,除了在工农运动中产生的人民代表大会制度的三颗萌芽(省港罢工工人代表大会、各省农民代表大会、上海工人第三次武装起义中的上海市民代表大会)和区乡自治组织,以及县民会议、省民会议的构想之外,国共两党还在积极主张召开国民会议促成会,以共商国是。同时,广东省还明确提出:"人民代表大会"这一新的概念,并且建立了"广东省人民代表大会筹备处"。这些对于研究我国政治体制改革,都具有开拓性的理论价值和重要历史意义。现在仅据已有史料,做以下阐述,供大家进一步研究探索。

一、1925 年的"国民会议"运动是我国最早的政治协商会议的组织形式

(一)中国共产党发起开展"国民会议"运动

李大钊早在 1922 年 5 月《五一纪念日于现在中国劳动界的意

义》①一文中,提出:"主张召开国家大会,容纳各阶级的代表,制定国宪。"1923年2月陈独秀在《中国之大患——职业兵与职业议员》②一文中,开始提出"国民会议"的口号,他说:"全国各级议会的议员种种失德败行横暴堕落无人格的行为……乃是强效欧美的议会制度而不合中国社会状况的罪恶,焉此不变,虽改选数十百次,也必然是后先一辙"。"救济之道,惟有用革命的手段废去现行各级议会的组织法及选举法,改用由现存等团体(如工会、商会、教育会、律师公会等)选举的国民会议、市民县民会议。"1923年7月《中国共产党第二次对于时局的主张》③正式提出发起开展"国民会议"运动,指出:"在北京之国会已成为封建军阀的傀儡,国民已否认其代表资格,只有国民会议才能代表国民,才能够制定宪法,才能够建设新政府,统一中国"。"由此国民会议所产生之新政府,须以真正国民革命的势力,扫荡全国军阀及援助军阀的外国势力,然后才不愧为统一全国的人民政府。"并建议"由负有国民革命使命的国民党出来号召全国的商会、工会、农会、学生会及其他职业团体,推举多数代表,在适当地点开一国民会议"。

1924年11月,《中共中央第四次对于时局的主张》④中,进一步提出以下具体方案:(一)迅速在北京召开国民会议预备会议,指出:"当此帝国主义妄图分裂中国的危机时刻,挽救危机的方法,不是各省军阀的'和平会议'或'国是会议',也不是几头元老的'善后会议',乃是本党去年北京政变时所主张的及中国国民党现在所号召的国民会议。只有这种国民会议才可望解决中国政治问题;因为他是由人民团体直接选出,能够代表人民的意思与权能。我们希望国民党领袖们努力号

---

① 《李大钊文集》,人民出版社,1984年,第561页。
② 《陈独秀文章选编》(中),生活·读书·新知三联书店,1984年,第242页。
③ 《中共中央文件选集》(1),中共中央党校出版社,1982年,第37—38页。
④ 《中共中央文件选集》(1),中共中央党校出版社,1982年,第130—133页。

召全国人民的团体,促成此国民会议;并须努力使他们所主张的国民会议预备会议急速在北京召集。此预备会议之任务,不但是筹备国民会议,我们各阶级的民众,拥护此预备会议。在正式政府未成立以前,即为临时的国民政府——号令全国的唯一政府。"(二)向国民会议提出目前最低限度的政治纲领13条(后来在1925年1月,以上海国民会议促成会的名义,发布的政治纲领,修改为28条)。

中国共产党关于召开国民会议的号召,与孙中山取得共识,并作为国民党的行动方针,在全国掀起了召开国民会议的人民运动。孙中山北上时,更以"废除不平等条约,召开国民会议"相号召。

(二)孙中山将召开"国民会议"写入《北上宣言》和《国事遗嘱》

1924年10月,冯玉祥发动"北京政变",曹锟、吴佩孚倒台,冯玉祥电请孙中山北上,共商国是。孙中山将召开国民会议,作为国民党解决时局问题的基本国策,写入1924年11月10日的《北上宣言》①中。宣言指出:(一)对于时局,主张召集国民会议,以谋中国之统一与建设。而在国民会议召集以前,主张先召集一预备会议,决定国民会议之基础条件及召集日期、选举方法等事。(二)预备会议以下列团体之代表组成:(1)现代实业团体;(2)商会;(3)教育会;(4)大学;(5)各省学生联合会;(6)工会;(7)农会;(8)共同反对曹吴各军;(9)各政党。以上各团体的代表,由各团体之机关派出,人数宜少,以期得迅速召集。(三)国民会议的正式代表,人数当较预备会议为多,并须由各团体之团员直接选举。各省须保障各地方之团体及人民有选举之自由,有提出议案及宣传讨论之自由。(四)国民党所主张的国民会议实现以后,本党将以第一次全国代表大会宣言所列举之政纲,提出于国民会议,期得国民彻底的明了与赞助。

---

① 《孙中山全集》第十一卷,中华书局,1986年,第297—298页。

孙中山北上途中,一路宣传召开国民会议和废除不平等条约的重要意义。在 1925 年 3 月 12 日病逝前夕,孙中山签署的《国事遗嘱》中,仍念念不忘:"最近主张开国民会议及废除不平等条约,尤须于最短期间促其实现。是所至嘱。"

孙中山到达北京之后,北京政局已发生重大变化。盘踞北京的段祺瑞排斥冯玉祥,自任"临时执政"为了巩固其反动统治,并为了抵制国民会议的召开,在 1925 年 2 月 1 日,擅自召开了御用的"善后会议"(即军阀、官僚参加的"元勋"会议)。正如 1925 年 5 月,国民党第一届三次中央全会通过的《对于时局宣言》①指出的:去年 11 月"本党总理孙先生北上之际,以开国民会议及废除不平等条约宣告天下"。"而北京临时执政则甘受驻京外交团之钓饵,以尊重不平等条约为承认临时执政之交换条件,置国民对于不平等条约之解放要求于不顾"。"本党至此不得不郑重宣言:本党与北京临时执政之合作已完全绝望。此后本党惟有竭其能力,为国民革命而奋斗"。

(三)国民会议促成会的筹备

孙中山北上后,在全国范围内,掀起了召开国民会议运动的高潮。1924 年 12 月,中共中央、中国社会主义青年团中央发布通告——确定开展促成国民国民会议运动的方针,即一律称作"国民会议促成会"(不叫"促进会"或"后援会")。每个地区只能有一个统一的促成会,以劳动群众及中小商人为主要成分,重视与国民党与商界合作。合组一个党团,接受地方党组织的领导。

1925 年 1 月 10 日上海国民会议促成会编印的《我们所要的国民会议是什么?》对于国民会议的意义和宗旨作了全面阐述。

---

① 荣孟源主编:《中国国民党历次代表大会及中央全会资料》(上),光明日报出版社,1985 年,第 81—83 页。

1.国民会议有三个意义:第一,应该是国民的会议,而不是任何形式的军阀官僚会议可以代替的。第二,应该是由国民所推举的代表会议,即由各城市、各乡村人民团体中,无性别、财产、教育的限制,选出一定人数的代表参加的会议。第三,应该是为国民的利益而召开的会议。这个会议应该讨论议决,并执行对内对外拥护国民经济上的政治上的利益与权利的提议。若有违反这一原则,而希图拥护外国帝国主义的利益与权利,或国内军阀个人地位者,便是国民的公敌,只有这样的国民会议,才是中国国民从帝国主义列强及军阀宰割之下解放出来的道路。

2.真正人民的国民会议怎样才能实现呢? 先由各地的人民团体组织地方的国民会议促成会,然后组织全国国民会议促成会,最后在北京召集正式的国民会议,商讨国是。现在已有下列 30 余处已组成国民会议促成会:上海、北京、天津、徐州、湖北、湖南、九江、芜湖、彭泽、无锡、苏州、杭州、宁波、绍兴、镇海、邳县、睢宁、广州、韶州、福建、安徽、山东、萧山、宜兴、江西、永兴、厦门、象山、南京、梧州、青州、博山、济南、温州等。

3.综合各地的具体要求,概括提出下列 28 条共同的政治纲领:

(1)废除一切不平等条约,收回海关权、教育权及租界,取消领事裁判权。

(2)保障人民的言论出版结社等绝对自由权,废除治安警察条例及罢工刑律。

(3)民选省长市长县长及乡村自治机关。

(4)废除督军、巡阅使、宣抚使、护军使、镇守使、军长、师长等军职。全国非战时之常备军,以旅长为最高军职。

(5)旅团司令部采用委员制,军饷公开。

(6)惩办穷兵黩武之军阀,历年祸国之安福系、外交系,及一切卖国贼。

（7）解散国会，取消伪宪，严办贿选议员。

（8）没收此次战争祸首的财产，赔偿东南北各地被兵灾民之损失，赈济北方水灾，占地内被灾农户免纳钱漕三年。

（9）整理财政，停止借债，发展教育实业。

（10）废除厘金及一切苛税杂捐，禁止预征钱粮及其陋规。

（11）增加海关进口税，整理国有企业之收入，征收遗产税及城市土地税，以补废止旧税之损失。

（12）实行裁兵，移民殖边。

（13）改善现役兵士之生活及教育，退伍兵须给以土地及农具，或他种可靠的生活。

（14）改良农民生活，规定最高限度租税，取消田赋以外的附捐。

（15）帮助职业团体（农民协会等）及武装自卫团体（乡团农团等）的发展。

（16）制定劳动法规如：①八小时工作制；②最低限度工资；③童工工作种类及时间的限制；④女工的特殊保护；⑤男女工资平等；⑥劳动保险；⑦失业救济及职工介绍；⑧工人团体参与工厂行政；⑨工人享有团体契约权。

（17）设法安置游民兵匪的生计，使为社会做有益的工作。

（18）救济各处失业工人，使得相当的生活。

（19）限制都市房屋加租，多建设平民住宅。

（20）限期禁绝鸦片及其类似毒品。

（21）妇女在经济上、政治上、教育上、职业上一切与男子平等。

（22）禁止蓄婢纳妾及童养媳，废除娼妓并禁止溺女。

（23）确定教育基金，不得拿作军政费用，各国退还庚子赔款，应一律充教育经费。

（24）切实保障华侨，力争取消《取缔华侨教育条例》及《移民律》。

（25）教育机关独立，不得受政治、军事的影响摧残。

（26）实行中小学之义务教育，并推广平民教育，使全国人民有受平等教育之机会。

（27）规定优待小学教员条例，广设图书馆及阅报社。

（28）取缔一切反动的、复古的、专制的、有碍学生身心发达的、违反进化原则的教育。

1925 年 1 月 19 日，中共中央政治局通过对段祺瑞"善后会议"的决议案，决定在北京立即召集各地国民会议促成会的联合大会。每个地区选派 5—15 名代表参加大会。

（四）国民会议促成会全国代表大会在北京召开

1925 年 3 月 1 日，国民会议促成会全国代表大会，在北京正式开幕，大会主席之一赵世炎（中共北京地委书记，大会"党团"书记）向大会作了报告，大会讨论了国际国内的各种议题。据赵世炎《国民会议促成会全国代表大会之经过与结果》①记载：到会代表 200 余人，代表 20 余省区，120 余个地方的国民会议促成会，包括工农群众、知识界、教职员、学生、商人、实业家、新闻记者、律师及各种职业的平民。可见，"这是一个民众的会议！从会议之经过与结果看来，是颇良好的。这样从民间产生的会议，在我国实不易见，或者竟是真正国民会议之先声"。

这次大会，在北京"执政府"的抵制破坏与高压、封锁的条件下，历时一月有余，讨论了当时大家所关心的各种国内外问题，最后，大会通过了以下各种重要决议案：（甲）国际问题，宣告"废除一切不平等条

———————————

① 《赵世炎选集》，四川人民出版社，1984 年，第 278—287 页。原载《向导周报》第 133 期，1925 年 5 月 3 日。

约",对不平等条约中所包含的外国帝国主义在中国之特权,一一指明:(1)领事裁判权;(2)租借地、租界及中国境内其他的外国行政权;(3)协定关税制及其他保护外国商品,保护在中国境内经营产业等规定;(4)外国管理财政权;(5)庚子赔款;(6)外国人在中国内地驻兵权及内河航行权;(7)外国在中国境内传教及教育设施。此外,大会还指明帝国主义列强于近年强加于中国的下列诸事实:(1)华盛顿会议;(2)临城案件;(3)鸦片会议;(4)金佛郎案;(5)无线电问题;(6)上海租界焚书问题;(7)上海日本纱厂华工罢工问题。对上述问题一一进行分析,并提出严重抗议。

(乙)国内问题的决议,包括以下 9 个重要问题:(1)军阀军队与内乱;(2)联省自治问题;(3)人民自由问题;(4)实业问题;(5)教育问题;(6)商业问题;(7)工人问题;(8)农民问题;(9)妇女问题。其中关于人民之自由问题,大会要求废除一切警治与军治,人民应有绝对的集会结社言论出版之自由。警察不得任意逮捕、羁押或搜索人民住宅,非军人绝不受军治。工人应有罢工的自由。惩治盗匪法、陆军审判条例等,均当废除。大会尤其对于广大工农群众与妇女界,进行了切实的分析,提出具体的要求。大会还注重国家财政问题,主要是内外借债问题,警告一切外国银行因和国内银行不得再借债与北京政府。最后关于国民会议运动之方针,通过了《国民代表会议条例》和《国民会议组织大纲》。

(丙)大会还特别注意讨论了宪法问题,在决议案中明确以下观点:(1)"中国国家的权力,现在不在国民手中,而在国际帝国主义者及其使者——军阀手中;一切不平等条约,即是保障此等权力的明文"。(2)"目前中国国民所要求于此国民会议的职任,不在制定一部空文无力的宪法,而在为实现废除不平等条约而战斗的人民机关"。(3)"宪法不是别的东西,只是一国国民保持主权的一部证书。这部证书,必须国民自己得了政权以后,才能产生出来。向统治的军阀要宪法,与奴隶要求主人严订管理法一样,结果反让统治阶级强奸民意,任意造作。政权的取得是由于革命的力量,必须国民革命成功,才有国民自己的宪法可言"①。真正的国民会议之目的,就是要求政府收归人民,以解决一切外患与内忧。以上关于宪法的基本观点,是马克思主义的国家学说与当时中国革命实践相结合的产物,这便为中国的宪政运动,指明了正确方向。

(丁)回答了孙中山临终前的遗虑——"敌人软化不了工农阶级!"正当大会召开之际,中国革命伟大的先驱孙中山先生与世长辞了。孙中山在临终前,传授两个遗嘱时,曾警告同志说:"你们不怕敌人之软化吗?"现在这句话,全国民众还没有公开答复,惟有国民会议促成会全国代表大会中工农代表团早就答复了:"敌人软化不了工农阶级!"赵世炎在报道中指出:工农代表团在这次大会中,人数虽少,且偏于南方。但在大会中仍产生出良好的工作。大会会刊中,我们看到农民代表某君的论文,充分表示工农阶级在国民革命中之使命。此次各种的决议,一方面证实民众代表工作之良好结果,一方面也可以断言将受到全国民众有力的拥护。

这次国民会议促成会全国代表大会,是成功的。是国民会议的预演会、誓师会。一方面揭露了北京政府召开"善后会议"的反动本质,一方面也将革命的政治纲领广泛地传播出去,使全国人民明确了反帝反封建的斗争方向。同时,在动员广大民众组织起来,实行参政议政方面,也提供了重要经验:

第一,在召开普选的国家最高权力机关的条件不具备时,可以召

---

① 参见《国民会议促成会全国代表大会之经过与结果》,《赵世炎选集》,四川人民出版社,1984 年,第 278—287 页。原注:"《向导周报》第 113 期,1925 年 5 月 3 日,署名:罗敬。"

开由各革命党派、各人民团体、社会各界人民推选的代表,组成临时性"全国代表大会",共商国是,是解决中国政治问题的有效途径。从这个意义上说,1925年在北京召开的"国民会议促成会全国代表大会",可以看作是政治协商会议的最早组织形式。

第二,这次会议也证明,在帝国主义和军阀官僚势力继续盘踞中国的条件下,试图联合北京反动当局,以和平会议方式达到全国的统一,是根本上不可能的。正如国民党中央执行委员会于1925年7月13日发布的《宣言》所指出的:"本党至此不得不郑重宣言:本党与北京临时执政之合作已完全绝望。此后,本党惟有竭其能力,根据总理遗嘱开国民会议及废除不平等条约,须于最短期间促其实现。"

孙中山逝世后,国共两党都在为召开正式的国民会议而作积极准备。1925年7月13日,中国国民党中央执行委员会发表《国民党关于国民会议预备会议宣言》决定:(一)国民自动召开国民会议,定于今年8月1日在北京召开。(二)国民会议预备会议之构成分子,完全依照孙总理去岁11月11日宣言所开列者。(三)在国民会议预备会议中,接受上海、汉口、广州各处人民的要求及全国人民的要求,使人民的意思得到充分表现,并共同讨论计划一切进行方针。(四)在国民会议预备会议上,要决定废除不平等条约及审议决定其实行方法。

与此同时,为了召开国民会议作准备,各地还制定了具有代表性的法规文献,如《广东国民会议促成会章程》,以及东江行政委员周恩来呈请国民政府颁布《国民会议组织法》,简述如下。

(五)《广东国民会议促成会章程》

1926年2月17日《工人之路》公布《广东国民会议促成会章程》8条。主要规定:(1)本会以促成国民会议,由人民掌握政权,统一中国,取消不平等条约为宗旨。(2)本会由广东省各界人民团体组织之。由各界人民团各派代表2至3人组成本会代表大会。(3)本会以代表大会为最高机关。代表大会闭会后,以执行委员会为最高机关。执行委员会由代表大会推举 27 团体各派代表 1 人。(4)执行委员会内部职务分工如下:①总务部,综理各部事务,下设文书股、庶务股。②组织部,下设调查股、统计股。③宣传部,下设编辑股、讲演股、新闻股。④外交部,下设交际股、翻译股。⑤财政部,下设会计股、筹款股。(5)本会会议分为三种:①代表大会,由执行委员会召集。②执行委员会。③部长会议,由总务部长召集,开会时由总务部长为主席。(6)办公费由各团体自由认捐,必要时得向外募捐。

1926 年 3 月 10 日,广东国民会议促成会发布函电,要求收回海关控制权,罢免海关总税司贝尔的职权。同时还提出加强召开国民会议,打倒奉直军阀。

(六)东江行政委员周恩来呈请国民政府颁布《国民会议组织法》①

1926 年 3 月 31 日,广州国民政府给法制委员会的批令,指出:

据广东东江各属行政委员周恩来呈称:东江各属行政大会第十七次会议临时会议第七项决议案,请国民政府颁布国民会议组织法,令先由广东各地职业团体代表(依总理所规定),开人民代表会议,将来由县而省而国得尽力推行,以促成全国国民会议之实现一案。窃查中国近状,代议制度既经破产,职业团体代表会议实将代之而兴。去岁总理北上,明白宣言,召集以职业团体为单位之国民会议,各地人民闻风响应。一时国民会议促成会几遍见于全中国,总会亦成立于北京。卒因帝国主义及其工具军阀之嫉忌压迫摧残,以至功亏一篑。总理已没,余痛犹存。今北方时局混乱,帝国主义军阀自身均呈崩溃之象。全国人民复以自身环境之关系,需要真正统一之国民政府。而先总理

---

① 《国民政府公报》1926 年第 28 号。

所发起之国民会议,实为适应此需要之唯一手段。第以各地人民组织不一,指挥既难齐一,收效自当减少。既负人民自身之希望,复有愧于总理遗嘱中所指示须于最短期间促其实现之至意。而欲求组织整齐指挥灵便,以须有统一之法令或规程,方可收其成效。理合将请求颁布国民会议组织法,令各缘由备之呈请钧核,伏乞俯赐察核,从速颁布,俾得有所遵循。是否有当,乞批示祗遵等情。

国民政府常委会令批:"仰法制委员会即将国民会议组织法起草,呈侯核定颁布。"同时还于1926年3月31日,另批广东东江各属委员周恩来:呈请颁布《国民会议组织法》事,"已令法制编审委员会起草矣"。

以后法制委员会是否拟定《国民会议组织法》,目前尚未查到相关史料。但自从1926年夏北伐战争开始后,形势发生重大变化。实际上已经寻求到新的革命道路,即以革命的武装推翻帝国主义支持的反革命武装及反动政权;只有革命战争取得胜利,才能实现人民参政议政的权力和愿望。至于革命胜利后的政权组织形式,留待日后继续研究解决。但有一点可以肯定,当时国共两党对于召开国民会议,已经取得共识,并确定由社会各界职业团体推选代表,先开县民会议、省民会议,最后召开国民会议。这种国民会议,虽非国家最高权力机关,但它可以共商国是,以此作为过渡性的政治协商机构,逐步代行国家权力机关的职权。

二、人民代表大会制度的提出和广东省人民代表大会的筹备

依据现有史料,早在1925年,在广东就提出"人民代表大会"这一概念,并组成广东省人民代表大会筹备委员会,积极进行筹备。

据《工人之路》1925年8月16日报道:广东省人代表大会第三次筹备会议,已于8月14日召开(该筹备会何时成立,前两次会议的情

况如何，不详）。出席第三次筹备会的有郭威白、谭植棠等 8 人。这次筹备会通过以下决议：

（一）通过《广东人民代表大会筹备委员会通则》①12 条。（1）规定本会的职责是筹备召开广东人民代表大会。待大会正式开会时，本会职责即为终了。（2）筹备会的成员，由广东各人民团体推出的代表组成。包括广东省农民协会、广东省教育会、中国青年军人联合会、商民协会、女权运动大同盟、中华全国总工会各派代表 1 人，另由国民党中央执行委员会选派 5 人。（3）筹备会内设有文书、宣传、交通、会计、庶务 5 部。（4）筹备会分为常委会议和临时会议，由文书部负责召集，开会时临时推定主席。会议须有半数委员出席，方得开会，议案须有出席委员过半数表决，方生效力。

（二）决定草拟"召开代表大会的通告"。内容包含缘由，大会开会日期、代表选举办法，以及接待等问题。至于川资问题，待与廖仲恺部长磋商解决办法。代表接洽地点，定在国民党中央党部。该《通告》通过后，请广东省政府通令各县转行各人民团体遵照执行。

关于广东省人民代表大会是否正式召开，目前尚未查到相关史料。尽管如此，有一点可以证明，就是在第一次国共合作时期，在中共广东区委周恩来等领导下，于 1925 年就曾首倡召开人民代表大会，并由各人民团体派代表参加，组成了广东省的筹备委员会。这在中国政治制度史上堪称是一次划时代的创举。其详情始末，有待进一步发掘探究。

三、小结

综观第一次国共合作时期有关政权体制改革，真可谓形式多样，

---

① 《工人之路》1925 年 8 月 16 日。

内容丰富,经验颇多,为探求新民主主义的政治制度,打开了思路,并提供了创造性的实践经验。这些经验集中到一点,就是具有中国特色的"人民代表大会制度",已在实践中放射着"呼之欲出"的曙光。如果孙中山的"联俄、联共、扶助农工"的政策继续实施。第一次国共合作能够坚持到北伐战争的胜利,在将北洋军阀政府彻底推翻之后,民主协商性质的"国民会议全国代表大会",有可能正式召开,并代行全国最高权力机关的职权,选举产生国共合作的联合政府;待条件成熟后,再像广东省那样,在普遍召开各级人民代表大会的基础上,正式召开全国人民代表大会,通过人民的宪法,产生中央人民政府。这种有历史事实根据的前瞻性的设想,并不是可望而不可即的空想。但是,后来由于发生"四一二"、"七一五"政变,使这种可能性完全断送。直至 20 年后解放战争取得决定性胜利之后,才在新的历史条件下,正式召开了中国人民政治协商会议,代行全国人民代表大会的职权,成立了中华人民共和国中央人民政府。

第三章
武汉国民政府的变迁及其法制建设
（1927 年 1—7 月）

第一节 "迁都之争"与国民党中央临时联席会议

一、所谓"迁都之争"是蒋介石分裂革命的反动信号

在 1926 年 10 月国民党中央各省区联席会议上，就曾讨论过国民政府的所在地问题。在 10 月 16 日通过的《国民政府发展决议案》里，指出：确定国民政府所在地的原则是"应视其主要工作所之地而决定之"。现在国民政府的主要工作，在巩固各省革命势力之基础，而此种主要工作以首先由广东省实施最为适宜，故国民政府仍暂设于广州。

当国民革命军胜利进军武汉三镇后，革命形势发生巨大变化。武汉的工人运动和两湖地区的农民运动逐步发展起来。这时，武汉已成为全国革命运动的中心。将革命首府迁到武汉，对推动全国革命的发展是有利的，为适应新形势的要求，国民党中央政治会议于 11 月 8 日作出决议，决定将国民党中央党部和国民政府由广州迁至武汉。11 月 15 日中央委员及政府委员第一批启程赴汉，负责筹备中央机关克日开

始办公事宜。12 月 5 日国民党中央正式宣布中央党部和国民政府停止在广州办公,各机关工作人员准备分批前往武汉。

当首批赴汉的委员宋庆龄、孙科、宋子文、徐谦、陈友仁及顾问鲍罗廷等经过南昌时,曾于 12 月 4 日与蒋介石会谈,蒋表示同意政府迁都武汉。但当后续委员到达南昌时,蒋介石却出尔反尔,擅自决定改都南昌,这不是偶然的。正如国民党二届三中全会通过的《本会经过概况》所指出的:蒋介石自 1926 年 3 月 20 日阴谋制造"中山舰事件",以"武力蹂躏党权政权以后,不但总理之联俄及容纳共产党政策被其破坏,即本党军队中之党代表制与政府制度亦完全破坏,开个人独裁之渐,启武人专横之端,使总理改组本党之精神及同志两年来之努力,悉付诸流水"①。从此蒋介石逐步攫取了党政军各项大权。首先非法增设中央执行委员会常务委员会主席一职,由蒋介石担任,张静江代理(按《中国国民党总章》本无此项规定)。中央执行委员会政治委员会主席和国民政府主席原为汪精卫担任,自汪出国后,改推谭延闿(代理),国民政府军事委员会主席原为汪精卫,改为蒋介石。同时蒋介石还担任国民革命军总司令,有权直接指挥国民政府各部事务。可见,蒋介石在北伐战争中实际上已成为党政军的最高首领。当蒋介石进驻南昌后,利用其政治地位,公然与中央迁都武汉的决定相对抗,截留部分赴汉的中央委员,于 1927 年 1 月 3 日在南昌操纵召开了所谓"中央政治会议临时会议",决定迁都南昌,武汉只设中央政治会议湖北省分会。这就是历史上所说的"迁都之争"。由于国共合作后的中国国民党,实行民主集中制的原则,只有多数委员作出的决定,才是国民党中央的决定,少数首脑人物的决定是不合法的。由于多数委员的据理

---

① 荣孟源主编:《中国国民党历次代表大会及中央全会资料》(上),光明日报出版社,1985 年,第 299 页。

力争,蒋介石的这一阴谋才未得逞。不久,在南昌的委员陆续赴汉出席二届三中全会。

二、国民党中央执行委员、国民政府委员联席会议是临时最高决策机关

为迁都武汉做准备工作的第一批人员,于 1926 年 12 月 10 日到达武汉,其中包括一部分国民党中央执行委员和国民政府委员,以及外交、财政、司法、交通等部的部长。"其时军事、政治、外交均甚紧急,而党部政府正值迁移,不可无一最高权力机关,以资应付,故由到武汉之中央执行委员、国民政府委员组织一临时联席会议,于党部政府未到武汉以前行使最高权"①,以为决定并应付重要问题之机关。联席会议由 14 人组成,包括国民党中央执行委员、国民政府委员、湖北省政务委员会主席、湖北省党部及汉口特别市党部代表各 1 人。其名单是:徐谦、孙科、宋子文、邓演达、吴玉章、宋庆龄、陈友仁、董必武、王法勤、唐生智、于树德、柏文蔚、蒋作宾、詹大悲。以徐谦为主席,叶楚伧任秘书长、鲍罗廷为总顾问。

联席会议于 1926 年 12 月 13 日成立。它兼具党、政双重职能,在国民党中央政治会议未迁武汉以前,它代行中央政治会议职权,同时,对外代表国民政府,处理一系列内政外交上的重大事件。它以中华民国名义收回汉口、九江的英租界,先后共做出了 260 多项重要决议,对促进反帝爱国运动、稳定革命秩序、推动国民革命的发展,作出了重要贡献。

1927 年 2 月 21 日,在武汉的国民党中央执行委员、监察委员联合

---

① 荣孟源主编:《中国国民党历次代表大会及中央全会资料》(上),光明日报出版社,1985 年,第 300 页。

举行扩大会议决定结束"中央执行委员国民政府委员临时联席会议",并宣布中央党部和国民政府即日开始办公。1927年3月10日,国民党第二届中央执行委员会第三次全体会议,专门通过《关于中央执行委员国民政府委员临时联席会议决议案》①不仅肯定成立临时会议是十分必要的,而且追认其所有决议案继续有效,指出临时联席会议的成立,"系适合革命利益,应付革命时机,代表中央权力之必要组织。在该临时联席会议成立以来之经过,如领导革命民众向帝国主义者努力进攻,而得收回汉口、九江英租界之结果,使民国政府对外威权得以提高,使废除不平等条约的解放运动得初步之成功,实足以证明临时联席会议为适合革命之要求,该临时联席会议现虽结束。但所有议决案,在全体会议认为继续有效"。

第二节　国民党二届三中全会是维护革命团结反对分裂的重要会议

1927年3月10日至17日,中国国民党第二届中央执行委员第三次全体会议于汉口南洋大楼正式召开。出席中央执行委员18人,候补执行委员11人,候补监察委员4人,共计33人。会议通过了在新形势下进行反帝反封建的革命纲领,以及加强国共合作,统一革命领导机构,加强集体领导作用,反对分裂,反对个人独裁的决议案,因而这次全会取得了历史性的胜利。

---

① 荣孟源主编:《中国国民党历次代表大会及中央全会资料》(上),光明日报出版社,1985年,第316页。

一、通过新形势下的革命政纲——《对全国人民宣言》①

《对全国人民宣言》指出:我们反帝国主义与反封建军阀的国民革命运动,自北伐军占领武汉以来,已到了一个新时期。全中国的一半已经从帝国主义的同盟者与工具——军阀——的直接压迫下解放出来了,中国工人农民及城市中广大的民众,业已渐渐参加斗争了,这就是我们战胜帝国主义与国内反革命的稳固基础。同时国民政府统治区域内的一切反革命势力、反动派、买办、大地主、绅士、安福、交通、研究、外交各系,正在设法牵制国民政府的政策,并且全力破坏革命根据地。帝国主义者,特别是英国,除去侵略行动以外,还和他们的奴仆——北方军阀——正在设法分化革命的战线。因此,我们此时更应注意这种分化方法的危险,而预为防备。

接着宣言提出以下政纲:(1)我们要继续向帝国主义作战,直到达到目的,即"得到中国真正的、政治的、经济的独立而后止"。我们要继续对于北方军阀的革命战争,直到我们统一了中国,肃清封建军阀势力为止。(2)我们要把一切行政立法权集中在国民政府的手里。"防止个人专政或一部分人专政的倾向。只有由国民党所表现出的民众的意志,才能确定国民政府的政策"。(3)国民党要用种种方法继续援助工人农民和城市中一般民众的革命运动。及改良他们本身生活的斗争,使他们可以打倒帝国主义、军阀及一切国内反革命势力。我们要设立农政部及劳工部,实现本党的农工政策,要使民众运动得到充分的、普遍的发展。我们要把民众组织成自治委员会,代表民众作为国民政府的政策。(4)我们要帮助国内的少数民族(蒙古、西藏、回

---

① 荣孟源主编:《中国国民党历次代表大会及中央全会资料》(上),光明日报出版社,1985 年,第 304—308 页。

族等)的自决与解放。(5)我们要帮助并且巩固与苏联的关系。苏联是诚意援助我们民主革命的国家。凡是愿意在民族平等原则下与中国诚意合作的国家,一定愿意中国的统一与独立。(6)有些人以为不要帮助革命民众,不要与世界被压迫民族合作,也可以继续革命,这是错误的。"这些人实在就是帮助帝国主义与反革命,他们是与我们的领袖孙中山先生的主义无关的"。宣言最后提出:"国民革命必须成功,我们的国家必须独立,我们的人民必须自由,帝国主义的宰割、封建军阀的压迫剥削必须打倒,这便是三民主义的真意义。"

二、通过各种重要决议案

1.《统一党的领导机关决议案》①,重申中国国民党全国代表大会为党的最高权力机关。全国代表大会闭会后,党的权力机关为中央执行委员会,对全国代表大会负责。由中央执行委员会全体会议选出常务委员会,对于党务、政治、军事行使最终议决权,除党务直接处理外,交国民政府执行。在中央执行委员会下,设立政治委员会和军事委员会。政治委员会对于政治问题议决后交由中央执行委员会指导国民政府执行之。国民政府部长虽非政治委员会委员,亦得列席政治委员会会议,但无表决权。

2.《统一革命势力决议案》②,确定中国国民党与中国共产党两党联席会须立时开会讨论对以下各问题的合作办法:(1)统一民众运动,特别是对农民运动与工人运动的共同指导。(2)国内少数民族问题。(3)共同担负政治责任问题——应由共产国际派负责同志

---

① 荣孟源主编:《中国国民党历次代表大会及中央全会资料》(上),光明日报出版社,1985年,第316—317页。

② 荣孟源主编:《中国国民党历次代表大会及中央全会资料》(上),光明日报出版社,1985年,第317—318页。

加入国民政府及省政府。(4)设法使第三国际及中国共产党与本党机关报关于两党互相批评与记载,不违背合作之精神。两党联席会议之本党代表 5 人,由中央之组织、宣传、工人、农民、青年 5 部部长充任。(5)本党应第三国际之邀请,应即派出代表 3 人出席第三国际会议,接洽中国革命根本问题,特别是中国革命与世界革命的关系问题。

3.《统一外交决议案》①,为防止帝国主义者破坏我国国民革命势力集中之阴谋,本党及政府应执行下列办法,以厉行外交政策之统一;本党党员对于外交方面,有擅自发表变更外交政策之主张,或直接间接向帝国主义列强接洽任何条件者,以违背党纪论,应予除名处分。政府职员,非外交当局或未受外交部长之委托,私擅与帝国主义者为外交的接洽或进行秘密交涉者,一经发觉证实,立即免职查办。在国民政府统治地区,所有外交人员均由外交部直接任免,地方政府及军事长官,不得有任免交涉员之事。

4.通过各军事机关组织大纲②,如《中央委员会军事委员会组织大纲》、《军事委员会总政治部组织大纲》、《国民革命军总司令部条例》和《关于军事政治学校之决议案》。(1)确定军委会统一在国民党中央执委会的领导下,"为国民政府的最高军事行政机关"。军委会废除主席制,设立主席团 7 人。(2)确定在中央执行委员会军事委员会之下,设立总政治部,专任军队中党务及政治工作。(3)确定军事政治学校及各分校,均须置于党的指导之下,改校长制为委员制,其政治教育须受总政治部的指导。

---

① 荣孟源主编:《中国国民党历次代表大会及中央全会资料》(上),光明日报出版社,1985 年,第 319—320 页。

② 荣孟源主编:《中国国民党历次代表大会及中央全会资料》(上),光明日报出版社,1985 年,第 321—326 页。

此外,还通过《统一财政决议案》、《农民问题决议案》,以及《修正政治委员会及分会组织条例》、《湖南省民众会议大纲》和《湖南省民会议组织法》。同时全会还审议批准了《湖北省惩治土豪劣绅暂行条例》和《湖北省审判土豪劣绅委员会暂行条例》①。

三、改选中央机构组成人员

(1)通过改选中央常务委员 9 人案,并选举汪精卫、谭延闿、蒋中正、孙科、顾孟馀、谭平山、陈公博、徐谦、吴玉章等为中央常务委员。(2)通过改选中央各部长案,并选举汪精卫为组织部长,顾孟馀为宣传部长,邓演达为农民部长,陈公博为工人部长,陈其瑗为商业部长(后改为王法勤),何香凝为妇女部长,孙科为青年部长,彭泽民为海外部长。(3)通过改选政治委员案,除常务委员 9 人兼政治委员外,选举宋子文、宋庆龄、陈友仁、邓演达、王法勤、林祖涵 6 人为政治委员;并选举汪精卫、谭延闿、孙科、顾孟馀、徐谦、谭平山、宋子文 7 人为政治委员会主席团成员。(4)通过改选国民政府委员案,选举汪精卫、孙科、宋子文、于右任、徐谦、冯玉祥、程潜、谭延闿、陈友仁、李宗仁、谭平山、钮永建、朱培德、唐生智、李济深、宋庆龄、顾孟馀、蒋中正、柏文蔚、王法勤、吴玉章、何应钦、孔庚、彭泽民、经亨颐、黄绍竑、杨树庄、陈调元 28 人为国民政府委员;并选举孙科、徐谦、汪精卫、谭延闿、宋子文等 5 人为国民政府常务委员②。从上述改选结果看,国民党左派人士和共产党人在中央各机构中有所加强。

---

① 《中国国民党第二届中央执行委会员第三次全体会议宣言训令及决议案》,中国国民党中央执行委员会民国十六年五月印行(复印件),第 27—42 页。
② 以上名单及顺序录自荣孟源主编:《中国国民党历次代表大会及中央全会资料》(上),光明日报出版社,1985 年,第 302—303 页。

谢觉哉于 1927 年以《三月二十日》①为题发表文章,对 1926 年的
"中山舰事变"和 1927 年国民党二届三中全会,作为简要对比评论,指
出:去年 3 月 20 日广州发生事变,兵围俄国参谋团、兵围罢工委员会,
解除党代表职,给联俄联共政策以极大打击。今年 3 月 20 日,中央党
部全体会议,提高党的威权,统一党的组织,于是乎中断一军(年)之党
章党纪得以光复。

第三节　1927 年《修正中华民国国民政府组织法》②

根据国民党二届三中全会的决议,中央政治委员会重新制定了
《修正中华民国国民政府组织法》10 条,1927 年 3 月 30 日武汉国民政
府公布实施,其基本内容和特点是:

一、恢复"党治"原则,强调以中央执行委员会作为中枢决策机构

(1)原组织法第 1 条规定"国民政府受中国国民党之指导及监督,
掌理全国政务"。新组织法在"中国国民党"之后,增加"中央执行委
员会"7 字。(2)原组织法第二条规定"国民政府以委员若干人组织
之"。新组织法则修改为"国民政府由中央执行委员会选举委员若干
人组织之"。(3)新组织法第三条第二款增加以下内容:"未经中央执
行委员会议决之重要政务,国民政府委员无权执行;但遇中央执行委
员不能开会时,不在此限。"(4)新组织法增加第九条"本法得由中央
执行委员会修正之"。上述规定便意味着从法律上恢复"党治"原则,

---

① 《谢觉哉文集》,人民出版社,1989 年,第 102 页。原载 1927 年 3 月 20 日《湖
　　南民报》,署名"记者"。
② 汉口《民国日报》1927 年 3 月 31 日。

即在国民党全国代表大会闭会期间,由中央招待委员会行使最高权力,一切军政大权皆须集中于作为中枢决策机构的中央执行委员会。

二、废除国民政府的主席制,实行常务委员会的集体领导制

新组织法第 2 条规定:"国民政府由中央执行委员会选举委员若干人组织之,并指定其中 5 人为常务委员。"没有规定设置主席职位。第三条规定:"国民政府委员处理政务须开会议行之,但日常政务由常务委员执行之。"关于公布法令及其他文书,原规定由主席及主管部部长署名,新规定为"至少须有委员三人之署名"。这些规定对于发扬集体智慧、防止个人独断,具有重要意义。此外,新组织法第三条还补充规定:"国民政府委员会议须有国民政府所在地委员过半数之出席,如出席委员有不足法定数时,即以常务委员会代之。"这一规定的主要目的,一方面是从当时的实际情况出发,因政府委员工作地址分散,28 名委员过半数出席较为困难。二是为防止少数野心家制造分裂,以拒绝出席会议的方式,来达到破坏国民政府行使用权职权的目的。

三、改组并扩大政府行政机构

新政府组织法第五条规定:"国民政府设财政、外交、交通、司法、教育、劳工、农政、实业、卫生各部,每部设部长一人,得以委员兼任之。"第六条规定:"各部长依其职权得发部令。"这是根据二届二中全会的决议,扩大了政府的行政机构。当时工人运动和农民运动正在蓬勃发展,为了加强行政指导与监督,决定增发劳工部和农政部;为了发展实业开辟财源,增设实业部;为了增进人民健康,增设卫生部。将原教育行政委员会改为教育部,原司法行政部改为司法部。任命陈友仁为外交部长(代理),宋子文为财政部长,孙科为交通部长,徐谦为司法部长,顾孟馀为教育部长,孔祥熙为实业部长,谭平山为农政部长,苏

兆征为劳工部长,刘瑞恒为卫生部长。

新组织法第八条规定:"国民政府委员会下设秘书处、副官处,受常务委员会指挥。"

1927 年 3 月 20 日,国民政府新任委员在武昌宣誓就职,史称"武汉国民政府"。

第四节　武汉国民政府军事机关组织法的变化与军事法规

1927 年 3 月在武汉召开的国民党第二届中央执行委员会第三次全体会议,根据提高党权,实行集体领导,反对个人独裁的精神,重新修订公布了以下几个军事机关的组织法规。

一、1927 年《中央执行委员会军事委员会组织大纲》①

1927 年 3 月 10 日国民党第二届中央执行委员会第三次全体会议通过,6 章 24 条。其章名是:总纲、组织、军事委员会主席团、军事委员会下名部处、革命军事裁判所、高级军官及各处长之任命。另附有关于军事委员会之决议 3 条。

(1)"总纲"明确规定设立军事委员会的目的及其性质和职权

军事委员会乃国民政府最高军事行政机关,设立之目的,在巩固国民政府统治下之疆域,扑灭国内反革命武力,以谋全国统一,并筹划国防,使不受帝国主义者对中国军事进攻之危害。

军事委员会的职权,有管理全国水陆空兵力及军事制造机关之权;规定国防军的数额、组织法及设备,并管理军事教育事务;规定军

---

① 《中国国民党第二届中央执行委员会第三次全体会议宣言训令及决议案》中国国民党中央执行委员会民国十六年五月印行,第 21—25 页。

队之制度及所需军械之数量与种类;制定全国各军队及军事机关、学校之预算,并监督其合理支出;培养管理水陆空干部人员及军事技术人才等。

军事委员会及其主席团议决之重要决议,须经中央执行委员会通过,方生效力。

(2)关于军事委员会的组织机构

军事委员会由中央执行委员会于高级军官中选出委员 9 至 13 人,并于不任军职之中央执行委员中选出委员 6 人,共同组成。其全体会议,以过半数委员之出席为法定人数,并须有不任军职的中央委员 3 人出席。一切表决须有出席委员过半数之通过。

军事委员会主席团,由中央执行委员会全体会议指定之 7 人组成,其中须有不任军职之委员 3 人。主席团执行中央执行委员会关于军事之决议及军事委员会全体会议之决定,并处理军事日常事务。主席团的决议及发布命令,须有委员 4 人签名,方生效力。

军事委员会下设立下列各部处:总政治部、参谋处,军事制造处,海军处、陆军处、航空处、军事经理处、军事审计处、秘书处、军事学校及教育机关管理处。此外还有革命军事裁判所(为镇压反革命及裁判军事犯而设)。

(3)关于高级军官之任命

总司令前敌总指挥、军长等,由军事委员会提出,由中央执行委员会通过任命。

师长及以下各军官,由军事委员会全体会议通过任命。全体会议不开会时,得经主席团通过任命代理。

国民党二届三中全会依照上述组织大纲,于 1927 年 3 月 11 日选举谭延闿、朱培德、唐生智、李宗仁、程潜、蒋中正、李济深、汪精卫、冯玉祥、张发奎、何应钦、孙科、邓演达、宋子文、徐谦、顾孟馀等 16 人为军事委员会委员,并选举汪精卫、唐生智、程潜、谭延闿、邓演达、蒋中正、徐谦等 7 人为军事委员会主席团。

二、1927 年《军事委员会总政治部组织大纲》①

1927 年 3 月 15 日通过,11 条。

(1)贯彻总理使武力与国民相结合,并为国民武力之主张,在中央执行委员会和军事委员会之下,设立总政治部,专任军队中的党务及政治工作。总政治部设主任一人,由中央执行委员会全体会议任免。必要时可由常务委员会执行任免权,但须得全体会议的追认。

(2)政治部的工作方针,须完全受本党全国代表大会与中央执行委员会的指导,但日常工作事项应对军事委员会负责,受军事委员会的指导。总政治部的任务是:军队中党的组织与训练;军队中之政治训练;军事教育机关中之政治训练;军队中政治行政工作(机关组织、人事任免、经费筹拨、工作考核等)。

(3)政治部的职权:①直接指挥军队中与其他军事机关中的政治部,以及军队教育机关中的政治管理、政治教育部分。②在中央执行委员会的指导下,监督考核各级党代表的工作。③军、师政治部主任及同等之工作人员,应由总政治部提出,军事委员会通过,呈请中央执行委员会任命。④总政治部应负责推选本党军队中官长之政治教育。⑤在作战时期,总政治部及各级政治部应于战地及新克复地区,负与人民联合促进人民之组织,并负暂时管理督促当地行政区事务之责任。

国民党二届三中全会在 1927 年 3 月 15 日通过总政治部组织大

---

① 《中国国民党第二届中央执行委员会第三次全体会议宣言训令及决议案》中国国民党中央执行委员会民国十六年五月印行,第 25—26 页。

纲的同时,决定废除军人部(原由蒋介石任部长),推举邓演达为总政治部主任。

三、1927 年《国民革命军总司令条例》①

1927 年 3 月 17 日通过,6 条。

(1)《军事委员会组织大纲》规定:在战时为指挥战事行动,及使各军队为战时准备,指挥统一起见,得设立总司令,于军事委员会委员中,由中央执行委员会指定,由国民政府特任。

(2)在战时,总司令有使用水陆空各军队为战事准备,并统一指挥各军队战事行动之权,对于中央执行委员会负责。

(3)出征动员令,须由军事委员会议决,经中央执行委员会通过,交总司令执行。总司令在作战地及警备地,有宣布戒严令之权,并得指挥前方之军民财政各机关。

四、1927 年《关于军事政治学校之决议案》②

1927 年 3 月 17 日通过,3 条。

(1)军事政治学校及各分校,为本党培养党军将校之教育机关。此等教育机关,须确立于党的指导之下。

(2)军事政治学校及各分校,均应改校长制为委员制。其委员由中央执行委员会指定,并指定一人为委员长。学校所在地之最高党部应推举代表参加。

(3)军事政治学校之政治教育,须严格受军事委员会总政治部的

---

① 《中国国民党第二届中央执行委员会第三次全体会议宣言训令及决议案》中国国民党中央执行委员会民国十六年五月印行,第 26 页。
② 《中国国民党第二届中央执行委员会第三次全体会议宣言训令及决议案》中国国民党中央执行委员会民国十六年五月印行,第 26—27 页。

指导。

五、1927 年《国民革命军陆军战时抚恤暂行条例》①

1927 年 5 月 20 日武汉国民政府公布,共 10 章 5 条。各章名称是:总纲、阵亡、伤剧殒命、临阵受伤、因公殒命、积劳病故、年抚金、恤金给与令、抚恤手续、附则。

(1)规定战时官佐士兵之伤亡,分阵亡、伤剧殒命、临阵受伤、因公殒命、积劳病故五种。伤亡抚恤分为一次抚恤和年抚恤两种。

(2)阵亡,有下列各项之一者,均为阵亡:①临阵殒命;②临敌或战地服务受伤后殒命;③战时因服特别任务或在危险地遇事殒命者。其恤金照阶级按恤金第一表规定分别办理。

(3)伤剧殒命,陆军官佐士兵因临阵或战地服务受伤后死亡者,按其受伤等第定以期限分别按第一表或第二表给恤。

(4)临阵受伤,战斗受伤或因公受伤(如战时服务因差委罹水火等灾或误受弹药致伤者),均按其受伤等第分别照第二表予恤。阵伤官兵因伤之轻重部位,分别规定一、二、三等伤。

(5)因公殒命,战时服务忽罹水火等灾,误触弹药殒命者,或战时因服特别任务失事殒命者,皆为因公殒命,其抚恤均按第三表规定分别办理。

(6)积劳病故,战时官佐兵勤劳卓著染病身故者,按第四表规定分别办理。

(7)年抚金,凡应得年抚金者,给与恤金证券领取恤金三年。应接受年抚金的遗族之顺序如下:①死亡者的子女(出嫁者不在内);②无子女者给其妻;③子女、妻俱无时给其孙;④子女、妻、孙俱无时给其父

---

① 汉口《民国日报》1927 年 5 月 21 日。

母；⑤子女、妻、孙及父母俱无者，给其祖父母；⑥上列各遗族俱无时，给其未成年之胞弟妹。

（8）附则规定：①凡残废士兵由政府设立废兵教育院予以教养。②死亡将士遗族子弟由政府设立相当学校给与教育。③战时各军之雇佣人员从事战役者，临阵死亡或因公毙命，或受各种伤痍时，得按其职务之性质，分别参照各恤金表给以相当恤金。

第五节　劳工部组织法与劳动法规

一、1927 年国民党中央执行委员会关于制定劳动法规的训令

1927 年 5 月 19 日汉口《民国日报》发布《国民党中央执行委员会训令》——特令国民政府执行以下决定：

（1）制定劳资仲裁条例，由劳工部及各省政府组织劳资仲裁机关，解决工人厂主间及店主之各种冲突。

（2）制定劳动法，工厂商店分别规定一定工作时间，并按当地生活情形，规定工资之数目，及工人养老金，及各种劳动保险。

（3）制止工人店员之过度要求，并禁止其干涉厂店之管理。另由总工会与商人协会组织特种委员会，审查工人店员之要求条件，并加以相当之限制。

（4）工会或纠察队对于店主或厂主有恐吓罚款及擅自逮捕，或用其他压迫方式者，一律严禁。劳资双方有纷争者，须陈述仲裁机关解决。

（5）外人在华经营工商业者，应由外交当局根据上列各项原则办理。

二、1927 年《国民政府劳工部组织条例》①

国民党改组后,在中央执行委员会下设立工人部,主管工人运动及一切劳工事务。到 1927 年武汉国民政府建立后,鉴于工人运动的发展和劳工行政事务的增加,决定在国民政府内设立劳工部,委任全国总工会委员长苏兆征为部长。在省政府内设立劳工厅。

1927 年 5 月 15 日公布《国民政府劳工部组织条例》12 条。

国民政府劳工部直辖于国民政府,管理全国劳工事务,监督与劳工有关系各机关,执行国民政府劳工政策。

劳工部设部长一人,管理本部事务,及监督所属职员。劳工部长于主管事务,对于各省各地方最高行政长官之命令或处分,认为不合法或逾越权限,得呈请国民政府取消之。劳工部内设秘书处、劳工保险处、劳动监察处、失业救济处。设有秘书长和各处长,承部长命令,分掌各处事务。劳工部因监督劳工法令之实施,得派遣指导员及检查员若干人。劳工部得设置参事会,由劳工部聘任参事若干人,以讨论有关劳工事务上的各项重要问题。

秘书处掌管:(1)起草劳工法令事项;(2)宣传事项;(3)工会罢工登记事项;(4)劳工图书编纂事项;(5)撰核文书及收发公布文件事项;(6)典守印信保存档案事项;(7)本部预决算及会计事项;(8)本部庶务及其他不属于各处事项。

劳动保险处掌理:(1)工资与物价指数之调查统计事项;(2)全国劳动调查事项;(3)监督指导各地劳工保险局之工作事项;(4)工厂设备改良事项。

失业救济处掌管:(1)失业登记统计事项;(2)职业介绍事项;

---

① 汉口《民国日报》1927 年 5 月 19 日。

（3）各地失业救济局之管理事项。

劳动监察处掌管：（1）劳动监查事项；（2）劳资纠纷事项；（3）工厂违反劳动法之控诉与处理事项。

三、1927 年《劳工部失业工人救济局组织大纲》

1927 年 5 月 27 日①公布，共 10 条。

国民政府劳工部失业救济局，为救济失业工人巩固北伐后方起见，特设置湖北失业工人救济局。设局长一人，副局长一人，主持本局一切事宜，下设总务科、组织科、宣传科、救济科四科。必要时经劳工部许可，得设立职业介绍所。

救济局的救济事业，暂只限于武汉三镇之失业工人。必要时，得呈准劳工部之许可，推广救济范围。

据汉口《民国日报》1927 年 6 月 3 日报道：工人救济局于 1927 年端午节前，决定普发救济金一次，每人一元，日内分赴各工会散发。在本局登记之失业工人可直接到本局领取。

四、1926 年 12 月《湖北临时工厂条例》②

湖北省政务会议通过，1926 年 12 月 21 日公布。

1926 年冬，北伐革命军到达武汉后，工人运动蓬勃发展，劳资纠纷随之突出。湖北省总工会经与国民党省市党部、官厅及总商会协商，组织了仲裁委员会，居间进行调解，使劳资纠纷渐趋缓和。为了切实保障工人权益，湖北省政务会议第十六次会议通过了《湖北临时工厂条例》，23 条，1926 年 12 月 21 日公布。

---

① 此为汉口《民国日报》发布日期。
② 天津《大公报》1926 年 12 月 27 日。

这一条例,采纳了工人组织的要求,并将国民党的历次工人政纲加以具体化。其主要内容是:

(一)本条例适用于本省境内 20 人以上,或其事业有危险性质,且有碍卫生之工厂。工厂主须承认工人之团体契约权,不得雇用未满 15 岁之童工及女工作夜工或有危险性及有害卫生的工作。所谓危险工作的种类,包括:(1)开闭电机及他种发动机;(2)添放机械油;(3)上皮条带;(4)装放有炸裂性的药料;(5)在地平线上之建筑业。所谓妨害卫生的工作种类包括:(1)黄磷火柴工作;(2)以铅粉作原料之制造工;(3)各种强酸制造工作;(4)漂白粉制造工作;(5)各种有毒原料化学工厂之工作;(6)各厂之烧煤运煤工作;(7)温度过高、过低工厂内之工作。

(二)关于工时和工资。规定工作时间至多不过 10 小时,每星期休息 1 日,工资照付,如工作者需付双薪。在遇有天灾事变及其他情况要延长工作时间时,需经工厂主与总工会商定并请示官厅认可。无论男女童工等,如果工作相同,需给同一之工资。工人最低工资每月不得少于 13 元,如物价增高时,由工会与工厂协商增加。

(三)工人在工作时间内受伤者,工厂主须照给抚恤金,并给医药费。受伤致残者,给终身工资。死亡者,除给丧葬费外,并按年龄给 5 至 10 年抚恤金。工人生病者,给半薪及医药费(但花柳病不在此限)。因病死亡者,应按工龄给抚恤金,由厂主及工会具体商定。

(四)工厂主进退工人,须得工会同意。工人或工会对于工厂管理人员之任用,不得干涉。但显有危害工人正当利益者,得提出抗议。工人在工作时间内,不得有扰害他人工作及滋生事端之行为。工厂主如自动停工者,停工期间的工人工资需完全担负。工厂主违反前列规定者,处 500 元以上、1000 元以下之罚金。关于解决工人困难问题,或工会以书面或口头向厂主及管理人之要求,最迟需在 48 小时内答复。

遇有工人困难问题发生,经工厂主或管理人员及工会双方对等会商,不能解决者,即需详细报告于党部、官厅及总工会、总商会所组成的仲裁委员会,听候仲裁。在仲裁期间内,双方不得自由行动。仲裁时间有得超过一个星期。工厂主及工人对于仲裁委员会所定办法均须遵守。工厂主及工会均需服从官厅之调查及根据本条例所发布之命令。

五、1927 年《湖北省产业监察委员会条例》[①]

1927 年 2 月 11 日湖北省政务委员会公布。

湖北省政务委员会为了监督执行《湖北临时工厂条例》特制定《湖北省产业监察委员会条例》七条,其要点是:

1.宗旨:本会为促进产业发达,考察劳资关系,特设产业监察委员会处理之。

2.产业委员会的职权是:(1)考察工厂主是否遵照政府法规及工厂工会双方协定条件。(2)考察工人在工作时间,是否怠业及其他防害工作行为。(3)考察店主店员实际情况。(4)考察工厂商店盈亏之确数。(5)报告上列各项实情于政府及仲裁机关。

3.产业监察委员会委员,由省政府聘请有工商专门学校及负人望者充任。委员有不公平实据及不正当行为者,由政府惩处。委员行使职务时,工厂主及工人均不得妨害之,违者以妨害公务论处。

六、1927 年《工商联席会决议案》

1927 年 5 月 22 日湖北全省总工会与汉口市商民协会联席会议通过。

湖北全省总工会全体执行委员与汉口特别市商民协会全体执行

---

① 汉口《民国日报》1927 年 2 月 11 日。

委员,于 1927 年 5 月 16、22 日举行联席会议,在工商联合的原则指导下,对急需解决的若干问题,作出以下 14 项决议,具体规定店东和店员的权利义务。这也是当时劳动立法和正确处理劳资关系的重要成果。

(1)改良店员待遇问题。①营业室内夏季须设置电扇或风扇,冬季须设置火炉或火盆。②夏季店东要给店员备送汗衫和手巾一件。③每月朔望日店家须备办较优的肴馔。④店中须备置经常救治药品。

(2)店员工作时间问题。①店员第日工作时间在十一小时以内者,照旧,十一小时以上者一律改为十一小时。②在工作时间内,店员不得自由离店,如有要事,须经店东或管事的许可。③在工作时间以外店东不得限制店员的活动。

(3)工商界线问题。①凡手工业之店东,自己作工又雇有工人者,应一律加入商民协会。②手工业中自做自卖(如缝衣,做鞋等)而未雇佣工人者,仍需劳动性质,则加入工会。③凡独立贩卖之小商店而未雇佣店员之店主,则加入商民协会。④商店之经理多半为店主的代理人,应加入商民协会。⑤股份组合之商店,其股东同时又服务于店内者,则加入商民协会(但担任店员的股东则加入工会)。⑥半工半商性质的摊担职业者,有的加入工会,有的加入商民协会。为了避免民众组织内部冲突,一律退出原会籍,另组织摊担联合会,直属市党部。

(4)劳动童子团问题。①童工在商店每日工作时间以八小时为限,在工作时间内须受店东的正当指挥。童工每星期中得休息半日,作为教育训练时间。②店东担负童子团服装费,但以一次为限。童工集会店东预留膳食。

(5)用人问题。①工人及店员不得强迫店家加用店员。②店员有不正当行为或不服店家正当管理,店东可先通知店员工会予以辞退。③平时辞退店员,依照《解决工商纠纷委员会决议案》9 条规定办理。

主要内容是:①凡在工会现任职务者,不得辞退(但有私人过失者例外)。②有实据证明商店亏本不能支持者,得收歇,但须有营业状况证明。③店员如有重大过失者,得辞退之。但必由工会另行介绍。④学徒除有不端行为者,不得辞退。⑤店家加用店员,由店员总工会之职业介绍所予以介绍,试用期为一星期。

(6)营业收歇问题,由全省总工会与商民协会审查解决,如不能解决时,得呈请政府仲裁机关解决。①在未解决之前,店东不得有运货私逃等事,店员不得逮捕店东或管理店产等事。②如店东弃店私逃时,其财产由商民协会及全省总工会处理,但须尽先发给该店员之救济金,并呈政府备案。

(7)营业管理问题。①店员及店员支部不得干涉店家之营业管理权。②店员应促进商店之发展,在工作时间不得怠忽工作。

(8)工商谈判问题。①由全省总工会与商民协会组织工商俱乐部解决一切工商间的纠纷。店员工会亦得加入工商俱乐部,共同处理各项问题。②店员支部不得单独向店家提出要求,店家亦不得单独承认店员支部的要求。

(9)工人对店东算总账问题,已由全省总工会通告制止。其有特别情形者或发生纠纷时,由工商俱乐部解决。

(10)码头工人运货问题,由全省总工会、商民协会及武汉码头总工会,及武汉市政府、市公安局各派代表共同商定解决。

(11)救济失业工人问题。①商民协会须筹措失业工人救济金。②由工商联合会名义呈请政府迅速恢复铁路通车及长江通航,饬令各军队不得驻扎民房并恢复建筑业。

(12)停工参加大会问题,由总工会通告全体工人,停工参加大会每年以两天为限,纪念日得商民协会同意可全体参加,或依政府决定执行。

（13）抑平物价问题，由商民协作筹划市面各种必需品之充分供给，并组织物价委员会限制各种物价之过分增涨。

（14）工商联合问题，由全省总工会与商民协会共同发表工商联合宣言，并作广大之宣传，筹备召集工商扩大代表大会，并由双方推出负责人员。总工会推定向忠发、刘少奇、董锄平3人，商民协会推定刘云生、刘一华、毛晋阳3人。

七、1927 年湖北省总工会《裁判委员会暂行条例》

1927 年 3 月 1 日①湖北全省总工会公布施行。

1927 年 3 月，湖北省总工会拟制《裁判委员会暂行条例》12 条，规定了对于工人纠纷的调处办法以及会员违规违纪的处理意见。

1.工人不得互相斗殴。如发生互殴情事，其情节轻者，处分先动手及教唆者，并责令赔偿医药、工资等费，情节重者，送法院依法惩办。但工人相互间或与非工人间之私人债务及婚姻等问题，本会概不受理。

2.本会对于劳资间的殴打事件亦得裁判。店东有违犯法律时，移送法院，或会同其他团体机关裁判之。对于非会员之处罚，须有党部、市政府或其他公共团体代表参加方可判决。

3.凡工人有下列情节之一者：（1）下手打人受轻伤者；（2）吸食鸦片者；（3）赌博者；（4）其他情节较轻微的敲诈勒索及侵吞案，得分别给以记过、面斥、道歉、赔偿、罚金（不超过半月工资）、撤职。

4.凡工人有下列情节之一者：（1）受贿与雇主勾结者；（2）藉工会招摇而有违法行动者；（3）不服指挥违背决议案而有捣乱行为者；（4）与反动派勾结图谋破坏者；（5）行凶致人受重伤者；（6）敲诈勒索

---

① 此乃汉口《民国日报》公布时间。

侵吞公款情节严重者;(7)有盗窃行为者,分别处以剥夺会员权利、开除会籍(定有时间限制)、禁闭(不超过 25 天,由公安机关执行),移关法院、永远不准加入工会及工会职员。

5.不服本会裁判者,得上诉于下列工会机关:(1)常务委员会;(2)执行委员会;(3)总代表;(4)代表大会;(5)全国总工会。

八、1927 年武汉国民政府劳工部布告——巩固工商联合战线,保护工人阶级利益①

1927 年 6 月 17 日劳工部长苏兆征发布。

最近国民政府增设农政劳工部,就是要把农工政策见诸实施。本部长向为海员,于工人阶级被压迫的痛苦既经身受。现在奉长劳工部,自当依照本党所定政策,为工人阶级谋得种种利益。关于劳工保护、劳动保险、失业救济等法令条例,当于最短期间,次第公布,以为工人利益保障,并设立劳资仲裁机关以谋解决劳资间种种纠纷。凡我革命民众,应该深切了解,只有工人农民的生活改善,购买力增加,工商业者才能发展。工人农民与工商业者利害相同,自应联合一致。

不幸近来因帝国主义者及其走狗军阀买办阶级的造谣中伤,商民有堕其奸计中者,对工人运动,疑虑横生。同时,工人农民甫经解放,不免有初期的幼稚行动,遂使工农与工商业者的革命同盟发生镰隙。最近中央对于巩固革命同盟,已经三令五申,本部自当切实执行。此后各劳工团体或个人,如有违反中央迭次训令之幼稚行动,准即据情呈报本部当依法彻究,决不偏袒。其有藉词蒙蔽,假以摧残劳工团体或个人者,本部长为保护工人利益,亦当依法彻究不贷。各省官厅对于工人团体,尤应切实保护,毋得藉端压迫,致干未便。

---

① 汉口《民国日报》1927 年 6 月 17 日。

第六节　农政部组织法与农政法规

一、1927 年国民党二届三中全会《对全国农民宣言》①

1927 年 3 月 16 日,国民党第二届中央执行委员会第三次全体会议通过的《对全国农民宣言》,对农民运动指出以下政策方针:(一)揭露地主阶级的反动本质。宣言指出:这个封建地主阶级,乃直接剥削农民最厉害的一个特殊阶级,一切帝国主义、军阀、贪官污吏对于农民的剥削,都有凭附这个特殊阶级才能达到目的。故封建地主阶级乃帝国主义、军阀、贪官污吏及一切反革命派之真实基础,不推翻这个特殊阶级权力,则帝国主义、军阀、贪官污吏及一切反革命派,虽有形式上之破败,其使之存在的实质并未消灭,时常有使革命改变性质之可能。因此,不推翻封建地主在乡村的政权,则一切经济斗争,如减租减息等等,简直无从谈起。(二)建立农民领导的乡村自治机关。宣言指出:革命的要求,需要一个农村的大变动,使农村政权,从土豪劣绅不法地主及一切反革命派手中,移转到农民手中,在乡村中建设农民领导的民主的乡村自治机关,这是完成民主政治的唯一道路。(三)实行减租减息和“耕者有其田”。宣言指出:中国的农民问题,其内容即是一个贫农问题。贫农的数目到近年愈扩大,完全无产的赤贫农与有产不多不够生活的次贫农民,占全体农民中之大部分。贫农问题的中心问题就是一个土地问题。本党孙总理提出“耕者有其田”的政纲,本党决计拥护农民获得土地之争斗,以至使土地问题完全解决而后止。同时,还要实施本党联席会议议决的关于减租减息的政纲,此皆属于农民初

---

① 汉口《民国日报》1927 年 3 月 17 日。

步的经济争斗之纲领。因此在国民政府管辖各区域内,当用政治的力量帮助党民达到此目的。(四)建立农民自卫武装。宣言指出:农民应有自卫武装组织。凡地主阶级的武装,如民团、保卫团及团防局等,均须完全解除而交与农民,这是农村民主势力推翻封建势力胜利的确实实的保障。

从上述宣言的内容看,完全采纳了毛泽东在《湖南农民运动考察报告》中的基本观点。据查,刚从湖南考察归来的毛泽东亲自参加了对农民宣言的审议工作①。

依照这一宣言,以后陆续制定了有关农民问题的各种决议和法规。

二、1927 年《国民政府农政部组织条例》,附《农政部秘书处组织条例》

《国民政府农政部组织条例》1927 年 5 月 19 日②公布,共 12 条,其主要内容是:

国民政府农政部直隶于国民政府,管理全国农政事务,监督与农政有关的各机关,执行国民政府保护农民之政策。农政部设部长一人,管理全部事务及监督所属职员。农政部长于主管事务对于各省各地方最高行政长官之命令或处分,认为不合法或逾越权限,得呈请国民政府取消之。农政部内设置秘书处和一、二、三、四处。秘书长及各

---

① 据汉口《民国日报》报道:3 月 15 日的三中全会上,在听取关于"阳新惨案"的报告后,决定指派邓演达、吴玉章、毛泽东 3 人为委员,与湖北省党部和省政委会、省农民协会开联席会议,研究处理办法。同日决定将土地问题案改为农民问题,并与农民宣言案并案审查。推定顾孟馀、徐谦、恽代英、吴玉章、王法勤、邓演达、邓懋修、毛泽东、詹大悲为审查委员。同日还批准了《湖北省惩治土豪劣绅条例》和《审判土豪劣绅委员会条例》。

② 此为汉口《民国日报》公布日期。

处长秉承部长命令,分掌各处事务。农政部设有参事会,由农政部长聘任参事若干人,以讨论农政事务上各项重要问题。

秘书处掌管:(1)关于起草农政法案事项;(2)关于宣传事项;(3)关于农民组织登记事项;(4)农政图书编纂事项;(5)撰校文书及收发公布文件事项;(6)典守印信保存档案事项;(7)本部经费预决算及会计事项;(8)本部庶务及其他不属各处事项。根据上述规定,5月24日公布《农政部秘书处组织条例》。

第一处掌理:(1)县区乡自治机关事项;(2)地方行政事项;(3)行政区域事项;(4)农政考绩赏罚事项;(5)养成训练地方自治人员事项。

第二处掌理:(1)农民武装自卫事项;(2)农政公安事项。

第三处掌理:(1)土地收管及分配事项;(2)土地改良及水利事项;(3)农政技术改进事项;(4)雇农佃农小农等保护事项;(5)增进农村经济筹设农民银行合作社等事项。

第四处掌理:(1)农政调查事项;(2)农政统计事项;(3)土地图志事项;(4)国籍户籍等事项。

国民政府农政部部长谭平山于1927年5月20日就职视事。国民政府任命罗绮为农政部秘书长。

附　国民政府《农政部秘书处组织条例》

1927年5月24日①公布,共8条,主要内容是:

1.秘书处设秘书长一人,秉承部长之命,指挥所属职员,掌管本处一切事务。秘书处设秘书若干人,承部长秘书长之命,办理机要部务,撰拟法令,核阅文稿。

2.秘书处设第一科、第二科、第三科、科下分段办事。第一科下设文书股、机要股、收发股、掌卷股、缮校股、监印股。第二科下设会计

———————————

① 此乃汉口《民国日报》公布日期。

股、庶务股。第三科下设组织股,管理农民组织事项;宣传股,管理农政宣传事项;编译股,管理编译图书事项。秘书处设股主任、科员及雇员若干人,承长官之命,分掌各种事务。

三、武汉政府农民部"一九二七年全国农民协会会员统计"[1]

根据武汉政府农民部 1927 年 6 月的调查统计,全国已成立省农民协会的,有广东、湖南、湖北、江西、河南 5 省,准备成立的有安徽省。

全国共成立县农民协会 201 个。计广东省 73 县,湖南省 41 县,湖北省 21 县,陕西省 20 县,江西省 10 县。其他各省的情况是:河南 4,四川 6,福建 2,山西 7,广西 2,安徽 2,热河 9,察哈尔 1,直隶 1,云南 2。

另有区农民协会 1102,乡农民协会 16144,村农民协会 4011。

农会会员人数,全国总计 9153093(江苏无调查,约有二三十万)。

湖南 4517140	湖北 2502600	陕西 705160
广东 700000	江西 382617	河南 245500
四川 33200	福建 28415	山西 17050
广西 8144	安徽 6600	热河 5423
察哈尔 600	直隶 360	山东 284

另据《中国农民运动纪事》[2]所载:1927 年 6 月 1 日陕西省召开了全陕第一次农民代表大会,宣告陕西省农民协会在西安成立,大会历时 8 天,出席代表 84 人。全省已组织县农协 51 个,县农协筹备处 12 个,有区村农协的县 22 个,全省共有区农协 129 个,村农协 3814

---

[1] 参见《第一次国内革命战争时期的农民运动》,人民出版社,1953 年,第 18—19 页;《第一次国内革命战争时期的农民运动资料》,人民出版社,1983,第 66 页。

[2] 《中国农民运动纪事》,求实出版社,1988 年,第 247 页。

个,会员在 37 万人。大会选出省农民协会委员 13 人,候补委员 4 人,王授金当选为委员长。大会还选出出席中华全国农民协会代表 3 人,大会通过宣言和决议案 26 件。省农民协会成立后,编印了《耕牛》周刊、《陕西农民画报》、《农民生活》、《农运丛书》等。

四、广东省《解决农民地主纠纷办法》①

1927 年 1 月,政治会议广东分会为了巩固佃户之地位,免除地主与佃户之争端,特制定本办法,经省务会议议决照办,交省政府于 1 月 4 日公布实施。其要点是:

(一)各县成立改良佃户局,各区设立改良佃户分局。其组成人员是政府代表一人(为主席),农民协会代表一人,地主代表一人。

(二)租赁田地,不论有无合同,都要到分局登记。包括地主及租赁者姓名,田地面积,租赁期限及租金。在租期已满而不续租时,佃户得令地主偿还其改良田地之费用。

(三)租金一律按政府规定减租 25%。此外,地主不得征收其他费用。禁止地主虐待佃户,禁止使用非法量器。

(四)地主及佃户发生争议时,由分局判决。如不服分局判决,得呈县局,而县局之判决,即为终结。

(五)省政府准备与财政部共同商定征税办法,以及设立农场和农民银行的计划,以便指导农民改良耕作方法,实施农业借贷等。

五、湘鄂赣三省《农民运动讲习所章程》②

1927 年 2 月 12 日筹备会议通过,呈请国民党中央党部核准备案。

---

① 汉口《民国日报》1927 年 1 月 15 日。
② 《第一次国内革命战争时期农民运动资料》,人民出版社,1983 年,第 126—128 页。

湘鄂赣三省《农民运动讲习所章程》共分 5 章 15 条。章名是总则、学制、行政组织、会议、附则。其要点是：

1.总则规定本所由湘鄂赣三省党部联合创设，呈请国民党中央党部核准备案，定名为"湘鄂赣农民运动讲习所"。本所以养成深明党义之农民运动实际工作人员为宗旨。本所学生共招 600 名，鄂省 200 名，湘赣两省各 150 名，其余 100 名由其他各省选送。本所经费由三省党部按学员名额负担，并请中央党部津贴。校址设在武昌（原高级商业学校旧址）。学习时间为四个月。

2.行政组织，设立湘鄂赣农民运动讲习所委员会管理全所事务。委员会由三省党部委任若干人，中央农民部委任一人，并报请中央党部加委组织之。推定主任委员一人办理本会日常事务，对外代表本会。本所设教务处、训练处、事务处，分别主持各处事项。全所会议，讨论全所各种重大问题，由主任委员召集。

3.学习科目及主讲教师姓名：(1)三民主义（余鸿銮），(2)国民党史（陈其瑗），(3)国民党宣言及决议案（罗绍征），(4)帝国主义与中国（恽代英），(5)社会进化史（李达），(6)中国民族革命史（恽代英），(7)各国革命史略（赵子健），(8)中国政治经济状况（陈启修），(9)世界政治经济状况（李汉俊），(10)中国职工运动（李立三），(11)经济学常识（何异人），(12)法律常识（张眉宣），(13)政治常识（邓初民），(14)农民问题（毛泽东），(15)农民运动之理论及策略（未定），(16)中国农民运动之现状及趋势（陈克文），(17)各国农民运动状况（未定），(18)乡村自治（罗绍征），农村教育（毛泽东），(19)农村合作（于树德），(20)粤湘鄂农民代表大会宣言及决议案（周以栗），(21)农业常识（龙式农），(22)农民组织及宣传（陆沉），(23)农民自卫（黄书亮），(24)农村调查及统计报告（孟天培），(25)革命歌（未定），(26)革命画（未定），(27)军事训练（未定）。除上述各科目外，并随时请徐谦、孙科、顾孟馀、鲍罗廷及其他实际工作同志作特别演讲。

不久,国民党中央党部迁至武汉,认为有举办全国农民运动讲习所之必要,遂在此基础上,扩大为中国国民党中央农民运动讲习所,交由中央农民运动委员会管理。

根据汉口《民国日报》3月8日报道,中央农民运动委员会召开第一次会议,通过《中央农民运动讲习所章程》,内容基本相同,决定由原定600人,增至800人,学习期限为4个月,推定邓演达、毛泽东、陈克文为常务委员,聘请周以栗为教务主任,陈克文为训育主任,季刚为事务主任,郭增昌为总队长,立即开始上课。在此以前,在广州时曾办过6届农讲所,培养了大批从事农支工作的干部,其中许多人成为中国革命的骨干。

六、1927 年国民党"中央土地委员会"关于土地问题决议案

1924 年 1 月《中国国民党第一次全国代表大会宣言》提出:"私人所有土地,由地主估价呈报政府,国家就价征税,并于必要时依报价收买之,此则平均地权之要旨也。"同年 8 月 21 日,孙中山《在广州农民运动讲习所第一届毕业礼的演讲》中,又提出"耕者有其田"的口号,其实施方案是采取"让农民可以得利益,地主不受损失"的"和平解决"办法。就是"照地价支抽重税;如果地主不纳税,便可以把他的田地拿来充公,令耕者有其田,不至纳租到私人,要纳税到公家"[1]。

到 1927 年,南方各省的农民运动蓬勃发展起来,广大农民强烈要求得到土地。同年 3 月,在国民党二届三中会上,毛泽东、邓演达、陈克文等提出了解决农民土地问题的主张。经过会议讨论决定组织土地委员会,负责讨论这个问题,并拟定解决办法。会后,于同年 4 月

---

① 《孙中山全集》第十卷,中华书局,1986 年,第 558 页。

2 日在武汉成立"中央土地委员会",邓演达、徐谦、顾孟馀、毛泽东、谭平山 5 人为委员,邓演达为主席。土地委员会在一个多月的时间内先后召开过三次土地委员会会议、六次扩大会议、四次专门审查委员会会议,特别是扩大会议,有的竟达 70 多人,包括了国民党、共产党和军队的军政要员以及各省市党部和从事农民运动的负责人,还有苏联顾问二人。

1927 年 4 月 19 日,毛泽东《在土地委员会第一次扩大会议上的发言》①,按着会议的议题,提出以下纲领性的意见。第一,政权问题。"即是能够扩大农民协会的组织,则农民的政权是不成问题的。"又说:"我以为国民政府农政部应即设乡村自治委员会,专门管理乡村自治机关的事项,至于农民政权有两个阶段:(一)农民协会时代。在农村革命的时候,政权集中在农民协会。(二)革命过后,乡村政府应在国民政府一个系统之下"。"湖南已经颁布过区乡自治条例,湖北亦可开始,广东则在例外。这些条例,最重要的须规定某种人不能加入自治机关之内。现在我们须要承认农民的政权,并且促进农民的政权。"第二,"解决土地问题的意义有:(一)使农民得解放,废除地主及一切压迫阶级的剥削和压迫,实为本题的主要意义。(二)土地问题不解决,经济落后的国家不能增加生产力,不能解决农民的生活痛苦,不能改良土地。……故第二个意义为增加生产。(三)保护革命,革命势力目前虽见发展,但亦即到了一个危机,此后非有一支生力军必归失败。要增加生力军保护革命,非解决土地问题不可。……兵士能否永久参加革命,亦即在土地问题解决,因农民要保护他们的土地,必勇敢作战。这三点是解决土地问题的重要意义"。又说:"关于解决土地问题的意义可再加三项:(一)废除封建制;(二)发展中国工业;(三)提高

---

① 《毛泽东文集》第一卷,人民出版社,1993 年,第 42—45 页。

文化"。"我们确定这个意义之后,须加以大力的宣传。"第三,增加土地分配机关,"如何解决土地问题即没收土地有何标准,如何分配土地,此点实为问题的中心问题"。"农民的政权与土地问题,即用什么机关来没收和分配"。第四,"土地所有权问题,土地没收了,耕者有其田了,是否禁止买卖? 所以发生了禁止买卖土地和土地国有问题",等等。"地租问题,即如何征收田税,此问题亦甚复杂"。

会议经过激烈争论后,于 5 月 6 日的扩大会议上,通过了 7 个决议案①。

1."解决土地问题之意义"决议案。按下列 6 点起草纲要:(1)解放农民。(2)增加农业的生产力。(3)保护革命。(4)打破整个的封建制度及推翻帝国主义的基础。(5)促进中国工业化。(6)提高文化。

2.农民政权问题决议案。指出以下 3 点:(1)应由农政部从速拟定乡区县自治机关组织条例。(2)催促各省省党部、省政府实现本党最近关于组织乡村自治等决议。(3)建设农民武装,取消农村非法武装。国民政府兵工厂应分配军械给农民。

3.革命军人土地保障条例决议案。指出以下 3 点:(1)革命军人因从事于革命战争,政府对于革命军人现有土地,应予以特别保障。(2)革命军人现有土地,应由省政府、省党部、省农民协会组织登记局,予以登记。(3)革命军人之无土地者,于革命战争终了时,由政府给以土地,资其耕种。

4.解决土地问题之纲领决议案(略)。

5.解决土地问题决议案(略)。

6.佃农保护法决议案(详见本节下文)。

_____

①　参见《中国农民》第二卷第一期,1927 年 6 月。

7.处分逆产条例决议案(详见刑法部分)。

但上述决议案,提交国民党中央政治委员会讨论时,却遭到许多委员的反对和指责,结果只通过了两个决议案,一个是《佃农保护法》,一个是《处分逆产条例》,并以武汉国民政府名义公布生效。其他五个决议案,却被否决了。因而,农民的土地问题当时没有得到解决。

七、1927 年《佃农保护法》①

1927 年 5 月 9 日武汉国民政府公布。

由于地租制度非常复杂,各地租额高低相差悬殊。在地租过高地区,即或实行"二五减租"之后,其租额仍然很高。为了改善贫苦佃农的生活,武汉国民政府制定了《佃农保护法》10 条。明确提出佃农缴租不得超过收获量的百分之四十。《佃农保护法》主要内容是:

(1)租种官有、公有、私有田圃、山场、湖池、森林、牧场等之佃农,皆应受本法之保护。佃农对于地主,除缴纳租项外,所有额外苛例,一概取消。

(2)佃农缴纳租项等,不得超过所租地收获量的百分之四十。实际交纳数量,由各地地方政府会同当地农民协会,按照当地情形规定之。

(3)包租及包租制,应即废止。凡押金及先缴租项全部或一部等恶例,一概禁止。

(4)佃农缴纳租项应在收获时缴纳。如遇岁歉或天灾战事等,佃农得按照灾情轻重,有要求减租或免租的权利。

(5)佃农对于所耕土地有永佃权,但不得将原租土地转租别人。

(6)凡佃农与地主间之契约,必须报请区乡自治机关备案。

①　汉口《民国日报》1927 年 5 月 10 日。

八、农政部布告——阐明扶助农民政策

1927 年 5 月 26 日农政部发布。

今后农村居民,凡同情于革命者,皆应集合于本党政府保护农民政策之下,共谋新制度之建设,以促民生政治之实现,早日享有安居乐业之幸福。至于反革命分子如何肃清,土豪劣绅如何惩办,农村附逆如何处分,应按照本党政府最近所颁各种条例,一概交由政府机关办理。不得自由行动。如有违犯,定必严惩。

本部一面自当督促所属,于最短期间,建立县乡自治政府,改良农村经济,巩固农村自卫,普及农村教育等,以切实保护农民利益。

最近对于农民所发生幼稚举动加以制止者,并非对于保护农民政策有所变更。各地方长官应体会此意,善为诱导,倘有挟意曲解,藉此挟制农民,定当严办不贷。仰各民众暨各县长一体知悉。

九、中华全国农民协会的筹建及其临时执行委员会的训令通告

1927 年 3 月 28 日,国共合作的中央农民运动委员会举行扩大会议,讨论筹备组建全国农民协会问题,到会的有中央农民部长邓演达、中央农民运动委员会委员毛泽东、陈克文,湖南省农协执行委员周以栗、易礼容,湖北省农协执行委员陆沉,江西省农协执行委员方志敏、陆智西,河南武装农民代表陈子林、宋英、孔寅初,由邓演达担任主席。会议讨论决定:(1)组织中华全国农民协会临时执行委员会,由湘鄂赣三省农民协会执行委员与河南武装农民代表大会代表,于 30 日召开联席会议,推举临时执行委员会之委员(委员人数定为 11 人),负责筹备全国农民代表大会诸事宜,并有执行全国农民协会之职权。(2)定于"五一"节召开全国农民代表大会,代表名额定为 510 人。

3 月 30 日,四省农民协会召开联席会议,决定将全国农民协会临

时执行委员由 11 人增至 13 人,代表人数增到 680 人。推定临时执行委员为邓演达、毛泽东、谭延闿、谭平山、徐谦、孙科、唐生智、张发奎、彭湃、易礼容、方志敏、陆沉、萧人鹄等 13 人。邓演达、谭延闿、毛泽东、谭平山、陆沉为常务委员,每星期开会一次。并将大会开会时间改在 5 月 15 日。还决定发通告,登启事,制定宣传大纲等。

4 月 9 日,中华全国农民协会临时执行委员会通电正式就职,并推定邓演达为宣传部长,毛泽东为组织部长,彭湃为秘书长。还发出通告:(1)决定 7 月 1 日召开代表大会。(2)代表选举标准是:以县为直接选举代表区,县农协会员满 1 万人者选代表 1 人。各省代表代表人数不能超过大会规定的总数。代表资格,以纯农民为原则,如非农民,必须从事农运具有劳绩,得农民信任者,始能当选为代表。后又补充规定各代表须携带县或省农民协会的证明和各地农民运动的报告,以及准备向大会提出的提案。

5 月 3 日,中华全国农民协会临时执行委员会以常务委员谭延闿、谭平山、邓演达、毛泽东、陆沉的名义,发出《全国农协对湘鄂赣三省农协重要训令》,强调武装农民问题,指出:"欲农民民主政权之确立,必须解除土豪劣绅之武装,统一其指挥,而乡村自治机关之建立,更可以使农民自卫军成为国民政府所承认、所管理、保护乡村治安之唯一武装势力,其他民团、团防等组织,均不应任其存在。"

5 月 31 日,全国农协临时执委会又发出通告湘鄂赣三省农民协会要召开扩大会议,为整顿各级农民协会,检查工作确定农民运动的新方向。同时,还通知各级农民协会要设立青年工作部,开展农民青年工作。

5 月 31 日,全国农协临时执委会通告:全国农民协会,因筹备尚未完善,又加 7 月为农忙季节农民代表难以出席,以及近期各省农运正在整顿组织,决定改期至 10 月 1 日举行。

6月13日,全国农协临时执委会发布由谭延闿、谭平山、邓演达、毛泽东、陆沉署名的第四号训令,反抗土豪劣绅的武装袭击,揭露反动派屠杀工农的罪行,要求国民政府:(1)明令保护工农组织及工人纠察队、农民自卫军。(2)肃清湖北各县勾结逆军土匪杀害农民工人之土豪劣绅。(3)明令惩办湖南许克祥等的反革命罪行,明令制止江西驱逐共产党人及工农领袖的行动。

1927年6月,中华全国农民协会临时执委会发布《全国农协对于农运之新规划》。指出:蒋介石、夏斗寅、许克祥等叛变,均反对工农运动,但并非工农运动果真有"过失"问题。但"上级机关之指导能力,不能与需要相适应,确为不可否认之事实"。因此,新规划提出的新政策是:(1)注意加强组织,严格纪律,要把乘机混入农民协会的土豪劣绅等不良分子,予以严厉制裁。召开农民代表大会,增选新的工作人员,使耕田的贫农、佃农、雇农及自耕农,成为农协的巩固的基础。(2)注意革命同盟者的利益。农民协会要和农村中的小商人,建立革命的联盟,保护其利益。农协要切实保护革命军人的家属及财产。(3)注意改良农村旧习惯的步骤。对反对迷信及宗法社会的旧习惯,改良农村妇女的地位等,要经过长时间的宣传,使农民了解以后再进行。(4)开展乡村建设事业,主要指建立乡村自治机关和农民银行、合作社、消费合作社等。(5)加强宣传工作,要求各级农民协会要充分揭露土豪劣绅摧残农民的事实,还要尽量宣传农民运动的真实情形。

据查当时曾经制定过一份《中华全国农民协会章程》(草案),共分13章86条,除前言外,第一章会员;第二章会员之权利与义务;第三章农民协会之组织;第四章全国农民协会;第五章省农民协会;第六章县农民协会;第七章区农民协会;第八章乡农民协会;第九章纪律裁判委员会;第十章任期;第十一章纪律;第十二章经费;第十三章章程之实施①。

1927 年 7 月 6 日,中华全国农民协会临时执委会曾发布讨蒋通电,提出"应请明令讨伐,克日东征,团结革命势力,消灭罪魁"。可是不久,由于汪精卫发动"七一五"反革命政变,全国农民代表大会未能如期召开,第一次大革命即宣告彻底失败。

十、长沙市郊霞凝乡首先提出分配地主土地方案

1924 年 8 月 21 日,孙中山在《广州农民运动讲习所第一届毕业礼演讲》中,提出"耕者有其田"的口号,这比"平均地权"更加前进一步。毛泽东曾指出:"孙中山是中国最早的革命民主派……提出了'平均地权'和'耕者有其田'的主张,但是可惜,在他掌握政权的时候并没有主动地实行过土地制度的改革。"②

1925 年 10 月 10 日,中共中央《告农民书》中,提出"耕地农有"的口号,"就是谁耕种的田,归谁自己所有,不向地东缴纳租课"。其实施的前提条件是"革命的工农等平民得了政权,才能够没收军阀、官僚、寺院、大地东的田,归耕地的农民所有"③。

由于国民党召开的土地会议迟迟没有决定分配土地问题,而湖南、湖北不少地区却已自下而上地提出分配土地的要求和办法。据1927 年 5 月 26 日,汉口《民国日报》报道:在湖北"罗田、黄冈、阳新等

---

① 参见《党的文献》2000 年第 5 期所载蒋德心《三件农民协会历史文献考》。作者系中共四川省委党史研究室副研究员。达一文献,是在四川荣县长山区农民协会委员长谢振西的儿子谢远志手里发现的。并经北京档案征集处鉴别。在这篇考证文章中,只列举了 13 个章名,其内容未作详细说明。该文作者曾将这一草案与广东、湖南、江西等省农民协会章程对照,除全国农民协会一章外,其他内容大体相同。

② 《毛泽东选集》第三卷,人民出版社,1991 年,第 1075 页。

③ 《中共中央文件选集》(1),中共中央党校出版社,1982 年,第 512—513 页。

县农民,已提出分配土地的要求"。在湖南省长沙、湘潭、醴陵、浏阳等地农民,已经着手开始分配地主土地。具有代表性的当属长沙市。1927 年 4 月 18 日,长沙市国民党党部向省党部提出呈文,要求将所有土地没收归公,由农民协会及区乡自治机关组织土地委员会,将土地分配于农民,建议转呈中央党部议决施行。1927 年 5 月,长沙市召开市民会议,专门通过《关于近郊农民决议案》,明确规定:"此时必须实行没收反动派及土豪劣绅的土地及近郊荒地,交给无地耕种的农民。"根据这一决议,长沙市郊霞凝乡的农民,在省农民协会秘书长柳直荀的领导下,着手没收地主豪绅的土地,按人口和劳动力情况,分别进行分配。据柳直荀的追述:分田"是根本的否认地主的所有权,而将它分给农民。长沙附近的霞凝乡要算是首先实行的区域,农民将田依照人数力量分配。成年每人可分得产谷八石面积的土地,未成年者,又依其年龄之大小,给以四石或六石的土地"①。这一史实,也可从林祖涵1927 年 5 月《关于土地问题之报告》得到证实和补充。他说"分田制,系由长沙附近之霞凝镇农民自行提出。其分配办法,以人口为标准,每男子一人,每年作谷八石,有妻室者倍之。有子和女者,每丁加谷四石。田地依此标准,被分者甚多"②。长沙市郊这一分田方案,在中国现代土地改革史上,居于重要地位,对后来中央苏区制定土地法,具有重要参考价值。

---

① 柳直荀:《湖南农民革命的追述》,见《布尔什维克》第 13、14 期,1928 年 1 月 2 日。

② 《林伯渠文集》,华艺出版社,1996 年,第 33 页。原注:1927 年 4 月底,作者奉国民党中央政治委员会委派,前往湖南省党部,回武汉后,以《湖南的土地问题》为题,向国民党中央写的报告。本文曾在 1927 年 6 月出版的《中国农民》第 2 卷第一期刊载。

第七节　武汉国民政府颁布的承认女子继承权的继承法规

一、1927 年武汉临时联席会议通过的《财产继承权的决议》

已如前述,1926 年 1 月中国国民党第二次全国代表大会通过的《妇女运动决议案》,就提出要制定有关女子继承权的法律,并且要在半年内完成。迁都武汉后,中国国民党中央执行委员和国民政府委员临时联席会议第十六次会议,根据上述决议精神,于 1927 年 2 月通过了《财产继承的决议》,交国民政府执行,武汉国民政府司法部于 1927 年 2 月 12 日在汉口《民国日报》上,以"司法部咨政委会"①的形式,令各县遵照执行。

现将汉口《民国日报》1927 年 2 月 12 日的报道,详录如下:

> 国民政府确定女子享有继承权
>
> ——中央临时联席会议第十六次议决,司法部咨政委会令各县遵照
>
> (血光社)国民政府司法部函政委会云:
>
> 径启者,中国国民党中央执行委员国民政府委员临时联席会议,第十六次会议决议如左:
>
> 财产继承权应亲生子女及夫妇为限,如无应继之人,及生前所立合法之遗嘱,所有财产收归国有,为普及教育之用。但在死者生前确系直接受其抚养者,得按其生计状况,酌给财产。至北京反革命政府所定继承法例,一概无效。此项决议,各级法院应遵守,即希贵会转令各县司法委员遵照。

---

① "政委会",即各省政务委员会的简称,是省政府正式成立前的临时省级行政机关。

这一关于财产继承权的决议,后来得到国民党中央全会的追认。中国国民党第二届中央执行委员会第三次会议于 1927 年 3 月 10 日专门通过《对于中央执行委员国民政府委员临时联席会议决议案》:"认为系适合革命利益,应付革命时机,代表中央权力之必要组织"。"该临时联席会议现虽结束,但所有议决案,在全体会议认为继续有效。"①

二、《财产继承权的决议》标志着新民主主义继承法的开端

中央临时联席会议《财产继承权的决议》,尽管内容较为简单,但在 20 世纪 20 年代的中国,能公布这一继承法规是十分难得的,其主要内容具有以下特点:

第一,它用立法形式肯定了作为妻子、女儿的妇女,同作为丈夫、儿子的男子,皆享有平等的继承的权利。

第二,它将继承制度,分为法定继承和遗嘱继承两种。

第三,规定对于无人继承的财产,得收归国有,作为普及教育的经费。

第四,死者生前直接受其抚养者,得酌情给予一定财产。

第五,宣布北洋政府制定的具有宗法封建性的继承法规,在国民政府管辖区内,一概无效。

第六,各级法院和各县司法委员对于《财产继承权的决议》必须立即遵照执行。

过去,在我国的继承立法史上,对于 1927 年 2 月武汉临时联席会议通过的这一《财产继承权的决议》,没有给予足够的重视和应有的评

---

① 荣孟源主编:《中国国民党历次代表大会及中央全会资料》(上),光明日报出版社,1985 年,第 316 页。

价,一般皆认为内容简单,又未实施,因而多被忽略。笔者认为,从其产生的历史背景和实质内容来考察,这一继承法规是我国第一次国共合作的积极产物之一,是共产党人和国民党左派人士共同努力的结果。它把几千年来一直遭到排斥的妇女继承权,由革命政权第一次用单行法的立法形式,正式加以确认。这在我国继承立法史上是第一个重要的转折。它标志着我国宗法封建性的继承法正在转化为新民主主义继承法的开端。就其实质内容讲,这一继承法规所包含的基本原则(如支持妇女解放运动、实行男女权利平等、废止与之相对立的北洋政府的宗法封建性的继承制度),就成为我国新民主主义革命的妇女解放运动和反帝反封建革命纲领的重要组成部分。因而认定《财产继承权的决议》是属于新民主主义范畴的早期继承法规,这对后来革命根据地的继承立法具有积极的影响,并起了直接借鉴的作用。

第八节　武汉国民政府的其他行政法规

到武汉国民政府时期,以前在广州制定的有关各部组织法以及各种行政法规,皆继续有效。这里只列入新制定的相关法规,作为对原有行政法规的补充(包括省政府制定的地方法规)。

一、1927 年《国民政府实业部组织法》①

1927 年 7 月 4 日公布,共 20 条。

实业部直隶于国民政府,管辖全国农工商水利森林垦殖渔牧等实业及其设计组织管理,并监督指导事项。实业部设部长一人,承国民政府之命,管理本部事务,监督所属职员及所辖各官署。实业部内设

———————————

① 汉口《民国日报》1927 年 7 月 5 日。

秘书处、农林处、工商处、矿务处、水利处五处。

秘书处职掌:关于机要文书撰拟,收发文件、保管档案、典守印信、职员进退、统计报告、宣传出版、经费预决算及会计,本部之官产官物,庶务及其他事项。

农林处职掌:关于农林牧渔之设计、奖励、试验改良,整理改良土壤,官荒垦殖,林地登记勘测,国有林管理,天然林采伐保护,蚕丝茶棉之检查指导,气候测验及天灾预防,狩猎畜种及兽疫等事项。

工商处职掌:关于工商业之保护监督,国营工商业之管理,商品陈列试验,交易场所的监督取缔,度量衡的检查推行,公司注册立案,商标特许,发展国际贸易及保护华侨工商业,调节物价,劳资仲裁等事项。

矿务处职掌:关于矿业监督保护,矿业调查诉愿,矿务警察,矿质分析,国营矿业及炼冶工厂管理,矿业用地,地质调查等事项。

水利处职掌:关于全国水利建设推广,水利行政计划,水利测绘工程实施,水利争议请愿处分,水道疏浚,水灾防御救济,江湖河工管理,河堤湾港建筑等事项。

实业部对于各省区最高行政机关之执行本部主管事务,有监督批示之权责,对于各省区行政机关之命令或处分,认为有违背法令或逾越权限,得呈请国民政府取消之。实业部为发展国外贸易,保护华侨工商事业起见,得派驻各国商务及考察实业专员。

二、武汉国民政府的财政法规

(一)1927 年国民党中央执行委员会《统一财政决议案》①

---

① 荣孟源主编:《中国国民党历次代表大会及中央全会资料》(上),光明日报出版社,1985 年,第 318—319 页。

1927年3月17日国民党第二届中央执行委员会第三次会议通过。其要点是：(1)国民政府治下各省财政急谋统一，各省财政主管人员在正式省政府未成立前，由财政部选任，对财政完全负责。(2)国民政府治下各省，非经财政部许可，不得征收新税，改变税率，组织新银行、新公债及钞票，或取消通行钞票之使用权。(3)设立预算委员会，审定国民政府预算，其委员由国民政府任命。(4)征收直接税，如所得税、资产税、遗产税等。(5)改良地税，其生产率须以现在农产之市价为标准。(6)中央银行为国家之金融机关，调剂全国金融，并须积贮大宗准备金，以平准国外汇兑。(7)改组关税管理机关，厘定进出口生产率。

(二)1927年《国民党中央政治会关于划一纸币以利流通的决议》

在1927年3月18日于武汉召开的第二次中央政治会议上，后方政治工作联席会议主席孙炳文呈请"划一纸币以利流通案"，当经决议"交国民政府财政部核办"。

孙炳文提案的理由是：查各省市区中央银行所发纸币，多盖有该省市地名。缘因各地有以大洋为本位者，有以毫洋为本位者，一般无知奸商与狡诈之银业界，遂借为口实，随意操纵，从中渔利，以至彼此不能流通，甚至任意低折。故统一币制，实为目前最大要务，特拟定办法五则：(1)各省市区一律不准在货币上盖有各该地名称，庶免彼此之分，而收划一币制之效；(2)各省市区一律以中央纸币为本位，全国各省十足通用，不得任意压抑歧视；(3)将全国银币改铸总理遗像银币，以补中纸零兑之流通；(4)严禁奸商操纵金融，违者处以紊乱金融论罪；(5)禁止各国纸币在中国境内行使一案，须严厉执行。

不久，武汉国民政府财政部又在6月8日布告规定：按照本部整理各种票币办法，市面流通，公私出入，均以中央银行汉口分行及汉口中国、交通三银行票币为限。在鄂湘赣三省通用大洋券，亦准一律行使。至湘桂赣毫洋券,应在湘桂赣三省区域以内行使,鄂省境内未便流通,免致发生种种困难。

(三)1927年《财政部有奖债券条例》①

经中央执行委员会议决,武汉国民政府1927年5月23日公布,共18条。

有奖债券由财政部呈请国民政府特准发行,其偿本给奖均由国民政府担保,有奖债券每张银元五元。总额定为20万张,其发行次数及日期,由财政部决定。

有奖债券之中签者,即凭券付奖,不另还本。未中签者,自开签之日起,三个月内向有奖债券局兑换整理金融公债,或用以承购由政府标价之逆产。

抽签之日须当众公开,由国民政府财政部及所在地之各级党部、总工会、农民协会、总商会、商民协会各派二人,会同监视开签。

三、1927年交通部《新闻电报章程》

1927年3月交通部公布②,共9条。

国民政府为发扬民众舆论,特准国内新闻电报照三等急电待遇。由电报局或无线电台传递刊登报纸及送交广播无线电台之新闻消息,国内用华英文明语,国内用各种承认之文字明语者,准作新闻电报收费。其办法是:(1)国内,华文每字3分,英文每字6分。(2)国外,照国外新闻电报价目办理。

报馆或通信社用之访员,欲发寄新闻电报,可向电报局或无线电台,领取呈文格式,填就后交由电局或电台,转呈交通部发给凭单。访

---

① 汉口《民国日报》1927年5月24日。
② 原文未注明公布日期。引自1927年3月13日《国闻周报》第4卷第9期。

员发电报应遵守以下各项：(1)须将凭单缴验。(2)电文署名用该访员姓名，收电者名称用凭单内开列之名称。(3)发电局台对电文有疑义时，应解释或予证明。(4)电文不准夹杂有私事性质或希图牟利之文字。(5)预付半个月报费于发电局或电台，到期结清。(6)不准拍发报告失实，有妨国民利益社会安宁之新闻电报，查出即行扣留。

凭单以两年为期，不得转让。违反本条例规定者，交通部得酌量取消凭单。

四、1927 年湖南省《官吏奖励暂行条例》①

1927 年 2 月 18 日湖南省政府公布，共 14 条，其要点如下：

1.省政府通令指出：查官吏服务，固贵勤廉，而政府酬庸，当有准则，特制定本条例。凡省政府管辖监督及各官署委任之官吏，应予奖励者除法令别有规定外，依本条例行之。

2.奖励分以下三种：第一种：(1)奖章；(2)进级。第二种：(1)进级；(2)加俸。第三种：(1)记功；(2)嘉奖。

官吏有下列事实之一者，奖以第一种奖励：(1)成绩卓著，品操端正，从新政府成立起，任事满一年以上者。(2)办理重大事件，敏速周安，有福利党国之效者。

官吏有下列事实之一者，奖以第二种奖励：(1)服从党义及国家法律之规定，勤慎办事，著有成绩者。(2)对于所办事件，能守正不阿，拒绝请托或遗馈，并揭发其事实者。(3)其他对于职务或廉洁上，有显著成绩者。

官吏有下列事实之一者，奖以第三种奖励：(1)办事勤慎，能于规定办公时间外，延缓时间，及半年内并不无故请假者。(2)承办事件敏

---

① 汉口《民国日报》1927 年 2 月 19 日。

速周妥,半年内并无过失者。(3)经办事件,依规定程序,随时办理,曾无违误者。

以上各条所未列举而事实相等者,得受同等之奖励。但成绩异常者,得从优另予奖励。

记功分大功小功,每项记一次。大功小功,得以大过小过抵销之。如俸者为一月以上或一年以下,数目为月俸十分之一以上,三分之一以下。如一年内记小功三次以上者,得按规定加俸。记大功三次以上者,得予进级之奖励。

各官署长官对于所属官吏,认为有应予奖励时,应详叙事实,呈请省政府核办。

五、1927 年广东省民政厅关于解放奴婢的通告

通告指出:(1)先大元帅孙中山曾于 1922 年 2 月颁布禁止买卖典质奴婢的命令,但因历年地方多故,未能彻底禁革,致各属地方仍有奴制存在。现在全省统一,本厅有改良风习之责任,是以订定《解放奴婢条例》,由省政府委员会修正通过,呈奉中央政治会议广州分会核准照办,现定于 3 月 1 日开始实行。诚恐各住户未及通知或未明此事之用意,特再分派专员,协同警察,按户宣传调查。(2)条例所定办法,亦无非恢复各奴婢原有的人格,使其待遇与平人一律。关于已蓄有婢女者,须改称义女,并将买卖身契送邀附近警署注销,按户查明,详细登记,并由区报局转呈本厅。

六、1927 年湖北省《取缔妇女缠足条例》

1927 年 3 月 23 日①湖北政委会公布,共 9 条,其要点如下:

---

① 此为汉口《民国日报》公布日期。

1.取缔缠足以三个月为劝导期限。在劝导期间,责成各县县长会同各县国民党部妇女部及妇女协会,设法剀切劝导,其具体办法是:(1)未及 15 岁之幼女,如已缠足,须立即解放。未缠足者不得再缠。(2)15 岁以上 30 岁以下之缠足妇女,限期解放。30 岁以上之缠足妇女,责令解放,不加限期。

2.在劝导期终了后,查有故意违抗者,由各县县长科以罚金,仍令限期解放。其罚金交由县党部妇女部及妇女协会办理有益妇女事项。关于罚金的标准:(1)15 岁以下之幼女如有违犯者,罚金一元,限期六个月放足,如处罚三次仍不悟者,惩罚其父母。(2)15 岁以上 20 岁以下之缠足妇女,限期三个月放足,如过期不放者,罚金二元,再限期六个月,累罚至三次以上不悟者,严惩其父母或本人。(3)20 岁至 30 岁缠足妇女,限期一年放足,过期罚金二元,再限期六个月,如果罚三次以上不悟者,即严惩之。(4)如系该妇女之翁姑或夫婿无理压迫而禁止其放足者,除罚金外,予以严惩处罚。

3.各县县长如有奉行不力,经各县党部妇女部及妇女协会控告,并查明确实者,即由省政府惩办。

第九节 武汉国民政府的地方政权组织法

一、1927 年《湖北省政府组织法》①

《湖北省政府组织法》1927 年 3 月 30 日中央政治委员会通过,1927 年 3 月 31 日武汉国民政府公布,共 13 条。这是后期的省政府组织法,即分别制定了各省的政府组织法,强调政府委员会的集体领导体制。

_____

① 汉口《民国日报》1927 年 3 月 31 日。

　　湖北省政府于中国国民党中央执行委员会及湖北省执行委员会指导监督之下，受国民政府之命令，管理湖北全省政务。省政府的职权，由湖北省政府委员会行使。

　　湖北省政府委员会由国民政府任命之委员 11 人组成，设常务委员 3 人，由省政府委员会推选，按照省政府委员会的决议，执行日常政务。湖北省政府命令及公文，其范围及于全部者，经全体委员署名；范围仅及一部者，经全体常务委员并关系厅厅长署名；其他普通日常事务，由常务委员会全体署名行之。

　　湖北省政府得制定湖北省单行法令，但不得违反党的决议及国民政府命令，湖北省政府得任免省内各机关荐任以下官吏。

　　湖北省政府下分设民政、财政、建设、教育、司法、农工各厅，于必要时得增加军事、实业、土地、公益等厅，分管行政事务。各厅设厅长一人，由省政府委员兼任。另设省政府秘书处，置秘书长一人，分科办事。

　　湖北省政府于 1927 年 4 月 10 日宣布正式成立。中国国民党湖北省执行委员会于同日发布《对湖北省政府成立训令》，指出：辛亥首义之武汉，逐于全国革命怒潮汹涌澎湃之中，成为革命之新根据地。本年"一三"惨案，热血飞溅，使英帝国主义丧胆，而放弃其力争经营之汉口租界，开收回一切租界之先河。风声所及，全球震惊，不独使国民政府外交别开创局，而且在中华民族独立运动史上转一新章。最近党权运动，创自武汉，全国风从，仅及一月，一切政治军事外交财政等大权，均集中于本党最高权力机关之中央执行委员会，打破个人独裁军事专政之局。而各县农村之打倒土豪劣绅运动，其势如暴风骤雨，迅猛异常，行将冲决网罗，铲除反革命势力之下层基础。此实民主势力战胜封建势力之一步，而为国民革命史上所应大书特书者也。在此军事胜利、外交胜利、民主胜利声中，湖北省政府适于此时应革命之需要,在国民政府首都所在地成立。其最大使命无过于顺应革命民众之要求,建立革命化民主化之省政府,实现下列目标:(1)澄清吏治,造成廉洁政府,使革命全部利益,归革命民众享受。(2)打倒土豪劣绅,铲除封建下层势力,发展乡村自治,建立民主制度之新社会秩序。(3)实现农工政策,帮助农工团体之发展,以扩大革命力量。(4)省民会议为民众建设政治之机会,为民众接受政权之方式,应于最短之期内召开,使中国革命取得之政权,归之革命民众,以求民主政治之实现。

二、1927 年《湖北省政府委员会会议规则》

1927 年 3 月 31 日[①]公布。

省政府委员会为全省最高行政机关,委员会由省政府委员组成,委员会会议开会时,由出席委员推定临时主席。委员会每周开会一次,必要时得由常委会或委员 3 人以上署名,召集临时会议,委员会议须有在省政府所在地之委员过半数出席,方行开议。委员缺席须将缺席理由通知秘书处,并记入议事录。

下列事项得向会议提出:(1)报告事项及报告后讨论;(2)中央及省党部交议事项;(3)国民政府交议事项;(4)各委员及各厅提议事项;(5)人民请愿事项;(6)其他重要事项。凡提议事项必须于开会前提出,编入议事日程。议事日程所记载各种议事,须先期印刷分送各委员。凡议事关系重要者,得由主席指定人员进行审查。凡议案与其他机关有关系者,得通知其主管人员列席报告。

讨论与表决。讨论结果有数说时,主席得依次付诸表决。表决方式,得用举手或投票,以多数决定之。如可否同数时,取决于主席。

议事录。议事录须记载开会之次第年月日及所在地,到会委员姓

---

① 此为汉口《民国日报》发表日期。

名人数及缺席委员之姓名人数,报告及提议事项及报告提议者。投票表决时,应记明可否之数。其他必要事项。议事录于每次会议完毕宣读后由主席签名。议事录要呈送中央党部及国民政府,并送省党部及各委员各厅。

1927 年 7 月 11 日,武汉国民政府公布经中央执行委员会议决的《河南省政府组织法》(12 条)、《河南省政府委员会会议规则》(6 章21 条)、《河南省政府秘书厅组织条例》(7 条)。其主要内容与湖北省基本相同。主要变化是省政府委员会内不设常务委员,而由国民政府从委员中指定一人为主席。

三、1927 年《湖南省民会议大纲》①

1927 年 3 月 17 日,在武汉召开的国民党第二届中央执行委员会第三次全体会议,通过《湖南省民会议大纲》12 条和《湖南省民会议组织法》13 条,这是中国地方政权建设史中两个重要的法律文献。

《湖南省民会议大纲》规定:

省民会议议决一省制度法律及施政方针,其议决案须经国民政府之批准。

省民会议选举执行委员若干人,组织执行委员会,为省民会闭会期间执行机关,执行委员人数,应相当于湖南之县数以上,其人数由省民会议自行决定。

省民会议应于所选之执行委员中,选举省政府委员 9 人至 11 人及各厅厅长,呈请国民政府任命:如国民政府认为有不适当之人时,得由国民政府择其他执行委员另委之。省民会议执行委员会,得对于省

---

① 《中国国民党第二届中央执行委员会第三次全体会议宣言训令及决议案》中国国民党中央执行委员会民国十六年五月版,第 34—35 页。

政府委员及厅长提出弹劾,并另选继任之人,但须呈请国民政府任免。

省民会议每年召开一次,必要时得延长之。省民会议执行委员会每三个月开会一次。省民会议第一次会议,由省党部会同有全省性质之民众团体筹备召集,以后即由省民会议执行委员会召集。省民会议执行委员会由省政府依期召集。省政府不如期召集时,可自行召集。

省民会议执行委员会及省政府,受中国国民党湖南省党部的指导。如有意见冲突时,须受中央党部的训示。

四、1927 年《湖南省民会议组织法》①

《湖南省民会议组织法》规定②:

湖南省民会议由下列各团体和各区域所选出的代表组成。(甲)团体代表:中国国民党湖南省党部(20 人)、共产党湖南省区委(5 人)、湖南省农民协会(20 人)、湖南省总工会(7 人)、湖南省军(每团 1 人)、湖南省学生联合会(5 人)、湖南省女界联合会(3 人)、湖南省教职员联合会(3 人)、大学(须有本科并已立案者,每校 1 人)、湖南警察协会(1 人)、湖南省商民团体(7 人)、湖南矿业总会(1 人)、湖南律师公会(1 人)、湖南新闻记联合会(1 人)。(乙)区域代表:按各县等级,每县选出 4 至 6 人,每市选出 1 至 6 人。县市代表,先由有选举权的团体产生初选代表,然后进行复选代表大会进行选举。

省民会议的职权是:(1)接受及采纳省政府之报告;(2)地方制度之创制或变更;(3)省法律之创制或变更;(4)选举省民会议执行委员;(5)选举省政府委员及厅长;(6)通过省政府之预算决算及财政计划;(7)省农工产矿业之发展;(8)省交通之发展;(9)省教育之发展;

---

① 《中国国民党第二届中央执行委员会第三次全体会议宣言训令及决议案》中国国民党中央执行委员会民国十六年五月版,第 35—39 页。

② 原件未注明制定时间。

（10）省之军政；（11）省之治安及解决土匪问题；（12）省之民政；（13）省之地方行政；（14）民众团体之组织发展问题；（15）关于农民问题、劳动问题、妇女问题之事项；（16）关于肃清反革命之事项；（17）省政治及其他重要问题；（18）关于国民会议之预备事项；（19）关于向国民政府建议事项；（20）关于人民请愿要求之事项。

省民会议选举 9 人组织主席团。由主席团组织秘书处，办理本会议文件及其他事务。本会议得组织各种委员会，审查讨论各种问题。本会须有全体代表之过半数出席，方得开议，有出席代表过半数之同意方得决议。本会议之会期为二星期，于必要时得议决延长之。

本组织法经中国国民党湖南省党部议决，呈请中央党部批准施行。本组织法解释权属于中国国民党中央党部。

以上述两个法律基本内容看，省民会议是作为临时性的省级最高权力（立法）机关，由它选举生产省政府委员会及其常设机关（省民会议执行委员会），听取省政府的工作报告，创制省的法律，审议省预决算，以及其他应兴应革事项。其产生方式，是由省各革命政党、各社会职业团体及区域选出的代表组成。当时准备先由湖南省首先试验，然后推向其他各省。待条例成熟时，再由各省省民会议和全国各社会职业团体选出代表，组成国民会议，作为代行的全国最高权力机关，产生过渡性的中央人民革命政府。这是符合中国国情和实际情况并具有可行性的伟大创举，也是孙中山的最后遗愿。孙中山在遗嘱中提出："最近主张开国民会议及废除不平等条约，尤须于最短期间促其实现。"后来由于中国大革命的失败，上述计划未能实现，但它却为中国人民探求国家政治制度的改革，提供了十分珍贵的历史经验。

五、1927 年《湖南区乡自治条例》

1927 年湖南省政府公布①,共 5 章 19 条。

区乡自治受县政府之监督。以国家行政区域之县划为区,区划为乡,名称冠以数字次第。区乡区域,由县自治筹备委员会按照各县之地形、习惯及便利分划,由县政府呈请省政府核准。凡中华民国之国民,居住某自治区域,皆为自治区域之住民,不论男子年满 15 岁,即有选举、罢免、创制、复决之权。但下列人员无上述权利:(1)反对革命者;(2)土豪;(3)劣绅;(4)买办阶级;(5)曾任官吏有贪污实据者;(6)盗匪;(7)吸食鸦片者;(8)精神病者;(9)受革命政府刑事上之宣告剥夺公权尚未复权者。

自治事项。下列事由自治机关处理之,但属于国家行政范围者不在此限:(1)关于调查登记事项,如调查户口,住民生死迁徙婚姻登记。(2)农工生活事项,改善农民生活及救济事业。(3)发展产业事项,如开荒造林,农田水利等。(4)教育事项,如强迫教育,识字运动,社会教育。(5)建设事项,如修桥筑路,指导住所建筑。(6)经济事项,如限制最高租额押金,提倡合作社,调剂民食。(7)救济赈灾,整理社仓积谷。(8)公断事项。(9)自卫事项,组织挨户团,肃清盗匪。(10)卫生事项。(11)改革风俗事项,如保障婚姻自由,禁止缠足穿耳,禁止赌博吸食鸦片等。

乡区自治机关。乡民会议为乡自治最高权力机关,乡民会议选出的乡务委员会为执行机关。乡务委员会由委员 5 人,候补委员 3 人组成,任期六个月。乡务委员互选常务、文书、财务、公断、公安各一人。由各乡选举代表,组成区民会议,为区自治之最高权力机关。由区民会议选出之区务委员会为执行机关。区务委员会由委员 7 至 11 人,

---

① 原件未注明公布时间。

候补委员 5 人组成,任期一年。区务委员会互选常务兼文书一人,财务、公安、公断、民食、学务、建设各一人。乡民会议每 3 个月开会一次,区民会议每 6 个月开会一次。

　　1927 年 6 月 25 日,汉口《民国日报》刊载农政部提出的《县区乡自治暂行条例草案》。从其内容看,是在《湖南区乡自治条例》的基础上,进行增删修改的。但因尚未经过政治委员会的审议批准,当时并未付诸实施。

第十节　中国最早的特别行政区法规——《汉口第三特别行政区(原英租界)市政局条例》

一、汉口人民收回英租界的斗争与《汉口英租界协定》①

　　1927 年 1 月 3—5 日,武汉人民举行庆祝国民政府北迁和北伐胜利大会,扩大反英反奉运动。1 月 3 日各界民众十余万人举行示威大会,会后当宣传队正在英租界江汉关附近向民众讲演时,不料大批英水兵竟向民众开枪,当场死伤数十人。4 日武汉工农商学各界举行集会,请国民政府立即向英领事提出严重抗议,并要英政府立即满足五项要求,如果 72 小时内不作圆满答复,即行收回英租界和海关,取消英国的内河航行权和领事裁判权。5 日国民党中央与政府临时联席会议议决组织"汉口英租界临时管理委员会",派定委员 5 人(由外交、财政、交通三部各派一人,武汉卫戍区司令部汉口办事处处长及临时联席会议代表一人组成),对英租界实行接管。

---

① 原载《国民政府外交史》第一集,上海华通书局,1930 年。转引自《武汉国民政府史》,湖北人民出版社,1983 年,第 161 页。并据《广州武汉时期革命外交文献》(手抄本)校勘。

1927 年 1 月 8 日《国民党中央执行委员国民政府临时联席会设立汉口英租界临时管委会管理市政通电》指出："此次英水兵在汉口残杀同胞，经政府采用严重有效之方针，派遣军警管理汉英租界，组织管理委员会，为收回英租界之基础。民众对政府之方针，亦一致拥护，上下一心"。"至于各省英人之生命财产，均在政府保护之列，地方当局亦应妥为保护。盖吾所反对者，为整个帝国主义，而非修怨于私人。"在中国人民团结一致的斗争下，英帝国不得不在 2 月 19 日与武汉国民政府签订了协定。正式承认将汉口英租界交还中国。同年 2 月 20 日，还签订了《收回九江英租界之协定》。这是中国人民反帝斗争史上的一大胜利。

《汉口英租界协定》，由武汉国民政府外交部长陈友仁与英国驻华使馆参赞阿马利于 1927 年 2 月 19 日签定。其内容是："英国当局将按照土地章程，召集纳税人年会于三月一日开会。届时英国市政机关，即行解散，而租界区域内之行政事宜，将由华人新市政机关接收办理。在华人之新市政机关于三月十五日接收以前，租界内之警察、工务及卫生事宜，由主管之中国当局办理。英国工部局一经解散，国民政府即当依据现有'特别区'市政办法，组织一特别中国市政机关，按照章程管理租界区域。此项章程，由国民政府外交部长通知英国公使。在汉口五租界合并为一区域之办法未经磋商决定以前，此项章程继续有效。"

二、1927 年《汉口第三特别行政区市政局条例》

武汉国民政府为了管理新收回的汉口租界，特设置汉口第三特别行政区市政局，并制定了《汉口第三特别行政区市政局条例》。这是中国革命法制史上设立最早的特区和特区管理法规。

据 1927 年 3 月 20 日出版的《国闻周报》第四卷第十期"新法令汇

辑"所载该条例全文(系英译本),共 7 章 50 条。章名是:总纲、市政局、市议会、年会与特别会议、选举、附则、修正与批准。

另据汉口《民国日报》1927 年 3 月 9、10 日连载的中文本,在标题与文字表述上,与前者有所不同。文件名称为《汉口第三特别区市政局章程》(1927 年 3 月 4 日中央政治会议通过,3 月 4 日武汉国民政府外交部公布)。第一章总则,第二章市政局,第三章董事会,第四章常年及特别大会,第五章选举,第六章细则,第七章最后两条缺失。其他条文也有残缺或文迹不清。现将《国闻周报》之英译本,简介如下:

1.本条例所称"第三特别行政区",与原英租界同,并包括江滨浅水之地,由市政局依本条例进行管理。并规定区内之地契或永远租契,应于本条例实施后 60 日内,由有关系方面或适当委托之代理人,呈请市政局发给。受抵押者应于实施后一月内,呈报市政局注册。享有治外法权之外人,于租地或租房之前,应向其领事或总领事领取保证书,呈报市政局。个人产业权利或含有此性质之其他权利,均藉此承认。现未满期之江滨地皮执照,均不加干涉。将来江滨之利便,应先尽英国及中国之商行得之。

2.市政局的组织及职权。市政局设局长一人,由外交总长选任,报国民政府核准任命。局长为特区执行长官,并兼任市议会议长。市政局设执行秘书一员,受局长之命令与监督指挥,并监督局中各官员与雇员应办之事务。另设副执行秘书一员,襄助秘书办理局中事务。市政局设警长一员,受局长管辖,而与执行秘书会商管区内之警政。市政局之执行秘书由局长推荐,得市议会多数票之同意。其他人员之委用,悉由局长主裁,皆须呈报外交部备案。上述官员与雇员无论职位大小,若无实在理由,不得开除或移调,亦不得减其酬金或俸薪。市政局得按照附例,及现行与纳税人年会所使实行之税则,征收各项捐税,特区内之不动产,除依本条例所征之税外,不另征他税(中央政府之地税除外）。市政局应管理特区之财政，一切收入应存于市议会指定之银行。一切开支，以用于特区为限。付出之款悉由秘书开具支票，由局长签字，并由参事两人副签（其中一人当为英人），已过财政年度之出入对照表，先由中英查账员稽核后，即应将本年预算案提交纳税人年会，听候核准。

3.市议会。市政局设立市议会，议员共 7 人，除由局长任议长外，另 6 人，中英各占其三。由纳税人年会从特区内有被选资格诸人中选举之。1927 年市议会之中英议员，由中英当局推举，然后依本条例选举。市议会于纳税人年会举行后即就职，至下届年会举行时为止，市议会至少须有 5 人出席，方能开议。议决案须经过半数表决通过。若遇赞否两方票数相等时，得由主席决定。市议会有权讨论并议决关于特区治理与行政之各问题。市议会通过的决议案由局长实行。如局长以为此项决议案侵犯中国主权，违背中国习惯，违犯本条例，而在法律上须由中国法庭承认者，则局长可中止执行。惟即应呈报国民政府外交总长作最后决断。市议会得于议员中指派专人负责局中财政、警员、工务、公共卫生、公共利便、食水供给各专部之责任。年会应由局长于每年三月召开。局长也可随时召集特别会议。年会可办理下列事务：通过上一年的账目，确定本年预算案；决定筹征及修改各项捐税，准许市政局债款之担保；决定关于特区公共事务与卫生，以及一切有关区内之行政事务；选举议员等。年会或特别会议所通过之决议案，应由市政局实行。但关于条约权利之决议案，应报告湖北交涉员。如交涉员认为不当时，立即呈报国民政府外交总长作最后决定。

4.选举。华人及与中国订约之各友邦侨民，他如机关团体及在特别区内置有地产房屋之公司，而捐纳杂税（地税与房捐）满银 25 两者，均得享有在年会投票权。未成丁者（年 21 岁以下），或受保护之人，应由其保护人在年会投票。会社团体及公司之在年会有投票权者，悉由其代表参与会议,但必以受委托证示市政局。参与年会之人有投票资格者如下:特区地产主人于投票一年依现行估价纳地税房捐银25两者,有一票权;纳银150两者,有两票权;纳银150两以上者,满75两加一票,以12票为限。但下列之人不得注册为年会投票人:(1)供职行政处者;(2)供职警务处者;(3)依法认为有精神病、疯疾者或聋哑者或依其本国法律无投票权者。下列之人剥夺其参与年会之权:(1)因犯牵涉剥夺或限制其公民权罪案,被控告或在审讯中者;(2)因犯罪受刑罚者,其人于刑满后并当于二年中剥夺其参与年会之权;(3)欠缴市政局捐税者;(4)债务未清之破产人。市政局在每年1月15日前应编定有投票之人名表,注明其票权,在局前张贴,并分送其人。投票权人对于名表如有异议,应于2月1日函达局长。局长应在2月15日前作出决定。局长之意见应作为最后之决断。

5.附则。市政局对于其范围内之各事,并为达到本条例所为制定之目的起见,得制定附例。此项附例应提交年会通过,再由局长呈报国民政府外交总长核准。对于违犯附例者,应按其国籍与地位,分别交由局中的警务法庭或领事法庭进行处理。现行之英工部局附例,除违反本条例规定者外,将由市政局继续实行至修正时为止。

此外还规定,市政局以中英文为正式文字。本条例如有修正之必要,可由纳税人三分之二之多数在年会为之,并须呈报国民政府外交部批准。

第十一节　1927年上海市民代表政府是人民民主政权在大城市的最初尝试

一、1927年上海工人第三次武装起义中创建的上海市民代表政府取得武汉国民政府的承认与任命

随着北伐战争的胜利发展,上海工人阶级为了与北伐革命军相配

合,共同消灭盘踞在上海的反动军阀,在中国共产党及上海总工会的领导下,在 1926 年 10 月 23 日、1927 年 2 月 19 日和 3 月 21 日,连续发动了三次武装起义。特别是第三次武装起义,在周恩来(中共中央军委书记兼江浙区委军委书记)、罗亦农(中共江浙区委书记)、赵世炎(中共江浙区委组织部长兼上海总工会党团书记)的领导下,吸取了前两次失败的教训,作了深入的动员和周密的准备,组织 5000 人的工人武装纠察队,与进驻上海郊区的北伐军实行"里应外合",一举打败了统治上海的反动军队,解放了大上海。建立了史无前例的上海市民代表政府,制定了若干革命的法律条令,是我国人民在大城市创建革命政权的最初尝试。

在第一次武装起义失败后,为了准备新的斗争,上海总工会在大力领导工人运动的同时,主动联合商学各界,要求上海实行自治,决定恢复在"五卅"时期被反动军阀封闭的"上海工商学联合会",并于 1926 年 12 月 6 日将其改称"上海特别市市民公会",用以筹备建立市民代表政府。在第二次武装起义开始时,中国共产党在《告民众书》中明确提出"建立民主政权"和"一切权力归市民代表大会"的口号。"上海市民公会"在 1927 年 3 月 7 日召开了上海各界民众团体代表会议,讨论通过了《上海市民临时代表会议组织法》①,会后,各工会及各民众团体,依照组织法的规定,先后选举出市、区两级代表会议的代表。1927 年 3 月 12 日上海市临时代表会议召开第一次大会,选出 31 名执行委员,接着选举汪寿华等 5 人为常务委员。3 月 21 日发出举行第三次武装起义的指令。起义胜利后,于 3 月 22 日召开上海市民代表会议第二次代表大会。出席代表 4000 多人(工人代表占一半以上),大会正式选出市政府委员 19 人,组成"上海特别市临时市政府

①　《申报》1927 年 3 月 8 日。

委员会"。3月23日上海市民代表会议和上海市政府委员会,分别电呈武汉国民政府要求核准任命,并宣布开始办公。3月26日上海市民代表会议召开第三次代表大会,通过了《上海特别市市民代表政府组织条例草案》①。武汉国民党中央政治委员会于3月25日正式核准电复:"承认上海市民代表会议选出的19名市政府委员,即由武汉国民政府任命。"3月29日召开市民代表扩大会议,并举行市政府委员就职典礼。当众宣誓"誓死反对帝国主义,收回租界,铲除劣绅土豪、贪官污吏等封建残余势力,实现民主政治,绝不妥协"。上海市民代表政府的成立,深受上海工人阶级和各界人民的拥护。

二、上海市民代表政府的组织条例

根据《上海市临时代表会议组织法》和《上海特别市市民代表政府组织条例草案》的规定,上海市民代表会议,分为市、区两级。市、区代表,由全市各工会、农民协会、各商会、学生会、各自由职业团体(包括新闻记者联合会、律师公会、医师公会、会计师公会、教职员联合会等)之全体群众,分别开会,直接选举产生。各革命政党也得选派代表参加。选举办法是市代表每千人(区是五百人)选举代表一人,人数在千人以上者,则推选代表2人,皆任期一年,连选得连任。代表溺职(即渎职)时,得由原选团体召集大会议决撤回,另选他人。

(1)上海市民代表会议及其执行委员会

上海市民代表会议,是全市最高权力机关。其职权是:选举市代表会议执行委员;议决市立法、市税收、预决算及全市一切应兴应革事宜;议决各代表提议其所代表之团体群众对于市政的意见;议决市执行委员会的工作报告及其提议事项。

---

① 《新闻报》1927年3月29日。

（2）上海市政府委员会

由上海市民代表会议选出 19 名政府委员，组成市政府委员会。是全市最高市政执行机关。分局办事。当时决定设立教育、财政、建设、土地、司法、公安、劳动、卫生八局。分别由政府委员兼任局长。

（3）区代表会议及其执行委员会

当时规定上海市暂以原淞沪商埠公署管辖区域和原有租界为范围，全市分为八个区。即闸北、南市、沪西、沪东、浦东、公共租界、法租界和吴淞各区。区设立代表会议，是全区的最高权力机关。其职权是：选举区执行委员；议决本区一切应兴应革事宜；议决市执行委员会交议事项；议决本区执行委员会之工作报告及市民请议事项。区设执行委员会，并选出常务委员若干人，处理全区日常政务。

综上所述，可见上海市民代表政府具有以下特点：

（1）其政权的性质，概括来说，是以工人阶级为领导，以工人为主体，联合全市各革命阶级、各社会团体，实行反帝反封建的革命统一战线的人民民主政权。

（2）市、区两级代表会议的代表，都是群众直接选举产生，而未采取复选制，又是按照社会职业或团体为单位进行选举。这样使群众与代表有固定联系。既能及时反映群众意见，又便于对代表实行群众监督。

（3）实行民主集中制的议行合一制。代表会议是最高权力机关，其决议，执行委员会或政府委员会都必须坚决执行。在执行委员会和政府委员会的内部，都采用集体领导原则，便于集思广益，在充分发扬民主的基础，实行集中统一的领导。

上海市民代表会议制度，是借鉴巴黎公社的经验，并结合中国革命的实际情况，而自行创立的一种新型政治制度。它对以后中国的政权建设，特别是人民代表大会制度的创建，提供了重要的历史经验。

三、上海市民代表会议政府的施政纲领

（一）施政纲领的制定——立法为民，人民参与立法

上海市民代表会议政府的立法文献，除了前述的组织法规之外，还有三个施政纲领性质的法律文献。

一是 1927 年 3 月 19 日上海市总工会在起义前夕提出的《关于政治经济总要求》①22 条。市政府委员会成立后于 3 月 23 日召开的第一次会议上，接纳为市政府的临时施政纲领。

二是同年 4 月 4 日市政府委员会第二次会议上通过的《上海各界总要求》②13 条，并附有《上海妇女总要求》7 条。

三是市政府在广泛听取社会各界意见的基础上，于同年 4 月 10 日市政府委员会第七次会议上通过的正式的《上海特别市临时市政府政纲草案》③，共分 11 类 124 条。（1）关于政治者，9 条；（2）关于建设者，16 条；（3）关于教育者，13 条；（4）关于财政者，9 条；（5）关于商界者，8 条；（6）关于工界者，25 条；（7）关于农民者，6 条；（8）关于学生者，5 条；（9）关于教职员者，8 条；（10）关于妇女者，5 条；（11）关于新闻记者者，4 条。这是革命初期制定的涉及面最广，条文最多，适用于大城市的施政纲领。

还应特别指出，当《上海特别市临时市政府政纲草案》在《新闻报》发表时，市政府声明："本草案经本政府委员会第七次会议决议通过。兹特披露各界，如认为尚有须另补充或修正者，务请于 3 日内，将意见提交本政府，根据增改，再行提付市民代表大会讨论通过，以便呈请国民政府批准施行。"

---

① 上海《时事背后报》1927 年 3 月 28 日全文发表。
② 上海《新闻报》1927 年 4 月 5 日全文发表。
③ 上海《新闻报》1927 年 4 月 11 日全文发表，附有市政府的声明。

从上述施政纲领的立法过程,不难看出,在我国革命初期,就已形成了"立法为民,动员人民参与立法"的优良传统,这是党的群众路线在立法工作中的具体体现。

(二)上海市民代表会议政府施政纲领的基本内容

兹将上述施政纲领中具有代表性的内容综述如下:

第一,反帝反封建的总政治纲领。规定:(1)继续扩大反对帝国主义运动,废除不平等条约,收回租界,要求撤退外国海陆军。(2)肃清军阀残余、贪官污吏、土豪劣绅、洋奴等一切反动势力。(3)拥护武汉国民政府,以革命的民众力量与革命的武力合作,继续北伐,反对南北妥协。

上海市民代表政府自成立以来,在开展反帝外交方面,进行了许多斗争。如当市政府下达复工令后,法租界的水电公司和公共租界英工部局电气厂等外商企业,无理拒绝工人回厂复工,并非法逮捕邮务工人。市总工会曾于3月25日致函租界当局,提出抗议,并宣布限期27日复工,否则,即取消复工令,再行总同盟罢工。上海市政府积极支持这一正当要求。3月26日第二次市民代表会议执行委员会决定,向英法领事及租界当局提出抗议。如对法租界当局的警告信中说:

> (上略)该工会(指上海总工会)现在的主张,本市政府认为(是)合理的。如果贵当局不允所请而致发生总同盟罢工时,则贵当局应负完全责任,兹特提出具体要求:
>
> (一)即日恢复交通,并撤除各种障碍物;
>
> (二)即日允许工人复工;
>
> (三)不得因此次罢工而开除工人。①

由于市政府和总工会的强烈抗议,迫使帝国主义者不得不复信允

---

① 原信附在前上海法租界公寓局关于法商水电公司的罢工卷案内,转引自上海《解放日报》1957年3月24日。

许工人回厂复工。又如4月9日，英租界当局派兵百余人，越界闯入大夏大学，进行非法搜查，殴打学生，捣毁设备，市政府闻讯后，立即于10日召开政府委员会议，发出宣言和通电，决心"领导上海市民，一致对英绝交，并要求撤除铁网，撤退驻华外兵，及收回租界"。同时要求武汉国民政府，立即进行严重交涉。

第二，保障人民政治权利。规定：（1）"人民有集会、结社、言论、出版、罢工等绝对自由"；"废除一切束缚言论出版之苛法"；新闻记者得自由出入公共场所采访新闻。为此，上海市政府，于4月7日专门发布"恢复民众自由权利之布告"，宣称，对于民众自由权利，尽力恢复，竭力保护。今后非经市民代表会议执行委员会通过之市政府紧急命令，不受任何限制。（2）"充分发展民众政权和民众组织"。当时上海在起义过程中，逐步恢复和建立了上海总工会、学联会、学总会、三省联合会、各马路商界联合会（代表中小资产阶级）等五大团体。这些民众组织，称为市民代表政府的建立，做出了不同程度的贡献。特别是工会组织有了飞速发展。市总工会于3月27日，召开全市工人代表大会，选出新的工会执行委员41人，汪寿华任委员长。对各级工会进行登记和整顿，全市共有16个产业总工会和8个区工会联合会。到3月底共有基层工会502个，会员猛增至82万人（当时市区的市民约有125万人）。工人阶级成为全市政治生活的主导力量。（3）"上海治安由上海人民自己武装维持，如商人保卫团、工人纠察队等"。武装起义胜利后，总工会从工人纠察队中，选出2000人，用缴获的武器重新装备起来，实行政治军事训练。在总指挥部领导下，编成14个大队，分驻在闸北、南市、浦东、吴淞各区，维持革命秩序。这是中国共产党领导建立的最早的民兵队伍之一。"商人保卫团"，是在直鲁军阀统治时期，由中小资本家筹建的合法自卫组织。当时我党曾派进一批同志，利用"保卫团"的合法身份，参加军事训练，取得枪支弹药，为武装起义作准备。起义胜利后,"商人保卫团"也担负一定的治安任务。

第三,市政建设和社会改革。宣布市政府今后之建设方针,在总的方面,努力实现孙总理将上海改良为世界港之计划。目前的方针有16项,主要规定:统一上海市政,发展交通及港务,设立失业介绍所,取缔不良游艺场所,限期禁绝鸦片,禁止赌博,严禁卖淫业,现有妓女准其自由择配,严惩拐匪及买卖人口,广设市立医院、图书馆、体育场及公园,设立平民工厂,减轻房租等。

第四,教育方面。规定:(1)力求教育普及,注意发展平民教育;(2)减轻学费,提高教师待遇,学校经费公开,学生得派代表参加校行政会议;(3)学校不准驻扎军队,教会学校废止强迫学生读经及做祷告。(4)学生择师自由,废止定期机械考试,采用平时积分制。4月6日,市政府委员会第六次会议讨论了教育问题,决定由教育局切实调查,按上述原则处理学校中存在的问题。

第五,财政方面。规定:(1)废除苛捐杂税,减轻人民负担,重捐外国卷烟及各种奢侈品,重征烟酒税,减少米麦捐;(2)统一上海货币和度量衡;(3)市政府财政要公开,市民有稽查之权。

第六,商业方面。规定:(1)取缔不正当的营业,平定米价,限制房租额,限制物价高涨;(2)限制典当息金,减轻市上存放款利率。

第七,劳动立法。规定:(1)颁布劳动法,工会有代表工人之权;(2)实行八小时工作制提高工资,规定最低工资额,星期日节日休息工资照给;(3)废除包工制,厂主不得打骂工人,不准滥罚工资,修改厂规及雇佣契约;(4)厂主不得借故关厂,不准任意开除工人,开除工人须得工会同意,恢复因从事工人运动而被开除失业工人的工作;(5)男女同工同酬,改良学徒制度,不准虐待学徒或指使学徒为私人服役,期限有超过二年,并酌发工资。厂主店东基本接受了工人的要求。因而工人的社会地位、劳动条件和生活状况,都开始有所改善。

第八,农民方面。规定:(1)限定最高租额,农民所得不少于收获量的百分之六十;(2)限制高利贷盘剥,月息最高不超过八厘;(3)不得预征钱粮;(4)禁止土豪劣绅混入农民协会或破坏农民运动。

第九,妇女方面。规定:(1)妇女与男子一律平等,废止男女不平等的法律和习惯;(2)妇女有参政权、继承权,男女职业平等、教育平等;(3)保障结婚离婚之自由,废除童养媳制度及蓄婢纳妾制度;(4)颁布保护女工的法律,设立社会育儿院,保护私生子女。

第十,司法改革制度。规定:(1)法院实行陪审制度,由各界派代表参加陪审;(2)剔除诉讼积弊,禁止差役勒索;(3)新闻记者不受军法制裁。

纵观上述市民代表政府的施政方针,可以很清楚地看出,它是以中国共产党在民主革命阶段的基本纲领为基础,并结合上海市的具体情况而制定的比较全面、具体的施政纲领。它代表了广大人民的革命意志,充满了反帝反封建的革命战斗精神,维护了工农大众和各阶层人民的基本权益,并且正在为彻底实施这一政纲而积极奋战不息。因此,那种认为上海市民代表政府"不曾宣布正确的民主政治纲领","始终没有成为一个真正代表广大群众的民主政权"①的说法,是不符合历史事实的。

第十二节　武汉国民政府的刑事立法

一、"反革命罪"的提出是反帝反封建革命斗争深入的必然产物

在新民主主义革命阶段,革命与反革命的斗争,是一场不以人们主观意志为转移的,受阶级斗争客观规律制约的、关系到革命胜败的

---

① 　参见平心著:《中国民主宪政运动史》,进化书局,1947 年,第 264 页。

尖锐斗争。这一斗争反映在法制建设上,必然要求革命政权及时制定惩治各种反革命罪犯的刑事立法。所以说反革命罪的提出,是我国反帝反封建革命斗争的必然产物,并且在相当长的历史时期内,成为刑事立法的主要惩罚对象。直到反动政权被彻底推翻,人民政权牢固确立,并要进一步消除产生反革命罪犯的社会基础之后,才算完成这一历史任务。

我国在第一次国内革命战争时期,在国共合作的历史条件下,在工农革命运动中,根据国际国内斗争形势的变化和阶级力量对比关系的发展,在同国际国内敌人进行斗争的实践中,逐步在各个领域提出各种具体的反革命的犯罪行为和罪名,并规定不同的处刑原则。在取得一定经验后,最后确立在专门的刑事法规中,以后又随着中国革命历史的新发展,使之得到不断的充实和完善。

在第一次国内革命战争时期,关于反革命罪的种种罪行和罪名的提出,主要有以下几个方面的规定:

(一)1924年孙中山在镇压"商团"叛乱时,提出"反革命武装叛乱罪"

商团,原是广州商人的自卫组织,后来被广州汇丰银行买办陈廉伯所操纵,变成为英帝国主义和买办阶级服务的反革命武装组织,在1924年9、10月间,向孙中山为大元帅的广州革命政府进行武装叛乱活动。10月10日商团军竟然开枪射击庆祝双十节游行的工团军和学生,死伤二三十人。孙中山在中国共产党和工农群众的坚决支持下,于14日下令解散商团军,15日粉碎商团军的进攻,除首恶分子逃到香港外,大部缴械投降。

孙中山在1924年9月1日,向英国政府提出抗议的《致麦克唐纳电》中,明确指出:"汇丰银行广州支行买办近来在组织一个所谓中国法西斯蒂的团体,其倾覆我政府之目的现已被揭露"。"对于帝国主义干涉中国内政的这一最新行动,我不得不提出最强烈的抗议。"①当商团武装叛乱发生后,孙中山自 10 月 10 日至 24 日,先后以大元帅训令或电函形式发布以下规定②:(1)"商团本多安分,不幸其中有一二十人甘为某国鹰犬,通番卖国,图倾覆革命政府"。"竟敢开枪屠杀庆祝革命纪念日之学生与工人,残忍无法"。(2)"今授全权于革命委员会,使之便宜行事,以戡定祸乱","斯反革命之祸可望消熄也"。(3)善后处分:未入商团的商店,即日开市;已入商团者,应分别处罚,为首者没收财产,附从者处以罚金,后又规定"各该团除陈廉伯等十一名外,一律遵缴,均免深究"。"其所属商团无附乱行为,并免予处罚"。此即革命政府镇压反革命武装叛乱最早的例证。上海《民国日报》1924 年 10 月中旬,连续报导:"政府严惩反革命行动商团";"不捕灭反革命,革命是无建设的余地"。可见镇压"商团"反革命武装叛乱,在当时是打击反革命势力最紧迫的斗争任务。

(二)1925 年省港罢工工人代表大会提出"反革命间谍侦探罪"③

1925 年 6 月,在著名的省港大罢工中,采取"罢工、排货、封锁"等手段,同帝国主义进行斗争。帝国主义者除了出动兵舰或指使土匪对执行封锁任务的工人纠察队进行武装袭击外,还从香港派遣暗探到广州进行破坏活动。为了惩办这些罪犯,省港罢工工人代表大会于1925 年 7 月 15 日通过《省港罢工纠察队应守的纪律》,明确提出纠察队要负责"镇压一切反革命行为","队员发现敌人间谍侦探时……应即拘送队本部审讯处分"。接着在同年 11 月 15 日公布的

---

① 《孙中山全集》第十一卷,中华书局,1986 年,第 3 页。
② 参见《孙中山全集》第十一卷,中华书局,1986 年,第 167—243 页有关的训令电函。
③ 《工人之路》1925 年 7 月 5 日;1926 年 3 月 11 日。

《会审处办案条例》中,将"侦探罢工消息报告敌人者","私运人货往港澳沙面者"列为主要罪行加以惩处。同年 12 月 6 日公布的《水陆侦查队暂行条例》,也把"受敌国主使有危害罢工团体者"列为主要侦查对象。

(三)1926 年广州国民政府制定的《党员背誓罪条例》提出"反革命内乱罪"①

1926 年 9 月 22 日广州国民政府制定的《党员背誓罪条例》第二条规定:"党员反革命图谋内乱者,不分既遂未遂一律处死刑。"第六条规定:"知党员犯罪而不举发者,常人依违警法处罚,党员以从犯论。"可见该条例最早确定了反革命内乱罪的惩治规范。

(四)1927 年《湖北省惩治土豪劣绅暂行条例》提出"反抗革命罪"和"反革命宣传罪"

1927 年 3 月,正当农民运动高涨时,湖北省制定了《惩治土豪劣绅暂行条例》②,第一条第一项就规定:"反抗革命或作反革命宣传者","处以死刑或无期徒刑,并终身褫夺其公权"。这是针对当时破坏农民运动的反革命罪犯而规定的刑法规范。

二、1927 年武汉国民政府颁布的《反革命罪条例》是我国最早确立反革命罪的单行刑事法规

1927 年春,"迁都之争"以后,以蒋介石为代表的国民党右翼集团,正在阴谋准备叛变,各类反革命分子活动猖狂之际,武汉国民政府在共产党人和国民党左派人士的共同努力下,制定了《国民政府反革命罪条例》19 条。据《汉口民国日报》1927 年 1 月 26 日报道:由司法

---

① 《国民政府公报》1926 年第 46 号。
② 《中国国民党第二届中央执行委员会第三次全体会议宣言训令及决议案》中国国民党中央执行委员会民国十六年 5 月印行,第 39 页。

部长提出《反革命罪条例》提交中央联席会议审议。2月10日报道：昨日中央联席会议通过《反革命罪条例》①，1927年3月30日武汉国民政府正式颁布施行。其主要内容是：

第一，提出反革命罪的主要特征及量刑原则。第一要规定："凡意图颠覆国民政府，或推翻国民革命之权力，而为各种敌对行为者，以及利用外力，或勾结军阀，或使用金钱而破坏国民革命之政策者，均为反革命行为。"以下条文皆标明"以反革命为目的"，此即明确规定反革命罪的特征是：利用外力，勾结军阀，意图颠覆革命政权，或推翻革命权力，或以反革命为目的进行各种破坏活动者，即构成反革命罪。并区别三类情况，分别规定量刑原则：①其首魁，处死刑，并没收财产；②执重要职务者，处死刑或无期徒刑并没收其财产；③帮助实施者，处无期徒刑至二等有期徒刑，并没收其财产。

第二，列举各类反革命的主要罪行及处刑标准。自第二条至第十条，分别规定：(1)凡以反革命为目的，统率军队或组织武装暴徒或集合土匪盘踞土地者，处死刑，并没收其财产，但缴械投降者，得减轻或免除死刑。(2)与世界帝国主义或其代表通谋，以武力干涉国民政府者，依第一条之例，分别处分。(3)凡组织反革命团体，其重要分子，处三等至五等有期徒刑，并解散其团体，及没收其个人与团体之财产。(4)凡图利敌军，或妨害国民政府，而有下列行为之一者，处死刑，并没收财产：①组织机关，以炸药烧毁或其他方法损坏铁路或其他交通事业，及关于交通各项建筑物，或设法使不堪使用者；②将要塞军港军队船舰，及其他军用处所建筑物或兵器弹药钱粮、交通材料及其他军用品，交付敌军，或烧毁损坏，或设法使用权不堪使用者；③设法煽动陆海军队互相冲突，或发生叛变者；④引导敌人之军队船舰，使侵入或迫

---

① 汉口《民国日报》1927年2月10日。

近国民政府领域者。(5)以反革命为目的,盗窃刺探或收集重要军政秘密之消息文件图画,而潜通敌军或帝国主义者,处死刑、无期徒刑或一等有期徒刑,并没收其财产。(6)以反革命为目的,破坏国家金融机关或妨害其信用者,处二等至四等有期徒刑并没收其财产。(7)宣传反革命各种煽惑文字图画者,处三等至五等有期徒刑,并科两千元以下之罚金。(8)以反革命为目的,捏造各种谣言,足使社会发生恐慌者,处四等有期徒刑,并科两千元以下之罚金。(9)对革命运动或农工运动曾有积极压迫行为者,处一等以下有期徒刑,并没收其财产。其有杀伤行为者,依俱发罪处断。

第三,其他规定:(1)本条例对在中国境内境外犯反革命各条之罪者,不问何人适用之。在本条例公布前未经确定审判之案,亦适用。(2)本条例之未遂犯罪之预备或阴谋犯第一条至第三条及第五条之罪者,处一等有期徒刑,并科 5000 元以下罚金。(3)本条例宣告二等有期徒刑以上之刑者,褫夺公权,其余亦得褫夺之。(4)凡犯本条例之罪,如有情节较轻者,得酌减本刑一等或二等。

综观本条例,基本体现了反帝反封建和扶助农工政策的革命精神,因而在我国刑法史上居于重要的地位。这是由革命政权正式颁布的专门规定惩治反革命罪的单行法律,也是对上述工农运动中提出的反革命罪的正式确认,对以后制定惩治反革命条例,具有重要影响和直接参考价值。

三、谢觉哉关于《镇压反革命问题》及《湖南省镇压反革命条例》的报告

为了贯彻执行武汉国民政府《反革命罪条例》,时任湖南省党部负责人之一的谢觉哉,在 1927 年 5 月 12 日国民党湖南省党部联席会议

上,作了《镇压反革命问题》①的报告,并对《湖南省镇压反革命条例》作了简要介绍。其要点是:(1)本党的处境与外国政党不同,它们是以合法手段,争取政权,同时可以容纳反对党的存在,本党是革命党,是要破坏现行的政治制度,建设一个新的政治,所以绝对不容反革命的团体存在。(2)对付反革命的办法,是不能用普通所谓法定手续的。现行政制下之法定手续,是维持现行政制的秩序,我们既要革现行政制之命,岂能反遵用现行政制的法定手续来保护敌人,限制自己?所以有特别法庭的设立。(3)湖南省党部为应付反动势力进攻的严重局势,已经议定镇压反革命条例如下:一、为保障北伐胜利,巩固后方,对于反革命者,须采取严厉处置。二、凡有下列行为之一者,均以反革命论罪,由特别法庭判决,处以徒刑或死刑:①有违背中央党部、国民政府一切决议案之言论及企图者;②传播蒋介石主张,及受蒋介石之唆使指挥者;③以武装袭击党部及革命民众团体者;④暗组团体,私立机关,以勾结敌人,企图危害革命者;⑤加入三爱党、保产党等反革命团体者;⑥以言论、文字、图画企图扰乱军民心理者。三、凡党员及政府机关在职人员,有上述各项行为者,加等论罪。四、凡知情而未举发者,以同谋论罪,同时还声明:镇压反革命派的办法要统一,省党部规定:"捕人不能自由处理,须及特别法庭裁判,特别法庭是革命民众设立的,必须有最高威权,大家要服从它的裁判。"

四、1927年惩治土豪劣绅条例的制定是革命刑法史上的创举

(一)为什么要制定惩治土豪劣绅条例

首先,从理论上讲,"宗法封建性的土豪劣绅士,不法地主阶级是

---

① 《谢觉哉文集》,人民出版社,1989年,第135—138页。原注:"载1927年5月12日《湖南民报》,署名:谢觉斋。"

几千年专制政治的基础,帝国主义、军阀、贪官污吏的墙脚"①。各地的土豪劣绅是直接统治农民的"地头蛇"、"乡里王"。广大农民群众,祖祖辈辈受尽了地主豪绅的盘剥和压榨,早已郁积着极为强烈的阶级仇恨,一旦在共产党的正确领导下组织起来,就很快形成一支以埋藏一切反动势力的革命力量。因此,农民运动兴起后,其斗争矛头必然指向贪官污吏土豪劣绅,彻底推翻地主豪绅的统治,并对他们进行镇压和专政。这是阶级斗争的必然规律,也是国际国内革命历史经验所证实的马克思主义重要原理。

马克思在《危机和反革命》一文中指出:"在革命之后,任何临时性的国家机构都需要专政,并且需要强有力的专政。"②

恩格斯总结了巴黎公社的经验,在《论权威》中指出:"获得胜利的政党如果不愿意失去自己努力争得的成果,就必须凭借它的武器对反动派造成的恐惧,来维持自己的统治。要是巴黎公社不依靠对付资产阶级的武装人民这个权威,它能支持一天以上吗? 反过来说,难道我们没有理由责备公社把这个权威用得太少了吗?"③

列宁总结了 1905 年俄国经验,写了《关于专政问题的历史》指出:"不准备专政,就不能作真正的革命家。"④"被压迫被剥削阶级反对压迫者的一切革命的历史,都是我们对专政问题的认识的最主要材料和来源,谁不了解任何一个革命阶级为了取得胜利必须实行专政,谁就丝毫不懂得革命史,或者根本不想知道这方面的东西。"⑤

在我国,也有这方面的经验教训。毛泽东在总结辛亥革命的经验

---

① 《毛泽东选集》第一卷,人民出版社,1991 年,第 15 页。
② 《马克思恩格斯全集》第 5 卷,1958 年,第 475 页。
③ 《马克思恩格斯选集》第 2 卷,1957 年,第 554 页。
④ 《列宁全集》第 31 卷,1958 年,第 308 页。
⑤ 《列宁全集》第 31 卷,1958 年,第 305 页。

时指出:孙中山先生失败的原因之一,就是他"不晓得镇压反革命,当时反革命到处跑。后来,他就失败于北洋军阀首领袁世凯之手"①。毛泽东在《湖南农民运动考察报告》中,就非常强调实行对敌专政的必要性。他说:"每个农村都必须造成一个短时期的恐怖现象,非如此决不能镇压农村反革命派的活动,决不能打倒绅权。"②

其次,从当时阶级斗争的实际情况来看,对于土豪劣绅和一切反革命分子,非采取强有力的镇压和专政措施不可,当时已被打倒或将要被打倒的地主豪绅,决不甘心失败,仍在千方百计地进行各种破坏活动。例如:

第一,利用团防勾结土匪继续屠杀农民。团防局、保卫团、民团、警察所是地主镇压农民的反动武装,逮捕屠杀农民是这些"局长老爷"的家常便饭。农运兴起后,引起土豪劣绅和一切反动势力的极端仇视,乘机进行反复行动。有些地方的地主武装被农民协会缴械后,便与土匪勾结,进行种种破坏活动。在当时省农民协会的卷宗中,有很多都是各县报告土豪劣绅聚集匪徒,饮血酒而叫嚣要"打倒农协,杀尽特派员"。

第二,组织反动团体,作为反革命活动的指挥中枢,如湖南湘乡县有"维持会",衡阳有"白化党",醴陵、浏阳有"三爱党",湘中各县普遍组织了"保产党"。这些反动团体经常有组织有计划地捣毁农协,惨杀农会干部和会员。"二二七"阳新惨案就是突出的例证之一。1927年2月27日,湖北省阳新县的土豪劣绅与反动的县长、公安局长相勾结,经过密谋策划,竟然惨无人道地将省农协特派员和县农会工

---

① 《毛泽东选集》第五卷,人民出版社,1977年,第290页。
② 《毛泽东选集》第一卷,人民出版社,1991年,第17页。

会干部等九人①，毒打之后用煤油活活烧死。

第三，混入农民协会或组织假农会，阴谋从内部进行破坏。有的土豪劣绅贿买流氓或派遣亲信混入农会，从中捣乱，侦探虚实，挑拨离间，或者故意提出过高口号，做出越轨行动，以破坏农运政策，毁坏农协的威信。有的地区，土豪劣绅以"家族主义""地方主义"为号召，组织假农会，妄图达到保护地主利益的反动目的。

第四，造谣中伤。许多豪绅地主从乡间逃到城市，到处大造谣言，胡说农民协会"共产共妻"，"兵士六个月不回家妻子要充公"，"兵士寄家的钱皆被农会没收了"等等，借以歪曲农运政策，妄图挑拨北伐革命军反动农民协会。

总之，革命农民与地主豪绅的斗争是不可调和的。因此，各地农民纷纷起来指控土豪劣绅的种种罪恶，要求立即制定法律。根据群众的要求，各地先后制定了惩治土豪劣绅的决议案和惩治条例，如1926年10月2日《中国共产党湖南区第六次代表大会宣言》②提出："废除剥削压迫农民之贪官污吏土豪劣绅"，同年12月湖南省第一次农民代表大会通过了《铲除贪官污吏土豪劣绅决议案》，与此同时，湖南全省总工会第一次代表大会也通过了《惩办土豪劣绅贪官污吏决议案》③。此外还有1927年2月江西省第一次农民代表大会《惩办土豪劣绅决议案》，湖北省第一次农民代表大会也在1927年3月作出了相应的决议。各地农民协会根据上述决议，领导农民立即开展惩治土豪

---

① 据《湖北省农民协会第一次全省代表大会为阳新惨案宣言》，九名被害人是：省农协特派员成子英、县农协秘书谭明治、乡农协职员王德水、工会干部五人，另有一名是同情农工运动的警备队员。

② 《第一次国内革命战争时期的农民运动》，人民出版社，1953年，第322—325页。

③ 《第一次国内革命战争时期的工人运动》，人民出版社，1954年，第366页。

劣绅的斗争。

中国共产党有些省区的党组织,为了加强对这一斗争的领导统一方针政策,并为了减少各种阻力,便通过当时有共产党人参加的、执行革命统一战线的国民党省党部、省政府制定了单行刑事法规。如1927 年 1 月,湖南省组成了有谢觉斋(即谢觉哉)参加的起草委员会,制定了《湖南省惩治土豪劣绅暂行条例》11 条。湖北省于 1927 年3 月在董必武领导下,由邓初民参加的起草委员会制定了《湖北省惩治土豪劣绅暂行条例》10 条。这是在农民运动高潮时期制定的具有代表性的两个刑事法规,在我国革命刑法史上居于极其重要的历史创举的地位。

(二)《湖南湖北惩治土豪劣绅条例》①的基本内容

现以湖北省的条例为主,以湖南省的条例作补充,综述如下:

第一,规定了"土豪劣绅"的定义及其主要罪行。

湖北省的条例第一条规定:"凭借政治、经济、军阀身份以及一切封建势力或其他特殊势力(如凭借团防勾结军匪),在地方有左列行为之土豪劣绅,依本条例惩治之。"(湖南省则规定:"凭借政治、经济或其他特殊势力(如团防等),在地方有左列行为之土豪劣绅,依本条例惩治之。")

接着在第一条内具体列举了 11 项罪行(湖南为 9 项):(1)反抗革命或阻挠革命及作反革命宣传者;(2)反抗或阻挠本党及本党所领导之民众运动(如农民运动、工人运动、商民运动、青年运动、妇女运动)者;(3)勾结军匪蹂躏地方党部或党部人员者;(4)与匪通谋坐地分赃者;(5)借故压迫平民,致人死亡者;(6)借故压迫平民,致人有伤害或损失者;(7)包揽乡间政权,武断乡曲,劣迹昭著者;(8)欺凌孤

---

① 　长沙《大公报》1927 年 1 月 29 日。

弱,强迫婚姻,或聚徒掳掠为婚者;(9)挑拨民刑事诉讼,从中包揽,图骗图诈者;(10)破坏或阻挠地方公益者;(11)侵蚀公款或假借名义敛财肥己者。(湖南省的条例无上述(7)(8)两项,多一项"杀害人民及纵火、决水、强奸、虏掠者"。湖南还将"假借名义敛财肥己者"和"侵蚀公款者"分列在(6)(9)两项,湖北则将两者合并到第(11)项,后者较为恰当。)

上述规定,将土豪劣绅的反动身份和法定的各种罪行相结合,便为执法机关和革命群众提供了识别和处理土豪劣绅的法律根据。这样,既可以防止放纵土豪劣绅,又可避免因无法可依而出现的乱捉乱杀现象。这是一条十分重要的历史经验。

第二,依照罪行轻重规定了各种刑罚。

湖北条例规定的刑种有:死刑、无期徒刑、有期徒刑、罚金、剥夺公权、没收财产六种。湖南条例多一刑种:拘役。

关于有期徒刑,两个条例都只规定某罪处几等有期徒刑,不直接列明年限。根据当时中国的通例,有期徒刑分为五等,即一等有期徒刑,15年以下,10年以上;二等有其徒刑,10年未满,5年以上;三等有期徒刑,5年未满,3年以上;四等有期徒刑,3年未满,1年以上;五等有期徒刑,1年未满,2月以上(拘役,2月未满,1日以上)。

湖北省的条例根据罪行轻重,划分五个量刑阶梯,由重到轻是:(1)死刑或无期徒刑;(2)无期徒刑或一等有期徒刑;(3)一等或二等有期徒刑;(4)二等至四等有期徒刑;(5)四等或五等有期徒刑。湖南省的条例则分得较多:(1)死刑、无期徒刑或一等有期徒刑;(2)死刑、无期徒刑或二等有期徒刑;(3)一等或二等有期徒刑;(4)二等以上有期徒刑;(5)二至四等有期徒刑;(6)三等以上有期徒刑;(7)四等或五等有期徒刑。

两省对于贪污犯的处理办法,是基本一致的。即按贪污款数多少,分别列为四个阶梯:(1)10 元以上,未满 500 元者,处四等或五等有期徒刑(湖南还规定"或拘役")并科千元以下罚金;(2)500 元以上,未满千元者,处二等至四等有期徒刑,并科 2000 元以下之罚金;(3)千元以上,未满 3000 元者,处一等或二等有期徒刑,并科 6000 元以下之罚金;(4)3000 元以上者,处死刑或无期徒刑,并没收其财产。这种按贪污款数确定量刑轻重的方式,为以后革命根据地的惩治贪污条例所沿用。

两省条例都专门规定一条:"犯本条例之罪者,终身剥夺其公权。"湖南省还规定:"本党党员犯本条例之罪者,加一等处断。"

此外,第八条规定:"凡触犯本条例各罪另组湖北省审判土豪劣绅委员会审判。"为此,专门制定了《湖北省审判土豪劣绅委员会暂行条例》(详见后文司法机关部分)。

(三)惩治土豪劣绅条例体现了革命原则性与策略灵活性相结合的特点

这一特点表现之一,反映在国共两党关系上。因为那时处在国共合作的特殊条件下,共产党以个人身份参加到国民党各级党部或农民协会中,担任各种工作职务。从原则上讲,当时整个农民运动,以及惩治土豪劣绅条例的制定和执行,无疑都是共产党的实际领导下进行的,但是在策略上,却采用国民党省党部和省政府的名义,如两个条例的最后两条都是:本条例最高之解释权属于省党部;自省政府公布之日施行。

这一特点表现之二,反映在同旧法律的关系上。即在坚决废除旧法的原则下,又从旧法律中吸取某些对革命斗争有用的东西。农民运动的兴起,猛烈地冲击了一切反动旧法体系。1926 年 12 月湖南省农民代表大会通过的《司法问题决议案》,揭露旧法的本质说:"现时法律偏于保护特殊阶级,负债的乡村农民,尤其是佃农与贫农,因法律偏于保护债权及地权,所受痛苦最大……在习惯上农民简直不能与地主立于平等诉讼地位。"因而决定:"民刑法律须全部改订,凡不利于农民的条文须一律废除。"①但是,在废除旧法的前提下,并不排除从旧法律中吸取某些可用的东西。如两省条例都专条规定:"暂行新刑律总则与本条例不相抵触者,得适用之。"例如刑罚的种类和有期徒刑五个等级的划分,就是借用《暂行新刑律总则》的规定,这也是当时广州、武汉国民政府通用的处刑办法。同时在审判实践中,许多审判土豪劣绅的判决书里,也有此类例证。如数罪并罚的处理原则,也是参用《暂行新刑律》的规定。以湖北省审判土豪劣绅委员会第7号判决书为例,被告傅宗说,在任当阳县瓦仓区团总时,犯有"侵蚀公款罪",处三等有期徒刑3年,并科罚金1000元;犯"伙同摧残党部罪",处一等有期徒刑10年零6个月;又犯"武断乡曲罪",处一等有期徒刑10年零6个月。系"俱发罪"(即数罪并罚),合并执行有期徒刑17年,并科罚金1000元,褫夺公权全部终身。第4号判决书,被告汪律彬,犯"侵蚀公款罪",处四等有期徒刑2年8个月;犯"摧残党部罪"(解散"乡谷改良会"),处无期徒刑;犯"强迫婚姻罪",处二等有期徒刑8年,系俱发罪,应执行无期徒刑,剥夺终身全部公权。上述判决,即适用了暂行新刑律第五章俱发罪第二十三条的下列规定:"科无期徒刑者,不执行他刑";"科多数之有期徒刑者,于各刑合并之刑期以下,其中最长之刑期以上,定其刑期;但不得逾二十年"。科处有期徒刑,其罚金"并执行之"。"褫夺公权及没收,并执行之"。

(四)惩治土豪劣绅条例的制定与镇压反革命分子的基本经验

第一,湖北省惩治土豪劣绅条例的制定开创了开门立法的先河。

———————

① 《第一次国内革命战争时期的农民运动资料》,人民出版社,1983年,第423页。

1927 年"二二七"阳新惨案发生后,引起广大革命群众的义愤,强烈要求建立革命法庭,严惩土豪劣绅和一切反革命分子。国民党湖北省党部于同年 3 月 2 日及时召开了有董必武、李汉俊、邓初民等 13 人参加的紧急会议,决定:(1)由省党部派出专员与省政委会委员前往阳新进行调查,解决善后事宜。(2)决定组织惩治土豪劣绅起草委员会,当即推定由邓初民、孔文祥、郝绳祖三人组成,条例起草后,呈请国民政府司法部批准施行。(3)敦促省政府委员会速办农民自卫军,遇有土豪劣绅暴乱时,须派军警予以镇压。

条例起草委员会成立后,立即参照《湖南省惩治土豪劣绅暂行条例》,结合湖北的实际情况,仅用三四天时间就拟定了《惩治土豪劣绅条例草案》10 条,并于 3 月 6 日在汉口《民国日报》上予以公布,广泛征求广大群众的意见。经过听取各方意见之后,起草委员会对该条例草案进行了修正。可能由于时间仓促,对某些问题考虑不够周密,后来对草案中存在的问题,经过慎重研究之后,一一作了正确修订。主要是以下四个问题:

(1)草案第一条关于罪行的第五项,原文是"藉故压迫平民,致人有死伤,或损害者","处无期徒刑,或一等有期徒刑,并得没收其财产"。这里的主要问题是把压迫平民而致人死亡与伤害罪,混在一起,笼统地规定处刑办法,并且没有规定死刑。也就是说,不管土豪劣绅压迫平民而致人死亡的情节多么严重,最高只能处无期徒刑。这种规定是不合理的。正确解决办法,有两种,一种是《湖南省惩治土豪劣绅暂行条例》的办法,虽然也将致人死亡与伤害罪放在一条,但量刑幅度较大,可以处死刑、无期徒刑或二等以上有期徒刑。另一种办法,就是将致人死亡与伤害罪分开,各自规定处刑办法。最后决定采用后一办法,将草案的第五项,分为第五、第六两项,即定稿之规定:"(五)借故压迫平民,致人死亡者","处死刑或无期徒刑,并得没收其财产"。

"（六）借故压迫平民，致人有伤害或损失者"，"处无期徒刑或一等有期徒刑，并得没收其财产"。这样区别罪行轻重，处以应得的刑罚，才符合罪刑相适应的原则。

（2）草案第一条关于罪行的第六项，原文是"包揽乡村政权，侵蚀公款，劣迹昭著者"，要处无期徒刑，或一等有期徒刑，并得没收其财产。但是草案第一条第十项，又专门规定"侵蚀公款或假借名义敛财肥己者"，要按贪污钱数分别处刑。很显然，关于"侵蚀公款罪"，在一个法律文件中，有两种不同的规定。这种写法，既不合乎逻辑常识，更会在执行中造成不应有的混乱。这是立法中的大忌。最后定稿时，将第六项中的"侵蚀公款"字样删除，改成第七项"包揽乡间政权，武断乡曲，劣迹昭著者"。而把"侵蚀公款罪"，只按第十一项的规定处罚。

（3）草案第一条罪行的第七项，原文是"欺凌孤弱，强迫婚姻或唆嫁孀妇，聚众掳抢者"。这里将"唆嫁孀妇"，列为重罪，要处一等有期徒刑或二等有期徒刑，并得没收其财产的一部或全部。这种规定是极不合理的。无论从理论上讲，还是从当时的革命实践来考虑，都是同革命政纲中的"婚姻自由"政策相违背的。因此，最后定稿修改为："（八）欺凌孤弱，强迫婚姻，或聚徒掳掠为婚者。"即将"唆嫁孀妇"删掉，将"聚众掳抢"改为"聚徒掳掠为婚者"。

综上可见，法律草案拟定后，及时公布，广泛听取各方意见，然后再进行修改，使之更加合理、完善，这是群众路线在立法工作中的体现，因而证明"开门立法"是一条很好的工作经验。

第二，群众性的政治运动与革命法制工作是相辅相成的。

在农民运动中制定的《惩治土豪劣绅暂行条例》，是革命法律工作者同群众运动密切结合的产物。它是适应广大革命群众的要求，在总结群众斗争经验的基础上制定的，是在群众性政治运动中运用革命法律开展对敌斗争的初步尝试。这些革命法律,对于镇压土豪劣绅,支持革命运动,发挥了很好的作用。群众运动,为革命立法工作提供了丰富的经验;正确的法律制度,又可反转过来促进和保证群众运动沿着健康的轨道发展。

但是,由于大革命的失败,这些为数不多的条例都被停止适用了,其主要原因,是由于右倾机会主义路线造成的。中央领导机关在大革命的后期,从其妥协投降的错误立场出发,不仅在革命军队和政权问题上放弃了无产阶级的领导权,在惩治土豪劣绅以及工农运动方面,也是如此,他们对于革命群众要求惩办土豪劣绅的正义行动,不仅不加支持,反而横加阻挠,正如《中共"八七"会议告全党党员》所指出的:"在此数月内,它们没有公布一个减轻工农痛苦状况的法律,没有一个改变城市与乡村中剥削的法律及改良经济关系的法案(劳动法案、减租等,农村自治法等)","对于土地革命,没收土地,消灭土豪劣绅地主阶级在农村中的政权,都默默无言","对于武汉政府包庇反革命之种种错误,也没有一点批评"①。

右倾机会主义的主张,与马克思列宁主义的基本原理完全背道而驰。1848年马克思在《新莱茵报》上提出用"平民手段"去"打垮专制主义、封建主义"②。列宁也极力赞扬"革命人民的专政"。列宁说:革命人民"亲自登上舞台,亲自执行审判,使用政权,创造新的革命的法律",这样做好不好? 列宁的回答是:"好,非常好,这是人民为自由而斗争的最高表现,这是俄国最优秀的人物所幻想的自由变成现实,变成人民群众自己的而不是个别英雄的事业的伟大

---

① 《中共中央文件选集》(3),中共中央党校出版社,1983年,第259页。
② 《共产国际有关中国革命的文献资料》第一辑,中国社会科学出版社,1981年,第304页。

时代。"①

第三,对于土豪劣绅及一切反革命分子,必须除恶务尽,绝不能姑息养奸。

历史经验证明:对于罪恶严重的土豪劣绅及一切反革命分子,必须除恶务尽,绝不能姑息庇纵,否则,人民就要遭殃。当时惩治土豪劣绅的斗争刚刚开始,由于缺乏经验,特别是由于右倾投降主义路线的干扰,以及资产阶级右翼的阻挠,使大批反动豪绅乘机潜伏或脱逃。不久,这些反动分子在白色恐怖下,卷土重来,对革命人民进行残酷的报复和迫害,如长沙新康镇团防头子何迈泉,办团十年,杀死贫苦农民近千人,因此人称"何八屠夫"。他家后院的菜园,就是公开的杀人场。就是这样一个杀人不眨眼的刽子手,在北伐战争中,却被蒋介石包庇收容当上军官,逃避革命人民的惩办。"四一二"反革命政变后不久,"何八屠夫"便窜回长沙县,当上"铲共义勇队"的队长,再次挥舞屠刀,使许多共产党员和革命群众惨遭杀害。再如湖南省国民党右派分子、衡山大恶霸刘岳峙,在农运高涨时,衡山县柴山特别区农民协会曾派人到省交涉,要求捉拿刘岳峙回县进行审判,被湖南省当局拒绝,只是将他组织的反动"左社"宣布"取缔查办",让刘逃往南京;大革命失败后,刘岳峙立即回到柴山,纠集土豪劣绅,组织所谓"清乡委员会",对革命人民反攻倒算,进行血腥屠杀②。

这些血的教训充分说明,革命和反革命的大搏斗,是你死我活的,不可调和的,革命人民必须除恶务尽,绝不能怜惜蛇一样的恶人。国内外的革命经验反复证明,对敌人的仁慈,就是对人民残忍。

---

① 《列宁全集》第 31 卷,1958 年,第 318—319 页。
② 刘岳峙这个血债累累的反革命分子,直到 1950 年清匪反霸中,才被衡山县人民捕获归案,受到应有的惩处。

史源学专论："法律史源学"例证之三

——关于《湖北省惩治土豪劣绅暂行条例》版本真伪正误的考辩

（一）问题的提出

1927 年《湖北省惩治土豪劣绅暂行条例》，多年来在国内外学术界出版界没有正式出版过一个反映该条例全貌的、完整准确的文本，而是由日本人田中忠夫在三十年代所写的一个图解式的介绍性的材料所代替（以下简称田中氏的"图解介绍"），这个"图解介绍"似乎已成为唯一的、权威性的史料，在国内外广为流传，大有以"图解介绍"取代条例原文的趋势。这个"图解介绍"初看上去，似乎简明扼要，可是只要稍一仔细推敲，便会发现其中矛盾重重，错误百出，与条例原文相距甚远，根本不应作为真实可信的史料加以引用。

据考察，日本人田中忠夫，是经济学家，在我国北伐战争时期，曾来中国进行考察，并曾担任过武汉国民政府的顾问，以后又多年在中国进行经济问题的研究，收集了一些有价值的资料。他在 1930 年 1 月编辑出版了一本《国民革命与农民运动》（李育文译）。1934 年 3 月又出版了与前者有某些雷同的著作，即《中国农业经济研究》和《中国农业经济资料》（汪馥泉译）。在前后两种著作中，都以"革命后的农民运动"为题，一字不变地用图解的形式，介绍湖北省惩治土豪劣绅条例的基本内容。恰好就在这一条例的介绍方面，由于主客观种种原因：（1）可能作者不懂法律；（2）作者误将条例草案当成正式定稿；（3）对草案也未按原文进行忠实的介绍，结果产生了一系列的缺陷和错误。

1953 年，人民出版社编辑出版《第一次国内革命战争时期的农民运动》时，收进了田中忠夫 1934 年出版的《中国农民经济资料》中关于湖北的一章,改题为"北伐军占领武汉后的湖北农民运动",其中包括对于这一条例的"图解介绍"(参看《第一次国内革命战争时期的农民运动》,第397—399页)。

从此以后,各地翻印这个条例时,都有以人民出版社出版的田中氏的"图解介绍"为蓝本,如1979年4月,中国人民解放军政治学院党史教研室编印的《中共党史参考资料》第4册,第186—191页,全文翻印了田中氏的"图解介绍"。

笔者曾在《江汉论坛》1980年第4期上,以《一九二七年〈湖北省惩治土豪劣绅暂行条例〉简介》为题,介绍过该条例制定的历史背景和基本内容,并附有该条例的校正稿,同时也扼要指出了田中忠夫在"图解介绍"中的主要问题。但是,以后还有不少著作和资料,仍在转引或翻印这个错误百出的"图解介绍",例如:

1981年3月,黑龙江人民出版社的《中国现代史资料选编》(2),第443—452页;

1981年4月,法律出版社出版的《民事诉讼参考资料》第一辑,第4—6页。

有些政法学院编印的中国法制史参考资料,也翻印了这一"图解介绍",甚至有的刑法专著,在谈到刑法史时,引用了"图解介绍"中某些不正确的内容。

此外,香港出版的王健民著《中国共产党史稿》,也是以田中氏的"图解介绍"作为主要史料根据。

可见,田中氏的"图解介绍",流传很广,影响也是很大的。

为了再次引起人们对这一问题的重视,防止以讹传讹和以假乱真的混乱现象继续发生,笔者又在1983年7月北京市法学会编印的《法学论集》上,发表了《再论田中忠夫对〈湖北省惩治土豪劣绅惩治暂行条例〉图解介绍中的主要问题》,着重指出"图解介绍"中的十个主要错误,最后将该条例的校正稿,再次作为附录予以公布。以后情况有所变化,例如 1983 年 12 月人民出版社出版的《第一次国内革命战争时期的农民运动资料》,是在 1953 年《第一次国内革命战争时期的农民运动》的基础上,重新编选的,删除了田中氏的"图解介绍"及其他二手资料,补充了若干原始文献资料。据悉有的资料选编,也准备再版时将田中氏的"图解介绍"抽掉。

(二)田中忠夫是怎样对这一条例进行图解介绍的

为了具体分析"图解介绍"中存在的问题,首先应该看看田中忠夫是怎样进行"图解介绍"的。他在前半部的"犯罪"部分列出十项罪行,而在后半部分,则以画线的方式介绍对各项罪行的处刑办法。兹将"图解介绍"的有关部分节录如下,而在笔者认为有问题的地方标上顺序号,以便下文一一进行剖析。

……在湖北,自 3 月 2 日起,①施行《惩治土豪劣绅暂行条例》了,据该条例第一条,所谓土豪劣绅,是凭借政治、经济、门阀身份及一切封建势力或其他特殊势力(如勾结团防军匪),在地方上有下列行为的人:

(1)反抗革命,或阻挠革命,或作反革命的宣传者;

(2)反抗或阻挠国民党所领导的民众运动者;

(3)勾结兵匪而蹂躏地方党部或党部人员者;

(4)通匪而坐地分赃者;

(5)借端压迫平民而致死伤或损害者;②

(6)包揽农村政权,侵蚀公款,③劣迹昭著者;

(7)欺凌孤弱,强迫婚姻,或唆嫁孀妇,④聚众掳抢者;

(8)挑拨民刑诉讼,从中包揽骗诉者;

(9)破坏或阻挠地方公益者;

（10）侵蚀公款③或假借名义敛收财肥己者。

犯上列罪的,由湖北省土豪劣绅审判委员会审判(第八条),农民无直接的审判行使权,如此的土豪劣绅,于终身剥夺其公权(第六条)之外,根据罪的轻重,照下面那么处罚:

第一项　财产没收⑤
第二项　同
第三项　同 } 死刑或无期徒刑
第四项　同

第五项　财产没收⑤
第六项　同 } 无期徒刑或一等有期徒刑

第七项　财产一部或全部没收⑤
第八项　同
第九项　同 } 一等有期徒刑或二等有期徒刑
第十项　同⑥

一、十元以上五百元以下⑦　四等、五等
二、五百元以上一千元以下⑦　二等、⑧四等 } 有期徒刑
三、一千元以上三千元以下⑦　二等、一等⑨

千元以下
二千元以下 } 罚款⑩
六千元以下

四、三千元以上　死刑、无期期徒刑　财产没收

（三）田中忠夫"图解介绍"中存在的主要问题

第一,关于本条例的制定时间问题,"图解介绍"说:"在湖北,自3月2日起,施行《惩治土豪劣绅暂行条例》了。"这一论断,与历史事实不相符合。据现有史料分析,1927年3月2日,只是决定成立起草

委员会的日子,因为条例还未拟出,所以 3 月 2 日根本不可能通过或公布实施。其主要根据和理由如下:

1.据 1927 年 3 月 5 日汉口《民国日报》报道:湖北省党部于 3 月 2 日召开紧急会议。出席者有董必武、李汉俊、邓初民等十三人,除讨论"阳新惨案"并决定派员进行调查外,决定组织惩治土豪劣绅条例起草委员会,推邓初民等三人为起草委员,会后,起草委员会参照同年 1 月湖南省制定的惩治土豪劣绅条例,并根据湖北省的实际情况,很快拟定出条例初稿。

2.为了广泛征求意见,于 3 月 6 日在汉口《民国日报》上,公布了《惩治土豪劣绅条例草案》(全文十条,第一条列举了十项罪行)。田中忠夫之所以对制定条例的时间作出错误的论断,很大可能是由于公布草案时的副标题所引起的,该报副标题是:"省党部本月二日紧急会议中惩治土豪劣绅暂行条例起草会所拟定。"于是田中忠夫便依此断定 3 月 2 日制定了此条例,可是,紧接着在报道的正文中,就已说得十分明确:"省党部于本月二日紧急会议议决组织惩治土豪劣绅暂行条例起草委员会,兹草案已制定,照录如下……"

已如上述,草案公布后,根据各方面的意见,对条例进行了修订并调整了部分条文,定名为《湖北省惩治土豪劣绅暂行条例》(全文仍是十条,但将第一条所列罪行增为十一项)。

3.1927 年 3 月 10 日至 17 日,正值中国国民党第二届中央执行委员第三次全体会议在武汉召开。为了扩大政治影响,减少对惩治土豪劣绅的阻力,便将《湖北省惩治土豪劣绅暂行条例》提交全会进行审议,董必武在会上发言指出:"湖北惩治土豪劣绅暂行条例,系根据湖南已行之惩治条例,足以保证农民运动。因为土豪劣绅之犯罪,为普通法律所不及。"①毛泽东发言强调:"土豪劣绅必须以革命手段处置之,必须有适应革命环境之法庭"。"和平办法,是不能推倒土豪劣绅的,故亟应颁布此条例,以便推行各省。"②3 月 15 日该会正式批准了这一条例以及《湖北省审判土豪劣绅委员会暂行条例》,并将这两个条例,收录在《中国国民党第二届中央执行委员第三次全体会议宣言训令及决议案》中准备印发到全国各地。

4.3 月 18 日,毛泽东在武汉农民运动讲习所召开的"欢迎鄂豫二省农民代表"的致词中指出:"近几日中央全体会议最重(要)的议案,是通过惩治土豪劣绅条例,我们要打倒土豪劣绅,就要援助这派主张农民利益的。"③又据 1927 年 3 月 19 日汉口《民国日报》报道:湖北省党部执委会十八次常会通过决议:惩治土豪劣绅条例,业经中央批准,决定"依照条例办理",制定宣传大纲,并出布告,扩大对本条例的宣传。

5.3 月 22 日汉口《民国日报》报道:湖北省党部发布训令,将该条例发至各县,并通令各县迅速建立审判土豪劣绅委员会,根据这一训令,以后陆续成立了省、县两级审判土豪劣绅委员会。如汉阳县 3 月 27 日决定成立县审判委员会,云梦县是 4 月 2 日成立的,武昌县是 4 月 9 日成立的,湖北省审判土豪劣绅委员会于 4 月 24 日成立,6 月 1 日正式开庭审判。

综上所述,可以断定,田中忠夫认为自 3 月 2 日起施行该条例,是不正确的。但该条例究竟何日公布的? 长期以来未能找到可靠史料直接证实。从上述 3 月 19 日、22 日的报道推断,其公布时间,可能在 3 月 18—21 日之间。所以只好标为"1927 年 3 月"。

---

① 1927 年 3 月 15 日武汉三中全会速记录,转引自《鲍罗廷与武汉政权》。
② 1927 年 3 月 15 日武汉三中全会速记录,转引自《鲍罗廷与武汉政权》。
③ 汉口《民国日报》1927 年 3 月 22 日。

第二,关于第一条所列罪的第(五)项:"借端压迫平民而致死伤或损害者",处无期徒刑或一等有期徒刑,并没收财产。已如前述,这条在定稿时,已分为(五)(六)两项。

第三,关于第一条所列罪行的第(六)项:"包揽农村政权,侵蚀公款,劣迹昭著者"。因"侵蚀公款"与第(十)项规定重复,在定稿时已将前一个"侵蚀公款"删除。

第四,关于第一条所列罪行的第(七)项,把"唆嫁孀妇"也列为处罪,在定稿中已将"唆嫁孀妇"删除。

以上所列(二)(三)(四)三条关于"犯罪"方面的错误,主要来源于条例草案的规定不尽合理,后来在定稿中皆予修正。田中忠夫的主要问题是不应以草案作依据,而应以定稿为准。可见,他在30年代写书时,就已查不到定稿,不得已才以草案作依据。

但是,在下列"刑罚"方面的错误,则与草案无关,完全是田中氏的主观臆断。

第五,在田中忠夫所列关于"刑罚"的图表中,自第一至第十项,非常醒目地把"财产没收"列在最前面,然后再列其他刑罚,这种独出心裁地列表方法和顺序,既不符合条例原文,更违反一般法律常识。首先,按照刑法原理,刑罚分为主刑和从刑两种。当时通用的主刑,包括死刑、无期徒刑、有期徒刑、拘役和罚金,从刑包括剥夺公权和没收财产。立法文献在规定处刑顺序时,必须主刑在前,从刑在后,换句话说,从刑是处在附加的地位(也称"附加刑")。田中忠夫此处的错误,主要是把从刑列到主刑之上,因而颠倒了主从关系。其次,本来,作为介绍某项法规的著作,必须忠实于原文。但田中忠夫此处完全离开条例原文,自行其是,是极不严肃的。该条例(草案)的原文是:"犯本条例第一条第一项至四项之罪者,处死刑或无期徒刑,并得没收其财产。"如果用线条来表示,应是:

$$\left.\begin{array}{l}第一项\\第二项\\第三项\\第四项\end{array}\right\}死刑或无期徒刑,并得没收其财产。$$

以下第五、六、七、八各项,也应将没收财产的规定,放到主刑后边。

第六,在"刑罚"部分的第(十)项,田中忠夫的图表中,错误地将第(十)项与前面的(七)、(八)、(九)三项划在一起,都要处"一等有期徒刑或二等有期徒刑",并得没收财产的一部或全部,已如前述,第(十)项本是专门规定对"侵蚀公款"罪的处刑办法,即按贪污款数多少,分别给以下列的四种处刑标准,只要在第(十)项之下,按条例原文注明:"依左列处断",读者一看,自然一目了然,可是,田中忠夫的图表中却将这一项划与前三项并列,这便陷入不可解脱的矛盾中。如按图解所示,必然产生以下两种不同的理解:第一种理解第(十)项罪行,既然与前三项并列,都有要"处一等有期徒刑或二等有期徒刑",那么,后面按贪污款数列举的四种处刑办法,就成为无的放矢、不可理解的东西。第二种理解,似乎既可以按第(十)项处刑办法进行量刑,又可以再按贪污款数进行惩处。显然以上两种理解都是错误的,是由于划图表时的不慎造成的。据查田中忠夫的著作,无论是1930年出版的《国民革命与农民运动》,还是1934年出版的《中国农业经济资料》,本条例的图解划法都是这样的,这是一个不应有的疏忽。

第七,在最后列举按贪污款数决定处刑办法的一、二、三各目中,关于"以上""以下"的理解和处理,也是错误的。按照一般法律常识,除有特别注明者外,所谓"以上"或"以下"皆包括本数在内,如"五百元以上",包括五百元整在内,"五百元以下"也包括五百元整在内,因此,在一个法律文件的同一条目中,绝不能同时既使用"以上"又使用

"以下"，只能分别规定"五百元以上者……"和"未满五百元者……"，前者包括五百元本数在内，后者不包括五百元本数。如果像图解所列，在前一目中既有"五百元以下"后一目中又规定"五百元以上"是很不妥当的。可能图解作者主观认为一个"以上"，一个"以下"，似乎已经把界限划分清楚了，其实不然，譬如某人贪污公款恰好五百元整，那么，究竟是按第一目"五百元以下"处罚，还是按第二目"五百元以上"处罚呢？必然陷入自相矛盾中。同样后面的"一千元以上"和"一千元以下"、"三千元以上"和"三千元以下"，都有这类弊病。田中忠夫此处的处理方法，既违背法律常识，又不符合条例原文。本条例关于按贪污款数规定的四种处刑办法，无论在草案或定稿中，界限十分清楚，即："一、十元以上，未满五百元者……"；"二、五百元以上，未满千元者……"可是，图解作者，却偏要离开条例的原文，自作主张，结果弄巧成拙，造成不应有的混乱。

第八，"图解"在介绍第十项第二目"五百元以上，未满千元者"的处刑办法时，错误地列出"二等、四等有期徒刑"，即在"二等"和"四等"有期徒刑之间，莫明其妙地用了个顿号，那就意味着要处"二等或四等有期徒刑"。但是条例的原文（包括草案和定稿），却不是这样，而是明确规定要"处二等至四等有期徒刑"，一个是"至"字，一个是"或"字，一字之差，含义大有不同，前者自然包括三等有期徒刑在内，则是正确的；后者究竟是否包括三等有期徒刑，是不明确的。如果将三等有期徒刑排除在外，则是讲不通的。这告诉我们：法律用语，决不能模棱两可，自相矛盾，必须十分肯定、合理，标点符号也应合乎规范。

第九，"图解"在介绍第十项第三目的处刑办法时，列为"二等、一等有期徒刑"，这种排列顺序也是不对的。本来条例原文的规定是"千元以上未满三千元者，处一等或二等有期徒刑"，图解作者不知出于什么考虑，将原文的顺序擅自颠倒。这不仅是文字上的改动，而且具有实质性的内容。在刑事法规中，基于各种不同的犯罪情节，立法者有的规定处刑顺序由重到轻，是有其特定含义的。以二、三两目为例，既然第二目规定侵蚀公款五百元以上未满千元者，要处二等至四等有期徒刑，那么在第三目中，侵蚀公款的数额超过前者的一倍至两倍，当然理应重于前者，首先应从一等有期徒刑考虑起，只有情节较轻者才处二等有期徒刑，图解作者擅自将这一顺序颠倒，是毫无道理的。

第十，本条例原文规定最后一项的第一、二、三目都要处以"罚金"，但是图解中却一律改成"罚款"。这可能是翻译上的毛病，本来"罚金"和"罚款"两者的含义是不同的。罚金，是刑罚的一种，即由司法机关根据刑事法规对某些罪犯科处一定数额的金钱，作为惩罚手段，又称"财产刑"。罚款，则是行政处罚的一种，即由行政机关（如税务、海关或公安机关）对违反行政处法规的人，依法强令其缴纳一定数量的钱币，作为行政处罚。因此，作为刑事法规的惩治土豪劣绅条例，只能适用"罚金"，而不能适用"罚款"。

以上十点，是田中忠夫所作"图解介绍"中存在的主要问题，除此之外，图解在谈到湖北省土豪劣绅审判委员会时，还提出"农民直接的审判权"，这也是条例原文中所没有的。总之，这篇"图解介绍"问题很多，不能全面反映该条例的真实情况。造成这一缺陷的原因，除了部分是由于原草案初稿中考虑不周之外，主要是由于图解作者没有严格按照条例原文如实加以介绍，因此，这篇"图解介绍"，不宜再作为真实可信的史料，继续加以援引，而应根据条例原文，进行分析研究。

（四）《湖北省惩治土豪劣绅暂行条例》校正稿及版本说明

对于田中氏的"图解介绍"，笔者虽然从五十年代就产生怀疑，但因一时没有查到可靠的史料作根据，所以难以作出结论，后来利用各种机会，先后发现三种早期版本。经过相互校正，可以呈现出一种真实可靠的条例全文，从而也比较全面地证实"图解介绍"中存在的主要

错误,这三种早期版本是:

第一种,1927 年 5 月中国国民党中央执行委员会铅印出版的《中国国民党第二届中央执行委员会第三次全体会议宣言训令及决议案》,其中附有湖北省惩治土豪劣绅的两个条例(以下简称"铅印本")。1959 年中国人民大学党史系资料室翻印过这一早期文献,这是一件很有意义的工作。但因该翻印本注明系"校内用书",没有得到广泛流传。同时该铅印本原件,也存在几处错字或丢字。另外,还有一种是 1927 年由中央军事委员会总政治部铅印出版的与前者同名的文件,从内容到形式(包括错字丢字),与前者完全相同,可统称为"铅印本"。

据了解这一"铅印本"出版后,正准备下发各级党部时,恰好汪精卫来到武汉,他看过国民党二届三中全会的宣言决议后,持有异议,便以该铅印本错字太多为借口,扣押未发。实质上是在反对以共产党人和国民党左派人士为主导的二届三中全会的正确方针。因此,收入铅印本的《湖北省惩治土豪劣绅暂行条例》,未能通过正常渠道加以传播。这正是这一条例长期查不到定稿全文的根本原因。

第二种,1978 年夏,笔者到武汉参加法学教育会议时,在武昌"毛泽东同志旧居和中央农民运动讲习所旧址纪念馆"的橱柜里,见到该馆收藏的一件早年用手工刻印的《湖北省惩治土豪劣绅暂行条例》的油印稿(以下简称"油印本")。据该馆工作人员介绍,这件手刻蜡纸油印稿,是"文革"前武昌一家住户拆阁楼时,从墙缝里发现的,可能是1927 年该条例公布后刻制的,因年岁较久,收藏不善,原件毁损比较严重,有二十多处文字已残缺不全。但其未毁损部分,却清晰可辨,仍是一件十分珍贵的历史文物。

第三种,是 1927 年 3 月 6 日汉口《民国日报》登载的《惩治土豪劣绅条例草案》(以下简称"草案本")。此件是征求意见的草案,最后定稿时有几处重要修改。1980 年该报影印版问世,也是一件很有意义的工作,既可了解该草案的全貌,又可从未修改的部分证实该条例其他版本的真实性。同时该报还登载了若干判例和审判消息,对了解审判土豪劣绅的情况具有重要史料价值。

为了适应革命法制史和中国现代史的教学、科研工作的需要,现将以上三种早期版本,互相对照,去伪存真,整理出本条例的校正稿,全文录后,并对各种版本互有出入者,作必要说明,供读者鉴别参考。

湖北省惩治土豪劣绅暂行条例

一九二七年三月十五日国民党二届三中全会批准,三月十八日湖北省政府公布①

第一条　凭借政治、经济、门阀身份以及一切封建势力或其他特殊势力(如凭借团防勾结军匪②,在地方有左列行为之土豪劣绅,依本条例惩治之:

(一)反抗革命或阻挠革命及作反革命宣传者;

(二)反抗③或阻挠本党及本党所领导之民众运动(如农民运动、工人运动、商民运动、青年运动、妇女运动)者;

---

①　2002 年 5 月,董必武法学思想研究会年会在武汉召开时,曾到董老的故乡红安县参观著名的七里坪革命法庭旧址。在展出的《湖北省惩治土豪劣绅暂行条例》油印件复制品的说明中,注明"1927 年 3 月 18 日向全省公布实施"。事后曾向红安县档案馆以及湖北省档案馆询问这一公布时间的根据,一直未得到答复。笔者认为这一公布时间是可信的,但需查到可靠的出处(如发布的训令或布告),才算最后夯实。

②　"铅印本"此处为"土匪","油印本"为"军匪","草案本"为"军匪"。

③　"铅印本"此处为"反抗","油印本"为"反对","草案本"为"反抗"。另外本条"铅印本"、"油印本"皆为"阻挠本党及本党所领导……","草案本"为"阻挠本党所领导……"。

（三）勾结军匪蹂躏地方党部①或党部人员者；

（四）与匪通谋坐地分赃者；

（五）借故压迫平民，致人于死亡者；

（六）借故压迫平民，致人②有伤害或损失者；

（七）包揽③乡间政权，武断乡曲，劣迹昭著者；

（八）欺凌孤弱，强迫婚姻，或聚徒掳掠为婚者；

（九）挑拨民刑诉讼，从中包揽，图骗图诈者；

（十）破坏或阻挠地方公益者；

（十一）侵蚀公款或假借名义敛财肥己者。

第二条　犯本条例第一条一项至五项④之罪者，处死刑或无期徒刑并得没收其财产。

第三条　犯本条例第一条六项、七项之罪者，处无期徒刑或一等有期徒刑，并得没收其财产。

第四条　犯本条例第一条八项、九项、十项之罪者，处一等有期徒刑或二等有期徒刑，并得没收其财产之一部或全部。

第五条　犯本条例第一条十一项之罪者，依左列处断：

（一）十元以上未满五百元者，处四等或五等有期徒刑，并科千元以下之罚金；

（二）五百元以上未满千元者，处二等至四等有期徒刑，并科二千元以下之罚金；

---

① "铅印本"此处为"蹂躏地方或党部人员者"，"油印本"为"蹂躏地方□□或党部□□"（□□系文字残缺部分），"草案本"为"蹂躏地方或党部及党部人员者"。

② "铅印本"有"致人"二字，"油印本"则无，"草案本"第五项原文为"致人有死伤……"，在定稿时分为五六两项。

③ "草案本"为"包揽乡村政权"，"油印本"为"□揽乡间政权"，"铅印本"为"向揽乡间政权"（"向"字显系"包"字之误排）。

④ "油印本"此处为"一项至五项"，"铅印本"误排为"一项至二项"。

（三）千元以上未满三千元者,处一等或二等有期徒刑并科六千元以下之罚金;

（四）三千元以上者,处死刑或无期徒刑并没收其财产。

第六条　犯本条例之罪者,终身剥夺其公权。

第七条　《暂行新刑律·总则》与本条例不抵触者,得适用之。

第八条　凡触犯本条例各罪,另组湖北省审判土豪劣绅委员会审判,其条例另定之。

第九条　本条例之最高解释权属于中国国民党湖北省党部。

第十条　本条例经湖北省政府公布施行。

五、其他刑事法规

（一）1927 年《处分逆产条例》①

为了在财产上给反革命罪犯以处罚,武汉国民政府在 1927 年 5 月 10 日,公布了《处分逆产条例》8 条,其主要内容是:

1.确定了逆产的范围。第 1 条规定:凡与国民革命为敌者,或为帝国主义之工具者,或压迫人民,以巩固封建制度社会者,或侵吞国家地方收入,剥削人民生活利益,以饱私人贪欲者,或操纵金融以动摇革命势力者,例如军阀、贪官污吏、土豪劣绅及一切反革命者,其财产皆为逆产。

2.确定逆产的没收保管机关。第 3 条规定:逆产的没收及保管机关,为国民政府、省政府,特别市政府及县、区、乡自治机关。中央及各级党部对之有监督之权。何项逆产属于何机关,视其财产之性质、来源及法律关系而定。逆产所属之解释权在国民政府。

3.确定逆产的处分和分配办法。第 4 条规定:逆产之处分,在革命战争时期,得全数收作军政费用。但逆产属于农村耕地者,应以所得

---

① 汉口《民国日报》1927 年 5 月 10 日。

利益百分之三十,用以农村改良土地、设立农民银行等事业。第5条规定:被没收之逆产,至革命战争终了时,除仍应保留一部分归第3条所列机关管理外,应分配于人民及革命军人。分配方法:(1)实质分配;(2)利益分配。分配以(1)款为原则,不能适用第(1)款时,依第(2)款之法分配。由中央党部及省市党部分别组织逆产分配委员会执行之。分配不动产或利益,不得买卖及移转,受分配人死亡时,报告该管委员会另行分配。

(二)1927年《惩治贪官污吏条例》

1927年1月,湖南省政府公布《湖南省惩治贪官污吏暂行条例》①,共20条。本条例前部分属于刑法规范,后部分为审判机关的组织法规。刑事法规主要规定是:

1.湖南省各机关服务之官吏,有贪污不法行为者,剥削人民或部属,图饱私囊者,侵蚀或故意虚糜国款公款者,财政税务人员非法征收买卖证券从中渔利者,依照赃款数额,规定了不同的量刑标准。其中最高者规定赃款在3000元以上者,处死刑、无期徒刑或一等有期徒刑,并得没收其财产。

2.依照职权规定,应理而不理,或不应理而理,其所处理之事务显系舞法弄弊,故意颠倒是非曲直者,处二等或三等有期徒刑,并科4000元以下罚金。

3.因犯本条例之罪而致人民或部属死亡或残废者,处死刑或无期徒刑,并赔偿其损失。

1927年4月,武汉国民政府为了整肃吏治,惩治官吏中贪污腐败现象,也制定了《惩治贪官污吏条例》。该条例规定:凡官吏有下列行为之一者,依本条例治罪:出卖差缺或收受贿赂;私取浮收或勒索苛

①　长沙《大公报》1927年1月18日。

派;营私舞弊或携款潜逃;侵吞公款或贪赃枉法;勾结土豪劣绅捣毁党部及合法民众组织;勾结反革命分子在其辖区内活动确有实据;怂恿差役诈赃有据以及借故(如祝寿等)敛财者;皆分别情节,判处死刑或无期徒刑,并得没收财产。此外,还规定本条例对既往的罪行有溯及力。凡是官吏在本条例公布前犯有上述罪行的,依然适用本条例。

(三)1927 年湖北省严禁刑讯的布告①

1927 年 5 月 27 日湖北省政府公布。

布告首先说明:查刑讯久经废止,各审判检察警察官吏,对于犯罪人如有凌虐强暴之行为,应以渎职论罪;如有伤害,并照刑律伤害各条处断。人民犯法,国家有正当办法,无需取野蛮行动。况本政府以解除民众痛苦为唯一职责,凡为有司及一切负责同志,尤应力矫陋习,从崇人道,方能贯彻革命初衷,不流于偏急。

其次,针对当时的实际情况指出:乃闻各机关及各团体,往往有对于犯人非刑拷打,或听从民众攒殴之事。接着进一步分析说,在镇压反革命时期,当民情愤激之际,事实所迫,不能避免,诚与故意殴辱者不同,但此等行为,究为法所不许。

最后,要求各机关各团体,对于各种犯罪人,均应交由法定机关依法审判,不得有越轨行动,是为至要。

第十三节　武汉国民政府法院体制的重大改革

一、改革司法机关的名称及组织体制

1927 年初,武汉国民政府决定对法院体制进行重大改革。我国审判机关改称各级法院,即始于此。改革方案经临时联席会议第七次会

①　汉口《民国日报》1927 年 5 月 27 日。

议议决,司法部长徐谦于 1 月 4 日召集前高等地方审判检察厅长、庭长会议,予以宣布。据汉口《民国日报》1927 年 1 月 7 日报道:《崭然一新之革命化的司法制度》①其要点如下:

(1)改正法院名称和设置

司法机关废止沿用行政厅的名称,一律改称法院。中央法院分为二级:①最高法院;②控诉法院(冠以省名)。地方法院也分为二级:①县市法院(冠以县市之名);②人民法院。

最高法院设于国民政府所在地,控诉法院设于省城,县市法院设于县或市。但诉讼不发达的县,得并两县或三县设一法院。人民法院设于镇或乡村。原则上采用二级二审制,死刑案件以三审为终审。

(2)人民法院的审判职权

民事。诉讼目的的物价格自 300 元以下,以及其他现行法规规定归初级法院管辖的案件。

刑事。主刑为五等有期徒刑及拘役、罚金之犯罪;并户外窃盗罪及其赃物罪。

(3)县市法院的审判职权

民事。诉讼目的物价格超过 300 元以上者,以及人事诉讼。

刑事。主刑自四等有期徒刑以上之犯罪。

以上两项判决案件为第一审。

(4)控诉法院的审判职权

对于不服县市法院第一审判决之民事、人事及刑事诉讼案件,为第二审,即为终审。但死刑案件不在此限。

对于反革命之内乱罪、外患罪及妨害国交罪为第一审。

(5)最高法院的审判职权

---

①　参阅《国闻周报》1927 年第四卷第 4 期所载《武汉国民政府新司法制度》。

对于不服县市法院第一审判决关于法律问题之民事、人事及刑事诉讼案件,为第二审,即为终审。对于不服控诉法院第一审判决之案件,为第二审,即为终审。

对于不服控诉法院第二审判决之死刑案件,为第三审,即为终审。

(6)废止司法官不党之法禁。明确规定:"非有社会名誉之党员,兼有三年以上法律经验者,不得为法官。"法院用人,地方法院由司法厅长提出省政府委员会任免。中央法院由司法部长提出于国民政府委员会任免。

(7)废止法院内设行政长官制。院内行政,组织院内行政委员会处理。院内行政,如收发、分案、宣判、分配事务、编造预算决算、会计保管、稽核公费、罚金、赃物、编制统计表册等,皆由院内行政委员会处理。

(8)各级法院内行政委员会之组成如下:①人民法院以审判官1人,参审员1人,书官1人为院内行政委员;②县市法院以民事庭长、刑事庭长、检察官、书记官长为院内行政委员;③控诉法院及最高法院,均以民事庭长、刑事庭长、首席检察官、书记官长为院内行政委员。

(9)废止检察厅,酌设检察官,配置在法院内执行职务。检察官的职权是:①对于直接侵害国家法益之犯罪,及刑事被害人或其家属放弃诉权之非亲告罪,得向法院提起公诉;②关于应判处死刑的犯罪,得向刑事法庭陈述意见;③指挥军警逮捕刑事犯,并执行刑事判决;④其他法定职务。

(10)减少讼费及状纸费,征收执行费。提出讼费须减少50%,状纸费须减少60%。但对于确定判决执行之民事案件,要征收累进执行费。关于参审陪审费用,由法院核定,谕知民事败诉或刑事被告人负担。但因告诉无理,而判决无罪者,其费用得由原告负担。如确系无力负担者,得免其缴纳。

二、1927 年《参审陪审条例》①

武汉国民政府于 1927 年 1 月制定《参审陪审条例》32 条,其主要内容如下:

(1)人民法院除设审判官外,并设参审员,参与法律及事实之审判。①关于党员诉讼,由人民法院所在地之党部所选参审员 1 人参审;②关于农民诉讼,由人民法院所在地之农民协会所选参审员 1 人参审;③关于工人诉讼,由人民法院所在地之工会所选参审员 1 人参审;④关于商人诉讼,由人民法院所在地之商民协会所选参审员 1 人参审;⑤关于妇女诉讼,由党部妇女部所选参审员 1 人参审;⑥关于不属于上列各团体之人民诉讼,即由党部所选参审员 1 人参审。前项团体外,如有由其他团体选出参审员参审之必要时,由国民政府司法部核定。

(2)县市法院及中央法院之审判。除设庭长及审判官行使审判权外,兼设陪审员,参与事实点之审判。陪审员 2 至 4 人,选出方法与前项同。同时应选出同数之候补当选人,每星期轮流执行职务。

参审员或陪审员,任期半年,每三个月改选半数。

(3)参审员陪审员资格:第一,凡有中华民国国籍之人民,具有下列资格者,得被选为参审员和陪审员:①有法律知识者;②在党部及农工商各会确有成绩者;③年龄在 25 岁以上 60 岁以下者。第二,有下列情形之一者,不得有选举权及被选举权:①曾在反革命军中服役,或曾加入反革命党派者;②土豪、劣绅、讼棍;③曾充旧日衙役者;④僧道或其他宗教师;⑤不以体力或脑力服劳,而坐收财产上之利益为生活者;⑥依中央党部或省党部以及中央政府之命令剥夺选举权及被选举

① 《国闻周报》1927 年第四卷第 9 期,《新法令汇辑》,第 4—6 页。

权者;⑦聋哑盲人、无能力者,及精神病患者;⑧褫夺公权尚未复权者;⑨吸食鸦片者;⑩不识文字者。第三,下列人员停止其选举权及被选举权:①中央或地方政务委员;②在交通机关服务之职员;③现为审判官、检察官、军法官;④现任行政官吏;⑤现役海陆空军人;⑥现任警察官员或监狱官吏;⑦律师、公证人和承发吏。

（4）参审员、陪审员停止职务或回避的规定:①参审员或陪审员,因渎职或其他刑事被诉,确有重大嫌疑者,该管法院应停止其职务;②参审员或陪审员,有审判官应自行回避之情形者,应即回避,不得执行职务;③当事人对于参审员或陪审员有前条所揭情形而不自行回避,或认定其执行职务有偏颇之虞者,得声请其回避。

（5）参审员或陪审员的职权:①参审员或陪审员得查阅所参与案件之卷宗及证物;②经审判长许可,得直接对当事人、证人、鉴定人为必要之发问;③审判长于辩论终结后,审判评议开始前,得向参审员或陪审员说明本案法律上之论点、事实上之要点及证据要领;④审判评议由审判长会同参审员或陪审员于评议室进行。各员皆有权陈述意见进行评议。审判评议取决于多数;如审判官与参审员各仅一人,其意见不同时,该审判官有决定权;但参审员不服时,得声请该管法院之直接上级法院审定之。前项声请,应当场声明,并须于二日内提出声请书,在未经审定以前,应中止审判之进行。

以上武汉国民政府关于参审陪审的规定,与省港罢工委员会会审处及特别法庭关于陪审员的实施,开辟了我国陪审制度的先河,对日后建立陪审员制度,具有重要参考价值。

上述新司法制度颁布后,各地即按此规定逐步进行改革,司法部也有些补充规定。

1927年1月13日汉口《民国日报》报道:国民政府司法部开会宣布,根据中央执行委员国民政府委员临时联席会议第七次会议决议案,将湖北高等审检两厅,合并为湖北控诉法院,武昌地方审检两厅,合并为武昌县法院,将汉阳划归该院管辖,院内行政委员会亦经组成,于民国十六年一月一日实行。

1927年2月23日报道:最高法院广东分院,前经遵令改组成立。司法部长徐谦于2月7日委任各行政委员。已于9日举行就职典礼。

据汉口《民国日报》1927年3月25日报道,司法部在其发布的《司法行政计划及政策》中对筹建各级法院,提出以下工作计划:分期筹设最高法院及分院、各省控诉法院及分院分庭,并指导各省司法厅,筹备各县市法院及人民法院。在武昌建设最高法院,原广东的大理院已改为最高法院广东省分院。各省商埠原有的高等地方审判检察各厅,已改并为控诉法院。县市法院正在着手改并,其计划是分四期进行:

第一期(第一年),应设立下列各种法院:①省会及商埠之人民法院;②人口繁盛交通便利地方之县法院;③就原有高等分厅,改为控诉分庭。

第二期(第二年),应设立下列各种法院:①人口繁盛交通便利地方之人民法院;②其他各县之县法院;③就原设控诉分庭改为控诉分院,并斟酌各省情形,添设控诉分院;④于边远省份,设立最高法院分院。

第三期(第三年),就人口一万以上之乡镇,设立人民法院。

第四期(第四年),应就人口千人以上之乡村,普设人民法院。

三、1927年《新法制施行条例》[1]

国民政府宣布法院体制进行重大改组后,为了解决过渡时期的案

---

[1] 汉口《民国日报》1927年3月6日。

件管辖的问题,司法部于 1927 年 3 月 6 日公布了《新法制施行条例》11 条。其要点是:

(1)新法制施行前起诉之民事案件,及已经开始侦查预审或审判之刑事案件,除本条例有特别规定外,应依新法制之审级裁判之。

(2)未设人民法院以前,县市法院得暂受理属于人民法院管辖之案件。未设法院地方之县司法委员,得暂行受理县市法院及人民法院管辖之案件。

(3)新法制施行前,业已上诉之民刑案件,如原审应属于人民法院管辖者,其第二审由县市法院审查之,其第三审由控诉法院审查之。前项审查时,应为左列之裁判:①原判法律事实相符者,为核准之判决。②原判事实相符而引律错误或判决失当者,为更正之判决。③有前款以外之情形者,为应行复审之裁决。前项复审判决后,不得上诉。

(4)新法制施行前业经上诉之民刑案件,如原审应属于县市法院管辖者,其第二审如已在县市法院或控诉法院审理中,应即继续审理,对此判决不得上诉。但死刑案件不在此限。前项上诉案件,尚未开始审理者,应依新法制之审级审判之。原审应属于县市法院管辖之民刑案件,如已经第二审判,并在新法制施行前,已声明上诉者,应准送最高法院裁判之。

(5)原审应属于县市法院管辖之民刑案件,如已经在北京反革命势力下之大理院为第三审裁判,并发还卷宗,其收受日期在各省区隶属于国民政府以后者,北京之非法裁判无效,应将该案送最高法院更新裁判。

(6)新法制施行前业经声明再议案件,由县市法院配置之首席检察官审查之。前项审查时应为左列之处分:①认声请无理者,应予驳斥。②认声请有理由,应移送管辖法院裁判,新发生之杀伤案件,其勘验由法院配置之检察官行之。但审判须由法院审判官行之。

（7）新法制施行前兼理司法之县知事判决的刑事案件,应送复判者,仍依向例办理。向例所定应由县知事行使职权之程序,以县司法委员行之。

另据汉口《民国日报》1927年3月6日报道:湖北省控诉法院向各县司法委员发布通令指出:湖北省政务委员会前准函开各县司法委员勤惰及判案优劣,本院均有认真考核之权。现正当司法革新之际,民众殷殷望治,政府励精求贤,各司法委员身膺委任,应如何关心民瘼,恪恭职守,对于本院命令,尤应迅速奉行,藉收指臂相连之效。除咨请政务委员会通令转饬外,合亟令仰司法委员即便遵照,自经此次令饬之后,再有奉行不力情事,即行咨请政务委员会分别撤惩,以儆效尤,其各凛遵毋违。

四、《广西军法处办事细则》

1927年2月13日①发布,共7条。

规定军法处办事程序分为以下四种:(1)办理文件程序。(2)审理案件程序。(3)执行判决程序。(4)管理看守程序。

（1）办理文件程序（略）

（2）审理案件程序是:①本处受理人犯到案,须于羁押人犯簿内将人犯姓名、案由及到案月日,分别登记。②对到案人犯应随到随审,至迟不得逾24小时。③提审人犯须用本处盖章的提签,卫兵接到提签后,应即照办。讯毕即交卫兵带回还押。④审讯人犯,由录事一员录供,录毕先交出庭员查阅,再交被讯人看后签押。如被讯人不识字义及不能签名时,须由出庭员宣读,并令被讯人在名下加盖指模。⑤审讯各犯后,出庭员应具意见书,连同犯人供词,呈由处长核阅盖章,转

---

① 此为汉口《民国日报》全文公布的时间。

呈军长党代表核示。⑥本处审讯人犯,得斟酌情形,禁止旁听。⑦因案情轻重,得由处长临时指定出庭人员,并核定有无会审之必要。⑧依照犯罪人身份,按陆军审判条例规定,由处长呈请军长党代表组织军法会审。

(3)执行程序是:①奉准枪决人犯,应由处长提堂,验明正身,标朱施行,并将罪状宣布。②执行枪决人犯,须由本处通知副官处,派员率队押赴刑场执行,并取具收条附卷。③奉准保释人犯,由本处核明后,呈军长党代表批准后,即将人犯提堂,交保开释,并通知卫兵放行。④以上人犯经宣判后,由书记员将执行日期、徒行起止日期、开释日期,于人犯簿内分别注明。⑤收押人犯附有银钱枪弹各物品者,应交由军需处或军械处保管,俟案结后,决定没收或发还时,再由本处通知照办,并须取得收据存卷。

(4)管理看守所程序:①看守所人犯,由本处逐日轮派一员,督同卫兵司令负责管理。②看守所内,除要犯应具锁镣以防疏虞外,对其余人犯不加锁镣。③值日管理人犯饮食居住,均宜注意,不使有碍卫生或过于酷虐,以重人道。④管理员斟酌情形,令人犯出室运动,每次30分钟。⑤人犯有病者,通知军医处派员疗治,病情重者报请移出。⑥看守所内应备有日记簿,由管理员将人犯数目,本日经过情形,逐一登记。⑦值日员对于看守所内有应改良事项,须随时呈请办理。

五、1927 年《武汉保安委员会暂行条例》

国民党中央执行委员会政治委员会议决,1927 年 4 月 28 日武汉国民政府公布,共 13 条。

本条例系专门规定审判反革命罪犯的特别法庭。共要点是:

(一)武汉保安委员会,以镇压暨肃清反革命派为主旨。其组成人员,由国民政府外交部长、主管武汉各卫戍机关代表,总工会纠察队代表,武汉公安局长等组成。审判时,得请有关系之人民团体派代表出席参审。

(二)保安委员会每周开会三次,须有过半数委员出席方能开会。审判时须经出席委员过半数之表决方为有效。审判时须指定负责委员独任审讯。讯问终结后,报告常会或临时会议决处刑。

(三)武汉保安委员会有审判及处决在武汉逮捕反革命犯之权。执行死刑案件,须呈报国民政府军事委员会核准。对于武汉法院羁押之反革命罪犯,得随时调审,判决执行。武汉各公安局、特别区管理局羁押之反革命罪犯,应逐日造具一览表呈报,听候提审。

(四)对于反革命罪犯之处刑,应适用反革命罪条例和反革命军事刑法。判处死刑罪犯交管理卫戍事宜处执行,判处徒刑者交监狱执行。

六、1927 年审判土豪劣绅委员会(特别法庭)

(一)湖南湖北省审判土豪劣绅委员会(特别法庭)的组成

到 1927 年,在南方各省的农民运动中,相继成立了专门审判土豪劣绅的司法机关。湖南、江西称作"特别法庭",湖北称作"审判土豪劣绅委员会"。

长沙《大公报》1927 年 1 月 16 日登载湖南省政府公布的《湖南省审判土豪劣绅特别法庭组织条例》12 条。规定设立县、省两级审判土豪劣绅特别法庭。县特别法庭由委员 3 人组成(包括县长、县市党部一人,并由县农民协会、县总工会、县商民协会、县教职员联合会、县学生联合会联合推选一人)。开审时以县长为主席。省特别法庭由委员 5 人组成(包括省政府 2 人,省党部 2 人,省农民协会、省总工会、省商民协会、省教职员联合会、省学生联合会推选 1 人)。开庭时互选 1 人为主席。

湖北省政府参照上述条例，并根据该省的实际情况，于 1927 年 3 月制定了《湖北省审判土豪劣绅委员会暂行条例》10 条。这个条例包括审判委员会的组成和主要诉讼原则两部分。

湖北省设立省、县两级审判土豪劣绅委员会，皆由 10 人组成。其中人民团体的代表占有较大比例。即由省县两级的国民党党部、省县政府和农民协会各选派委员 2 人，另由工会、商民协会、妇女协会、学生联合会各选派 1 人组成。开庭时以县长或省政府派员为主任委员。由审判委员会委任书记 1 人。这一条例的特点，是将县农民协会置于特别重要的地位。如该条例规定："上举各人民团体有未成立者，其委员从缺。但无县党部及县农民协会之组织者，则不适用本条例。"

（二）条例确定的主要诉讼原则

（1）审判合议制原则，即须有审判委员会的过半数同意，始得判决。如湖南规定县省"各委员会之审判，第一审须委员 2 人，第二审须委员 4 人同意，始得判决之"。湖北规定：县省审判委员会"须有过半数委员出席，其审判结果须有过半数出席委员同意，始得判决之"。

（2）公开审判原则。如湖北规定：省县两级审判委员会一律实行公开审判，并将判决书在报上公布。

（3）复核制和上诉制度。湖南规定："第一审判决后，五日内附具全案，报由第二审复核"。"第二审核准后，交县署执行。但认为有疑义时，应提案复审。"湖北则规定："不服县审判委员会判决者，得于五日不变期间内，向原审判委员会声请上诉，由原审判委员会录案详请省审判委员会复判之。如逾期不声请上诉者，即照判执行。"

（三）"革命不讲私人情面"，第一代人民法官树立了大公无执法严明的好榜样

湖南省审判土豪劣绅特别法庭自 1927 年 1 月成立后，许多著名

的工农运动领袖参加了特别法庭,成为第一代新型的人民法官。如湖南省总工会委员长郭亮担任了省特别法庭委员会的主席,省农民协会秘书长代理委员长柳直荀担任省特别法庭委员会的委员。1927年春,正当镇压土豪劣绅运动处于高潮时,郭亮的家乡长沙县铜官镇向省特别法庭解来一名破坏农民运动的重要罪犯,要求依法严办。这名罪犯,就是郭亮的岳叔父李石卿。与此同时,李家也托郭亮的岳母登门"求情"。此事传出后,广大群众都在看着这位身为共产党员的特别法庭主席,如何审断此案。郭亮首先向其亲属进行教育,说明特别法庭是受工农群众委托由集体组成的,一切案件都要由委员会讨论依法裁断。既不能个人专断,更不能因亲属关系对罪犯进行庇护。最后经过法庭调查证实李石卿犯了"反革命谋杀罪",在郭亮主持下,由省特别法庭委员会讨论,依照惩治土豪劣绅条例的规定,判处李石卿死刑。此案执行后,湖南群众一致称赞郭亮为"铁面无私的郭矮公"。

湖南省特别法庭还审理了一件闻名全省的"附逆元凶恶霸官僚"李佑文案。李佑文是北洋军阀吴佩孚的驻湘坐探,担任湖南军阀赵恒惕的参谋长,是1922年1月赵恒惕杀害湖南工会领袖黄爱、庞人铨一案的主谋。李犯被特别法庭判处死刑后,其弟外号"小里手",便利用各种社会关系,企图对特别法庭施加影响。"小里手"与夏明翰的哥哥是好朋友,得知夏明翰身为中共湖南区委农民部长,正是省农民协会的顶头上司,便备足厚礼,"拜访"夏明翰,被夏拒绝后,他又托夏明翰哥哥亲自出面求情"留他一条性命",受到夏明翰的严词驳斥,指出:"你要留他一条性命,我要广大农民生存,我们俩是同胞不同心,同门不同路"。"你若再为李佑文的事说话,我以见你为耻!"夏明翰这种坚持党性原则公正无私的精神,一直为世人所称颂。

特别法庭成立后,许多身居高位的"党国要人",也在利用权势地位,威胁软化特别法庭,妄图为豪绅政客开脱罪责,如当时身为国民政府代主席的谭延闿,因其女婿被农民协会处以罚款,接连多次来电进行干预。柳直荀等面临这一复杂情况,十分坚定,他教育法庭干部说:"革命只讲真理,不讲私人情面。"他以身作则,既不受拉拢,也不怕威胁,严格依法办事,坚持回绝了谭延闿的无理要求。

对于革命队伍内部的违法乱纪分子如何处理,也是对特别法庭的一种严峻考验。当时湖南省特别法庭曾判决没收一批大土豪劣绅的财产,柳直荀指定由省农民协会的委员胡某负责清理管理此项财产,可是这个身为共产党员和省农协委员的胡某,在清点财物时,私自隐藏起一些贵重财物,企图据为己有,此事暴露后,有的主张"家丑不可外扬"。为了维护省农协的威信,对胡某不必太严,更不要公开张扬。柳直荀果断地批评了这一要求,指出胡某是执法犯法,决不能徇私原宥,立即主持召开省农协常委会,决定追回全部隐匿财物,撤销其省农协的一切职务,开除农会会籍。同时呈报中共湖南区委批准,开除胡某的党籍。接着便以省农协名义,在报上公布了对胡某的处分决定。这样,不仅没有影响省农协的声誉,反而更加受到各界的好评。称赞省农协和特别法庭,果然与军阀官僚"官官相护"的旧衙门截然不同,真是一心为公、不谋私利、不畏权贵、专为解放劳苦民众而奋斗的革命法庭。而郭亮、柳直荀等第一代人民法官所体现的公正廉明执法如山的革命精神,为后来人民司法机关的廉政建设,树立了光辉的典范。

第十四节　武汉国民政府司法行政法规及其工作计划

一、1927 年《广东省政府司法厅组织法》

《广东省政府司法厅组织法》1927 年 2 月 23 日①公布,共 9 条,其

---

①　此为汉口《民国日报》公布日期。

主要内容如下：

1.广东省省政府司法厅，为省政府之一部，受国民政府司法部之监督指挥，依省政府之命令，管理全省司法行政。

2.广东省司法厅置厅长一人，管理本厅事务，并监督所属职员及所辖法院。另置秘书三人，承厅长之命掌理机要，并撰核文稿，及办理指定事项。

3.广东省司法厅置下列各科：(1)总务科，掌理县市以下法院之设置与废止，及其管理区域之分划变更事宜；县市以下之司法官及其他职员之任免奖惩，并考试事项；律师事项；本厅之官产官物收发保存文件，及统计表册事项；本厅及各法院司法经费之预算决算及会计事项；罚金赃物事项；典守印位及本厅庶务及其他不属各科事项。(2)民事科，掌管民事事项；非讼事件事项；民事诉讼审判之行政事项。(3)刑事科，掌管刑事事项；刑事诉讼审判及检察之行政事项；赦免、减刑、复权及执行刑罚事项；国际交付犯罪事项。(4)监狱科，掌管监狱之设置、废止及管理事项；监督监狱官吏事项；假释、缓刑及出狱人保护事项；犯罪人识别事项，每科置科长一人，科员若干人，以及任用法律及技术人员，由司法厅长提请省政府委员会核定。

二、1927 年司法部《改造司法法规审查委员会组织条例》①

1927 年 3 月 22 日司法部公布，共 15 条。其主要内容如下：

1.职责。改造司法法规审查委员会负责掌管修订民刑事各法典及其附属法规，以及司法部长交付的审订各种规程之事项。

2.组织机构。改造司法法规审查委员会，设主任审查委员一人，专任审查委员九人，兼任委员无定额，皆由司法部长委派。专任委员

---

① 汉口《民国日报》1927 年 3 月 22 日。

担任起草法律案及其他审定事项,兼任委员会同分任。另设翻译员若干人,担任翻印法规及搜集资料调查社会习惯事项。同时,得由司法部长延聘中外顾问,担任特定事务。

3.会议。各委员每星期应开常会一次,必要时顾问及翻译亦得列席,开会由主任委员担任席,以过半数通过为决议。必要时,由主任委员召集临时会议。

4.工作程序。各委员就所担任起草或审定事项,应按预定期间编竣,提交其他委员审查,然后交委员会议定为草案。各项草案应送由司法部长审核后,转送改造司法法规审查委员会讨论。

三、1927 年司法部整顿监所的计划

司法部在 1927 年 3 月 25 日发布的《司法行政计划及政策》中,关于整顿监所工作,提出以下计划:

监狱分为国立及省立两种。所有原设新监及将来以中央经费建设之监狱,为国立监狱,由司法部管辖。所有旧式监狱,及将来以地方经费建设之监狱,为省立监狱,由各省司法厅管辖。所有看守所,亦由各省司法厅管辖。

监所法令,于半年内修订公布。

采用最新式方法,对于在狱囚人施以管理及教诲。

看守所注重建筑之方法及卫生清洁,并严禁滥押。

四、1927 年司法部制定《司法行政计划及政策》①

1927 年 3 月 25 日发布。

(1)政策。依照去年九月间中央政治会议议决之司法行政方针,

----

① 汉口《民国日报》1927 年 3 月 25 日。

实行党化革命化司法,夺回军阀官僚及存留乡村封建势力所操纵之司法权,并以司法为工具,拥护农工利益及保护被压迫之妇女。

（2）计划。①严惩土豪劣绅,批准各省分别情形,规定惩办土豪劣绅条例,并准设立人民审判委员会作为特别审判机关,审理土豪劣绅案件。②分期筹建各级法院。③整顿监所。以上几项,分别参见相关部分。

（3）编订各种司法法规。由司法部设立改造司法法规审查委员会后,当即由改造司法法规审查委员会拟制以下法规草案,准备提交中央政治会议决定:①法院组织法案,于一月内草定。②民事诉讼法、刑事诉讼法各案,于三月内草定。③刑法、亲属法、继承法各案,于六月内草定。④民法总则及债权法各案,于八月内草定。⑤物权法、公证法各案,于一年内草定。⑥商法附订于民法内,其不能附入者,为单行条例,随时草定。此外还规定:一、于最短期间内,会同各主管机关,拟订关于保护农工之法规及其他关于土地之法规。二、扩充法官党务政治训练班名额,增设监狱及司法吏警察各班,于本年暑假后实行。三、确定司法经费:①所有司法收入,作为特别会计,为改造司法经费。②中央法院及国立监狱临时费及经常费,由司法部提出预算,经通过后,应由财政部按时实发。四、推广登记:①规定土地所有权移转变更及地上权等各项登记。②于民商法律完全公布后,增设人事及商业登记。

五、1927 年司法部长徐谦《报告司法改良近况》

1927 年 3 月 30 日汉口《民国日报》发表此文。这是徐谦部长在第 13 次宣传会议上的报告,可以看作是对武汉国民政府进行司法改革的总结。

（1）司法革命,成为革命司法

政治要革命，司法是政治的一部分，所以司法也应该革命。今分述其须革命的几个要点：

首先，法规的革命。在反动势力的范围，姑且不论，即在革命的区域内，也只是旧的习惯，旧的法律。如司法原则"不告不理"就是明证。自辛亥革命后，所有的法规，如民法、刑法及手续法，都有依然沿用旧的。这些法规都是采自日本及欧洲大陆，完全是对帝国主义、资本主义及封建制度的保障，故应革新。

其次，因为以前的司法机关都有是由不革命者来组织的。司法机关若不革命，则司法法规虽革命了，也是不行，故司法机关也应革新。

三则，司法人员是司法法规及司法机关的应用者，司法人员如不革命，则法规和机关虽革命了，终成不革命的。因此，人员要革新，才可以实行革命的理论。

司法法规分为实体法（民法、刑法）及手续法（诉讼法）等等。旧法律是禁止革命的，他根本就不承认革命，只有革命司法要用法来革命，就是要用新法来代替旧法。但法规繁冗，一天能推翻它，可一天不能另造个法规来代替。不过我们有一个原则，可以拿党义来做我们法的最高原则。合乎党义的，虽旧亦沿用之，否则虽新亦随时废止之。如刑法同盟罢工有罪，在资本主义国家，同盟罢工杀伤才有罪，而中国则同盟罢工即有罪。可见中国法规比资本主义国家法规专制尤甚。故应立即废除。余如解散集会结社等规定，都应废除之。如民法，凡人皆应平等，但规定男女不平等的"特别身份"，亦应废除。

诉讼法，以前所有的复杂手续应予废除，现只为人民的利益而规定，人民诉讼是人民之权利，无论刑事民事人民都是有诉讼权利的。但过去的民事诉讼用金钱加以限制，如不缴纳讼费则不能诉讼。故民事诉讼法不革命不行。旧的刑事诉讼权的法规，应即废除。

法院组织法，也应革命，第一要党化，第二要民众化。以往的司法,都有抄袭欧美大陆的制度,如"四级三审制","法官独立","法官不党"。而司法权全由国家行使,都为官僚操纵,民众完全没有参与权利。现在要打破法官不党,要党化,要有学识的党员去做法官。故司法一面独立,一面要听党指挥。以前的"四级三审制",实行变成多审,手续繁多,讼费亦多,并且荒废职业,人民受尽讼累之苦。现在司法机关进行重大改组,实行"两级终审"原则,便利人民。至于司法人民化,则实行参审制、陪审制。各人民团体得参加有关案件的审判,另有陪审员制度,关于司法人员的培训问题,已在广州开办过法官党务训练班,现正在湖北开办。

(2)镇压反革命

我们要知道,只有革命的自由,没有反革命的自由。镇压反革命,一要有镇压反革命的法律,二要有镇压反革命的机关。反革命罪,有内乱罪、外患罪及内乱兼外患罪,还有反革命团体的宣传罪等,都须有革命军来镇压。但封建势力土豪劣绅等,则须用革命司法来镇压。普通的,以控诉法院为第一审,最高法院不第二审。特别的,则由人民审判委员会及革命军事裁判所来审判。

(3)废除不平等条约与司法各点

要民族平等,就要废除一切不平等条约,但若在革命成功后才能废除,那就太迟了。故在革命区域内,就不承认不平等条约,如外人陪审就要改正。会审公堂本是慢慢形成的,由观审而陪审,由陪审而竟由外人主审,最后变为外国人的会审公堂,现在必须改正。在外人为被告者,如最近神电轮船一案,已由外交部、交通部、司法部派员组织审判委员会,以司法部为审判主席,审判此案。结果,亚细亚公司业已承认这一审判。他如不承认,我们便停业其内河航行权。现在政治委员会已决定,华洋案件,交中国法院审判,不准外人观审。